构建你自己的交易系统

——18 种最优战法与选股公式及编码

师　建　著

图书在版编目（CIP）数据

构建你自己的交易系统：18种最优战法与选股公式及编码/师建著．
—北京：地震出版社，2013.11（2023.12重印）
ISBN 978-7-5028-4275-8

Ⅰ.①构…　Ⅱ.①师…　Ⅲ.①股票交易－基本知识　Ⅳ.①F830.91

中国版本图书馆CIP数据核字（2013）第096711号

地震版　XM5679 /F（4963）

构建你自己的交易系统——18种最优战法与选股公式及编码

师　建　著

责任编辑：朱　叶
责任校对：孔景宽

出版发行：地震出版社
北京市海淀区民族大学南路9号　　邮编：100081
发行部：68423031　68467993　　传真：88421706
门市部：68467991　　传真：68467991
总编室：68462709　68423029　　传真：68455221
证券图书事业部：68426052　68470332
http：//seismologicalpress.com
E-mail：zqbj68426052@163.com
经销：全国各地新华书店
印刷：河北盛世彩捷印刷有限公司

版（印）次：2013年11月第一版　2023年12月第12次印刷
开本：787×1092　1/16
字数：363千字
印张：17.5
书号：ISBN 978-7-5028-4275-8
定价：45.00元

前 言

大盘的熊市周期踉踉跄跄已经运行了六七个年头，期间虽然有过局部行情，但更多的是震荡寻底的过程。投资者前赴后继，希望再现牛市，但市场一直事与愿违。直到2012年末指数跌破2000点，恐惧和绝望充斥着整个市场，参与信心跌至冰点。

来自中登公司的数据显示，2012年12月份A股的持仓账户数持续下降，持仓占比跌至32.77%，创历史新低，而同时销户数还在不断地增加。这说明在大环境恶劣的情况下，大多数投资者很难独善其身，往往会被市场消灭，最终选择离开。

市场的残酷性可见一斑，但市场永远不会错，错的倒是大部分投资者没有充分认识市场，以及不具备应对市场变动的能力。股市从来都是少数人赚钱的市场，七赔二平一赚是不变的法则。弱肉强食，适者生存，要想避免惨遭淘汰，先要学会自保，其次才是捕食。如此才能跻身于处在食物链最高层的那10%的赚钱行列。

如何才能自保呢？殊不知有多少股民朋友，接触了多年股票后竟然还未建立起自己的交易系统，甚至连一些基本功都不具备。如此的话，就好比一个手无寸铁的战士投入一场恶战，必定身首异处。相信这几年间从市场中消失的投资者大多属于这种类型吧？

也正因为基本功不够扎实，才会导致操作水平常常不够稳定，一直处于尝试新技术的过程中。肯定后实践，实践后否定，再去发现和研究，然后再肯定，最后再否定。如此循环下去，一定是漫漫无尽头，且常常会发出深深的抱怨，怀疑市场无规律可循，根本不存在稳定盈利的模式，于是开始动摇信心，最后遗憾放弃。

所谓当局者迷，如果换个角度作为局外人来审视这个反复试错的过程，会发现这个反复试错的过程，其实是通往成功的必经之路。无论是做实业还是投资，尝试和探索，失败和总结都是必不可少的，没有人能随随便便成功。之所以操作不稳定是因为这个时期在不断学习，接触新知识后在好奇心的作用下会去不断尝试，因此策略上就会不断变化。而市场不变的就是变化，以变化的策略去应对变化的市场，逻辑上成功的概率本身就很难维持平稳。

而一旦基本功扎实后逐步形成一套交易系统，交易策略就会固化下来，这样以不变的策略去应对变化的市场，概率上显然要稳定得多。只要假以时日刻苦训练，不断完善系统，让系统的整体成功率达到某个高度，最后再辅以必要的资金管理策略，那赚钱将成为必然，而赔钱则只能是偶然了。

而当下市场也早已不是以往的三招两式能应付得了的，整个市场的格局在发生变化。参与者的素质在迅速提高，要想立于不败之地就必须尽快建立起自己的一套交易系统和盈利模式。无论是“剩斗士”还是“新斗士”，这种需求都刻不容缓，势在必行，否则很难适应当下以及未来的市场环境。

为了帮助大家尽快建立起自己的交易系统，笔者精心策划了本书，从打包技术的角度出发，直接给读者呈现出成型的盈利模式。无论是成功率还是实战效果，这些战法无疑都是最为突出的。其中提供的独家选股公式直接解决了选股难的第一大难题，并且还辅以各种高级技术原理加以说明，相当于教会读者“剑术”的同时更是给出了“心法秘籍”，大幅提高投资者的技术内力。

本书共给出了18个战法，其中涵盖了各个操作风格和周期，无论是超短、短线或中长线，都能在书中找到相应的成熟战法。这些战法都倡导题材概念的首要重要性，技术的次要必要性，而不是技术独尊论。因为在不同的市场环境下，即便是相同的技术特征和元素可能也会有截然不同的结果。因此，往往技术独尊容易陷入技术怪圈，走进死胡同。但没有技术又是万万不能的，因此大多数战法都是先要求满足题材热点，再满足技术特征，如此才会顺水推舟，柳暗花明。

战法内容的安排基本按照从易到难，由浅入深的逻辑顺序排列，贯穿始终的是最基础的原理——共振，包含逻辑共振、周期共振、指标共振等。而推崇的是捕捉热点龙头的最高盈利模式。主张操作的最高境界是趋势、技术和盘口的三点一线，其中技术的最高核心思想是0轴变盘、角度和距离三者的综合运用。这些都会在战法中一一得到体现，特别是靠后的章节中尤为明显。

特别提醒读者朋友，要重视每个章节的战法原理及战术，这才是根和发散源！而选股公式和具体操作包含了笔者较多的个人经验。因为每个人的性格、经历以及知识结构有所不同，因此所适用的交易系统也不尽相同。生搬硬套不可取，反而可能会弄巧成拙。另外铭记形态才是技术分析的根本，量、价、时、空四个基本元素千万不能忽略，而应该摆在首要位置。切忌在学习战法的过程中脱离根基，本末倒置。

同时学习战法也是自我强化和认识的过程，不断寻求技术与自身的契合点，融汇各类招数于一身。把战法原理和战术逐步形成一种潜在意识和条件反射，最终达到一种无招的境界。心如山之不动，性如水之无常，气平心和，超凡脱俗，然后忘记书中所有的战法，因此此时心中已经有了无数战法。这才是笔者对读者朋友的希望和期盼。

由于笔者水平有限，书中可能难免会有纰漏之处，还请读者海涵和不吝指正。另外书中的选股公式会单独提供，如对公式或其他内容有疑问可联系出版社。

最后在这里要感谢一直支持我的家人、朋友以及粉丝，是你们陪我走过了那一段漆黑的夜；感谢编辑以及负责本书出版的所有工作人员，是你们辛勤的劳动让这本书得以诞生；更要感谢未来的读者，是你们让我的付出有了意义和价值。

师 建

2013 年 6 月 1 日

内容摘要

具体章节内容安排及精华提示如下：

第 1 章是横纵双向统一战法，强调大盘、行业、个股三者之间的逻辑共振原理，属于超短和短线操作风格，实操性两颗星★★。

第 2 章是慢牛股之多周期同列战法，强调月线、周线以及日线三者之间的周期共振原理，属于中线操作风格，实操性三颗星★★★。

第 3 章是高控盘个股战法，从细微的盘口技术特征出发，以小见大，轻松揪出高质量的控盘个股用于跟踪操作，从容不迫。属于短线操作风格，实操性三颗星★★★。

第 4 章和第 5 章分别是寻找上涨趋势和下跌趋势中的有效拐点，上涨趋势强调的是强中之强的加速点，而下跌趋势需要的是趋势的逆转点，各有千秋。属于超短或短线风格，实操性五颗星★★★★★。

第 6 章和第 7 章是筹码分布原理的战法运用，透析了股价与筹码峰之间的距离和相互作用力的关系，以及股价和筹码的相对运行速率原理。用常用的技术工具捕捉确定的操作机会，分别属于中线和短线风格，实操性四颗星★★★★。

第 8 章、第 9 章以及第 10 章都是相对比较独立的战法，特殊但运用级别相对不是太高。第 8 章采取了一个高级指标，其核心其实不在于指标本身，而在于对庄家的分析。第 9 章是超级抗跌测试原理的运用，充分体现大浪淘沙、机从危中取的市场博弈心理。而第十章是非正常走势的运用，反映阴末阳生，阳极必反的涨跌内在原理。整体实操性三颗星★★★。

第 11 章直接从黑马的核心特征入手，剖析黑马的狙击位置，把握启动点和回踩点两大黄金机会。属于短线操作风格，实操性四颗星★★★★，从本章开始步入到级别较高的战法。

第 12 章和第 13 章分别介绍了两大指标的相关战法，布林线可以把股票分为弱势、强势和超强势三类，战法就从超强势股入手，出击价格偏离正常轨道时的非凡机会。而 MACD 具有良好的趋势预判性，所衍生出的战法非常之多且实用性极高，是一个非常值得重新认识和定位的钻石级指标。整体实操性五颗星★★★★★。

第 14 章是基于能量的角度来研讨股价运行特征，强调真正的大牛股都是一直维持高换手完成翻倍甚至几倍涨幅的。而只有能量足且均匀的个股，其技术特征才足够明显，若再辅以多年经验总结的特殊加强技术信号，则短线暴利不再遥不可及。实操性四颗星★★★★。

第 15 章至第 18 章基本都是围绕 MACD 战法展开的，其中第 15、16 章运用了 MACD 柱状体现股价运行速率的原理，分别介绍了各种涨停战法及成功率极高的加油战法。而第 17、18 章则从 0 轴变盘的最高战略出发，辅以速度、角度与宽度三者的辩证关系，介绍了普通做多、融资融券以及股指期货的相关高级战法。整体实操性六颗星★★★★★★。

目　　录

第 1 章　横纵双向统一战法

目前城市地铁建设正在如火如荼地进行，地铁的设计者从一开始就对其实用性、安全性、便捷性等多方面进行勘察论证，力争设计出最优化、最完善的线路以造福市民。选股票也是同样的道理，多一个角度、多一个方向去思考、去验证，那最终的成功概率就会多一成，如果套用物理的原理，可以称之为方式方法之间的共振。

在股票上能够产生共振的方式方法或者事物，可以是周期、空间，也可以是指标、盘口，甚至是不同的交易系统，只要能相互验证提高胜算的对象都可以发生共振。本章战法的基础原理隶属于共振范畴，同时共振也是技术分析最核心的部分，主要目的在于让读者将这个思路贯彻心扉，为学习后面的精彩战法打好基础。

1.1　战法原理 1：交叉概率累加

一位病情很严重很复杂的病人需要一次医学专家会诊，以求最大程度的确定病因和治疗方案，为什么需要专家会诊呢？因为在同一个领域里专家其擅长的方面不尽相同，即便相同，其个人的经验和经历也不尽相同，因此导致每位专家能医好这位病人的概率就不尽相同。

如果只是请其中一位专家，但恰恰这位专家能治愈的概率较低，那结果就会不太理想。但是如果再多请一位专家，由两位专家来共同商量相互佐证，那结果可能会好一些。假如请一群专家，他们之间能相互验证的知识和经验就会更丰富，对病因的确诊就会更准确，尽管无法做到 100%，但结果自然要好得多。

由上面的例子可见，会诊的基础原理就是共振，是各位专家之间发生的共振，每增加一位专家，其最终结果就会好一些，能治愈这位病人的概率就会提高一些。这样的例子在生活中会遇到很多，买车买房甚至买一件衣服都会用到这个原理。就拿购房来说，会综合考虑地理位置、交通便利性、采光度、配套设置以及价格接受度等因素，以判断房子的性价比是否适合自己。下面用具体案例，用数字来验证这个原理。

现在有甲乙丙三个人，在他们前方 50 米有一根立在地上的木桩，木桩上有一个苹果。现在他们每人有一次机会来射击苹果以求打中苹果，但是这三个人每人能打中苹果的概率都一样，都只有 50%。那不管从谁开始，第一个人打中苹果的概率就只能是 50%。

假如让甲乙两个人依次射击，结果能打中苹果的概率会是多大呢？要算出能打中的概率，先可以算出都不能打中的概率，即甲乙两个人都不能打中的概率。暂且用字母 P 来代表概率，甲不能打中的概率就是 P 甲＝1－50%＝50%，乙不能打中的概率 P 乙＝1－50%＝50%，甲乙都不能打中的概率＝P 甲×P 乙＝50%×50%＝25%，自然甲乙依次射击能打中的概率 P＝1－25%＝75%。由此可见两个人能打中的概率就比一个人要足足提高了 25%，概率累加的效果非常明显。

假如让甲乙丙三个人依次射击呢？打中的概率＝1－50%×50%×50%＝87.5%，结果让人大吃一惊。本来每人打中苹果的概率只有区区 50%，但是经过三个人累加后打中的概率就一下跳跃到 87.5%，一个非常高的命中率。一个简单的案例就把概率累加的魅力展露无疑，智慧的人们其实早就深谙此道，谚语三个臭皮匠顶一个诸葛亮的道理大抵如此。

如图 1－1 的示意图形象展示了这个概率累加的过程，每根箭头可表示甲乙丙三个人中的任何一人，毕竟他们单独的命中率都相同。

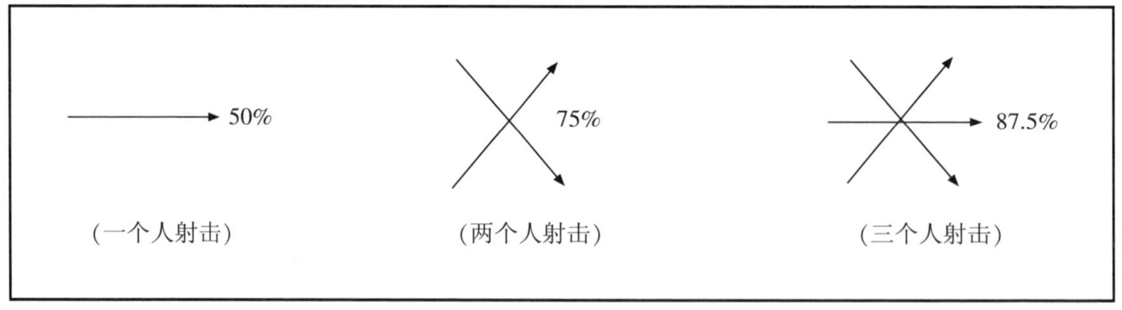

图 1－1　概率累加

尽管多人或者多事物的相互叠加，相互验证，其最终结果可能会改善很多，但请注意只是可能，只是一种概率，就是说，无论多少条件相互累加，其结果可能仍然会失败。就如上述例子，甲乙丙三个人累加后仍然有12.5%的失败概率，即便再叫上后面的丁戊己甚至庚辛壬癸一起上，由数学原理得知其最终能够成功的概率也不可能达到100%。即便是99.999%，当小概率事件发生时也有可能会失败。就如诸葛亮尽管神机妙算，也会有失街亭的时候。

学习股票技术分析更是要明白以上道理，一切的研究工作都是为了提高成功率和收益率，并不是为了找到一种百发百中的方法。永远都不会有放之四海而皆准的方法，这是真理，就如物理上永动机不会存在的道理一样。明白这个道理就会避免在研究的过程中钻牛角尖的问题，少走弯路，另外还能更好地理解金融市场的风险。

那可能有人会问，既然如此，还学什么技术分析呢，反正都会有赔钱的风险。此言差矣。假如你经过长期的研究和实战，拥有高成功率的交易系统，也许去做一次两次交易会赔钱，但如果经过长期的很多次的交易测试，其结果肯定会呈现出高成功率特征。就如抛硬币一样，可能你连抛3次都是正面，但如果你抛100次，1000次，10000次呢？结果肯定会接近这个事件的真实概率50%。

搞清楚了概率累加、非100%和概率体现的原理之后，我想你应该知道怎么做了。首先需要学习更多的知识，掌握更多的战法或者招数，然后怀着虚怀若谷的态度去逐步铸就一套高成功率的交易系统，最后用这个系统去进行无数次交易，体现其真正概率，实现你的财富梦想。

不积跬步，无以至千里。实现财富自由的路虽然漫长而朦胧，但相信你经过努力，逐步学习完本书的所有战法后，会给你寂寞的路上增添些许阳光和温暖。

本小节之所以命名为交叉概率累加，主要因为战法的核心是横向和纵向的概率累加，交叉二字能让读者更加形象地体会战法思想。就如两条直线相交有一个交点，三条直线两两相交就会有三个交点，而四条直线就会有六个交点的原理一样。虽然每次只是多一条直线，但结果却会有更多的交点，说明两个能产生反应的事物交叉后能产生一加一大于二的效应，这也是本章战法乃至于后面大多数战法的最基础最重要的原理之一。

标题里的横向指的是大盘—行业—个股的递进逻辑关系，而纵向是指个股的周线—日线—小时线之间的周期相互支持关系。关于详细示意图和具体实施过程会在本章第三小节中介绍，下面继续了解本章战法相关的另外一个原理。

1.2 战法原理 2：转强临界点

如果从强弱关系来看待股价，你会发现股价的运行其实就是由强弱的不同组合来表现出来的。弱势效果抵消不了之前的强势效果，便会形成一波涨势，如果刚好抵消则形成盘整走势，倘若弱势效果要强于之前的强势效果，自然会形成一波跌势。

一股力量的产生，表明一种新的趋势已然形成，而你需要做的就是，发现这股力量，并追随潮流。看似简单，实际上在操作过程中并非如此，你需要以一种物理力学，甚至哲学的角度去看待它。

在资金力量的推动下，股价产生了一个向上的初始动能，在向上运行的过程中，一部分动能转化成了势能，另外一部分被过程中的阻力所消耗掉。最终表现为，股价由迅猛上涨到滞涨，然后形成向下的拐点，进而进入下跌。

抑或这样理解，事物的发展必然经过产生—发展—繁荣—鼎盛—衰落五个阶段，股价的运行特点何尝不是如此。要想取得最大成功，就必须在事物产生时入场，在衰落前离场。另外，物极必反的原理也是适用于股价的，鼎盛过头了便会形成衰落，而衰落过头了便会出现复苏。

归结到一句话，做股票就是要找到转强的临界点，找到股价从猛跌到跌势放缓，然后止跌，进而开涨，形成新的趋势开端的那一个点。这里面有两个要点：第一，前期的弱势一定要有一个明显的止跌过程；第二，要确定股价已经形成新的上涨趋势。只有同时满足这两点，才具备了短线入场的前提。下面用两个例子来提高大家对股价强弱转换以及转强临界点的理解。

如图 1—2 所示是恒信移动（300081）的日 K 线图，从图中可以看出该股的强弱转换非常明显，一方面与股票的流通盘有关，另外一方面也与资金的强烈追捧脱不了干系。往往我们可以把这种特别热门的袖珍股称为“快票”，这种股票有两大特点，一是日换手率很高，最低都在 10%以上，二是股价的波动很剧烈，日振幅超过 10%是很平常的事情。

从图中还可以看出：第一，股价从走弱然后到弱势淡化，也就是有止跌意愿，之后再转强，这些几乎都是股价大幅走高之前必备的过程；第二，股价在形成新的趋势后，并不会马上停下来，而会继续向上运行一段距离，然后趋势淡化，进而转弱。

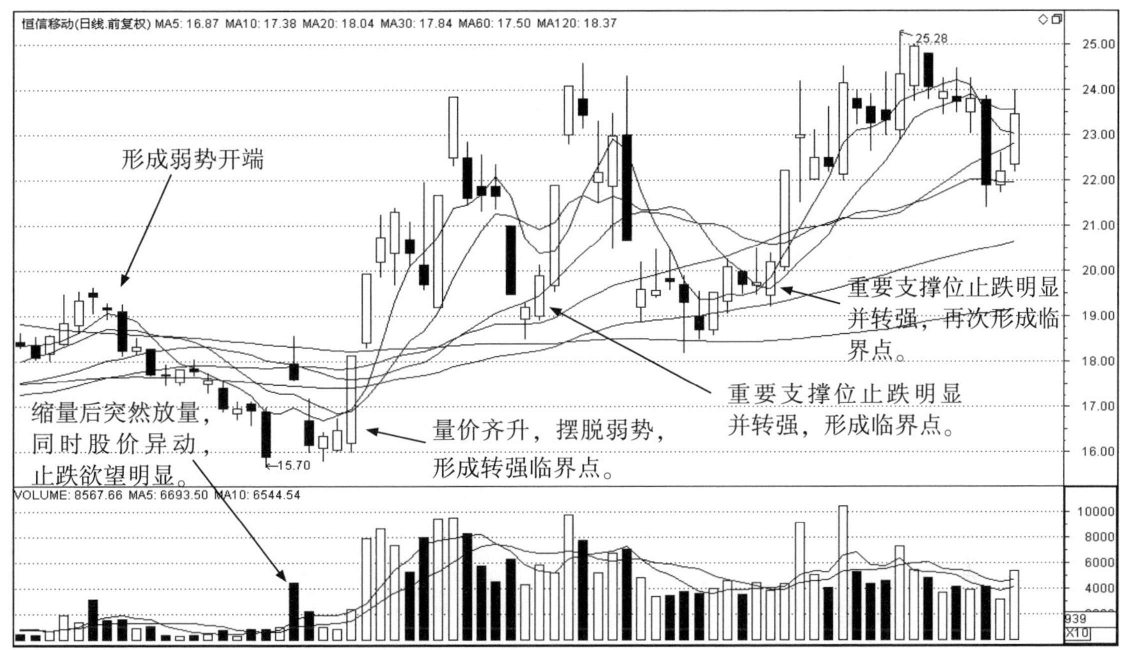

图 1—2　转强临界点 1

也就是说，任何一个阶段过渡到另一阶段都是需要一定过程的。这就犹如天气由晴转雨的话，中间必然会经过晴转多云，多云转阴的过程，期间可能还会伴随着刮风等等现象，并不是一蹴而就的。

上面的第一点可以理解为随着股价的下跌，该离场的都离场了，在里面的套牢了，市场表现出了惜售的心理，这在量能上表现极为明显——大幅萎缩，股价基本跌无可跌，这便才有了上涨的前提。第二点应该以自我的角度去思考问题，假设主流资金和自己是同样的一个操作方式，大家都是做短线，那必定今日介入的资金会在后面紧接着的几天制造出获利空间，股价进一步走高自然就成为必然。

这个必然就是转强临界点的价值所在，也是战法运用的理论基础。下面再举一个例子来让大家更深刻地感受股价的强弱转换关系，如图 1—3 所示是北纬通信（002148）的日 K 线图，这只股票与恒信移动（300081）的走势相关性很强，都属于“快票”范畴。

仔细观察图 1—3 会发现，该股的股价强弱转换关系非常明显，基本上每次大幅调整后止跌企稳都会有较大的机会，而大幅上涨后显弱态都会出现一波较猛烈的下跌，做这种股票更多的是需要敏锐的判断力和果断的执行力，如果能做到这两样，效果会非常不错。现在就请读者自己来分析一下股价的波动吧，假设自己不停地在转强点买入，在转弱点卖出，尽情的

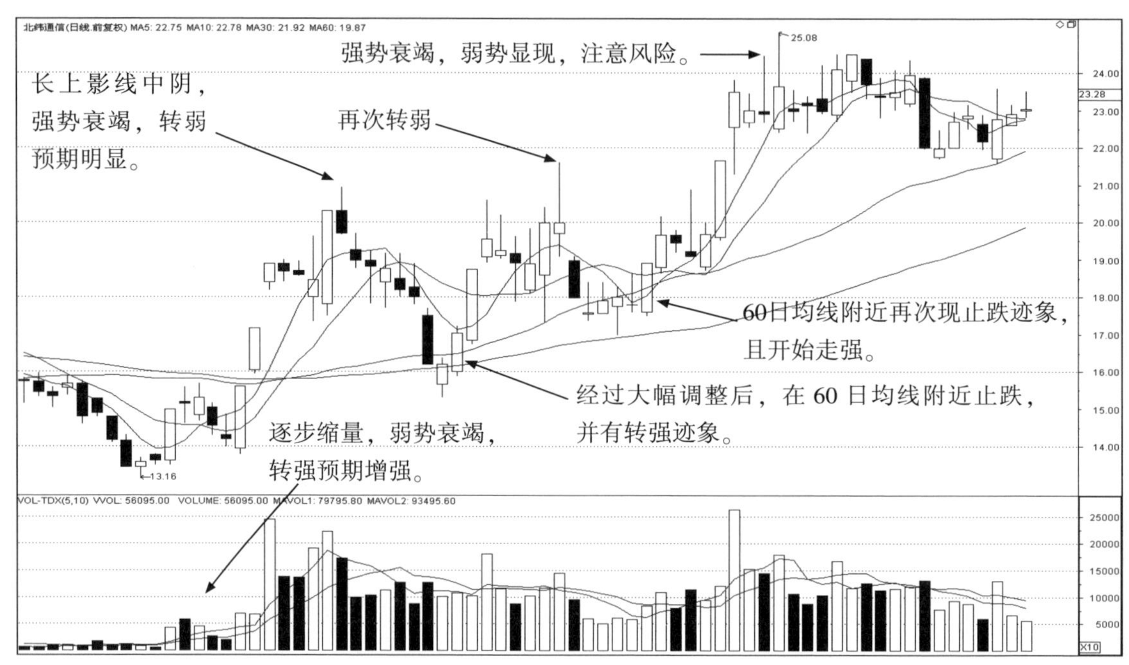

图1—3　转强临界点2

体会一下赚钱的乐趣吧！

如图1—4用箭头来表示股价的强弱，向上箭头表示强，向下箭头表示弱。通常情况下股价的运行都满足强弱较规则的变换关系，即便是一波强势后，股价强势调整，再次走强，那强势调整相对于前面的强势也属于弱势范围。强势过了自然形成弱势的开端，而弱势过了就会形成强势的开头。

图1—4中的箭头要说明的是股价满足这种强弱不断更替的关系，并不是指强势区域的时间跨度和股价变化与弱势区域是一致的。每只股票的不同强势或弱势区域所用的时间和股价的波动幅度都可能是不一致的，但是它们均满足这种强弱转换的关系，只要知道这一点，对于我们寻找价格拐点就足够了。

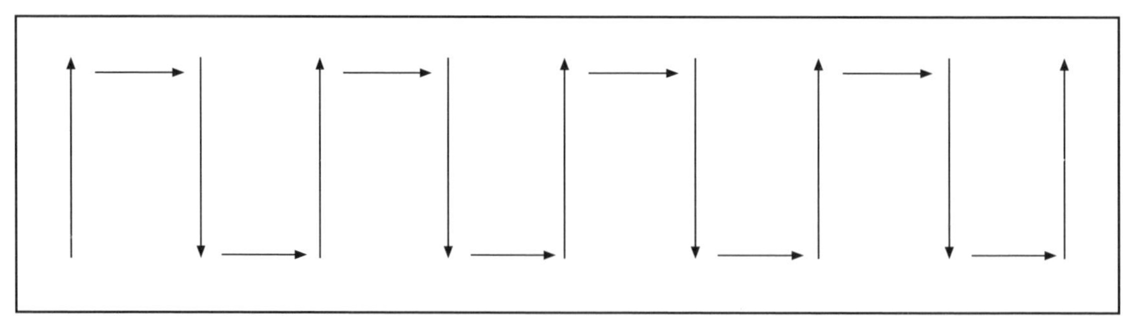

图1—4　股价的强弱转换

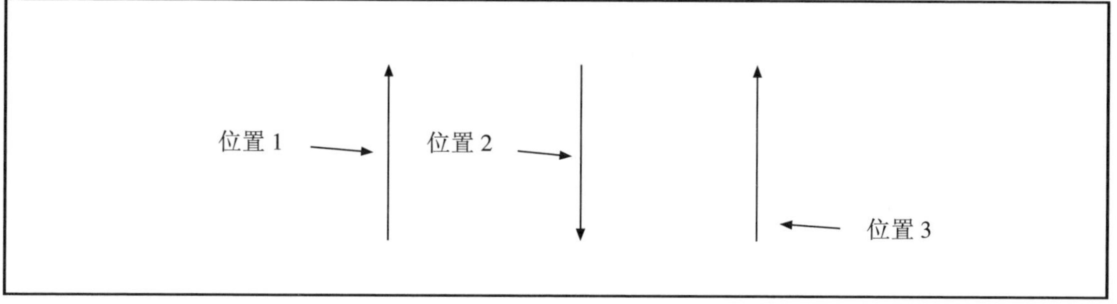

图 1—5　介入位置

那我们究竟应该在箭头的什么位置介入是最安全、收益最高的呢？如图 1—5 所示，市场中有很多投资者喜欢追高，也就是在图 1—5 中向上箭头的位置 1 介入，运气好的可能还会有一定的获利空间，不好的话刚好就买在向上箭头的末端和向下箭头的临界位置，被套概率很大。因为当你买的时候，股价已经经过了较好的上涨，此时进场只能寄希望于上涨趋势暂时没有结束，后期还会有一定冲高。

结果有可能是你刚进去，股价就开始走弱，一开始你还在幻想只是暂时调整，但是，随着股价的进一步下跌，套牢了，你再也不相信股价会涨起来了，此时你产生了恐惧，割肉就成了大多数人的选择。结果刚一割，股价就嗖嗖嗖地涨到了你买入的价位，甚至还产生了利润，你肠子都悔青了，心里的严重不平衡感导致你失去理智，你再次追进去，结果可想而知，再次被套，再次割肉……这就是追高的危害，可能会产生一个恶性循环，逐渐你就会消失在市场中。

还有一部分投资者喜欢在股价冲高回落的过程中，去猜测股价可能止跌回升的位置，选择在一些关键支撑位介入，就如在图 1—5 中的位置 2。这样做虽然有一定的技术基础，但做股票讲究的是右侧交易（所谓右侧交易，是指不要去预测股价，等待市场确切转折后再操作的原则），我们需要的是确切的介入信号。股价跌到重要支撑位，只能说明这个位置产生反弹拐点的概率大，但仍然存在着继续下跌的可能，股价没有最低，只有更低，这种思维需要根深蒂固地建立在大家的大脑中。而这种信号即是出现新的上涨箭头的初段。

华尔街有句名言：不要用手去接正在往下掉的刀，讲得就是这个道理，否则你的手将会被扎得血淋淋的。所以说盲目猜底是毫无意义的，可能会造成毁灭性的打击，抄底抄在半山腰的投资者大有人在。还是那句话，我们需要的是明确的介入信号，即是股价阶段弱势已经衰竭，而强势开始小荷才露尖尖角的时候介入，这个位置才真正是由弱到强的拐点，此时介入风险低而预期收益最高，这个位置就如图 1—5 中的位置 3。

经过以上分析，很明显，最佳的介入点在向上箭头的初段，最佳离场点在向上箭头与向下箭头的临界点位置。这样既可以避开下跌风险，而且能吃完整波行情。

经验表明，一般情况下，临界点往往会在关键位置形成。关键位置可以是长周期的移动平均线（如 60 日均线）、前期低点（高点）或者是趋势的低点（高点）连线位置。经验表明，在关键位置形成的转强（或转弱）点更具有可信度。走势较为规律的股票通常会在高低点的连线位置形成临界点，如图 1—6 中的前三种走势，就是一种较规律的轨道式运行，这种走势往往都会在股价与轨道的接触点附近形成阶段高点或低点（图中箭头处）。

另外走势不太规律的股票通常会以长周期移动平均线作为临界点，如 30 日、60 日、120 日等重要周期均线。当然，判断真实拐点还需要结合量能、盘口等元素来综合判断，成功的概率才会更大。图 1—6 中的最后一种走势表示的就是这种情况（虚线表示移动平均线）。

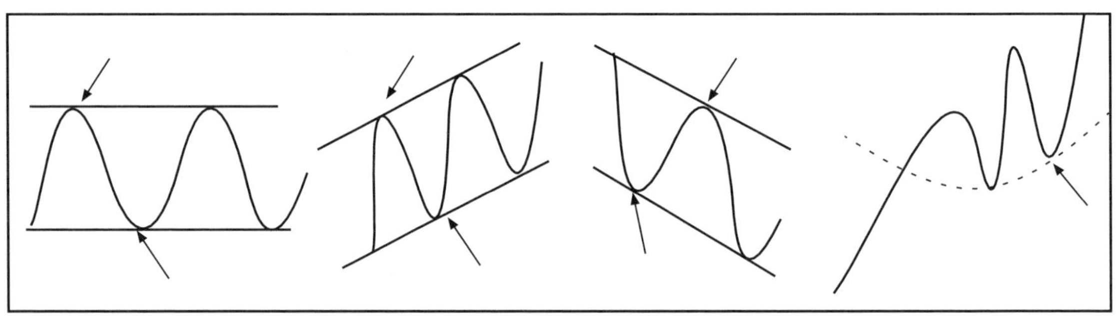

图 1—6　临界点形成的位置

其实从图 1—6 中可以看出来，关键位置或者说转强临界点是具有一定的记忆性的，规律走势的股票上次在与轨道接触处出现拐点，那下一次在接触处出现拐点的概率非常大。特别是最后一种走势，在移动平均线附近止跌的情况，该股前期如果在 60 日均线附近止跌后走强，那下次再次调整至 60 日均线止跌时就要高度注意，一旦开始走强，介入的话，短期的收益会非常可观。

图 1—3 北纬通信（002148）的案例就很能说明这个问题。另外下面给大家一个图例，以帮助大家理解转强临界点的记忆性。如图 1—7 所示是川大智胜（002253）某阶段的日 K 线图，图中显示该股处于一波上升趋势中，

且多次在 60 日均线附近止跌回升，形成阶段低点。这里的 60 日均线无疑成为了该股的重要位置，且在此位置形成临界点已经形成了记忆。

图 1—7　重要位置的记忆性

1.3　关键战术 1：横纵向逐步排除

横向是指大盘—行业—个股之间的逻辑递进关系，而纵向指的是个股的日线—周线—小时线之间的相互支持关系。本战法主要应用在超短线上，在尾盘待技术形态相对稳定后介入，视后期行情发展情况可做成短线甚至波段。所谓逐步排除指的是，先从横向依次筛选出满足大盘、行业的目标个股群，然后再在这些目标群里通过周期共振进行纵向排除，最终确定成功率最高的一只或两只个股作为操作对象。当然，具体的排除过程中会参考其他因素，比如形态、MACD 指标等，以相互共振最大程度提高成功概率。

如图 1—8 所示，该战法的确是横纵两个方向交叉锁定个股，通过逻辑共振和周期共振共同提高成功率。其中需要注意的重点有：

①战法的最初源头来自于大盘指数，如果判断出第二天大盘上涨概率

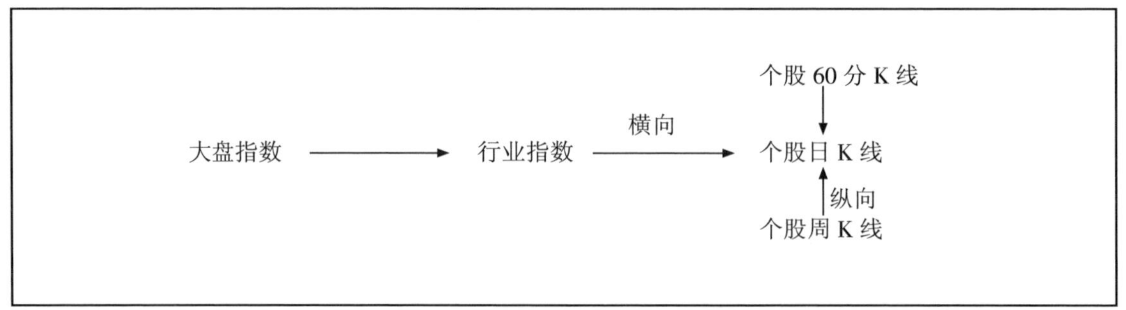

图1—8　战法示意图

不大，那后面的所有程序就无从谈起，使用该战法的条件就不成立。②能判断大盘或行业指数上涨的K线形态较多，但这里只使用一阳穿多线的最强信号，包括个股也是。③横向过程中如果出现断续，某一步无法选出目标，则终止流程，同样纵向也是。④纵向上，只要60分K线和周K线形态位置不高，风险不大，均可以作为支持日K线的条件。

具体盘中实施过程时，一旦在尾盘确定大盘收一阳穿多线形态可能性很大后，就可以对概念板块指数进行逐一排除筛选，为什么要选择概念板块呢？因为资金的炒作逻辑大多是按照概念来炒作的，概念的联动性和持续性相对于行业指数而言更好。另外还需加上几大权重指数，分别是金融指数、地产指数、煤炭指数和有色金属，因为其识别度较强，大盘出现放量大涨一阳穿几线的同时很可能是由其中一个指数或几个指数带动起来的。

但是通达信软件光概念指数就有76个，就算排除一些诸如含B股、含H股之类用处不大的指数外，仍然会有60多个。手工翻阅起来工作量较大，且盘中时间紧迫，行情还在波动，筛选结果可能会不太理想。此时可以用公式来帮助筛选，选出当天出现一阳穿多线的概念指数。确定概念指数后，最后再利用公式选出该概念指数里当天出现一阳穿多线的个股。横向逐步排除就完成了，其中涉及到的关键步骤截图说明如下：

（1）新建板块，命名为“概念板块”，加入所有概念指数（代码880501—880576），加好后排除部分用处不大的指数，如含B股、含H股等，结果如图1—9所示。

（2）当日尾盘确定大盘收一阳穿多线概率很大后，利用一个简单的公式筛选出当日出现一阳穿多线的概念指数，如果结果中没有满意的，就终止流程。相反则需要进一步在选定的概念中筛选出当日出现一阳穿多线的个股。公式如图1—10所示，公式采取RANGE函数，取阳线上穿不低于

系统 功能 报价 分析 扩展市场行情 资讯 工具 帮助　　通达信金融终端 概念板块　　财经资讯 委托交易

▼	代码	名称	涨幅%	现价	涨跌	买入价	卖出价	所属行业	现量	涨速%	换手%	今开	昨收	最高	最低	市盈(动)	总金额	振幅%	流通股本
30	880538	金融参股	0.11	643.57	0.70	—	—		—	0.00	—	642.54	642.87	643.85	635.34	—	73.5亿	1.32	—
31	880539	股权激励	-0.53	664.91	-3.52	—	—		—	0.00	—	667.89	668.43	667.89	655.76	—	13.9亿	1.81	—
32	880540	创投概念	-0.00	578.65	-0.02	—	—		—	0.00	—	577.95	578.67	579.59	571.71	—	26.1亿	1.36	—
33	880541	触摸屏	0.95	506.77	4.77	—	—		—	0.00	—	501.84	502.00	507.77	498.52	—	5.4亿	1.84	—
34	880542	水利建设	1.49	746.92	10.99	—	—		—	0.00	—	736.28	735.93	747.15	734.07	—	9.2亿	1.78	—
35	880543	外资背景	-0.80	872.91	-7.04	—	—		—	0.00	—	877.79	879.95	878.28	859.56	—	7.1亿	2.13	—
36	880544	太阳能	0.62	663.71	4.11	—	—		—	0.00	—	659.55	659.60	664.28	654.70	—	14.2亿	1.45	—
37	880545	云计算	0.21	672.91	1.41	—	—		—	0.00	—	671.58	671.50	673.60	663.76	—	8.6亿	1.47	—
38	880546	卫星导航	0.58	701.30	4.02	—	—		—	0.00	—	697.79	697.28	701.69	690.33	—	3.7亿	1.63	—
39	880547	电子支付	0.32	672.01	2.15	—	—		—	0.00	—	669.34	669.86	672.01	660.89	—	3.2亿	1.66	—
40	880548	新三板	0.38	870.25	3.29	—	—		—	0.00	—	863.80	866.96	871.48	858.89	—	7.7亿	1.45	—
41	880549	海工装备	0.37	831.40	3.09	—	—		—	0.00	—	828.55	828.31	835.34	823.09	—	3.6亿	1.48	—
42	880550	保障房	0.26	926.11	2.36	—	—		—	0.00	—	922.57	923.75	927.35	915.04	—	24.5亿	1.33	—
43	880551	涉矿概念	0.32	825.62	2.63	—	—		—	0.00	—	822.55	822.99	825.84	814.25	—	20.3亿	1.41	—
44	880552	金融改革	0.39	827.91	3.19	—	—		—	0.00	—	824.04	824.72	828.16	817.63	—	13.7亿	1.28	—
45	880553	页岩气	0.96	895.85	8.53	—	—		—	0.00	—	888.56	887.32	895.85	878.24	—	10.4亿	1.98	—
46	880554	自贸区	0.20	791.47	1.61	—	—		—	0.00	—	789.91	789.86	792.57	782.00	—	3.6亿	1.34	—
47	880555	陕甘宁	0.61	821.14	5.00	—	—		—	0.00	—	816.12	816.14	821.59	811.75	—	15.4亿	1.21	—
48	880556	文化振兴	0.31	823.88	2.55	—	—		—	0.00	—	821.85	821.33	824.12	814.07	—	8.1亿	1.22	—
49	880557	生物疫苗	-0.16	902.17	-1.41	—	—		—	0.00	—	901.35	903.58	902.17	889.32	—	10.4亿	1.42	—
50	880558	节能环保	0.84	826.60	6.86	—	—		—	0.00	—	817.97	819.74	826.61	813.86	—	37.1亿	1.56	—
51	880559	宽带提速	0.42	648.55	2.70	—	—		—	0.00	—	646.86	645.85	649.46	640.12	—	2.6亿	1.45	—
52	880560	高端装备	0.65	766.90	4.96	—	—		—	0.00	—	761.33	761.94	769.42	756.67	—	21.1亿	1.67	—
53	880561	IPV6概念	0.08	748.87	0.62	—	—		—	0.00	—	748.21	748.25	750.99	739.62	—	4.9亿	1.52	—
54	880562	高校背景	0.49	869.38	4.20	—	—		—	0.00	—	865.50	865.18	869.82	856.95	—	4.8亿	1.49	—
55	880563	食品安全	0.49	769.82	3.76	—	—		—	0.00	—	764.74	766.06	769.82	756.88	—	4.1亿	1.69	—
56	880564	奢侈品	-4.54	859.90	-40.90	—	—		—	0.00	—	899.98	900.80	899.98	841.28	—	33.5亿	6.52	—
57	880565	送转潜力	-0.58	800.79	-4.70	—	—		—	0.00	—	803.32	805.49	803.50	786.09	—	5.9亿	2.16	—
58	880566	图们江	0.76	961.24	7.26	—	—		—	0.00	—	954.82	953.98	961.39	947.30	—	3.9亿	1.48	—

分类▲ A股 中小 创业 B股 权证 基金 AH对照 自选 板块▲ 自定▲ 港股▲ 期货与商品▲ 开基与宏观▲ 外盘▲

图 1—9　概念指数板块

三条均线作为标准，同时加上一个放量的条件作为辅助强调股价的强度。

RANGE（MA（C，5），O，C）＋RANGE（MA（C，10），O，C）＋RANGE（MA（C，20），O，C）＋RANGE（MA（C，30），O，C）＋RANGE（MA（C，60），O，C）＋RANGE（MA（C，120），O，C）＞＝3 AND V＞REF（V，1）。

（3）第一步筛选概念指数时“选股范围”要设置成“概念板块”，如图 1—11 所示。第二步筛选个股时“选股范围”要设置成上一步确定的概念板块。例如选择了“页岩气”，那筛选个股时“选股范围”就要设置成“页岩气”，如图 1—12 所示。

完成以上横向步骤后个股目标就出现了，无论是一只个股或者多只个股，都必须要进行纵向的排除。前面说过，只要该股周线和小时线形态都不高，对于当前股价不构成调整威胁，都可以作为支持日线维持上涨动能的条件。反之放弃，前面做的所有工作全部作废，因为作为超短线应用，必须要保证 T＋1 具备一定的上冲动力，打造获利空间。

条件选股公式编辑器

公式名称 一阳穿三线　密码保护　公式类型 其他类型　确 定　取 消

公式描述 一阳穿三线

参数1-4 | 参数5-8 | 参数9-12 | 参数13-16

参数 最小 最大 缺省

引入指标公式　插入函数　测试公式

```
RANGE(MA(C,5),O,C)+RANGE(MA(C,10),O,C)+RANGE(MA(C,20),O,C)+RANGE(MA(C,30),O,C)+
RANGE(MA(C,60),O,C)+RANGE(MA(C,120),O,C)>=3 AND V>REF(V,1)。
```

测试通过！　动态翻译

图 1—10　一阳穿多线公式

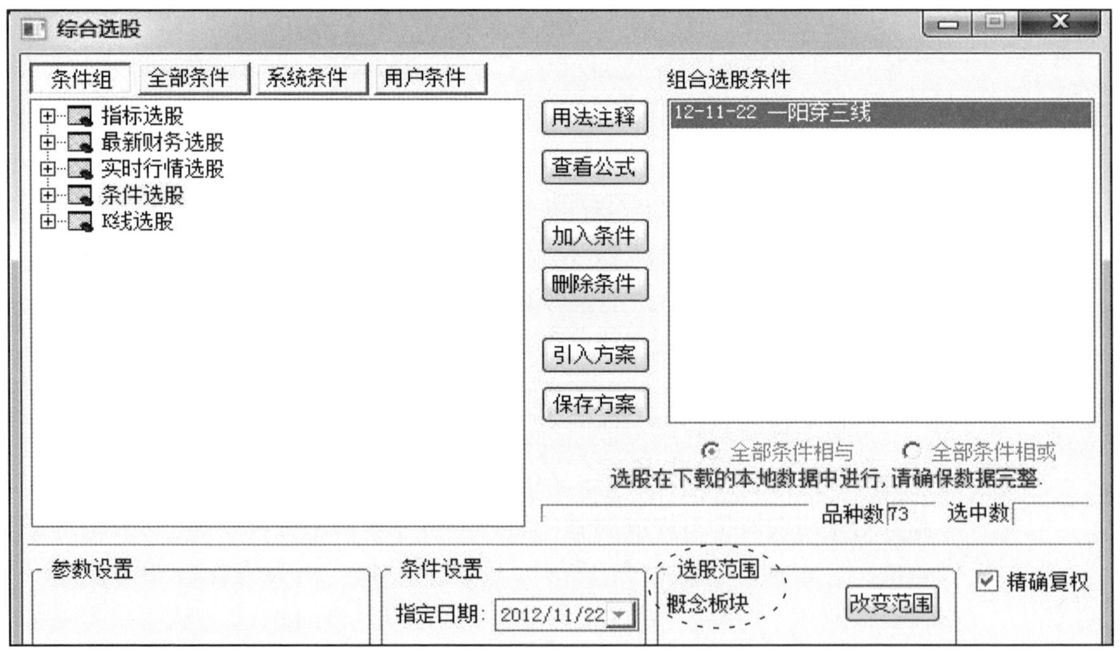

图 1—11　选股范围 1

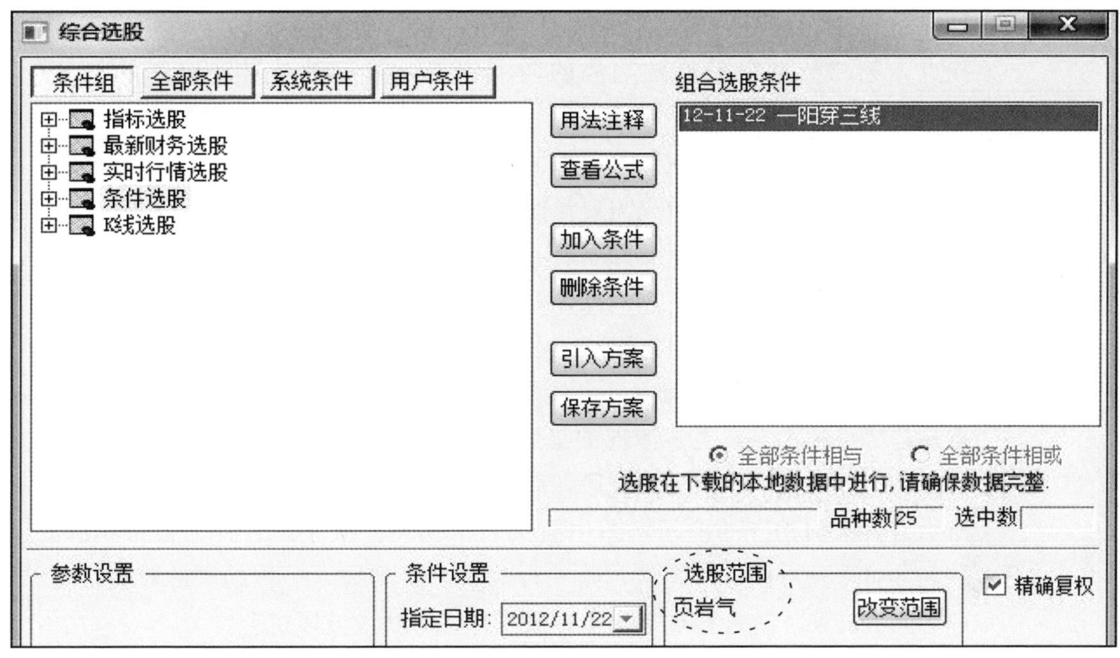

图1—12 选股范围2

1.4 关键战术2：判定有效拐点

前面讲到过，任何战法都是讲究概率的，要想提高成功率，尽量降低失败率是最佳的途径。能否成功运用此战法，关键的一点是确定正确的转强临界点，而转强临界点其实质就是拐点，所以这里跟大家来探讨一下拐点的相关知识。

任何投资或投机的关键都无一例外地在寻找价值或者价格的拐点，能够确立真正的拐点意味着成功了一大半。而拐点按照方向来分类，分为向上拐点和向下拐点，如果按照股价的连续性来分类的话，可分为连续拐点和跳跃拐点，按照性质来分类的话，可分为事件拐点和技术拐点。

股价有三种运行趋势，之后分别会出现向上拐或者向下拐，那就有六种走势，但这同时考虑了做多机制和做空机制。尽管融资融券的推行给A股市场引进了做空机制，但由于门槛较高，目前仍然是以做多机制为主，因此在这里只讨论向上拐点。

向上拐点自然会出现在：跌到涨、平到涨以及涨到涨的三种走势中，如此便会形成三种拐点。这种拐点是一种较大级别的拐点，它是一种股价趋势到另外一种股价趋势的转变。第一种是突破盘整平台的向上拐点，第二种是突破下跌趋势的向上拐点，第三种是上涨途中的加速拐点。

就上涨力度来看，往往第三种最强，因为它只需要改变一下上涨斜率，而第二种最弱，因为它首先需要量能来摆脱原有的下降趋势，然后再向上，消耗的总量能相对就要大得多。因此，在选择这种较大级别的拐点时，尽量选择加速上涨的拐点，它的操作效率通常是最高的。

按照级别大小，可将向上拐点分为大级别拐点和小级别拐点。大级别拐点又可称为趋势间的拐点，也就是上一段落所讨论的拐点，而小级别拐点是趋势里的拐点，更多体现的是股价强弱之间的微观转换。就行情性质而言，大级别拐点意味着大波段，而小级别拐点代表着小波段。如图 1—13 所示是大级别拐点的图示，图中箭头表示拐点。从左到右分别是平到涨，跌到涨，涨到涨的三种拐点，是一种股价趋势到另外一种趋势的转变，是趋势间的转换。这种拐点适用于中线操作，寻找大波段机会。

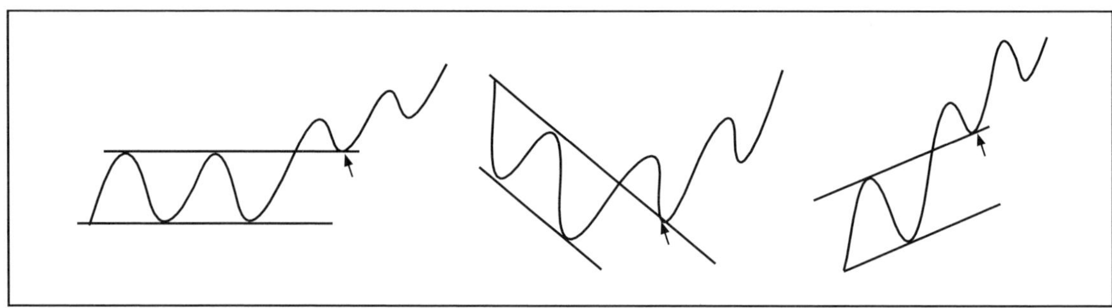

图 1—13　大级别拐点（趋势间）

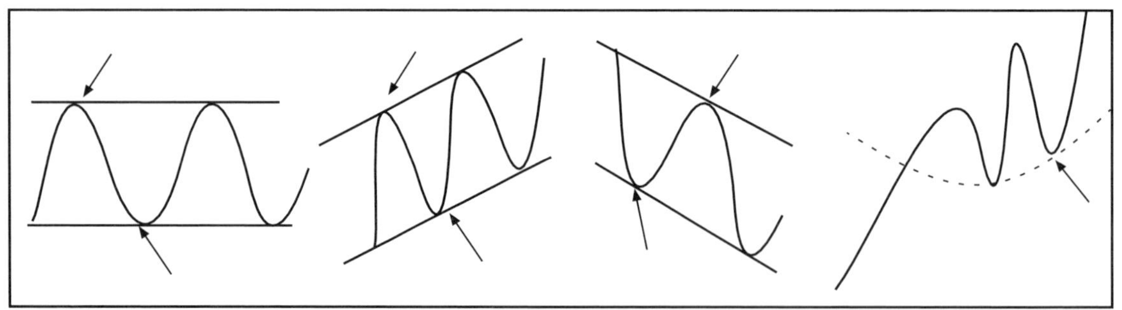

图 1—14　小级别拐点（趋势里）

如图 1—14 所示是小级别拐点的图示，图中箭头表示拐点形成的位置，仔细观察会发现图中的拐点均出现在一种股价趋势里，是一种趋势里的拐点，这种拐点适用于短线操作，可以在一种趋势里来回操作，赚取最大的利润。

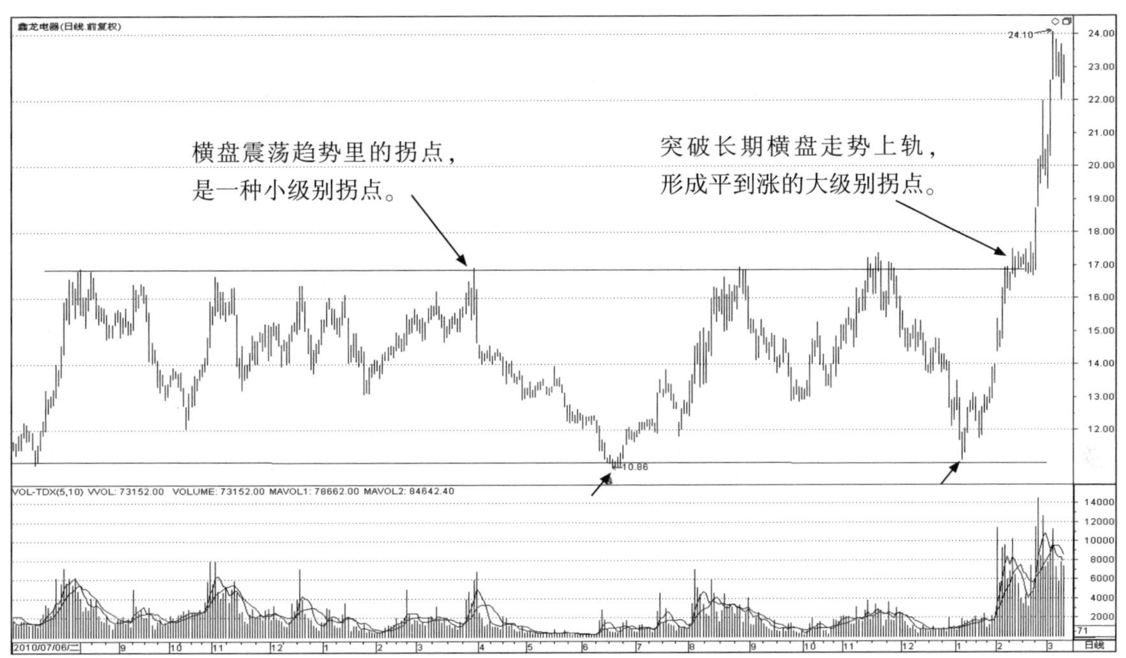

图 1—15　拐点图例

如图 1—15 所示是鑫龙电器（002298）的日 K 线图，图中显示该股长期处于横盘震荡箱体中，每次均在箱体的上轨或下轨位置形成阶段拐点，但这些拐点都是横盘震荡趋势里的拐点，是一种趋势里的小级别拐点，适用于小波段的操作，操作周期相对较短。而后期突破箱体继续走高，股价趋势就从横盘震荡变成了上升趋势，大趋势发生了变化，所以说这种拐点是一种趋势间的拐点，是一种大级别拐点。适用于大波段的操作，操作周期相对较长。

请你现在再次打开以往你比较熟悉的 K 线图，是不是发现基本都满足以上的走势特点，拐点处介入是不是最安全且收益最高。也许你会恍然大悟，原来做股票就是找拐点啊，那你今后的研究重点和方向就会逐步向拐点理论靠拢，成功就离你不远了。

本章战法主要使用的是一阳穿多线技术形态，而趋势间的拐点处，均线系统往往暂时跟不上股价上涨的步伐，所以出现一阳穿多线技术形态的机会非常少，因此这里将主要研究趋势里的拐点。学会了寻找拐点，接下来最重要的工作就是判定拐点的有效性，只有有效的拐点才会带来安全的收益。有时候“庄家”会故意制造假突破来吸引散户接货，也就是制造假的拐点，散户以为会出现新的一波上涨行情，纷纷入场，结果是“庄家”的一场骗局。

所以这里给有效拐点制定了一些限制条件：①有效拐点一定是股价经过充分调整后的首次走强。②走强的位置通常在一些关键位置，如前期低点的连线位置，或者重要支撑均线位置等。③走强的同时伴随明显放量，突破重要压力位或者多条均线。④盘口表现为正常走强，即量价配合良好，外盘远大于内盘，多有扫单出现，吃货明显。

以上四点是判断一个有效拐点的必备条件，其中以首次走强和突破多条均线作为平时应用中的重点。首次走强符合图1—5中的向上箭头的初段位置（位置3），而突破多条均线，表示多头做多意愿强烈，敢于解放多周期成本的众多投资者。这里也许只是纸上谈兵，需要大家综合这些条件多在实践中总结才能真正快速地判定出有效拐点。下面也会有如何运用公式快速找到拐点以及运用拐点的案例介绍，希望能起到抛砖引玉的效果。

1.5 典型案例一：包钢稀土（600111）

如图1—16所示是上证指数2012年1月9日附近的日K线图，图中显示当日大盘放量大涨近3%，出现非常漂亮的一阳穿多线形态，且处于一波下跌趋势减缓的末端，同时满足首次转强的条件。大盘条件非常满足，因此可以启动后面的流程。

确认大盘满足后，第一步要从所有的“概念板块”中选出当天也出现一阳穿多线的指数，软件筛选结果如下：

如图1—17所示是概念板块软件筛选结果，图中可见当天共有10只概念指数出现一阳穿多线形态，但经过逐个分析排除后发现稀缺资源和稀土永磁K线形态及各指标良好，当天均大涨超5%，在结果中属涨幅最大的两个指数。且恰恰两个指数之间具有包含关系，因为稀土永磁属于稀缺资源范畴，可以说当天是稀土永磁的上涨促进了稀缺资源指数的上涨。于是当天将最终范围确定为稀土永磁。

第二步，将选股范围设置为“稀土永磁”（图中虚线位置），利用同一个公式“一阳穿三线”来进行选择，在稀土永磁范围内选出当天满足条件的个股，选股结果如图1—18所示。

图中显示当天满足条件的个股只有两只，分别是中色股份（000758）

图 1—16　大盘日 K 线图

	代码	名称	涨幅%
1	880505	稀缺资源	0.83
2	880535	稀土永磁	0.76
3	880534	锂电池	0.66
4	880511	资产注入	0.60
5	880532	整体上市	0.21
6	880526	长三角	0.10
7	880513	海峡西岸	0.04
8	880527	珠三角	-0.27
9	880539	股权激励	-0.53
10	880509	循环经济	-0.95

图 1—17　指数筛选结果

和包钢稀土（600111），经过对比形态、指标等技术要素后发现其实两只票都不错，都可以作为操作标的。但是考虑到包钢稀土（600111）历来属于

图 1—18 选股结果

稀土炒作热门股，且基本面要明显占优势，于是综合判断后选择包钢稀土（600111）。如图 1—19 所示是该股的日 K 线图。

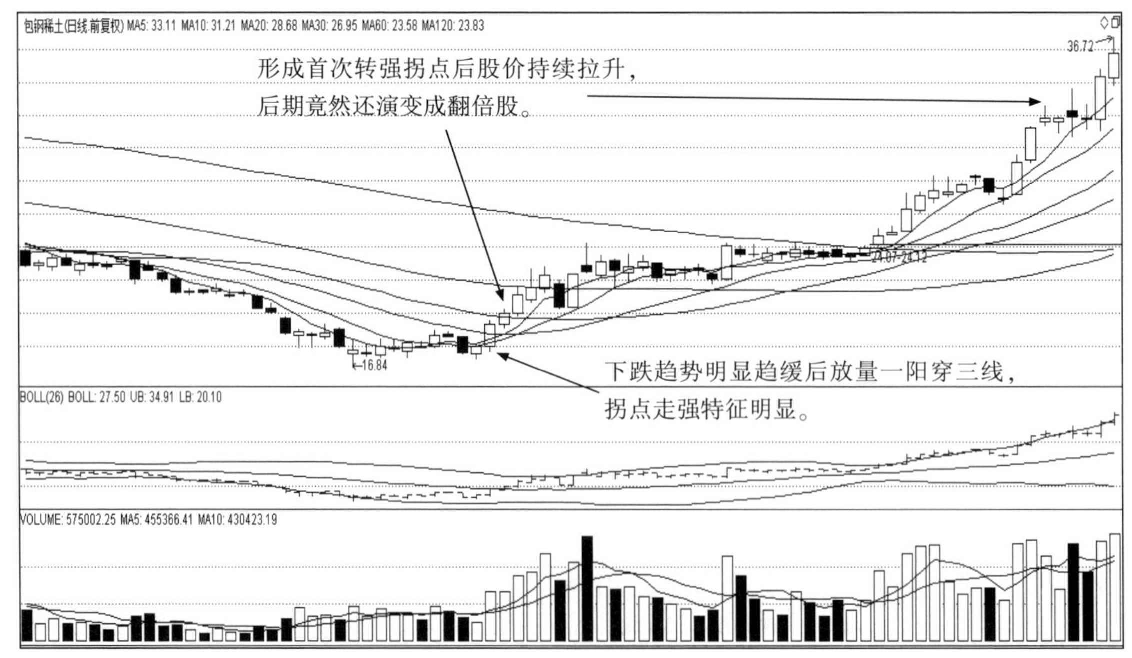

图 1—19 标的股日 K 线图

图中显示当时正处于一波下跌的末端，下跌趋势明显缓解后出现了一阳穿多线形态，且大幅放量，甚至满足倍量条件，标的股质量优良。

横向流程顺利进行完毕，现在进行纵向流程，打开该股的周 K 线图和 60 分钟 K 线图，看是否形态有偏高迹象。如图 1－20 所示是该股这两个周期的 K 线图，左边是周线，右边是小时线。周线图显示当时形态非常低，MACD 处于 0 轴以下，且随着下跌 MACD 绿柱状面积开始缩小，说明杀跌动能在减弱，且 DEA 和 DIF 有金叉趋向，因此综合来看周线完全满足支持日线的条件。小时线显示 MACD 底背离后双线上 0 轴，成交量随着放大，价格上涨，且紧贴 5 小时均线上行。截至当日收盘前为止 MACD 双线仍然离 0 轴较近，形态并不算高，对于日线不会造成调整压力，满足条件。纵向排除流程就顺利完成了，这样该股就完成了横纵双向排除的所有流程，可以成为最终操作标的。

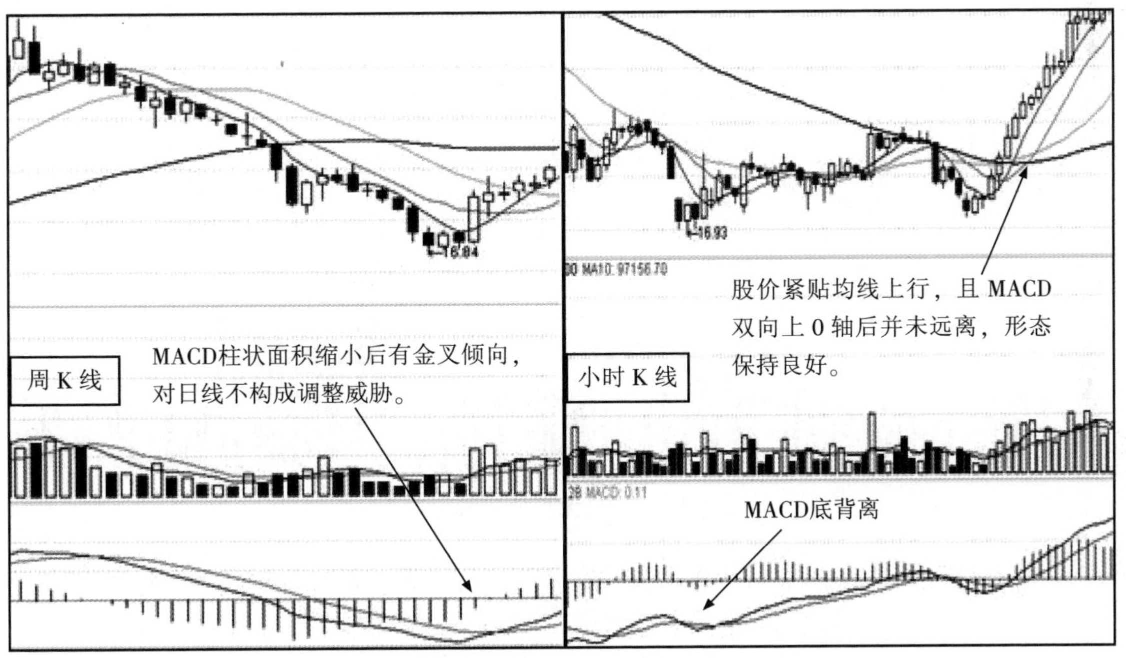

图 1－20　周 K 线和小时 K 线

结果如图 1－19 所示，该股在大盘指数、板块指数的共振推动下，随后连续上涨，短短几个交易日上涨幅度就达 15%，短线不管是从成功率还是收益率上都非常不错。后来该股竟然演绎成一个翻倍黑马股，当然这在当时并不是能预料到的，但说明一个问题，花几分钟选一次股可能这只股就能操作很长的一段时间，这个工作是非常值得的。共振初期延续性较强，短期不易被打破的原理也同样支持这一经验。

1.6 典型案例二：晋亿实业（601002）

如图 1—21 所示是大盘 2010 年 9 月 30 日附近的日 K 线图，图中显示大盘在一波上涨助跑后挖坑回靠 60 日均线，然后于 9 月 30 日当天放量大涨，一阳穿多线，形态十分漂亮，启动信号明显，大盘触发战法条件。

图 1—21 大盘日 K 线图

在当天尾盘确认大盘满足战法条件，能进入整套流程之后，同样开始第二步，选出当天满足条件的概念板块，筛选结果如图 1—22 所示，共有 7 个指数当天出现了一阳穿多线的形态。反复查看对比后发现，其中铁路基建、珠三角和皖江区域的形态都还不错，但是考虑到铁路基建的市场认同度和联动性相对较强，因此最终确定为铁路基建板块。

同样第三步，在确定的铁路基建板块中筛选出当天满足一阳穿多线条件的个股，结果如图 1—23 所示，共有四只个股满足条件。

但是依次查看分析这四只个股的日 K 线后发现只有晋亿实业（601002）当天强势很明显，放量跳空大涨，如图 1—24 所示。因此横向上就确定该股为标的。

图 1—22 指数筛选结果

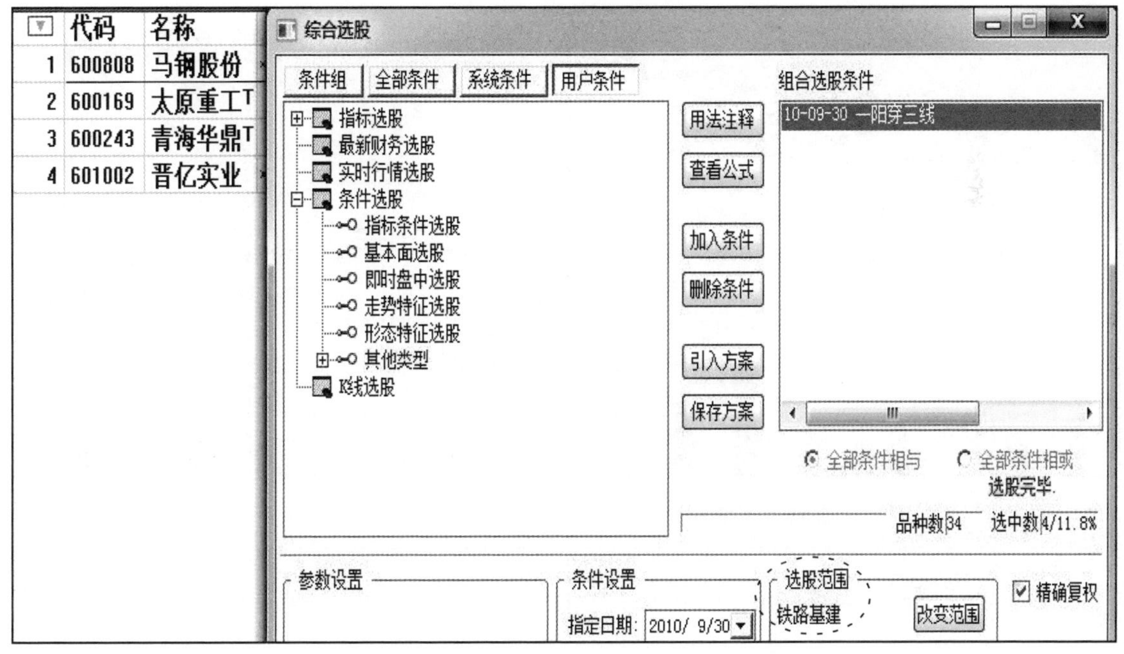

图 1—23 指数筛选结果

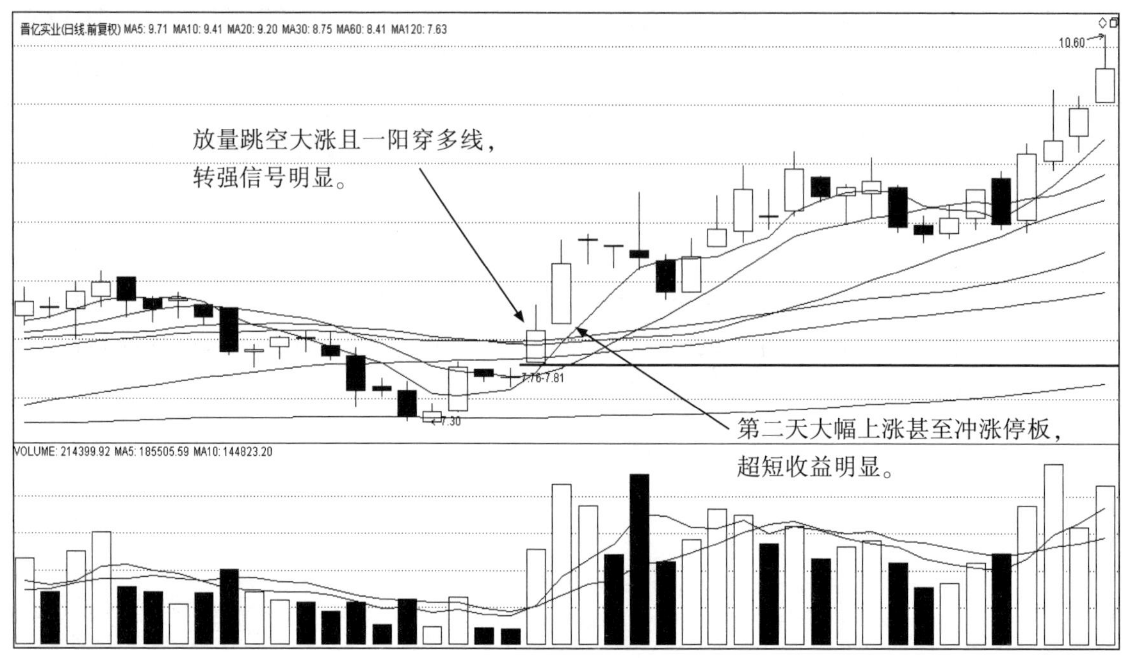

图 1—24　标的股日 K 线

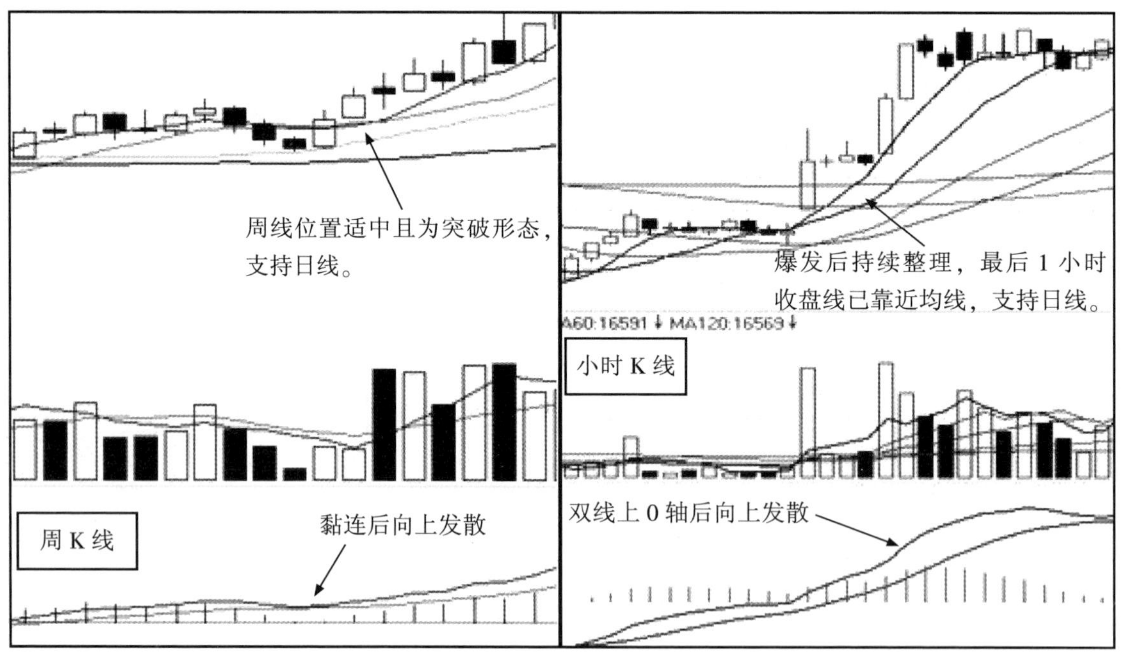

图 1—25　周 K 线和小时 K 线

现在开始纵向排除流程，如图 1－25 所示是该股的周 K 线和 60 分钟 K 线图。图中显示该股周线形态不偏不倚，位置十分适中，且 MACD 双线离 0 轴不远，另外双线有将死未死的特征。另外在此之前的洗盘意图明显，量能持续大幅萎缩，几乎洗到无量，更加验证当前的爆发是一次调整后的首次走强，完全支持日线走强条件。

此外 60 分钟线也显示该股当天大幅拉高后在尾盘漂亮回靠均线，且量能快速萎缩，完全支持日线继续走强。该股的纵向排除流程也顺利完成，自然就能成为操作标的。结果如图 1－24 所示，该股第二天继续大幅拉高甚至冲涨停板，超短线收益明显，战法成功。

第 2 章　慢牛股之多周期同列战法

从本章的标题就可以看出，本章战法仍然是采取共振的原理，为什么要煞费苦心反复强调这个原理呢？还是那句话，是为了让读者把这个思路根深蒂固在心中。因为只有这样才能真正体会到趋势的重要性和不可抵抗性，才能在交易中做到顺势而为，而只要能做到这一点，你就不至于那么容易被市场所淘汰了。

纵观国内外金融市场，就一个逆势而为扳倒了多少曾经叱咤风云的人物和机构，具有 200 多年历史的巴林银行就是因为一个交易员坚持逆市错误而造成直接破产。血的教训告诉我们，无论是什么交易品种，股票、期货还是外汇等等，都必须顺势而为，否则还是趁早离开这个市场吧。

2.1　战法原理 1：周期的传递与统一

由于国内市场最普通的大多数投资者都是以做多盈利为主要方式，因此这里就只讨论做多的单边市策略。既然要做多，那作为投资者就应该选择在对自己最有利的情况下进行操作，什么情况最有利呢？稍作思考便知，那就是当市场呈现多头趋势的时候。

但是多头趋势如何界定？是小时线的价格在往上走，日线级别的价格在往上走，还是周线级别的价格在往上走？这就需要考虑到一个周期之间的统一问题，这也是股票技术分析最难的一个领域。如果没搞清楚这个问题，你将非常迷茫，因为可能同一时刻，小时线告诉你应该买入做多，但日线却叫你卖出或暂时观望。究竟该听谁的呢？相信你在学习技术分析的过程中也会碰到这个问题。

要想彻底解决这个问题，首先必须清楚周期之间的推动关系。现在就以1分钟、5分钟和15分钟线为例，1分钟其实就相当于分时图，价格每1分钟定格一次。那每5根1分钟线的集合就产生了1根5分钟线，每3根5分钟线的集合就将形成1根15分钟线，其实就相当于15根1分钟线。

由此说明，不同周期K线形成的来源都是1分钟K线，从它由下往上传递影响，1分钟影响5分钟，5分钟影响15分钟。所以说为什么分时图是最真实最重要的价格图表呢？因为分时图其实就相当于1分钟K线，而1分钟K线就是最原始的数据来源。

价格之间的推动关系除了上述的正向推动外，由于技术分析的前提就是对历史数据的研究，因此历史数据反过来自然会对当前价格走势产生影响。有一种说法是第二天的价格走势与前一天的毫无关系，笔者表示不敢苟同。毕竟市场上大多数参与者都会参考价格图表，之前的走势必定会对参与者的判断形成影响，而参与者是人，人就会有情绪，所以必定会对价格的短期波动造成影响。

由此回归到上述例子，当时间往前进行，若干的1分钟K线形成了若干的5分钟K线和15分钟K线，市场参与者就会去参考15分钟和5分钟K线的走势，以判断方向，就会影响交易，也就会反过来影响1分钟的走势。然后1分钟再影响5分钟、15分钟，5分钟、15分钟再影响1分钟，以此循环下去。

图2—1的示意图形象地表现了大小周期之间的这种正反推动关系。

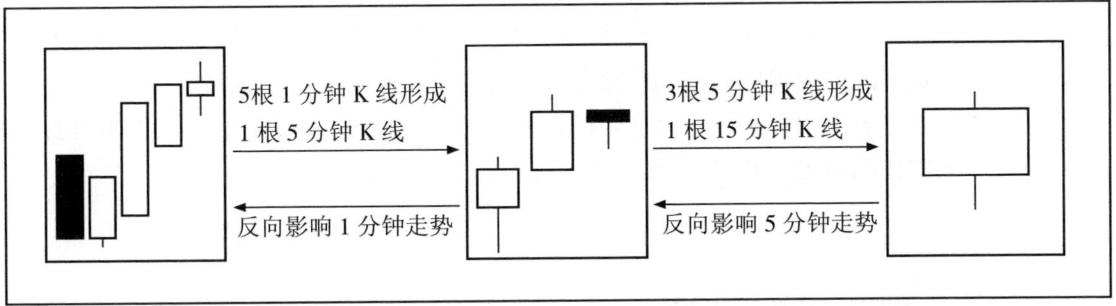

图2—1　周期正反推动关系

循环下去的结果就产生了一些技术术语，比如较大周期的15分钟线趋势向下，而1分钟线向上走，表明价格在反弹。如果15分钟线趋势向上，而1分钟向下走，就说明价格在回踩或回探。当然这是两种不同步的走势，如果同步向上或向下就可以称为共振或顺势。

那同步和不同步，作为投资者的你会选择哪一种呢？假如你选择不同步，你如何操作？如果按照1分钟线做多，但是15分钟线又是向下，万一

1 分钟走势不够强势无法改变 5 分钟走势，以至于无法改变 15 分钟走势，那价格仍然会冲高回落。同样另外一种情况也会遇到这个问题，除非是盘感超强的超短高手，否则大部分人是很难在这种不同步走势中获利的，因为不同步的走势判断起来相对要困难得多。

通过以上较为繁琐的推理，可以得出结论，只有周期之间同步的走势把握起来才会相对容易些。其实同步也就是共振，再次强调了共振的重要性。同步又分为两类，一种同步向上，适合所有市场包括 A 股，一种同步向下，适合 T+0 市场。当然这里就主要讨论同步向上的情况。

确定同步向上后再次遇到问题，究竟是 30 分钟和 60 分钟同步向上，还是 60 分钟和日线同步向上，还是日线和周线同步向上。其实都可以作为操作依据，解决这个迷惑的方法就是你是按照什么周期来操作的。假如你是按照 30 分钟来操作的，那你需要参考 60 分钟是否向上，也就是你操作周期的上一个周期。由于 A 股市场仍然是以 T+1 为主，所以选择日线为操作周期最佳，自然就会参考周线是否向上，寻求日线和周线的共振向上。

那操作的时候确定周线向上的同时，在日线找寻日线级别的点位，当然也可以缩小周期到 60 分钟线去寻找更加精确的点位，这个在后面的案例中会做介绍，不是这里要解决的问题。现在的关键到了如何用软件去帮助我们找到日线和周线同步向上的个股，也就是涉及到编写公式的问题了。

编写这样的选股公式，可能大家采取最多的切入点就是均线，但是用多少周期的均线呢？如果都采取大周期均线，那显然对于周线而言就要求太过于苛刻了。这样不光会造成选股结果不够理想，而且会失去很多机会，毕竟本战法的操作周期仍然是定义到短线，不需要太高的条件。

经验表明，采取布林通道的中轨值来作为选股切入点不错，选出日线和周线的 BOLL 中轨都同步向上的个股。

2.2 战法原理 2：时空共振

这里再次不厌其烦地强调共振，所谓时空共振就是指时间与空间的共振，而时间主要是指周期，空间是指价格的拓展空间。其中有三层含义，周期与周期的共振、空间与空间的共振和周期与空间的共振。

周期与周期的共振，前面讲过主要是看你操作参考的周期，去确认这个周期是否与上面的一个周期同步，形成了共振。实际操作中还可以往下看一个周期，用较小的周期去寻找更好的介入点或卖出点。另外，周期的跨度一定不能太大，两个周期就够了，如果太大很可能会造成判断上的迷茫，因为经验表明，一只个股多周期同时同步共振的概率非常小。也就是说，假如你参考多个周期，不同步的时候偏多，容易造成你判断上的偏差，影响操作。

而空间之间的共振，其主要的基础原理是价格永远会沿着阻力最小的方向前进。阻力用筹码分布的角度去分析和理解非常好，比如某只个股的价格从 9 元密集交易到 10 元，那 9 元到 10 元之间就会沉淀很多筹码，对后面的价格运行将形成支撑作用。因为价格一旦回落到这个价位，只要之前沉淀的筹码没有在高位换手出去，那持有这些沉淀筹码的投资者必定会组织反击，形成价格上的反弹。

但如果在 9 元交易到 10 元之前，在 11 元附近时已形成了更加密集的套牢筹码，那价格向上就会形成阻碍。如果没有强大的买盘将套牢筹码解放，就当前而言，价格向上的阻力要大于向下的，因此会形成看空观点。

为了更加形象地让读者理解这个观点，下面分别用两张图来说明同步与不同步之间的空间拓展情况。如图 2—2 所示是同一只股票的日线和周线筹码分布图，左边日线显示该股当前处于一波明显的上涨行情，但是筹码分布图显示上方 10 元附近沉淀的筹码很多。且在上涨的过程中这部分筹码并未明显向下转移，预计股价一旦触摸这个价格区间必将遭遇套牢盘的打压。

再来看右边的周线图同样显示股价在 10 元附近停留筹码很多，和日线一样，在价格空间的拓展上存在较大阻碍，这样就形成了有限空间的共振和受阻回落的预期共振。结果该股后期走势如图 2—3 所示，股价在 10 元附近受阻持续回落并开创新低。

再看图 2—4 所示是另外一只个股的日线和周线筹码分布图，左图日线显示筹码基本全部分布在当前股价的下方，即基本所有的筹码都处于获利状态，且大部分筹码还被锁在了下方，说明市场一致看多。同样看周线也是如此，假如股价向下回调，下方的筹码必定会对股价形成支撑。显然股价向下的阻力要远远大于向上的阻力，且不同周期上都有向上的空间，也就发生了空间共振，结果该股接下来的走势如图 2—5 所示。价格一路上涨，从图 2—4 中发生明显共振的 22 元位置一路飙到 37 元，幅度惊人。

从上面两个例子的对比可以得出两个结论：第一，空间之间的共振对于价格的走势至关重要；第二，同一只个股一旦发生不同周期之间的空间共振，其实同时也就发生了周期的共振，统称为时空共振。除非是不同指数之间，比如大盘指数与金融指数之间，或者是个股与行业指数之间等等，

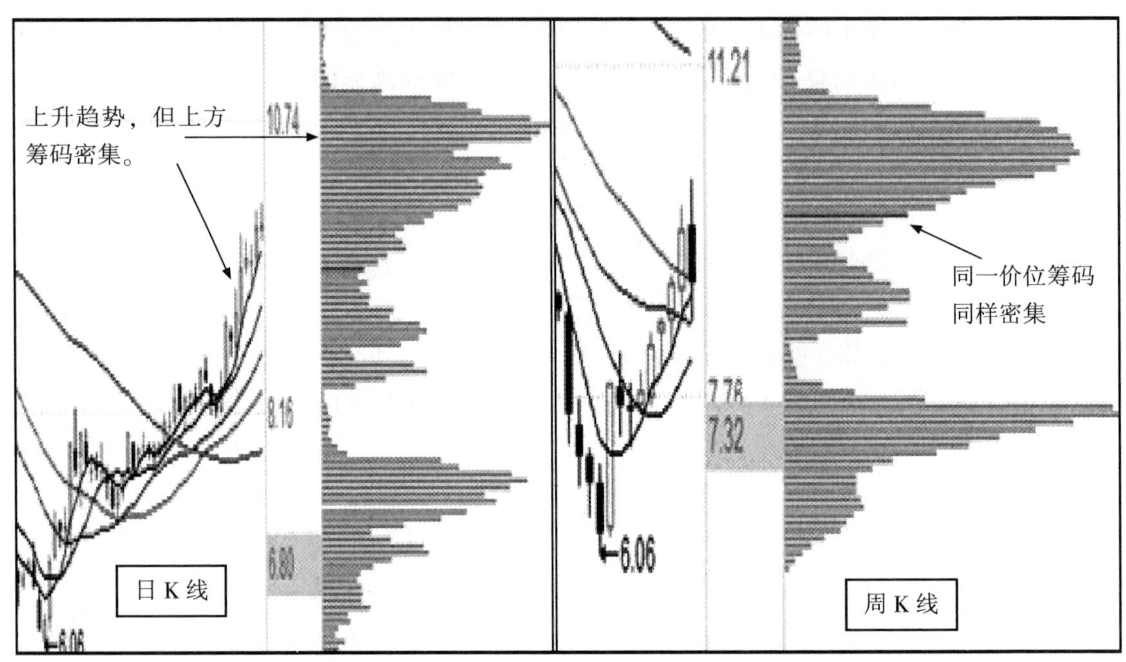

图 2—2　空间共振 1

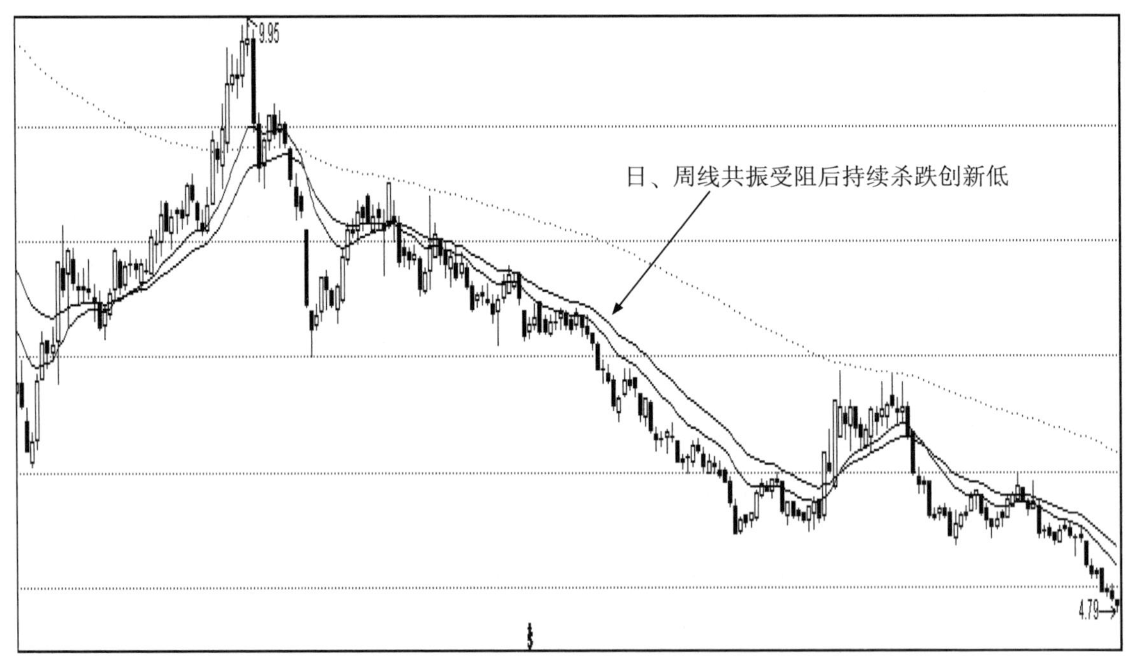

图 2—3　个股日 K 线图

可能会发生单纯的空间共振，以寻求行情可能的起止位。

为了再次让读者更加深刻地理解共振的威力，现在从周期之间相互拉

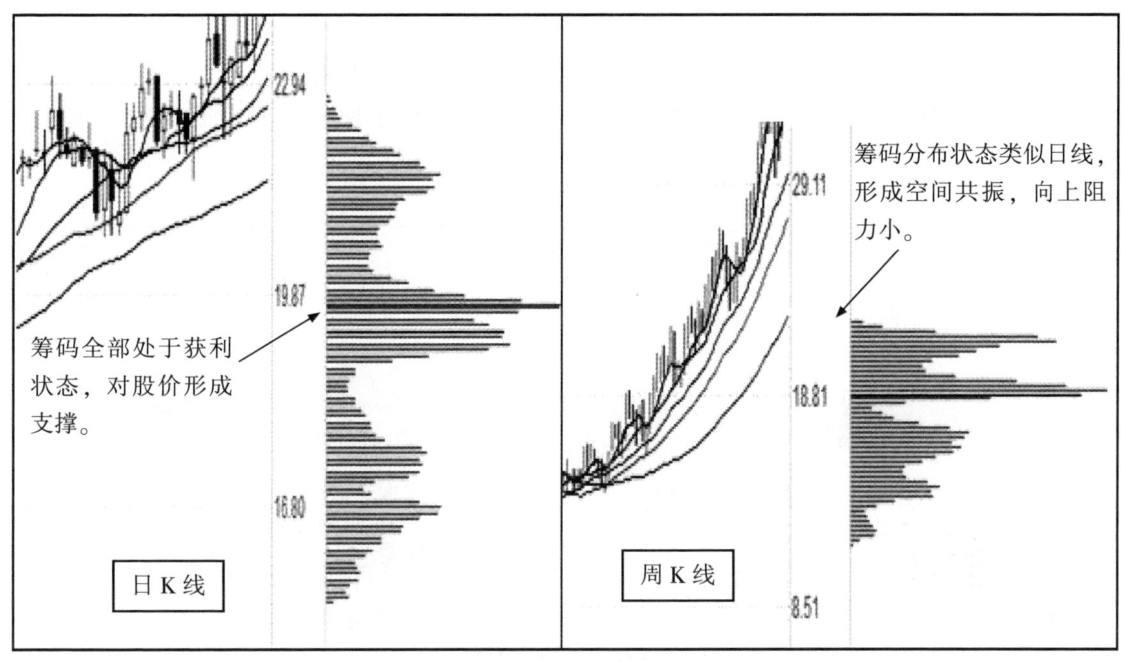

图 2—4　空间共振 2

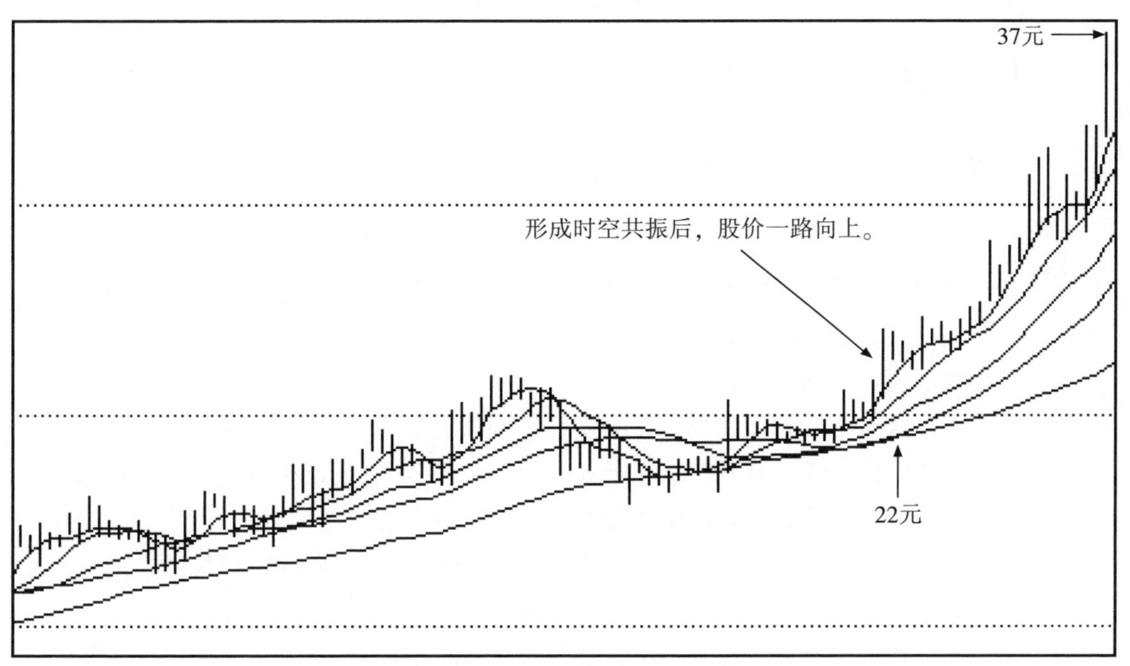

图 2—5　个股日 K 线图

动性的角度来对比说明股价同步共振和不共振的个股，它们之间究竟有什么不同，会产生怎样的差距。如图 2—6 所示是一只日线和周线价格同步向上的个股，当左图日线出现调整甚至有破位迹象时，右图周线却只是显示出正常回踩均线的态势。但这时观察俩图发现，股价同步向上的基本步伐仍然保持一致，结果周线把日线价格再次拉回了原有上升通道，由此可见同步共振的威力。

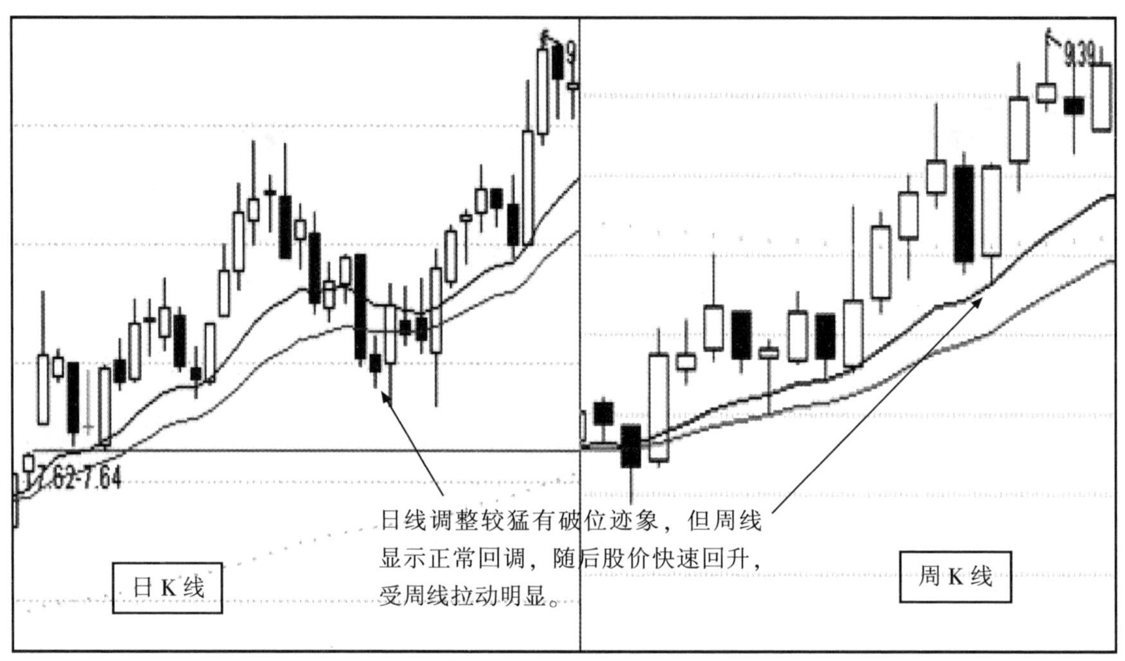

图 2—6　周期相互拉动性 1

再如图 2—7 所示是另外一只个股的日线和周线图，左图日线显示该股之前一直保持良好的上升趋势，且站上了所有均线，有一波中线行情的苗头。但好景不长，股价站上所有均线后表现出了疲态，随后便出现了一根大阴线，有断头铡刀之势。

这时再看右边的周线，明显看出周线处于一波下跌，当前只是下跌途中的一次反弹，且股价在靠近 60 周及 120 周均价线，K 线呈上吊线形态后配合日线下跌收阴，说明受阻长期均线明显。这样本来相对强势的日线走势，在周线的受阻带动下，没有出现一个像样的反弹就持续暴跌。周线自身难保，且对日线还会形成向下的带动性，产生共振后不跌都难。

相信经过以上详细的举例分析后，你应该能完全地相信和体会到了选择共振向上个股的必要性。其实前两章的原理基本已道出成功交易的精髓，望读者反复推敲，铭记于心。

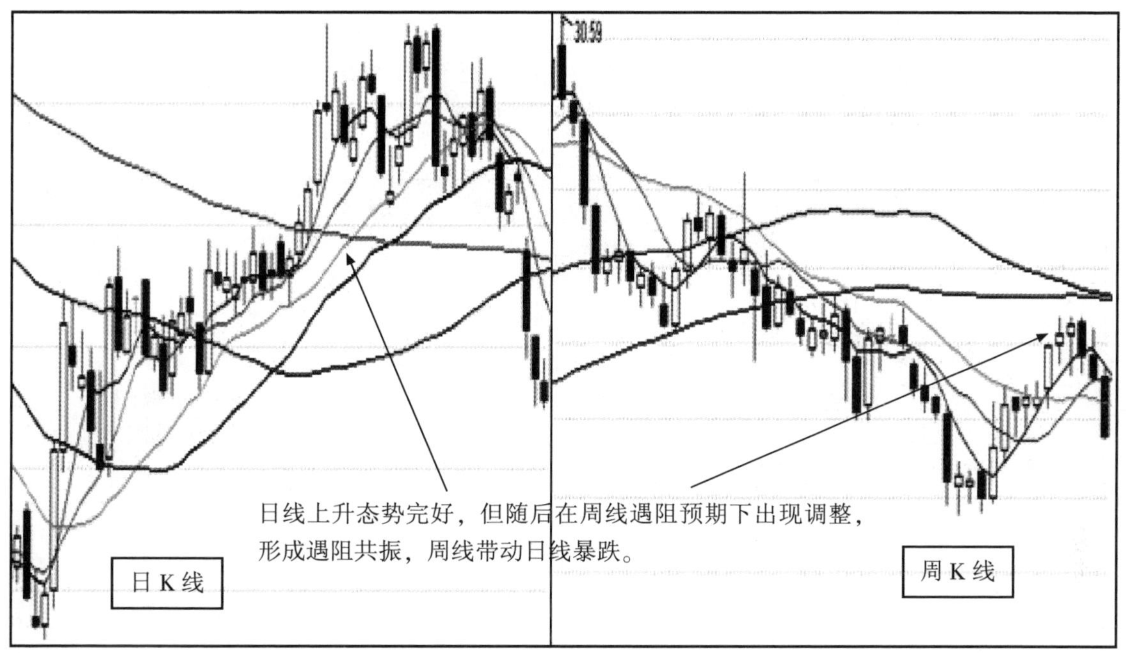

图 2—7 周期相互拉动性 2

2.3 关键战术 1：公式筛选目标股

现在到了用公式来筛选个股的时候了，前面讲到过布林通道，BOLL 这个指标的中轨值最能代表股价的运行趋势，比较适宜战法的操作周期和方式。因此公式里主要就是以 BOLL 指标函数为主，当然，为了提高结果的可靠性和准确性，还会加上其他一些辅助条件，而辅助条件主要是从强势度上入手的，以保证选出的个股具有基本的强势度。

在建立公式前，应该先要明白目标股的特征，也就是要选出怎样的个股。本章战法是要选出慢牛股，所谓慢牛股就是股价已经完全走入上升阶段，走势独立于市场以外，价格缓缓上升的个股。但为了保证上升趋势较为稳定，所以必须加上周期之间的共振，那就是要选出日线和周线都同步向上的个股。具体公式如下：

BOLL. BOLL>REF（BOLL. BOLL，3）AND REF（BOLL. BOLL，3）>REF（BOLL. BOLL，6）AND REF（BOLL. BOLL，6）>REF（BOLL. BOLL，9）AND REF（BOLL. BOLL，9）>REF（BOLL. BOLL，12）。

上面的公式表示在过去的 13 个单位周期内，BOLL 中轨值都保持了上升态势，这就足以说明股价处于上升阶段了。因为如果周期选用太长容易漏掉机会，太短又不能保证其上升趋势进行的程度。公式命名并编写成功后点击确定就完成了保存，如图 2—8 所示。

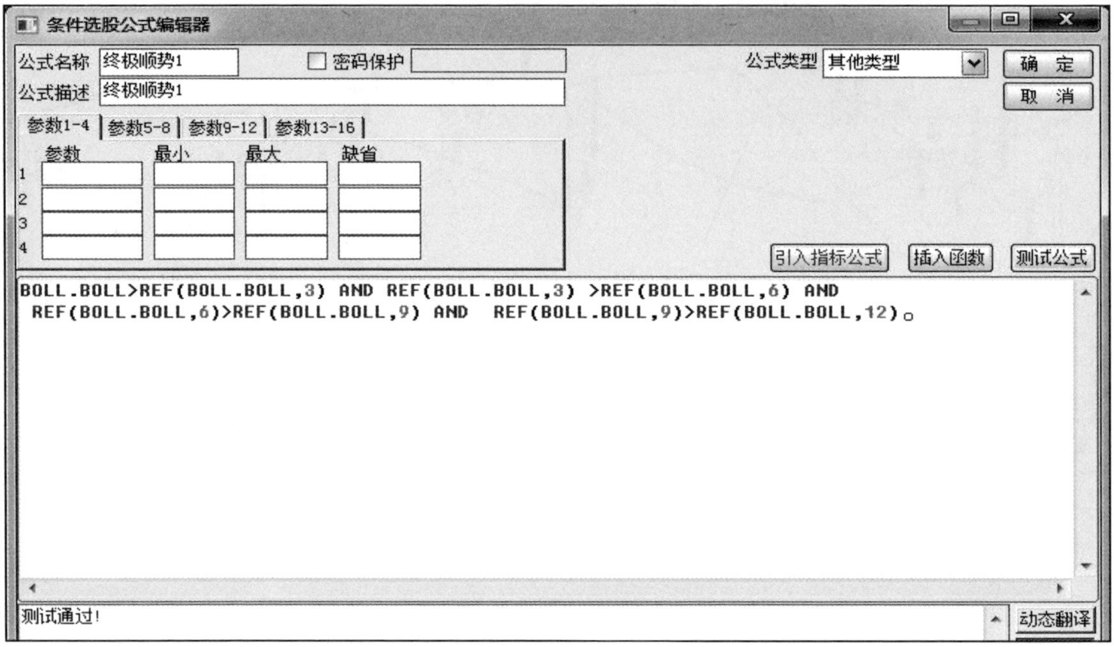

```
BOLL.BOLL>REF(BOLL.BOLL,3) AND REF(BOLL.BOLL,3) >REF(BOLL.BOLL,6) AND
 REF(BOLL.BOLL,6)>REF(BOLL.BOLL,9) AND  REF(BOLL.BOLL,9)>REF(BOLL.BOLL,12)。
```

图 2—8　公式编辑器 1

完成了主要选股公式后，现在需要附加一个辅助公式，以求选出的个股更加优秀。辅助条件一是从强势度出发的，分别是用 MACD 的 DEF 和 DIF 双线处于 0 轴以上的条件和当前股价处于 BOLL 中轨以上的条件。辅助条件二是从股价的炒作空间考虑的，排除掉高价股，留下股价不高于 15 元的个股。因为既然假设是慢牛股，那后面的价格空间应该就较大，如果股价太高了就很难做上去。最后编成公式如下：

MACD. DIF ＞ 0　AND　MACD. DIF ＞ 0　AND　C ＞ BOLL. BOLL AND C＜＝15。

同样命名编写成功后点击确定保存即可，如图 2—9 所示。

建立好两个公式后就可以进行选股了，但是由于存在不同周期（日线、周线）的选股，就需要进行两道工序来筛选。第一步是从所有的沪深 A 股里筛选，且周期是较大周期，也就是周线，因此需要把选股周期设置为周线。如图 2—10 所示，注意图中虚线框的地方，另外保持默认勾选的“全部条件相与”选项，因为这个选股需要同时满足两个条件。

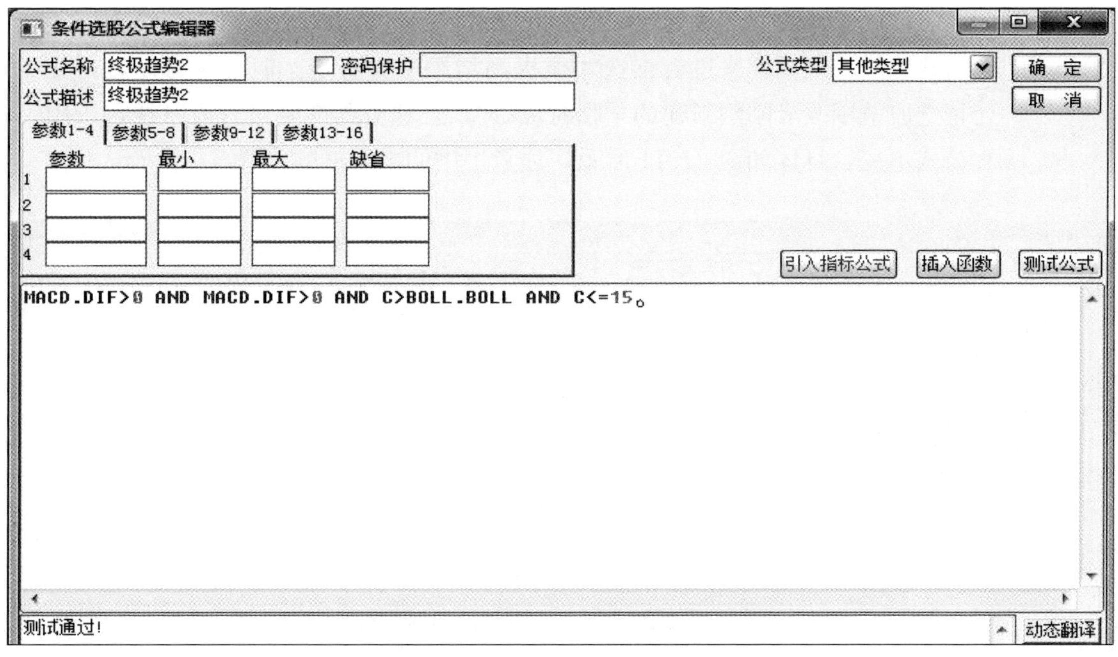

图 2—9　公式编辑器 2

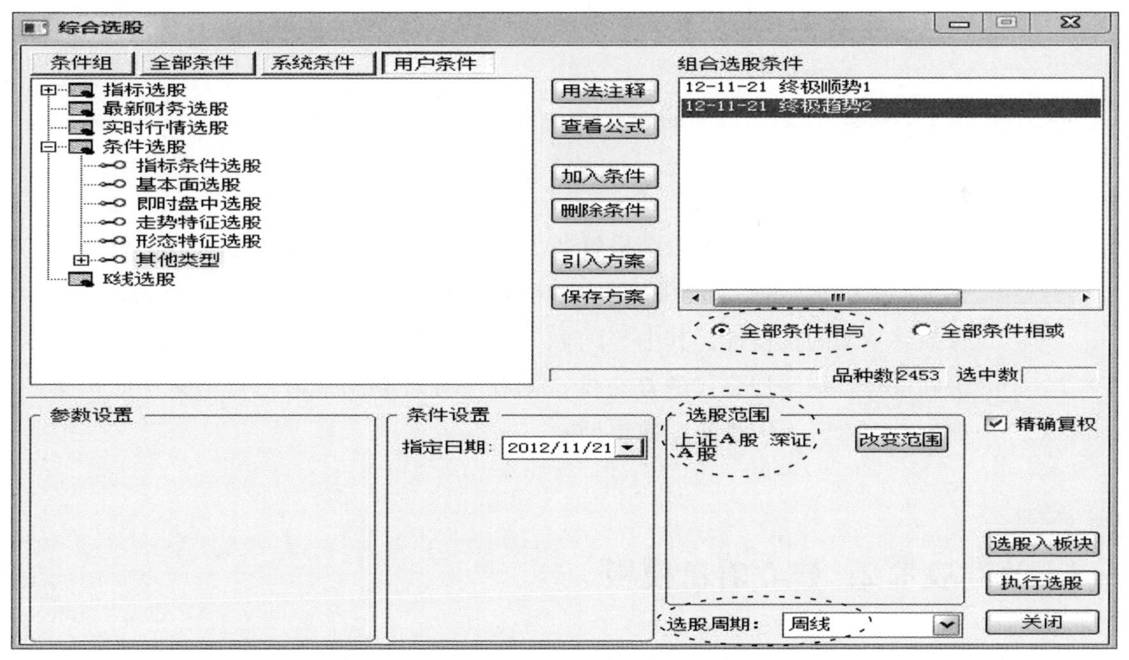

图 2—10　综合选股界面 1

第一步选股完成后把选股结果保存到一个临时板块里，具体步骤点击图 2—10 中的“选股入板块”，然后在弹出的对话框中点击“新建板块”，命名“临时板块”后确定。因为这些都只是通过周线周期初选的结果，还需要经过日线周期来进行细选才能提高结果的含金量。但是这时候就需要把选股范围改成刚刚新建的“临时板块”，且选股周期要设置成日线，所用公式不变。具体如图 2—11 所示，注意图中的虚线框的位置。

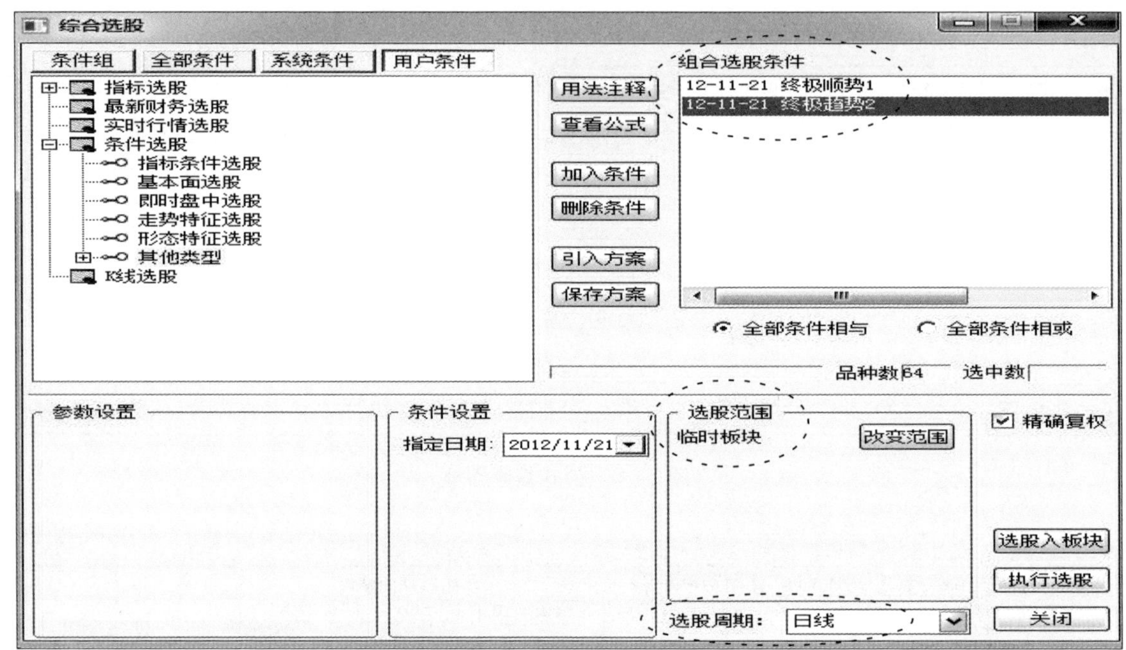

图 2—11　综合选股界面 2

经过这两步的选股，结果就会优化了很多。最后从最终的结果里排除掉 ST 股、绩差股、问题股、形态高以及前期已经遭遇过爆炒的个股，以确保最终精华的优良性。其中 ST 股、绩差股其实可以用公式来排除，但是考虑到这样就会增加公式的复杂性，不利于读者复制学习，且本来选股结果就不会太多，人工排除反而更彻底。

2.4　关键战术 2：建立看盘模板

前面从最终选股结果中排除几类股后满足条件的个股一般不止一只，机会就摆在面前，但如何同时监控这些个股的走势以不至于对机会后知后觉呢？毕竟战法的核心是要去寻找出这些个股中周线形态靠近均线的位置，也就是形态不高的时候，日线的操作机会，或者是股价沿着周线小周期均线稳健上行，抑或是股价正常回靠小周期均线，都是可以参与的良好时机。

要监控自然要用到显示器，一个显示器又要监控目标股又要看大盘走势，还要操作个股，显然不够用。所以如果你要做一个专业的投资者，至少必须准备两个显示器，用一个一拖二或一拖三的主机就行。使用其中一个监控大盘和目标股，另外一个用于切换个股和操作。条件允许的话也可以单独用一个屏幕监控大盘走势、板块走势和综合排名。

接下来就会涉及到看盘模板的建立，具体步骤选择菜单栏“功能”的下拉菜单的第一个“最近定制版面”。然后点击最左边的“定制版面”—“新建空白版面”，就会出现一个空白界面，右键进行操作。原则上先划分界面的布局，因此在建立模板前就应该规划好版面的整体布局，以满足看盘习惯为准。

布局版面的过程并不复杂，按照功能提示创建就行，这里需要强调的一点是，右键菜单中有个“加入分组”功能，这个分组的意义在于同一组的不同界面会根据股票代码的变更同步更新，也就是显示的是同一只个股的信息。假如你不需要两个界面同步更新，而是需要显示不同的股票信息时，就需要加入不同的组别。

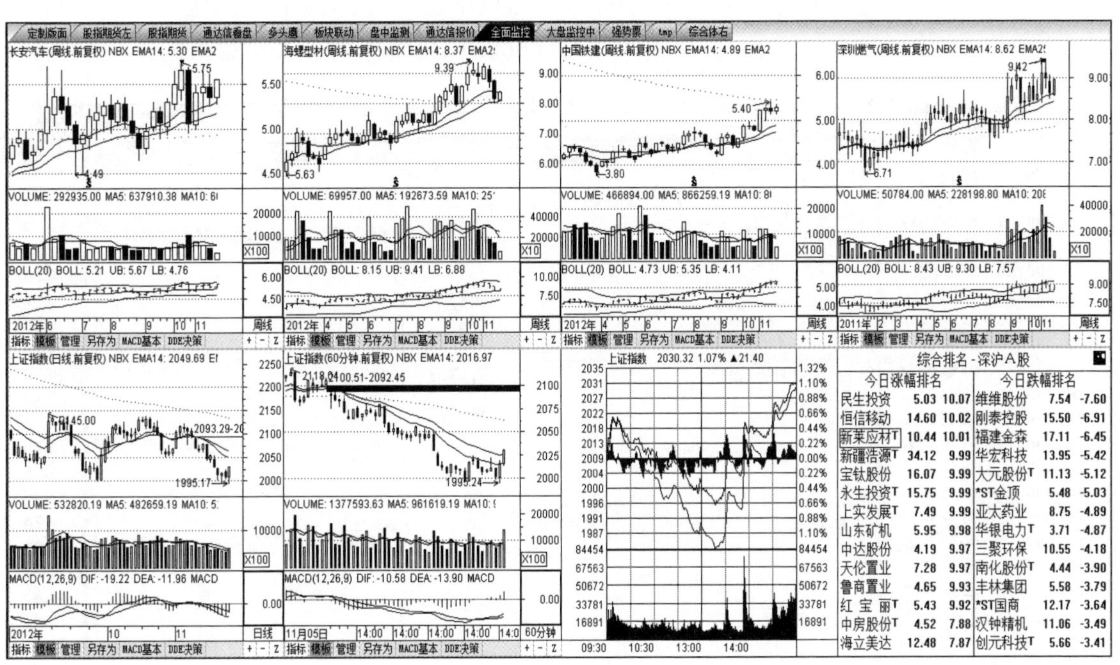

图 2—12　监控版面

即便退出编辑模板命名保存好后，也是可以对模板进行重新编辑的。具体操作是打开要编辑的版面，然后点击定制版面的第一个选项“开始设置版面”，即进入到编辑状态，编辑好后在同样的位置点击“退出设置版面”即可。

以双屏幕为例，左边的屏幕既要能监控本章战法的个股以外，还要兼任监控大盘走势的职能，于是布局上就大体分为两类，如图 2—12 是已建立好的监控版面。上面是个股的周线图以及相应指标，采取了 BOLL 指标和两条均线，下面分别是大盘的日线、小时线和分时图，以及 80 综合监控。

2.5 典型案例一：中国铁建（601186）

如图 2—13 所示是 2012 年 10 月 19 日严格按照本战法选股步骤最终选出来的个股结果。图中显示，当时结果中有 20 只个股，手动排除 ST 股、绩差股、形态高以及爆炒过的个股后，然后再考虑形态和布林中轨上升斜率，甚至行业等因素，最终确定了四只个股，分别为中国铁建（601186）、海螺型材（000619）、长安汽车（000625）和桂林三金（002275）。

图 2—13 选股结果

确定慢牛股标的后分别将这四只个股放入之前已经建好的看盘模版中，如图 2—14 所示。

图 2—14 录入监控

建立好监控后在每天的看盘过程中就可以随时看到四只个股的周线走势，一旦周线有回靠小周期均线动作或者强势突破两条均线，或者出现明显的止跌形态，都可以密切关注，配合日线寻找切入点。

毕竟这些个股都是日线和周线共振向上，且当前阶段在整个价格形态里处于相对低位，业绩也不错，找好介入点获利概率很高。尽管收益率可能赶不上做短期强势股，但风险很低。据不完全统计，就守着几只走牛特征的个股做一年，其收益要远远高于大多数理财产品，行情稍微好点儿可能会更好，这就是细水长流的魅力。

在监控个股期间发现如图 2—15 所示的中国铁建（601186）在 10 月底的几个交易日有明显回靠周线小周期均线的动作，打开日线发现也同时回靠均线，且当前股价处于一波缩量调整的后期。加上两周期同时到支撑点位，产生共振，股价止跌上攻可能性较大，毕竟这个方向阻力较小，如果上攻便会形成调整后的首次走强，值得一做。右图日线图中持续缩量后的首次放量上涨就可以作为介入点，当然也可以在股价同时靠近两周期均线的一个价格区间内分几次介入，毕竟是低吸，心态会比较好。

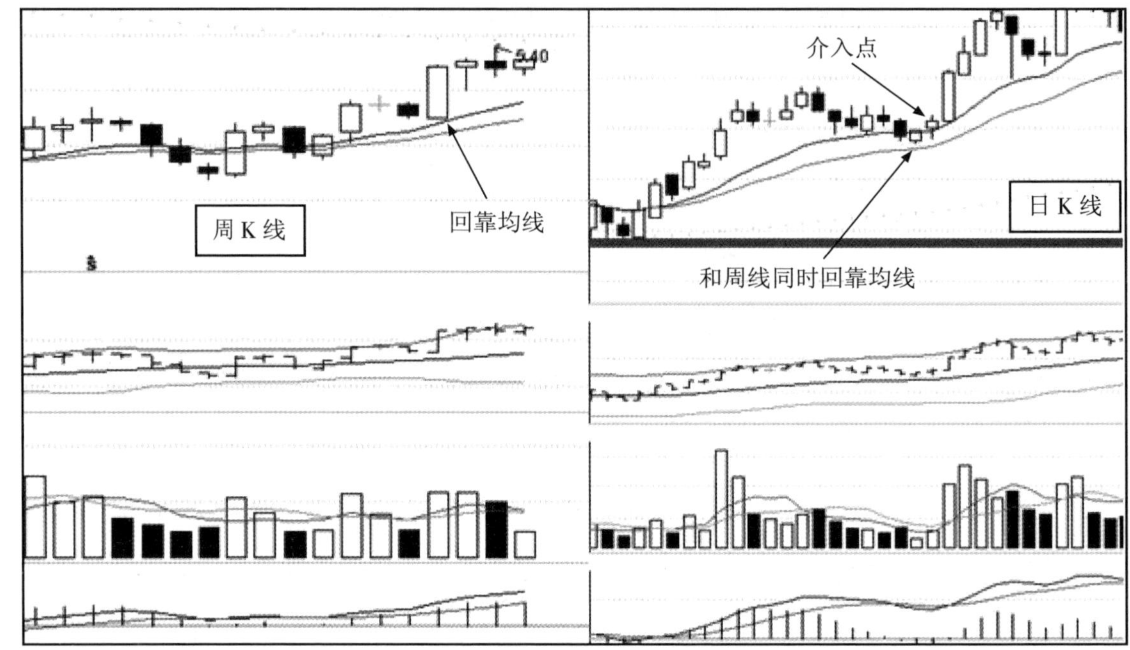

图 2—15　中国铁建两周期 K 线图

结果如图 2—15 所示，股价随后出现连续放量上攻，短短三四个交易日，上涨幅度就达八九个点，对于这样盘子的个股已经相当不错了，可以说是真正找到了有主力背景的慢牛股。

2.6　典型案例二：长安汽车（000625）

在监控这几只个股期间发现长安汽车（000625）在 10 月下旬出现了一波大幅杀跌且带量，导致周线出现了一根大阴线，直接跌穿两条支撑线，属于是异动范畴。如果该股后期无法将价格收回，那就意味着它将失去慢牛股的“外衣”，从监控模板中消失。

但神奇的是随后股价持续反弹，很快就将价格拉回到原有轨道，并且避免了两条均线的死叉，甚至是靠拢（如图 2—16 所示是该股的日线和周线图），并且在 11 月 2 日收周线时把价格顽强地收到了所有均线之上，呈现出一阳穿两线形态，强势特征明显。因此预计股价会延续强势，但考虑到持续反弹后股价已远离均线大概 3%～4%的距离，一旦股价对持续反弹的行为做出整理回应，并成功回靠周均线时有机会的可能性较大。

图 2—16 中所示的位置就是最保险的介入点位，尽管第二天涨幅只有

不到 3 个百分点，但这种低风险的获利方式仍然是值得推崇的。其实这种操盘方式的收益就当时的大盘环境来看已经是令人羡慕的了，另外右图中该股后期的走势对比当时不断下探创 2000 点新低的大盘而言，算是相对抗跌品种了。说明很大概率上又找到了一只真正的慢牛股，值得后期跟踪。

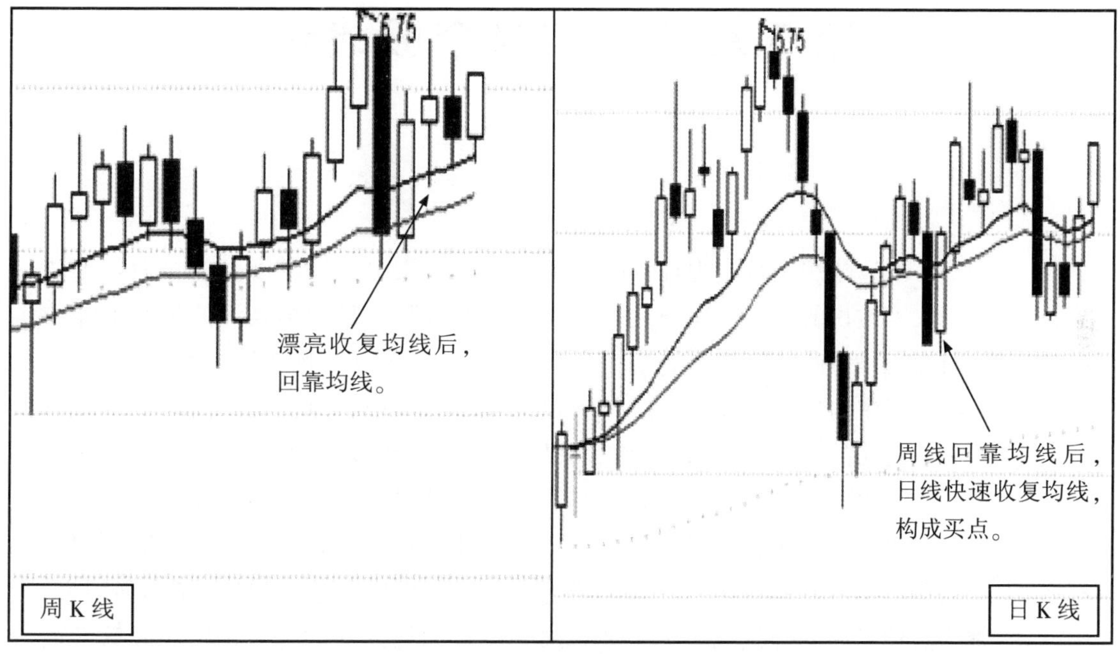

图 2—16　长安汽车两周期 K 线图

认真体会上面两个案例，你会发现其实本章战法犹如是先织了一张渔网，然后打了几条好鱼养在自家的池子里，什么时候看到鱼动了就咬它一口，直到鱼不再继续生长为止，之后再打鱼，依次循环。最后你会发现，其实这样要远比到处去钓野鱼好，不用风吹日晒，也不用太高成本，每次吃到的还是最嫩美的那一块鱼肉，何乐而不为?

综观前两章的内容，实际操作性也许并不是太强，毕竟不能直接从 2000 多只个股中选到标的股。其实在一开始就强调过了，前面的章节主要是为后面更有攻击性的战法做理论和思想铺垫。当然也不是毫无操作性可言，本章的可操作性就不错，可借鉴到实际的交易中。

第 3 章　高控盘个股战法

本章战法是从主力控盘的角度出发，寻找主力控盘度高的个股，也就是大家常说的庄股。庄股之所以被大家所青睐，是因为其无论是从上涨的时间还是空间跨度上都非常出众，往往会有不同于一般个股的惊人表现。

但主力控盘度高的个股不一定都能成为庄股，也许控盘度最高的一方只是公司的第一大流通股股东而已。打开一些股票的 F10 资料，你会发现其实不少股票是这种情况，但其股价也不见得有多好的表现，甚至还不如一些普通的个股。所以要想找到庄股，并不只是找到控盘度高的股票那么简单，还需要结合当时的经济环境、行业背景以及业绩曲线等基本面因素，当然技术面的确认也尤为重要。那具体是如何判断的呢？选出庄股后又该如何操作呢？相信通过本章的学习，你能解决这些问题。

3.1　战法原理 1：判定主力筹码

要想找到庄股，就必须先找到主力控盘度高的股票。控盘度是指主力持有的筹码占该股流通盘的百分比，这里的筹码就是指的股票数，而主力是指实力强大的市场参与方，可能由一个或几个组成。某只个股的主力持仓比例其实是件很机密的事情，平时可能你只能在所谓的市场传闻里看得到，里面还会有主力的持仓成本这个更敏感的数据。但试想这么重要的数据会在网上公诸于众吗？显然是站不住脚的，也完全不靠谱儿。

假如持仓比例和持仓成本都被市场知道了，那庄家就相当于在裸泳，无异于自杀。那是不是就完全没办法了？笔者认为还不见得，尽管无法知道精确的数字，但能通过一些技术手段大概测量出来其持仓比例和成本，偏差应该不会太大。而这个技术手段的核心指标就是筹码分布图，所以首先需要深入了解筹码分布图的原理和应用，然后才能使用其来判定主力筹码的多少以及大概的持仓成本。

筹码分布图，也叫 CYQ 指标，由陈浩先生 1997 年设计而成。其定义是通过图表形式揭示筹码在不同价位上的分布情况，而这里的筹码就是指的股票。由于这个指标能直观地展现市场整体的持仓情况，对于分析价格走势意义重大，所以相当受部分技术人士青睐。

筹码分布图形成的前提是个股的流通盘保持不变，也就是无论筹码在图上如何分布，其总量是不变的，而这个总量就是流通盘。其基本画法是在不同价位上用一条条横线来表示筹码，筹码的多少用横线的长短来表示，共有 100 根横线。

为了让大家形象地理解筹码分布图的原理，现在用一个简单例子来说明一下。假如某只股票的流通股只有 100 股，其中 A 持有 50 股，成本为 10 元；B 持有 20 股，成本为 11 元；C 持有 30 股，成本为 12 元，那当前状态的筹码分布图画出来就如图 3－1 所示，注意 A、B、C 的持股总量恰好是流通盘。

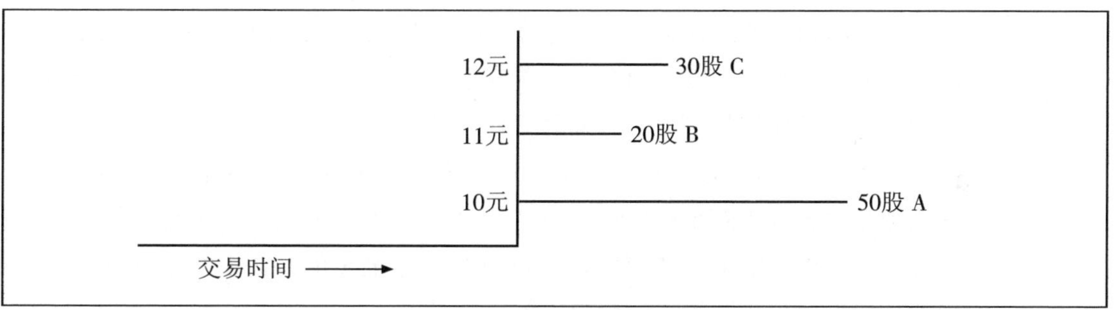

图 3－1　交易前筹码分布图

现在开始交易，A 打算兑现部分利润，以 11 元的价格卖给 B 20 股。C 由于急需用钱，以 11.5 元的价格把 30 股全部卖给 D，割肉离场。完成交易后，筹码分布图如图 3－2 所示，请注意成本及数量的变化，另外同样 A、B、D 的持股总和仍然是流通盘 100 股。

通过以上简单的交易过程可以说明几个问题：①无论如何交易，筹码分布图上持股的总量不变，都等于流通盘。②在什么价位上成交了多少股票，即在这个位置沉淀多少筹码。③筹码的转移是以交易或者说价格波动为前提的。

让图 3－2 上的价格分度更加细化、线条更加稠密后便就成了实际中的筹码分布图。位于当前股价以上的筹码处于亏损状态，反之处于盈利状态。

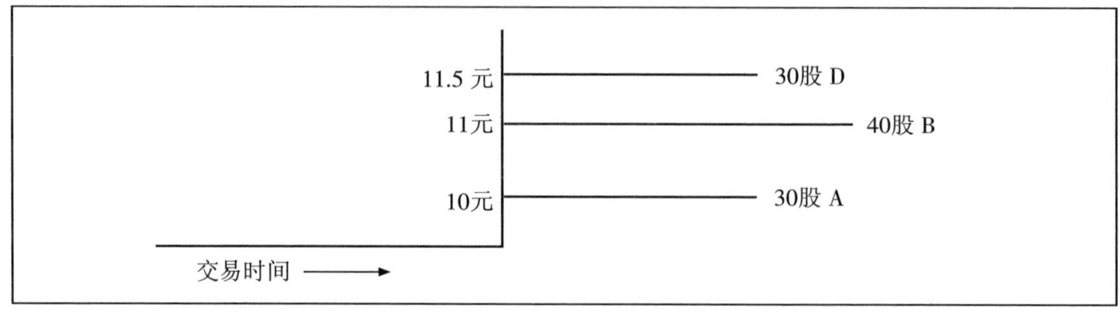

图 3—2　交易后筹码分布图

另外市场波动千变万化，经过洗礼后筹码分布图可能会呈现多样的形态，常见的会有单峰、双峰以及多峰形态等。详细内容可参考网上相关资料，这里不再具体介绍。

但必须强调的是，筹码分布图的应用，其中最基本最核心的应用就是利用筹码分布图确定股价的支撑位和压力位，根据分布原理可知线条最密最长的价格区域就是支撑位或压力位。

除了最基本的应用之外，由于这个指标的优良性，衍生出了不少好的应用。比如利用筹码分布来操作部分“妖股”、来寻找长线牛股、来深刻了解庄家的各个炒作阶段、判定主力筹码比例以及持股成本等。而这里要解决的问题就是如何判定主力的筹码。

利用筹码分布图来判定主力筹码，其依据是从参与者心理角度出发的，假设把参与者分为两个对立面，一方是主力，另一方是散户。反向思维告诉我们，要想确定主力的筹码，那可以先确定散户的筹码，剩下的便是主力的。所以说，关键就是如何确定散户的筹码。

作为散户而言，什么情况下会抛出股票呢？为什么非要研究这个问题，因为要想在筹码分布图中确定筹码，必定要发生移动，要移动必然就要交易，因为前面讲过筹码是随着交易而转移的。

经验表明，一般在两种情况下散户会抛出筹码，当然这里的散户并不是指全部，只是大部分的。第一种，在股价的来回运行中反复被套，一进去套后很快解套，但还没等产生利润又再次被套。这时心理上就会产生一种后悔的心态，心想一开始解套了走了多好，于是下定决心如果市场再给机会解套立刻走人。

第二种，一进去就开始盈利，然后股价持续上涨，盈利率达到10%以上时便开始想是否应该先锁定利润，担心万一股价一下掉下来，到嘴的鸭子就飞了，于是就选择了离场。要是在盘中出现较为剧烈的波动，可能跑得更快。

以上两种心理可以说是代表了大多数散户的心理，被主力反复折腾后渴望解放和小赚即落袋为安的心理导致散户很快就缴械投降，交出筹码。但奇怪的是反而恰恰一进去就套牢的股票拿得很稳，无论它怎么跌都纹丝不动，“死猪不怕开水烫”的心理表现得淋漓尽致。

鉴于以上两种心理，就会在筹码分布图中有两种确定主力筹码的方法，分别对应两种股价走势，第一种是反复震荡，另外一种是稳步上扬。

第一种情况采用股价上穿筹码法，具体原理是在一个主力吸筹明显的底部，主力利用反复大幅度震荡来完成吸筹，在震荡进行一段时间后的某天来了一根大阳线。这根大阳线使前一天的亏损筹码解放了很大比例，要远远超过当天的换手率。由心理分析可知，是散户的话当天解套离场的概率很大，但解套的筹码比例又远远大于换手率，也就是说，当天解套没有离场的筹码很多，那谁的筹码解套不离场呢？自然是主力的筹码。

下面用一个例子来说明这个问题，便于大家理解。如图 3－3 所示是劲胜股份（300083）的日 K 线图，图中显示该股在底部反复震荡，筹码逐步集中，于图中箭头所指位置突然来了根放量大阳线，但在这根大阳线的前一天，筹码分布图显示收盘获利比例为 9.54％。

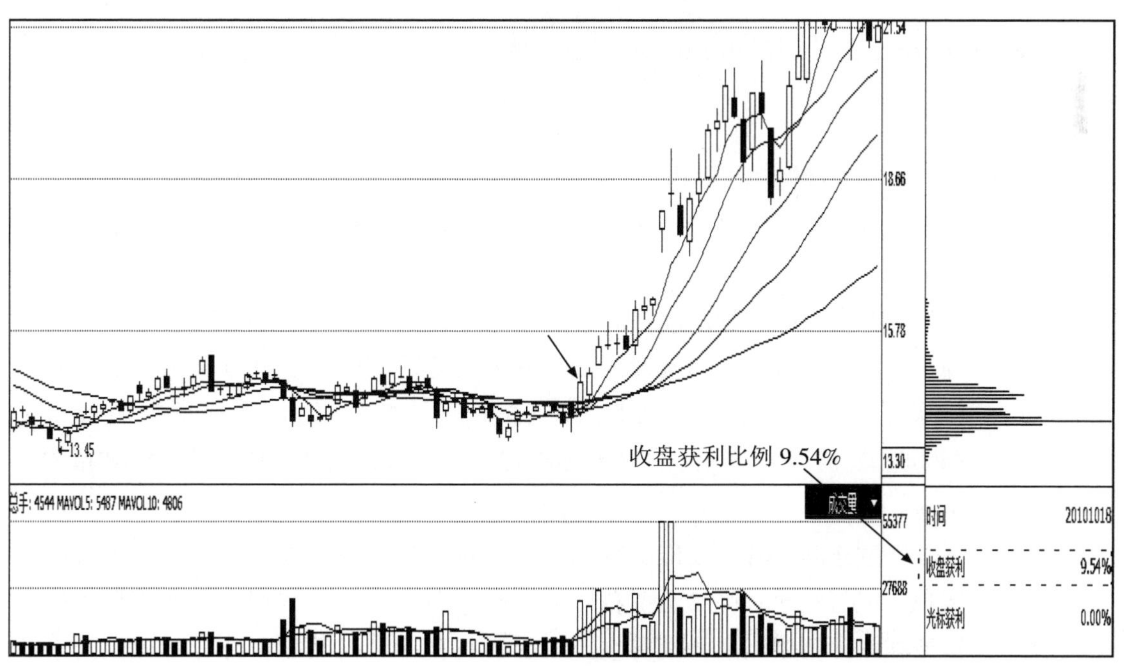

图 3－3　上穿筹码法 1

如图 3－4 所示是该股第二天出现大阳线后的筹码分布图，图中显示该股当天收盘获利比例达到了 75.79%，而换手率仅有 8.56%。因此当天解放的筹码比例为 75.79%减去 9.54%，等于 66.25%。根据之前的推理可知，主力的持仓比例大概为 66.25%减去换手率 8.56%，等于 57.69%。

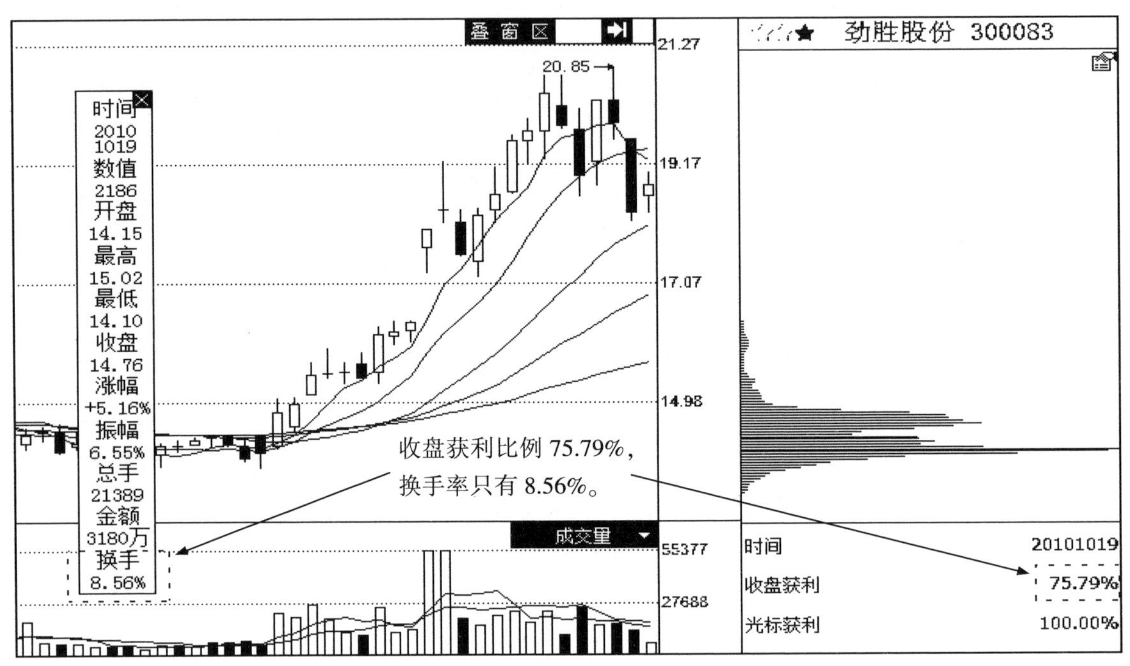

图 3－4　上穿筹码法 2

57.69%的持仓比例已经是一个很高的控盘度了，说明该股后期很可能会有较好表现。结果如图 3－4 所示该股随后便进入到了一波高斜率上升行情。

现在来看第二种情况，股价稳步上扬后，筹码获利超过 10%甚至 15%却不离场，这部分筹码就很可能是主力的筹码。由于这种方法用到了反向排除的原理，于是可称之为反向排除法。如图 3－5 所示是江山股份（600389）的日 K 线图，图中显示个股经过底部长期的震荡后放量突破箱体上沿。

经过连续拉升后股价出现剧烈震荡洗盘，表现为长上影线和长下影线频现。但与此同时可以发现右方的筹码分布图显示还有相当一大部分筹码沉淀在底部箱体区间，没有在市场上进行换手。很明显这部分筹码是处于获利状态，且获利比例不小。我们取箱体上沿价格为 9.06 元，也就是图中横向坐标所对应的价位。而纵向坐标对应的当天收盘价为 11.46 元。由此

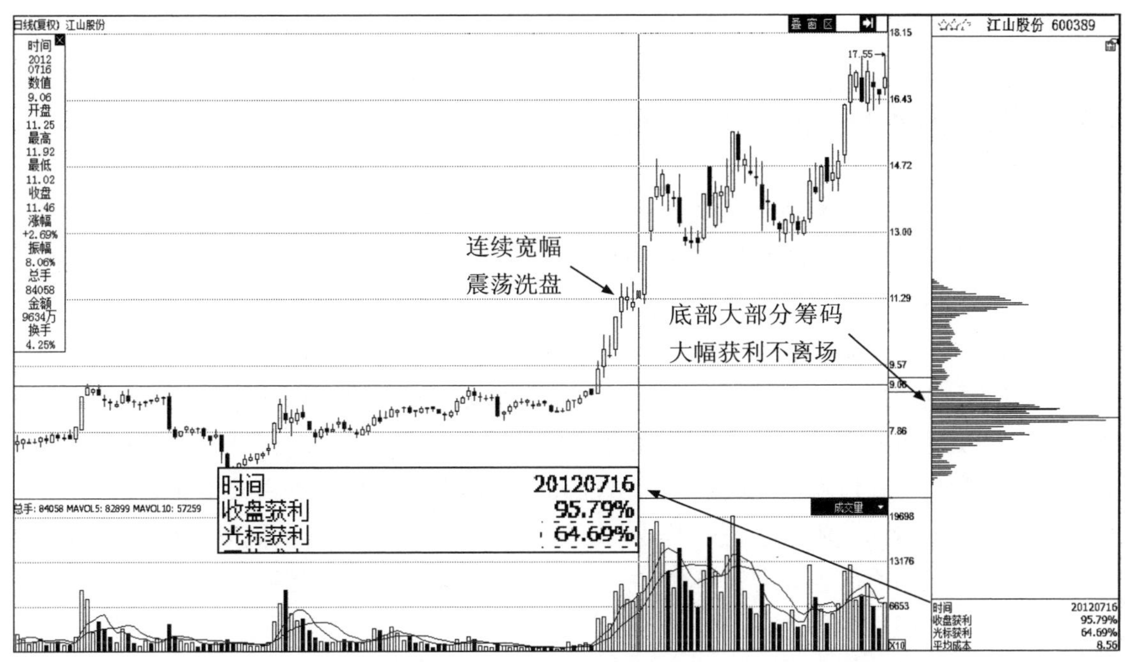

图 3—5　反向排除法

可以计算出下方沉淀筹码最少的获利比例是（11.46－9.06）/9.06＝26.5%，如此高的获利比例却不离场，明显可以确定为主力的筹码。

那此时主力的筹码比例有多大呢？图 3—5 所示截至持续洗盘后的第四天，处于箱体内的筹码比例仍然高达 64.69%，也就是图中的“光标获利”后的数据，而这部分筹码很可能就是主力的。

结果如图 3—5 显示，该股后期再次大幅拉升，高位震荡后又再次拉升，可见筹码分析很正确。主力如果没有制造出足够大的获利空间，后期是很难成功派发的。一般获利空间至少都在 30%以上，甚至更高。

通过以上的案例分析，我想你已经学会了如何来确认主力筹码了。这里需要强调的一点就是，筹码分布图的计算依据是一个概率分布函数，也就是通过这个函数模拟出不同价位的买入者在当前价位卖出的概率，犹如之前我们讨论的散户抛出概率。既然是概率肯定就存在误差，因此在使用的过程中尽量多去结合形态、量能等因素去伪留真，提高分析结果的准确性。

3.2 战法原理2：主力高度锁仓

主力高度锁仓其实前面就已经有了图例，也就是主力敢于把大部分筹码锁定在吸筹阶段的底部区域，而在拉升的过程中不进行市场换手，等待价格进行到一个满意的价位再派发。

主力既然敢于大比例锁仓，说明其对于该股后期股价走势把握很大，会制造出足够大的出货空间。这个不仅是因为主力手中握有大量流通盘，更是对于大盘环境的判断和对公司基本面的了解。否则即便是手握重兵，如果大盘风险很大或者公司出现大问题，主力也是很难招架得住庞大的市场抛盘的。股票形态一旦走坏，就很难再借助市场力量把股价做上去了。所以主力敢于高度锁仓其实是冒了很大风险的，没有足够大的把握很难有这个胆量。

因此主力在一开始挑选对象时就会有十分周到的考虑，不管是对象的基本面还是技术面，抑或是当时的大盘环境等待，都是面面俱到。要把握的如此之好，我想非一般主力所能为的，稍有闪失可能会招致巨大损失，其中必有蹊跷。

研究发现，能出现这种高度锁仓的个股大部分都具有一种共性，就是前三大流通股股东持股比例之和相当大，甚至有些高达70%以上。试想，如果主力不能得到这些股东的支持，能把股价做上去吗？随便一个股东抛点儿货就能把主力压死。所以主力至少肯定是得到了股东的支持，甚至不排除主力就是上市公司本身。如果是这样，那公司基本面的东西以及消息公告之类自然就不存在问题了，解决了最大的后顾之忧，可想而知把握度有多高。

这样的市场行为其实无可厚非，一个不会关心自己股价的公司绝对不是一个好公司。长时间的观察发现，这类股票的上市公司其实基本面都非常优秀，大部分所处的行业在当时都是处于良好的发展通道，且往往就是该行业的领头羊、佼佼者，且要么是经营历史悠久，要么就是品牌效应突出，在生活中常常会看到甚至用到该公司的产品或服务，也就是说熟面孔居多。

如果换成数据来说，就是产品毛利润高，净资产收益率高，而市盈率很低，甚至不到10倍。而股价却往往不低，大部分都是20～30元以上。技术上常常呈现出低换手大涨幅的特征，股价走势经常特立独行，与大盘的同步性较低。这些特征都是可以帮助我们找到此类个股，其中一些还能作为选股切入口。

说完了高度锁仓个股的特征外，下面讨论为什么高度锁仓的个股很可能会走得很好，其深层次的原因是什么，这种原因是否能经得起反复推敲和验证？

主力高度锁仓的最终目的是将低位的筹码在一个满意的价位派发出去，否则筹码无法换成货币，股价做得再高也只能是账面浮盈而已。但主力如何才能实现这一过程呢？主力既然要派发，自然就必须有人来接货。在一个高位，其他主力接货的可能性不大，除非该股后期还有故事可讲，或者找一些基金帮忙，这些都不是市场主流的方式。大部分仍然是以诱惑散户进场接货为主，既然要诱多就自然会将股价不断拉升，制造热火朝天的市场气氛。这个必然的过程本身就给了该类股一个良好的交易机会，具备一个基础的成功概率。

另外还有一个原因前面提到过，主力要成功完成出货必须制造出足够大的出货空间。因为主力一旦开始出货，股价必然会遭遇打压走低，加上随着出货的进行，手中的持股比例在不断下降，对于股价的控制度就会下降。如果碰到大盘大跌，很可能会失去控制，导致股价暴跌，严重压缩获利空间，甚至会击穿主力持仓成本区，导致做盘失败。由此可见，足够大的获利空间是多么的重要。既然是这样，说明当前能高度锁仓的个股暂时的安全性是非常高的。

最后一个原因，就是能够高度锁仓的个股，其主力持股比例一定是相当的大。要完成整个出货过程，花费的时间会很长，即便介入后在高位发现股价开始出现走弱痕迹也不至于风险太大，出现连续暴跌的可能性很小。最大的可能就是主力会反复震荡出货，且出货的位置一般都不是之前热火朝天的最高价区域。最常见的就是在次高位宽幅震荡或者构筑一个平台持续出货，最后来一个假突破诱多把最后的一些筹码疯狂砸出，完成整个出货过程。

以上三个原因都是真理，经得起反复推敲，完全可以支持说明高控盘个股的绝对优良性。从另外一个角度也是可以说通的，就是主力的操作手法，主力高度锁仓后，手上留少部分筹码和资金用于拉升行情使用，甚至还能赚取差价。

资金用于拉升起步，拉升后市场来了跟风盘，就在高位抛出部分预留筹码，得到资金。而这部分资金再用于拉升，或者在大盘环境不好的时候用于托盘。在行情好的时候，稍微点点火就会有人来抬轿子，看短线抬的差不多了用筹码打压一下，会得到更多的资金。以此循环，只要不出现极端行情，完全可以实现不动底部筹码而完成拉升的任务。

下面用了三个简单的筹码分布示意图来帮助大家理解前面讨论的相关问题。如图 3－6 所示是高控盘个股的标准示意图，只要当前股价下方10%～20%以下还存在大量筹码，即可认为是高度锁仓个股，通常这个比例在 40%以上较好。

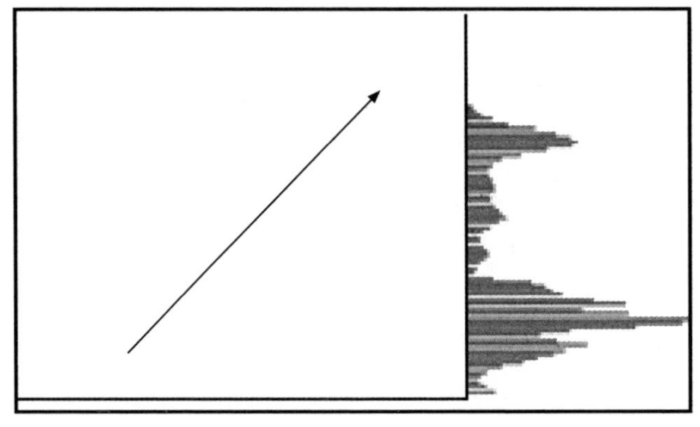

图 3－6 高控盘个股示意图

如图 3－7 所示是主力的目的，即将之前在底部锁仓的筹码在一个满意的高位派发给散户，从而底部筹码峰消失，高位筹码峰形成。

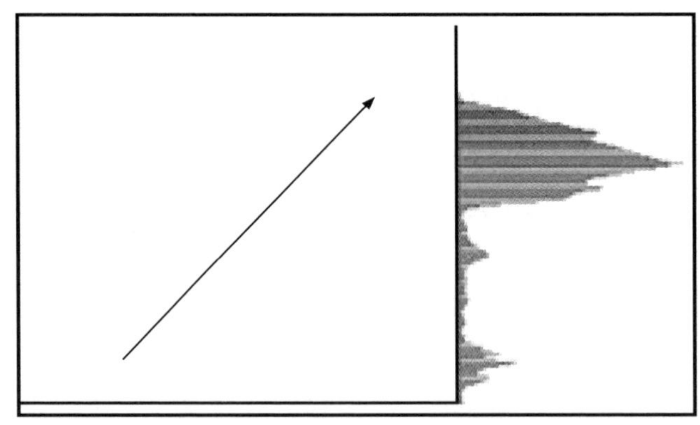

图 3－7 主力目的

如图 3－8 所示是表示主力最可能最普遍的出货位置，即最高位下来的次高位位置。

以上三个图只是示意图，建议读者多去翻图，多找到一些实际的例子，体会主力的手法和股价运行的特点。这样不仅能更加深刻地理解本章战法，而且能在大方向上提升自身对于股价所处阶段的把握度。

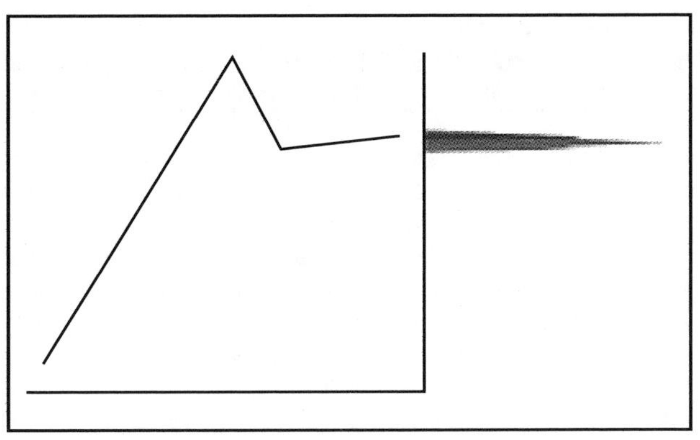

图3—8 次高位出货

3.3 关键战术1：筛选目标股

前面总结过高度控盘股的一些特征，基本面上有产品毛利润高、净资产收益率高、市盈率低等特征，技术面上有股价高、低换手高涨幅、走势独立等特征。

这么多特征究竟用哪个来作为筛选个股的切入口呢？这个特征一定要是最具有代表性和区分度的。基本面上那几个特征太过于普遍，识别度不高。技术面上股价高以及走势独立显然都不是十分特殊的特征，自然也不能作为选股条件。

经验表明，此类股有个区分度非常高的技术特点，就是经常会出现低换手高涨幅的情况。也就是当天股价出现较好上涨，幅度达到2%～3%以上，但换手率却只有不到1%。导致这种特征的深层次原因是，主力高度控盘后，市场上流动的筹码本身就少，抛压和换手就小，主力只需要用很少的资金就能把股价往上推。

因此现在就把这个特征作为切入口进行筛选目标股。这里提供两种方式，一种是手工筛选，另外一种是公式筛选。

首先来看手工筛选，既然是低换手那只需要收盘后将沪深A股所有股票按照换手率进行升序排序，即换手率是从上往下由小变大的。具体操作是在软件界面输入“60”然后回车，即进入到沪深A股涨幅排行。然后找到换手那一栏，双击换手%字样，即股票就会按照换手升序排行排列，如图3—9所示。

接下来就把鼠标中间的齿轮缓慢往下滑，逐步向下翻动股票。主要看

系统 功能 报价 分析 扩展市场行情 资讯 工具 帮助 通达信金融终端 深沪A股

	代码	名称	涨幅%	现价	涨跌	买入价	卖出价	所属行业	现量	涨速%	换手%↑	今开	昨收	最高
1	601857	中国石油	0.12	8.52	0.01	8.51	8.52	石油行业	58	0.00	0.00	8.53	8.51	8.56
2	601988	中国银行	0.00	2.76	0.00	2.76	2.77	金融行业	4	0.00	0.01	2.75	2.76	2.78
3	601398	工商银行	0.26	3.85	0.01	3.85	3.86	金融行业	3	0.00	0.01	3.85	3.84	3.86
4	601727	上海电气	0.51	3.92	0.02	3.91	3.92	发电设备	1000	0.00	0.01	3.90	3.90	3.95
5	600018	上港集团	0.40	2.48	0.01	2.48	2.49	交通运输	1	0.00	0.02	2.47	2.47	2.50
6	601991	大唐发电	0.00	4.06	0.00	4.06	4.07	电力行业	18	0.00	0.02	4.06	4.06	4.10
7	600012	皖通高速	0.53	3.77	0.02	3.76	3.77	公路桥梁	40	0.00	0.02	3.75	3.75	3.78
8	600028	中国石化	0.33	6.06	0.02	6.06	6.07	石油行业	7	0.00	0.02	6.09	6.04	6.14
9	000088	盐 田 港	0.26	3.93	0.01	3.92	3.93	交通运输	226	0.00	0.02	3.92	3.92	3.95
10	600663	陆家嘴	0.60	10.06	0.06	10.07	10.08	房地产	41	0.00	0.03	10.02	10.00	10.12
11	600724	宁波富达	-0.32	6.25	-0.02	6.25	6.27	房地产	50	0.00	0.03	6.28	6.27	6.31
12	000761	本钢板材	0.31	3.25	0.01	3.25	3.26	钢铁行业	267	0.00	0.03	3.24	3.24	3.28
13	600020	中原高速	0.00	2.20	0.00	2.20	2.21	公路桥梁	1	0.00	0.03	2.19	2.20	2.21
14	000539	粤电力A	0.00	5.60	0.00	5.59	5.60	电力行业	118	0.00	0.03	5.70	5.60	5.70
15	600007	中国国贸	0.38	10.48	0.04	10.47	10.48	开发区	10	0.00	0.03	10.48	10.44	10.50
16	600623	双钱股份	-0.74	8.05	-0.06	8.05	8.10	汽车类	6	0.00	0.03	8.15	8.11	8.20
17	002287	奇正藏药	0.48	14.65	0.07	14.65	14.66	生物制药	81	0.00	0.03	14.47	14.58	14.65
18	601628	中国人寿	2.49	17.71	0.43	17.70	17.71	金融行业	14	0.00	0.03	17.33	17.28	17.85
19	600754	锦江股份	-0.07	14.51	-0.01	14.50	14.51	酒店旅游	6	0.00	0.03	14.66	14.52	14.66
20	600845	宝信软件	-0.29	13.65	-0.04	13.62	13.64	电子信息	2	0.00	0.04	13.69	13.69	13.80

图 3—9 换手升序排行

个股的涨幅是否有能超过 2%或 3%的，涨幅越大越要引起注意，只要换手控制在 1%以内即可。一直滑看到换手达到 1%的位置为止，在筛选的过程中如果有好的发现可及时存为自选股或特定板块，以便结束筛选后精选。

但要注意不一定出现这种低换手高涨幅的个股就一定满足条件，也有可能是当天行情很好，大盘股出现较好上涨，但往往大盘股换手又低，也会出现这种情况。因此看到符合基本条件的个股还需手工进行简单排除，比如股价、形态是否明显向上、是否有锁仓图形等等，大概满足条件的才加入池子。如图 3—10 所示是 2010 年某个交易日盘后进行的一次换手率升序排行截图，在筛选的过程中发现图中显示的南京中商（600280）当天涨幅、换手率以及股价都满足条件，可重点留意。

手工筛选的过程其实并不算麻烦，能够筛选出满足条件的个股。但是这样的话可能会有人嫌工作量大，效率不高。因此这里给大家介绍另外一种快捷的方式，就是使用公式来筛选。公式的含义就是低换手高涨幅，以及股价高，另外再加上趋势向上，这样的话每天收盘后花上 1～2 分钟就可以得到相对较好的粗选结果。

具体公式如下：

V/CAPITAL＊100<1 AND（C－REF（C，1））/REF（C，1）＊100>2 AND C＞20 AND BOLL.BOLL＞REF（BOLL.BOLL，3）AND REF

序号	代码	名称	涨幅	现量	最高价	最低价	振幅	换手率↑	量比
124	000538	云南白药	-1.07%	5751	61.31	60.16	1.89	0.09%	0.61
125	600190	锦州港	-2.04%	9561	3.95	3.77	4.58	0.09%	1.08
126	601919	中国远洋	-1.20%	70723	6.70	6.59	1.65	0.09%	0.67
127	600026	中海发展	-1.28%	20186	7.07	6.95	1.70	0.10%	0.81
128	600775	南京熊猫	-1.70%	4039	6.55	6.37	2.78	0.10%	0.72
129	600808	马钢股份	-1.01%	58692	2.99	2.95	1.34	0.10%	0.86
130	000761	本钢板材	-0.18%	6990	5.48	5.39	1.66	0.10%	1.07
131	601588	北辰实业	-1.27%	26911	3.15	3.09	1.91	0.10%	0.86
132	002216	三全食品	-0.68%	1286	38.38	37.78	1.57	0.10%	1.64
133	601727	上海电气	0.35%	25537	5.83	5.75	1.38	0.10%	1.07
134	000088	盐 田 港	-1.96%	15640	5.68	5.48	3.57	0.10%	0.90
135	600280	南京中商	2.35%	1418	28.40	27.55	3.07	0.11%	0.67
136	601998	中信银行	-0.65%	280548	4.67	4.57	2.16	0.11%	0.98
137	601111	中国国航	-0.90%	84509	8.93	8.75	2.03	0.11%	0.51
138	000825	太钢不锈	-0.44%	61744	4.59	4.52	1.54	0.11%	0.89
139	600017	日照港	-1.16%	24588	3.49	3.41	2.31	0.11%	0.67
140	600104	上海汽车	-0.92%	93454	15.44	15.10	2.23	0.11%	0.56
141	600999	招商证券	-1.17%	27069	11.98	11.75	1.93	0.11%	0.95

图 3—10　手工筛选过程

(BOLL.BOLL，3）> REF（BOLL.BOLL，6）AND REF（BOLL.BOLL，6）> REF（BOLL.BOLL，9）AND REF（BOLL.BOLL，9）> REF (BOLL.BOLL，12)。

公式可命名为“高控盘个股”。另外注意选股的时候选股范围是沪深所有 A 股，选股周期为日线。选股结果中可能会有几十只个股，具体视行情而定，原则上行情越差，结果越少。选出的个股已经是范围非常小了，最后再进行逐一的对比排除，留下最好的个股，然后自建一个“高控盘个股”板块来存放，便于以后观察和操作。

3.4　关键战术 2：把握正常涨跌节奏

所谓正常走势，是指股价的波动特点完全符合趋势特征，与趋势相互衬托，运行平稳。通常表现为 K 线走势规律性和轨道性较强、常常维持某种斜率上涨、依托某条均线逐步攀升、强弱转换关系明显也就是拐点的形成具有较强的可预期性。

正因为综合表现为拐点的可预期性，所以这种个股把握起来难度会相对小一些。股价涨多了远离均线后表现出滞涨便会回靠均线，回靠均线时表现出明显止跌信号便会再次上涨。经验表明，一般只有两类股最容易呈现相对正常的涨跌节奏，第一种就是高控盘个股，另外一种就是量能充分且均匀的个股，关于第二种会在本书的第 14 章详细讲解。

因为该战法仍然是从超短线、短线的思路出发的，不把时间耗在一只个股上，而是寻求在不同目标股之间辗转以求资金的最大利用率和收益率。所以就需要确定一个最有把握马上盈利的点，这个点在之前的章节中有过详细的讲解，也就是拐点，由弱转强的拐点。

考虑到本战法中的目标股具有较强的可预期性，因此在点位上除了由弱转强的拐点外，可增加一个均线处明显止跌点。在这里给读者贡献一组均线，非常强大，只有两条均线组成，分别是 EMA14 和 EMA25，也就是 14 日加权均线和 25 日加权均线。其中 14 日尤其管用，作为主均线，25 日作为辅助。

下面就利用这组均线给出这两种点的图例，如图 3－11 是回靠均线的止跌点的情况。分为三种，一种是阴实体回靠均线，随即阳线包抄止跌，左图虚线框即是这种情况。第二种是 T 线回踩均线止跌，对应右图中的 A 处。第三种是当日回踩后直接拉升，收带下影线的中阳线，对应右图中的 B 处。

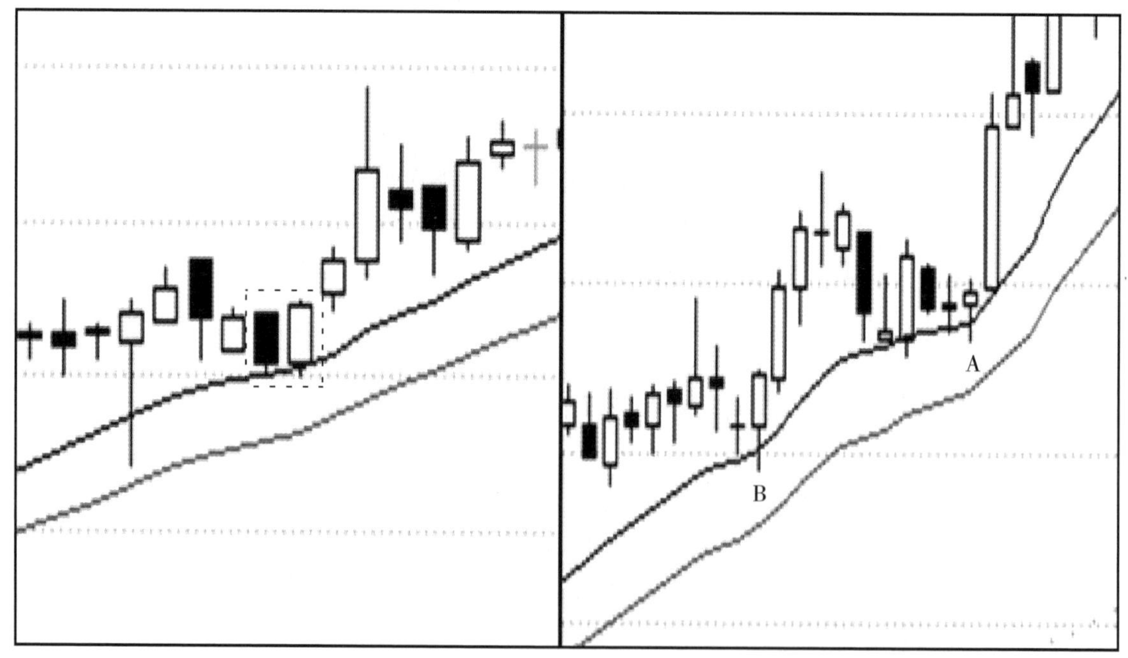

图 3－11　止跌点的情况

如图 3—12 所示是阳实体贯穿均线型，属于比较强烈的转强信号。分为两种，一种贯穿一根均线型，如左图中的 A 处。另外一种是贯穿两根均线型，如右图中的 B 处。从图中可以看出，明显出现这两种点的时候随后股价的表现更为凌厉。

其实要是从严格意义上讲，图 3—11 中的虚线框以及 B 点都属于转强点，只有 A 点属于真正意义上的标准止跌点。

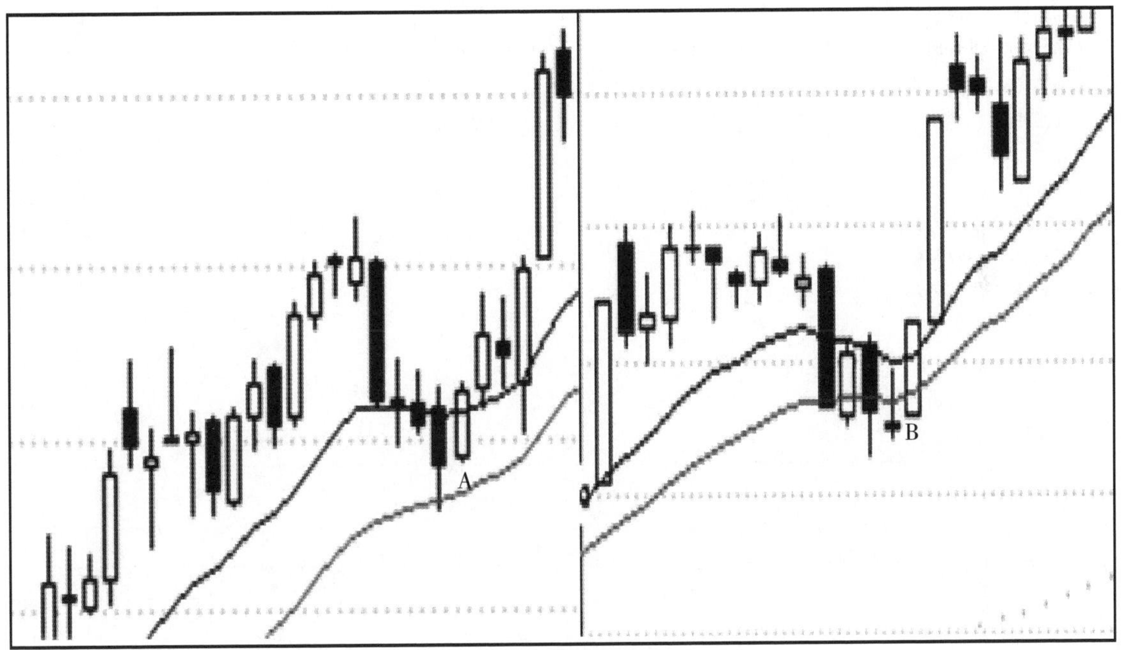

图 3—12　转强点的情况

由于高控盘个股池子里的股票都可以作为操作标的，但偶尔会由于没有及时发现点位而错失机会，因此建议大家可以采用看盘模板的形式来监控这些股票的日线走势。这样无论是盘中异动还是在尾盘寻找操作机会都是非常方便的，这大大提高了效率，对于操盘成绩的提升很有帮助。

3.5　典型案例一：山西汾酒（600809）

该股在 2010 年 8 月中旬通过公式筛选选出，由于其基本面数据都非常好，因此通过了第二轮精选，最终进入到了“高控盘个股”板块，成为操作标的股，随时实施监控。

如图 3—13 所示是当时第一步公式粗选后的结果，山西汾酒在其中。注意图中的选股范围。

图 3—13 粗选结果

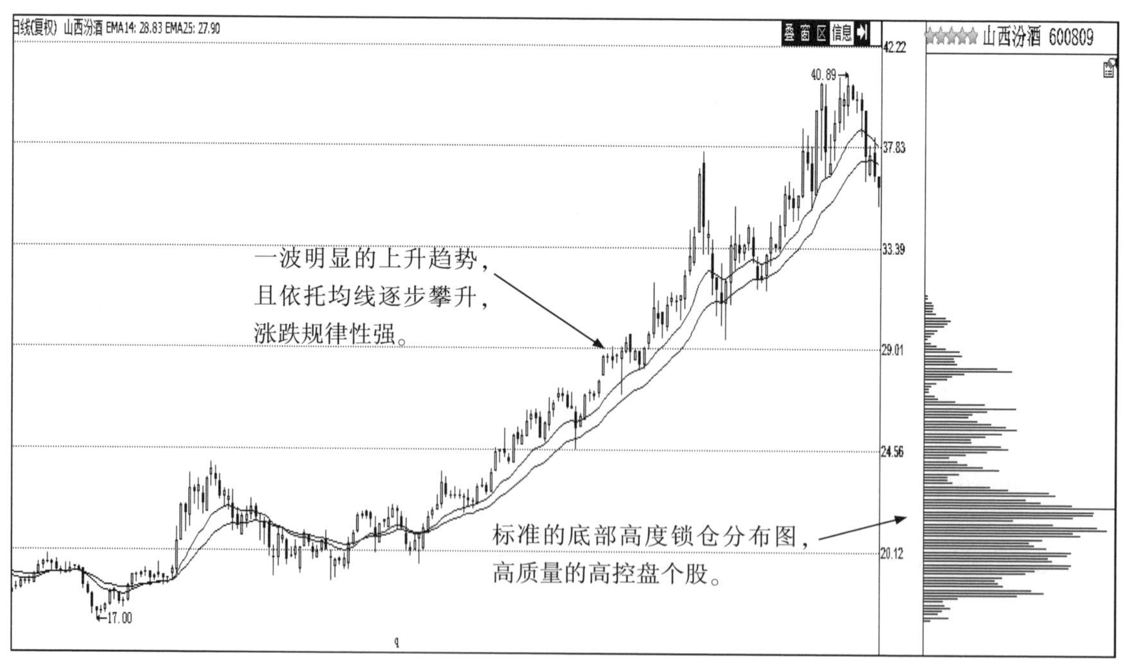

图 3—14 山西汾酒日 K 线和筹码分布图

如图 3—14 所示是该股当时的日 K 线及筹码分布图，图中显示当时股价处于一波明显的上升行情，股价依托均线逐步上扬，呈现明显的正常波动走势，且右边的筹码分布图属于典型的底部高度锁仓状态，完全满足操作标的股的所有要求。

在监控该股的过程中于 2010 年 9 月 10 日当天尾盘发现该股有明显止跌转强信号，如图 3—15 所示，且伴随放量，甚至有阳包阴形态，满足转强临界点条件，可以在收盘前 10 分钟最大程度确定技术形态定型后介入。

图中显示介入该股后第二天继续放量上涨超 2%，第三天开盘后更是放量上冲 7%。短线收益明显，且这种收益是风险相对很小的情况下获得的，收益风险比很大。短线可在第三天冲高回落，形成上影线，明显预期转弱的时候离场，之后再次监控，等待下一个拐点。

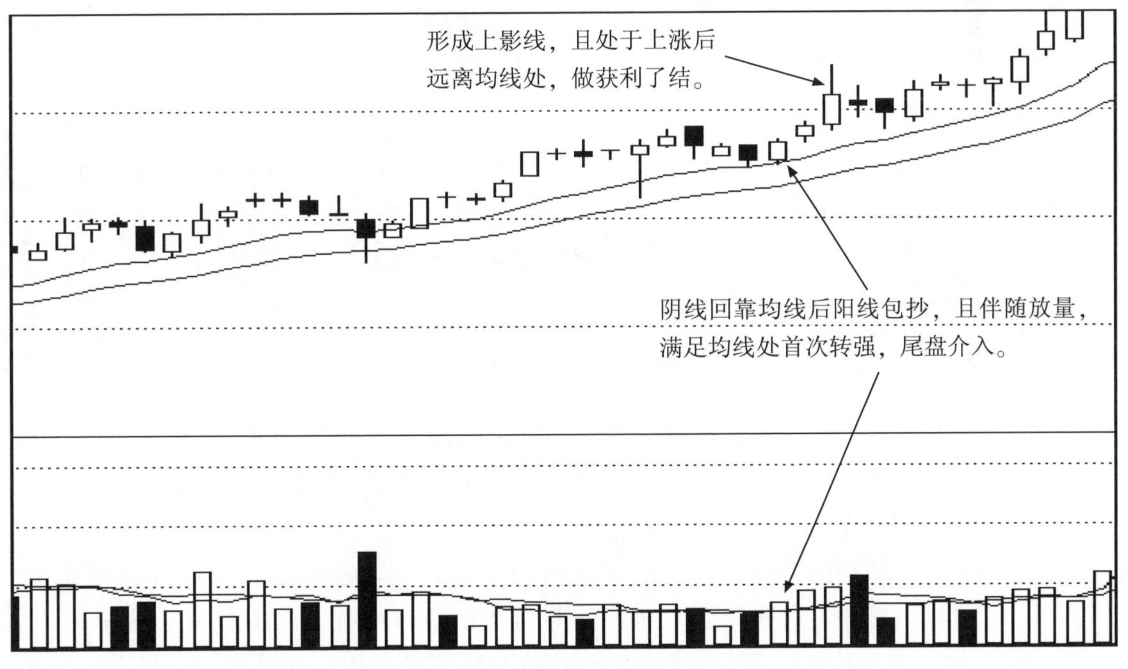

图 3—15　实例介入点

3.6　典型案例二：江铃汽车（000550）

同样该股也在 2010 年的 8 月中旬被公式选出，同时也满足基本面特征，加入到高控盘个股股票池。如图 3—16 所示是当时的选股结果，图中显示江铃汽车在其中。另外对比图 3－13 的选股结果的数量，都只有几十只个股满足粗选条件，范围明显大大缩小，并且当时的大盘环境还算可以。要是大环境不好，处于明显下降趋势，选股结果会更加少，甚至可能只有几只。

图 3－16 粗选结果

如图 3－17 所示是该股当时的日 K 线图及筹码分布图，明显看出所有技术要素，包括形态、波动规律及筹码分布图都与之前的山西汾酒基本一致，同样完全满足操作标的要求。

在监控的过程中，发现 2010 年 8 月 30 日当天股价猛烈异动，甚至有冲板的动作，截至尾盘呈现出巨量巨阳的盘口特征，转强信号十分明显，如图 3－18 所示。另外在爆发前股价整理非常到位，几乎洗到无量，更加说明此次转强的含金量，因此可以考虑在尾盘介入部分仓位。

结果如图 3－18 显示，该股第二天大幅冲高，虽然最终回落下来，但就盘中超 5％的冲高幅度就已经完全满足超短线收益了。随后股价做了个空中搓揉线组合后拉涨停板，涨停板后来了根黄包车夫线，离场信号更加明显，短线收益惊人。

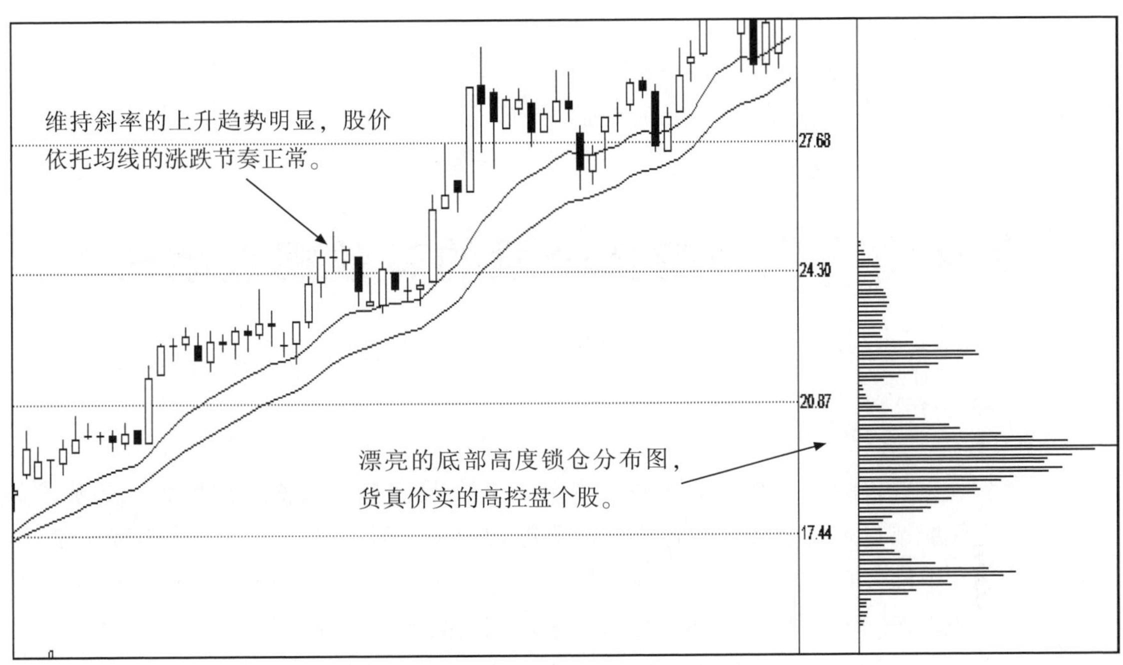

图 3—17　江铃汽车日 K 线和筹码分布图

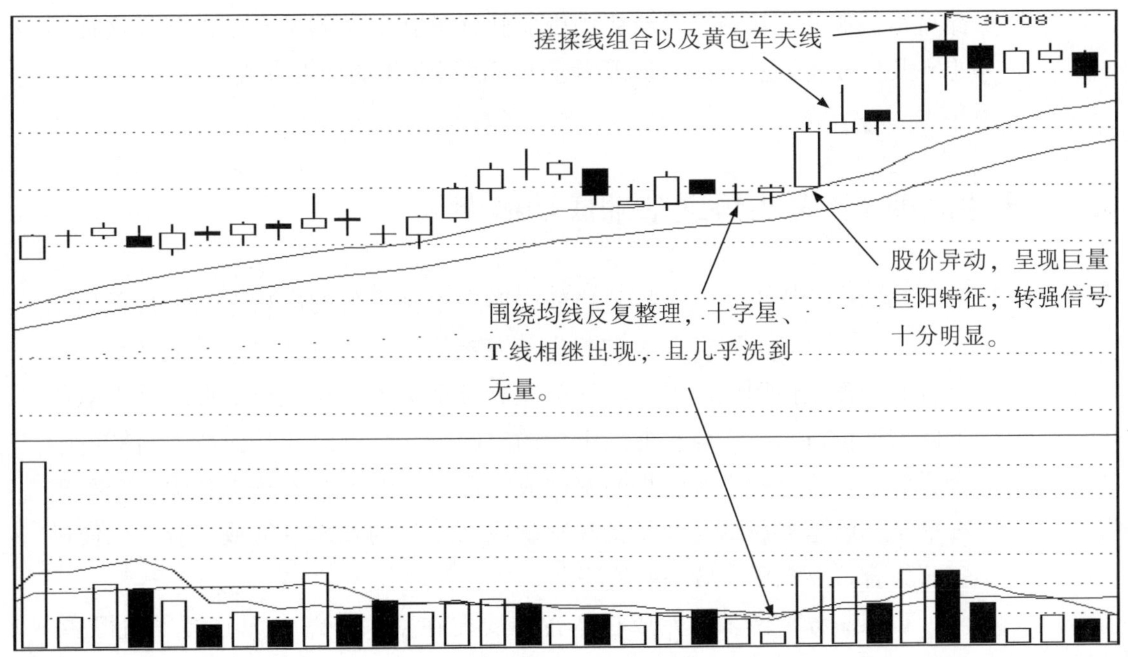

图 3—18　实例介入点

第 4 章　上升趋势个股的有效拐点战法

股价的运行趋势有三种，上升、下降及盘整，盘整又被称为无趋势。做股票肯定要选择上升趋势，这个毋庸置疑。但上升趋势并不代表随时都在上涨，只是价格低点在逐步抬高、高点在不断刷新而已，它也是由一组组强弱转换的 K 线组成，也包含下跌调整的那一部分。

而本章战法的目的就是要精益求精，在上升趋势个股中剔除掉回调的那一部分，专挑上涨的那一部分吃。要想达到这样的效果，唯一只有一条路可走，那就是找到上升趋势中由弱转强的拐点。第 1 章中提到过这种拐点有几种分类方法，而这里采用连续拐和跳跃拐的分类方式。

4.1　战法原理 1：多头势之基础成功概率

基础成功概率，是指某种趋势或形态本身具备的成功率的一种平均水平。比如，放量一阳穿多线和断头铡刀走势本身就具备较高的成功率，具有较好的独立使用性。再如，就单凭放量跳空大跌这一技术形态基本就能判断后期价格指数还会有继续下探的空间，它在不附加其他技术指标的辅助说明下，自身就具备较高的基础成功概率。学习技术分析其中一个很重要的工作就是多总结这种具备高基础成功概率的技术特征或组合，以便进行再组合，寻求更高效率的战法。

在多头势下做多自然成功率肯定要比在空头势或者无趋势里高得多，因为是顺势而为。反过来，在空头势里做空盈利自然就容易的多。要想做多盈利自然就必须选择多头势，为什么要这样选择呢？其中有什么深层次的原理？为什么多头势就具备较高的基础成功概率？

现在从两个角度来思考和分析这个问题：

（1）一个是市场参与各方量能的角度。

从市场参与各方量能的角度出发，可以把市场的所有参与方划分成四类，包含：主动买入、被动买入、主动卖出和被动卖出。其中表示正量能的有主动买入和被动买入，表示负量能的有主动卖出和被动卖出。主动与被动的区别在于对股价预期的强烈度不同，也就是看多与看空的程度不同。

这两类量能所包含的四类参与者按照实力划分又可以分为大、中、小三个级别，级别越高的单子就越大，反之越低的级别单子就越小。这样市场上就会存在十二种量能，如果正量能用红色表示，负量能用绿色表示，那这十二种量能也就只有两种颜色。但如果再用箭头的粗细来表示级别高低的话，就会出现大、中、小三种箭头，加上之前的颜色，也就会有十二种箭头出现。

交易时，这些不同种类的箭头混战在一起，会发生相互带动或者相互抵消的情况。如果混战后两种箭头仍然完好，双方均无太大损伤，仍然呈现杂乱无章的状态，那市场就会呈现无趋势状态，也就是盘整行情。

假如混战后，红色箭头将绿色箭头消灭的差不多或消灭殆尽，那市场最终呈现出来的是大红或是全红的状态。空方被多方完全征服，剩下的基本全是红色向上的箭头，有粗的有细的。但它们的心都是齐的，会发生相互的共振向上，因此股价就会呈现明显的多头走势。

如果混战后，红色箭头反而被绿色箭头消灭，剩下的基本全是绿色箭头。胜利者肯定都是骁勇善战的勇士，他们齐心协力发生共振。那股价自然就会呈现明显的空头走势。

由此可见，选择多头势之所以会有很高的基础成功概率，是因为经过一番恶战后，多方已经完全征服了空方，赢得了这场战斗。市场上的各方力量已经被理顺了，不再杂乱无章。而我们需要做的就是站在胜利的这一方，跟随他们继续开疆拓土。

（2）另一个是市场参与各方成本的角度。

从这种角度出发，是从市场参与者的持仓成本考虑的。当然，分析这个角度用筹码分布图效果是最好的，下面分别给出三类不同走势的筹码分布图，以深入分析说明为什么多头势的个股自身具备较高的成功概率。

图4—1是上升行情的筹码分布图，由于筹码基本都处于获利状态，即不存在套牢盘抛压的问题，反而是下面的筹码会对上面的筹码形成支撑和推动作用。筹码对应的不同价格位置就是市场参与者的持仓成本，这样就形成了成本之间的推动作用。向下的阻力大，股价就会沿着阻力最小的方向运行。

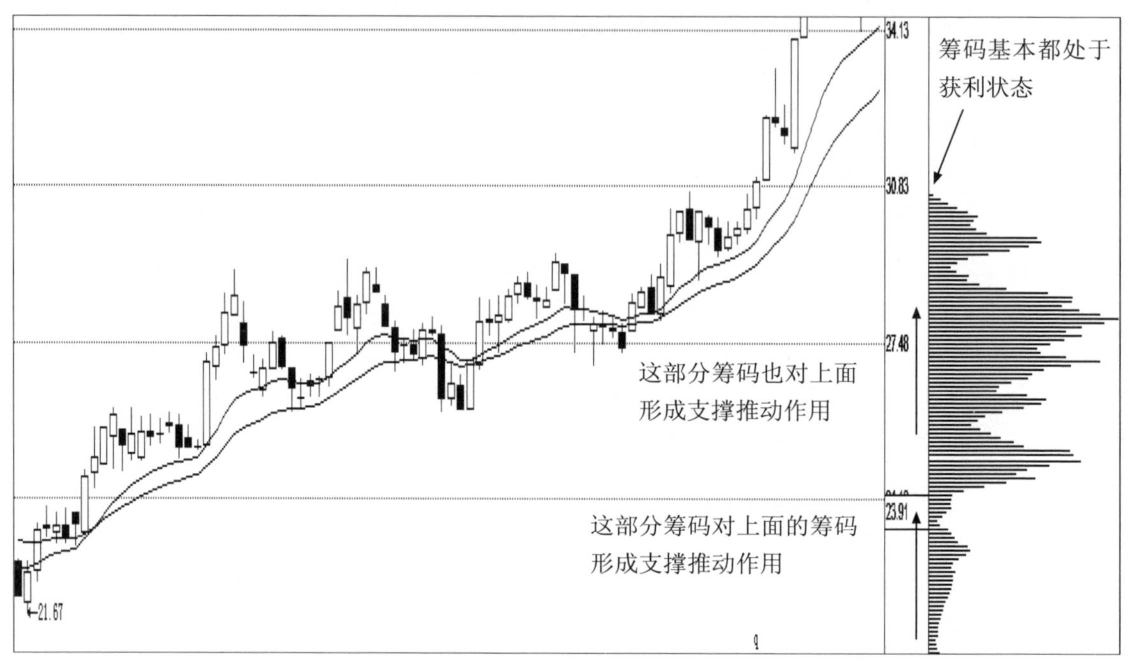

图 4—1　成本推动 1

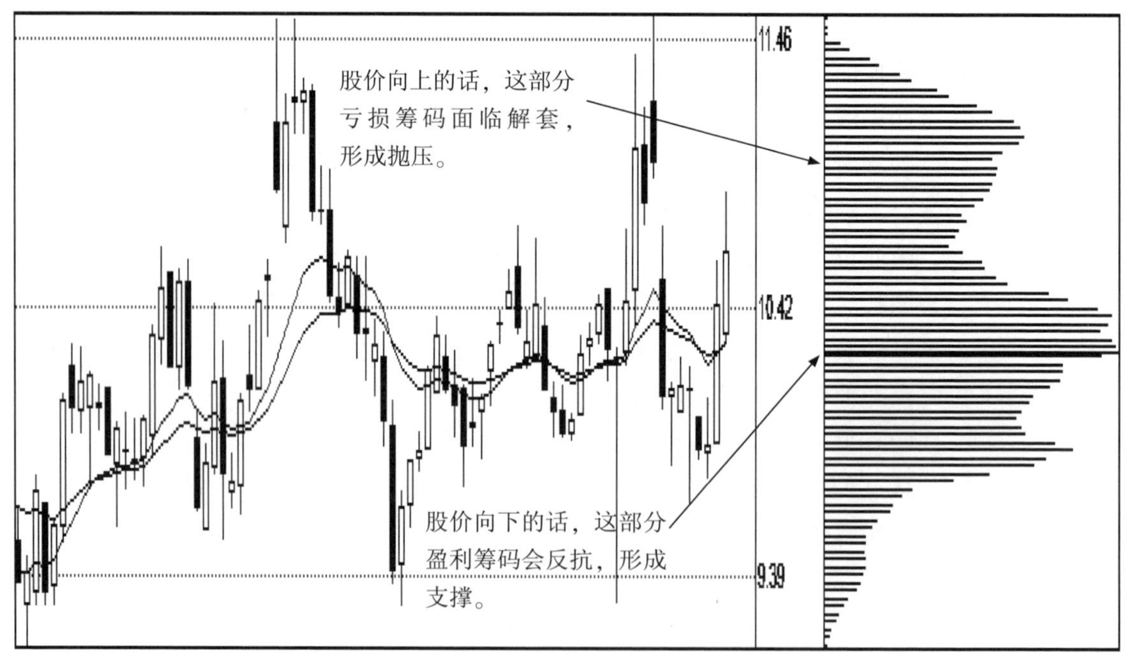

图 4—2　成本推动 2

如图 4—2 所示是一个盘整趋势的个股筹码分布图，图中的筹码部分处于获利状态，部分处于亏损状态。股价如果向上，亏损筹码解套出局就会对股价形成抛压。如果向下，则下方的获利筹码又会对股价形成支撑。说明市场力量没有被理顺，会出现纠结的走势。

如图 4—3 所示是一个下降趋势个股的筹码分布图，图中的筹码基本全部处于亏损状态。股价向上会面临重重困难，必须逐一克服压在头上的“座座大山”才能有出头之日。成本之间的反向推动作用很明显。

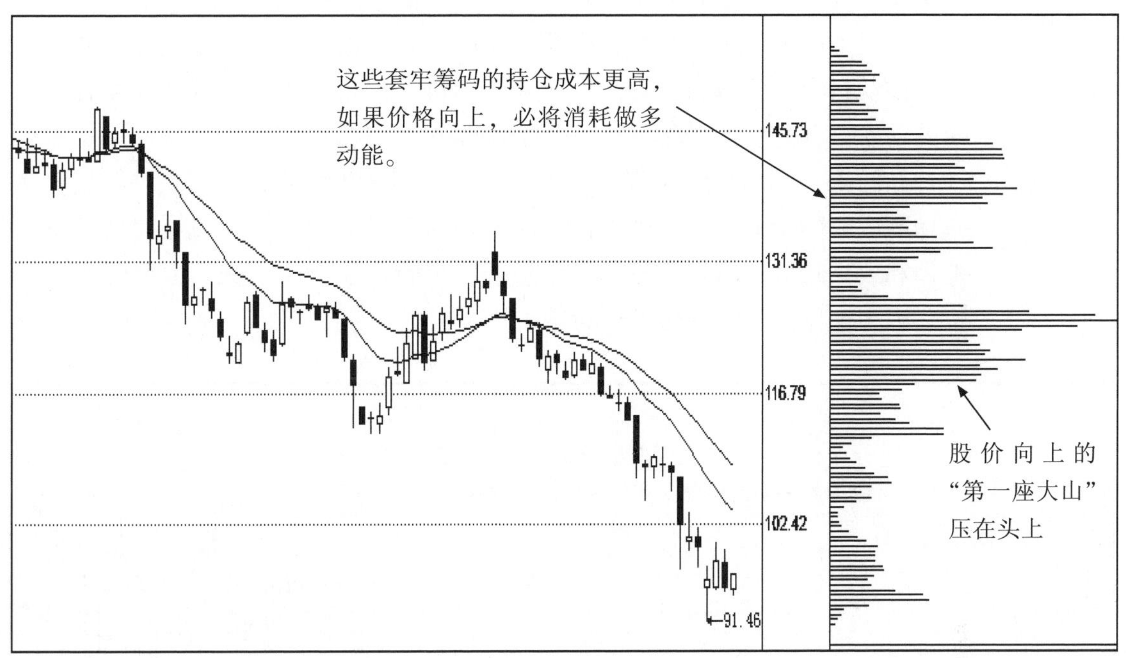

图 4—3　成本推动 3

由上面三个图例的对比，可以清楚明白多头势具有高基础概率的原因。因此选择上升趋势的个股是最明智，也是最基础的要求。读者必须将这个思路刻骨铭心，永远地执行下去。

4.2　战法原理 2：强中之强的共振点

这里再次提到共振，说明我们的战法会将共振的思想贯彻到底，这也是为什么在前两章内容中反复强调的原因。之前论证了多头势具有较高的基础成功概率，做股票尽量选择处于上升趋势的个股。这样做的话就做到了炒股的基本要求——顺势而为。永远都是顺势而为，绝不逆势。

顺势并不代表你就必须在当前趋势下一直持有股票，如果要追求短期的快速盈利，提高资金利用率的话，仍然要讲究技巧。这个技巧就是要找到趋势中的共振点，比如上升趋势中就要寻找强中之强的共振点，下降趋势中就要找到弱中之弱的共振点。

这个共振点其实就是拐点，上升中由弱转强的拐点和下降中由强转弱的拐点。只有在这个拐点的操作才是最符合当前方向的操作，也是最安全的操作。因为有大趋势为你撑腰，你站在了市场中强势的一方。

这里不讨论横盘震荡的情况是因为横盘震荡其实可以看作一种无波动或者波动很小的价格运行方式，而利润和机会一定是来源于波动，或者说有波动才会有机会。因此排除了这种情况。

如图 4—4 中的每个虚线箭头位置都是个股强中之强的共振点。既然要选择顺应趋势做多，就应该等待每次成功回踩后的首次转强机会。必须忽略掉和放弃趋势中超卖引发的做空机会，尽管可能会赚到钱，但风险比较大，因为这样逆了你本想要顺的势。

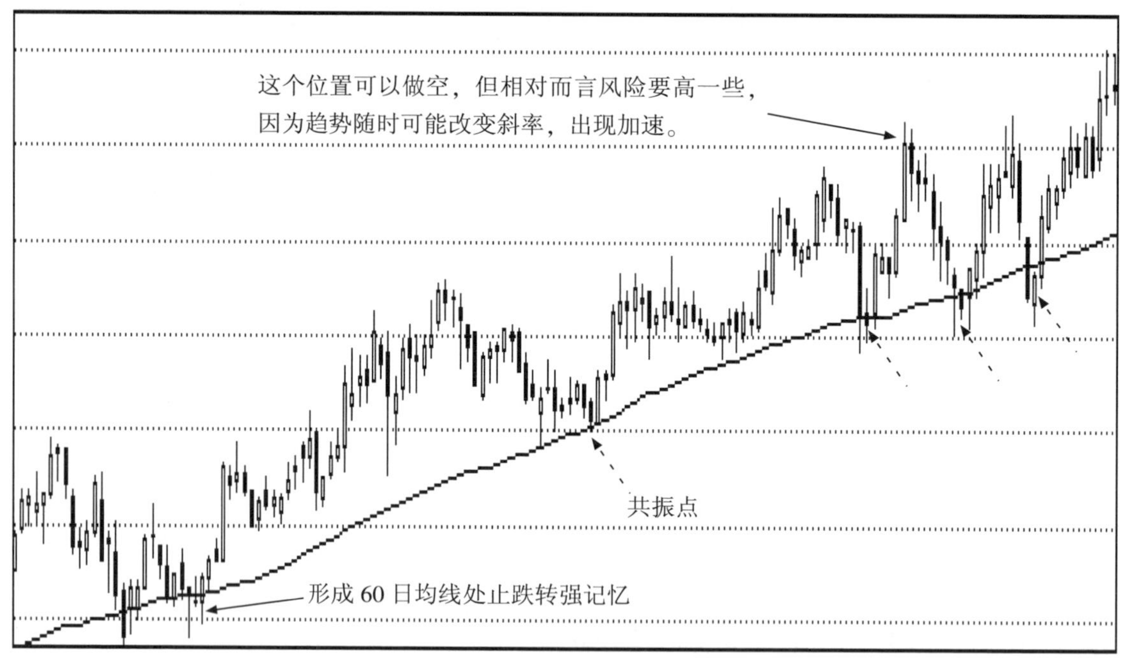

图 4—4 强中之强共振点

如图 4—5 所示的股价明显呈现一波下降趋势，图中的每个虚线箭头位置都是受压转弱点，也就是弱中之弱的共振拐点。在这个位置的做空操作很容易成功，因为这样顺应了趋势中的趋势。当然，同样在图中的 A 位置做多，做超跌反弹也是可以盈利的，但这种操作显然就没上面的做空点安全度高。

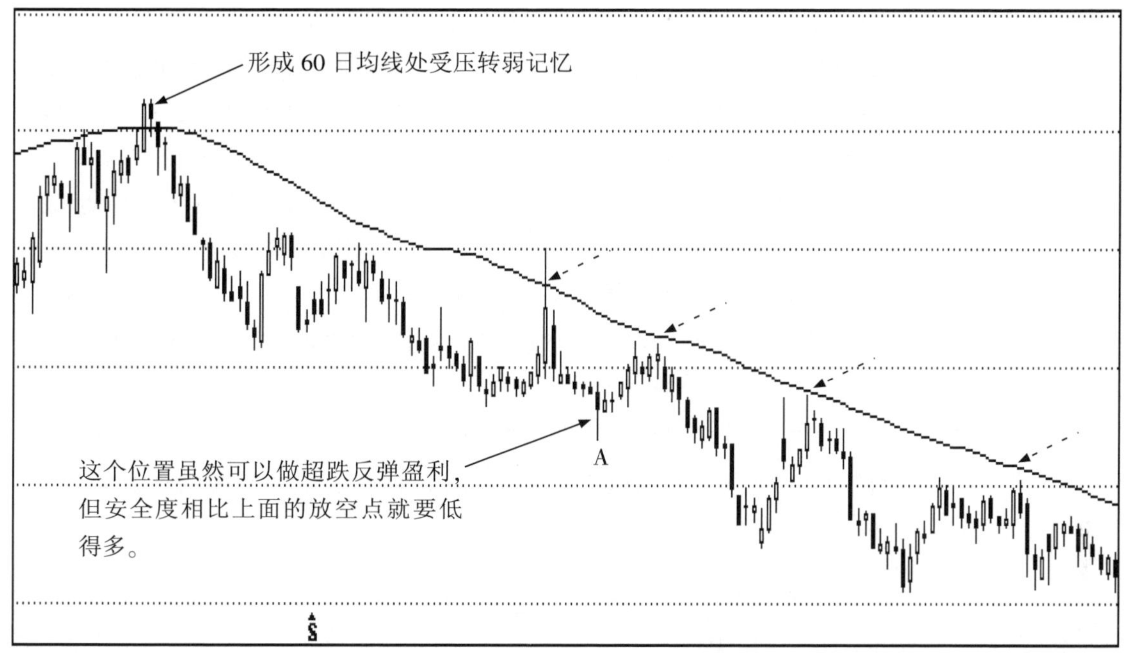

图 4—5　弱中之弱的共振点

通过以上的案例分析，说明只有顺势中的共振点才不仅具有较高的安全性，还具有较高的成功率。既然如此，那接下来我们就设法用选股公式来选出这样的个股和点位。

4.3　关键战术 1：公式筛选目标股

本章战法叫“上升趋势个股的有效拐点战法”，所以公式首先要选出上升趋势的个股，其次再在这些个股中选出当天出现的拐点，以供最终操作参考。

由于本章公式力求最终的选股结果要最为精炼，最好可以直接作为操作对象。因此在编写公式的时候在保证核心特征不受影响的情况下，尽量加了一些辅助加强条件，其实也就是帮助减少部分人工排除的环节，让结果更精简。

选股公式根据拐点的特征，连续拐和跳跃拐，也就分为了两类。由于笔者用大量的历史数据来验证过公式的可靠性，所以就将此战法的公式命名为“必杀”。连续拐的选股公式命名为“必杀一”，跳跃拐的公式命名为“必杀二”。

其中引用的历史数据是2009年及2011年两年的所有交易日选股结果统计，统计表明这两组公式的成功率高达80%以上。但受行情影响较大，平均一个月就1～2次机会，甚至有时候一个月都不会出现一次。但一旦出现成功率很高，之所以机会少就很容易理解了，符合正常逻辑。

现在介绍“必杀一”公式组，共包含9个公式，分别表示各种选股要素。其实是可以把9个公式用语句编写到一个公式里，但考虑到读者的理解问题和公式的选股效率问题，所以就分别罗列出了这9个公式。实际操作时可把9个公式存为一种选股方案，便于每天尾盘进行直接引用。

如图4—6所示，把这9个公式加入到右边的组合条件后，点击“保存方案”，命名“必杀一”确定后即保存为既有选股方案。以后每次选股时只需要点击“引入方案”，选择需要的方案后右边就会出现相应的选股公式。同样“必杀二”方案的保存也是如此。

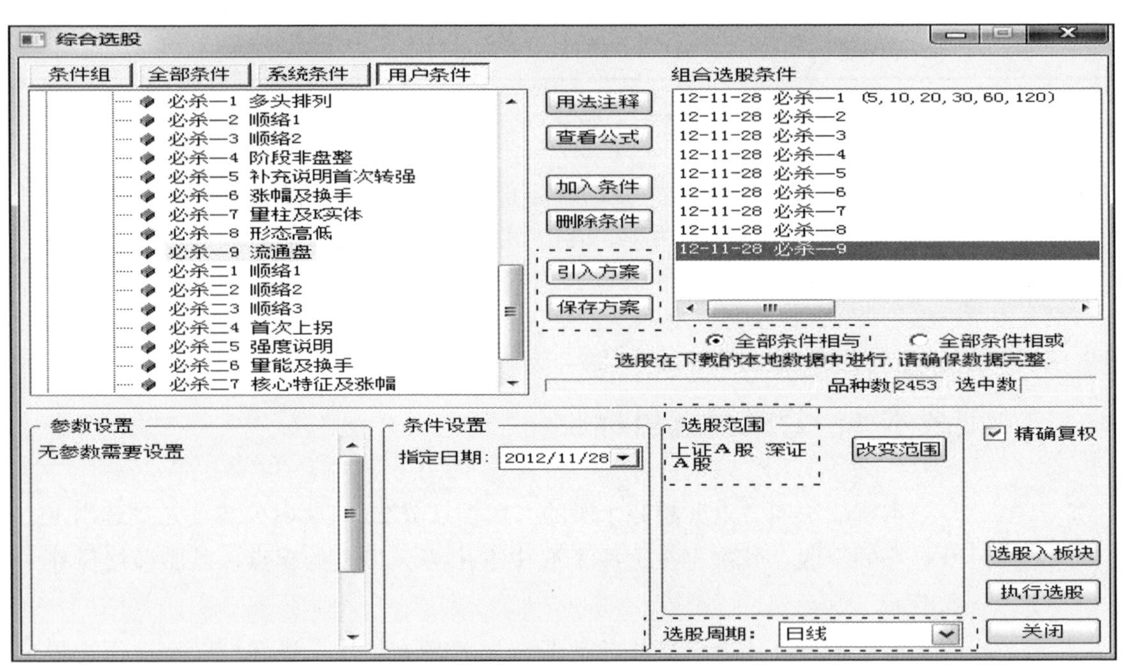

图4—6 必杀一选股界面

另外引入方案后其他选项都保持默认状态，具体有“全部条件相与”、“选股范围（上证A股、深证A股）”以及选股周期“日线”。

“必杀一1”公式主要是要固化个股的形态为多头排列，具体公式如下：

MA（CLOSE，N）＞MA（CLOSE，N1）AND MA（CLOSE，N1）＞MA（CLOSE，N2）AND MA（CLOSE，N2）＞MA（CLOSE，

N3）AND MA（CLOSE，N3）>MA（CLOSE，N4）AND MA（CLOSE，N4）>MA（CLOSE，N5）。

其中 N、N1、N2、N3、N4、N5 参数分别取值：5、10、20、30、60、120。

“必杀一 2”公式企图在多头排列的基础上，强化完好的上升通道，促使均线系统的运行更为顺络。具体公式如下：

REF（MA（C，10），3）>REF（MA（C，20），3）AND REF（MA（C，20），3）>REF（MA（C，30），3）AND REF（MA（C，30），3）>REF（MA（C，60），3）AND REF（MA（C，60），3）>REF（MA（C，120），3）。

“必杀一 3”公式仍然在均线系统的顺络性上做文章，进一步给形态和均线系统塑身。具体公式如下：

REF（MA（C，10），6）>REF（MA（C，20），6）AND REF（MA（C，20），6）>REF（MA（C，30），6）AND REF（MA（C，30），6）>REF（MA（C，60），6）AND REF（MA（C，60），6）>REF（MA（C，120），6）。

“必杀一 4”公式用了一条周期较小的均线，反向促使其阶段呈现良好的上升趋势，也就是反过来排除阶段盘整走势的个股。具体公式如下：

MA（C，10）>REF（MA（C，10），2）AND REF（MA（C，10），2）>REF（MA（C，10），4）AND REF（MA（C，10），4）>REF（MA（C，10），6）。

“必杀一 5”公式是从首次转强的角度出发，要求选出的个股当天是调整后的首次走强，这在前面的拐点理论中介绍过。具体公式如下：

C>REF（C，4）OR V>MA（V，5）OR L<=MA（C，20）。

“必杀一 6”公式限制了结果的涨幅及换手率，以求量能适中，不低也不至于过爆。注意流通股一定要用 FINANCE（7）来表示，它的数值会根据实际而变化。如果使用 CAPITAL 就只能表示当前的流通股本，在对历史数据的研究时偶尔会出现问题。具体公式如下：

（C－REF（C，1））/REF（C，1）*100>=2 AND（C－REF（C，1））/REF（C，1）*100<=9.9 AND V*100/FINANCE（7）*100>=2 AND V*100/FINANCE（7）*100<30。

“必杀一 7”公式是从量能及 K 线实体的角度出发，更加细化当前 K 线附近技术要素之间的搭配关系。具体公式如下：

V>REF（V，1）AND V<2.5*REF（V，1）AND MA（C，

5）＞＝REF（MA（C，5），1）＋0.01 AND（C－O）＞＝1.2*（REF（O，1）－REF（C，1））。

“必杀一 8”公式是从 K 线形态的高低出发，把当日 K 线与 5 日、10 日均线之间的关系处理得当，使相对形态不偏不倚。公式本身就具备了一阳同时上穿 5 日、10 日均线的核心特征要求，所以这里就省去了 RANGE 函数的引用。具体公式如下：

（MA（C，5）－MA（C，10））/（C－O）＞0.1 AND（MA（C，5）－MA（C，10））/（C－O）＜0.6 AND（C－MA（C，5））/（C－O）＞＝0.05 AND（C－MA（C，5））/（C－O）＜0.66 AND（MA（C，10）－O）/（C－O）＞＝0.08 AND（REF（C，1）－REF（C，2））/REF（C，2）*100＜1。

“必杀一 9”公式是规定了个股的流通盘，排除盘子超过 10 个亿的个股，是从个股的活跃度考虑的。具体公式如下：

FINANCE（7）＜1000000000。

9 个公式的代码都介绍完了，现在可以明白为什么选股结果少的原因了吧？因为条件极其苛刻，不是精华一般是很难被选出来的。做票就是要找可靠性，随时都要有宁缺毋滥的心态。

现在介绍“必杀二”方案的 8 个公式。

“必杀二 1”、“必杀二 2”及“必杀二 3”都是从均线系统的顺络度出发的，保证最近 10 根 K 线范围内具有良好的上升形态。具体公式分别如下：

MA（C，10）＞MA（C，20）AND MA（C，20）＞MA（C，30）AND MA（C，30）＞MA（C，60）AND MA（C，60）＞MA（C，120）；

REF（MA（C，10），4）＞REF（MA（C，20），4）AND REF（MA（C，20），4）＞REF（MA（C，30），4）AND REF（MA（C，30），4）＞REF（MA（C，60），4）AND REF（MA（C，60），4）＞REF（MA（C，120），4）；

REF（MA（C，10），9）＞REF（MA（C，20），9）AND REF（MA（C，20），9）＞REF（MA（C，30），9）AND REF（MA（C，30），9）＞REF（MA（C，60），9）AND REF（MA（C，60），9）＞REF（MA（C，120），9）。

“必杀二 4”公式是保证当前股价是调整后的首次上拐走强，具体公式如下：

REF（MA（C，5），1）＜REF（MA（C，5），2）AND REF（MA（C，5），2）＜REF（MA（C，5），3）。

“必杀二5”公式是从量能或均线上反映强度，具体公式如下：

V>MAX（MA（V，5），MA（V，10））OR MA（C，5）>MA（C，10）。

“必杀二6”公式是对量能及换手做一些限制，保证起跳当天具备充足的量能，具体公式如下：

V>REF（V，1）AND V<3＊REF（V，1）AND V＊100/FINANCE（7）＊100>=5 AND V＊100/FINANCE（7）＊100<30。

“必杀二7”描述起跳转强的核心特征，并对涨幅做了限制。“必杀二8”和“必杀一”方案一样，也规定了个股的流通盘。两个公式分别如下：

L>REF（H，1）AND（C－REF（C，1））/REF（C，1）＊100>=2 AND（C－REF（C，1））/REF（C，1）＊100<5 AND REF（C，1）<=REF（C，2）；

FINANCE（7）<1000000000。

由上面的介绍可知，其实“必杀二”方案的条件也是非常的丰富，这在源头上就保证了选股结果的优良性。公式代码看着较为繁琐，下面就用一个图来简单表示“必杀一”和“必杀二”究竟要选出怎样的股票。如图4－7所示是两个公式目标股的参考图，“必杀一”是连续拐，而“必杀二”是跳跃拐。

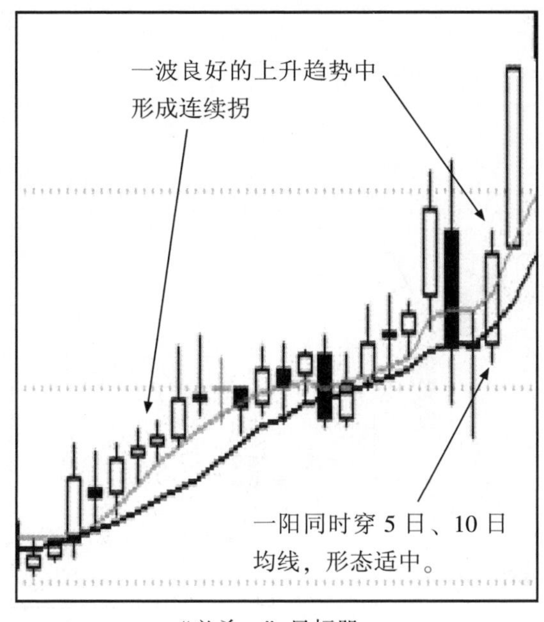

“必杀一”目标股

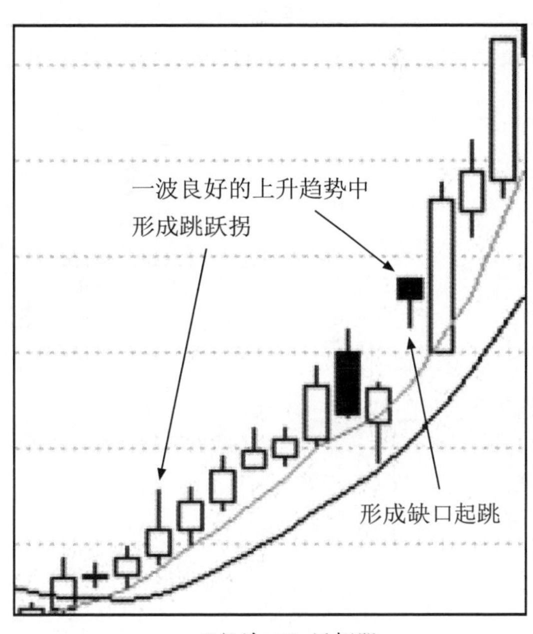

“必杀二”目标股

图4－7　公式目标股参考图

4.4 关键战术 2：确认首次转强

首次转强已经不是第一次强调了，这个是从有效拐点的角度出发的。所谓首次是指一波调整结束后第一次出现明显的转强迹象，通常表现为放量上涨的阳线。它可以是与之前 K 线相衔接的，也可以是直接跳空上涨的，这样就形成了前面提到的连续拐和跳跃拐。由此可见，首次转强是有效拐点的必要条件，但为什么是这样呢，它究竟有什么深层的原因？

无论是上升、下降还是盘整趋势，也无论是大、中、小级别的行情，其实都是由若干个强弱走势组成的。强势减弱了，自然就会形成弱势走势，而弱势量能消耗完了也就会形成强势走势。下跌的过程中做空动能在逐步释放，就形成了转强的预期，而在上涨的过程中做多动能在不断消耗，就形成了转弱的预期。

而我们需要的是抓住走强的那一波，在第 1 章笔者就用相同的上下箭头分析过这个问题了。要想既安全又高成功率地获取利润，就必须在向下箭头即将消失，而向上箭头即将形成的拐点处下手，其实也就是首次转强点。图 4—8 的一段 K 线图可以帮助理解强弱之间的转换关系及首次转强点的含义。

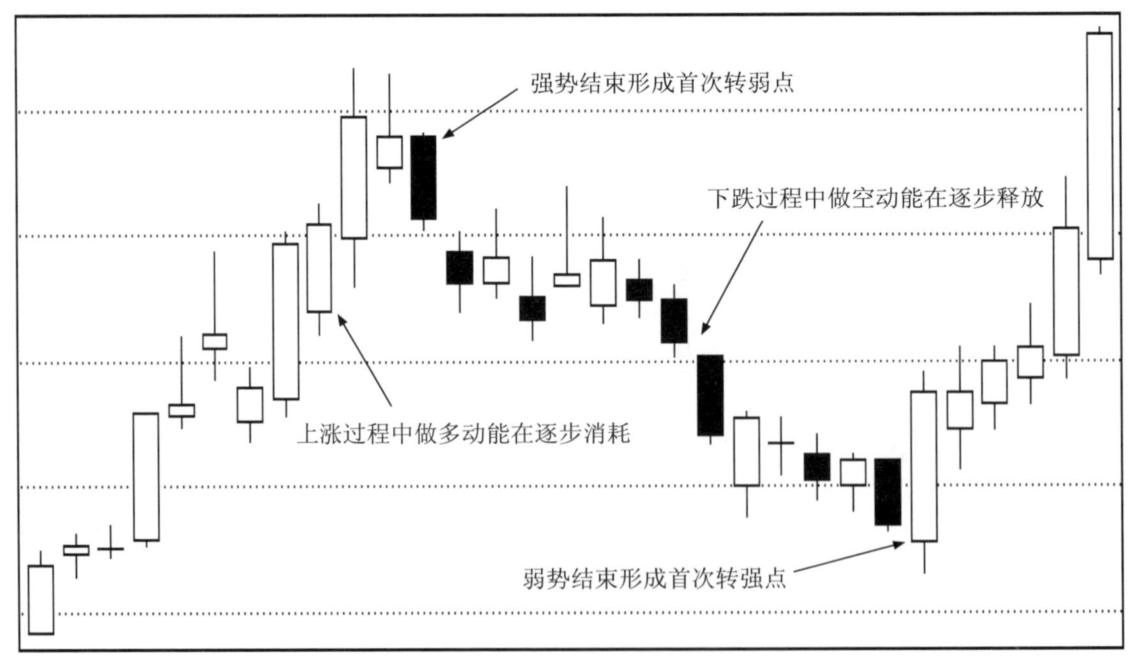

图 4—8　强弱转换及首次转强点

行情回过去看都是对的，犹如图4—8一样，用过去的一段K线图去找首次转强点很容易。但在实际的操作中，后面的走势都还没出来，是需要你从当天的K线预判之后的行情走势。所以还需要加上其他强有力的限制说明条件，才能保证当天的走势是真正意义上的首次转强点，也就是有效拐点。

如本章的上升趋势拐点就必须加上放量一阳穿多线或跳空上涨的核心特征条件，而下一章要介绍的下降趋势拐点就必须加上放量跳空上涨或阳包阴的核心条件。如果是震荡走势就必须利用切线或通道画出箱体的重要支撑位与压力位，在这些关键位置上走强就成为了核心条件。

下面给出上升趋势中的两类拐点的个股案例分析，希望读者无论是对于选股公式还是最终的操作方法都需要了解透彻。

4.5 典型案例一：汤臣倍健（300146）

本案例是上升趋势中连续拐的情况。2011年11月8日尾盘使用“必杀一”选股方案选股，最终就只有一只个股出现在选股结果中，这只票就是汤臣倍健（300146）。选股结果如图4—9所示。

图4—9 “必杀一”选股结果

打开该股的日K线图，如图4—10所示，图中显示该股处于良好的上升通道中，且当天（图中A点位置）出现放量上涨，一根阳线同时上穿5日、10日均线。基本核心特征明显且质量较好。

除此之外，当天的上涨是处于一波调整末端的首次走强，满足有效拐点的首次转强要求。重要的是K线实体形态不偏不倚，高低正合适，两条均线恰好基本处于实体的中间位置。

考虑到该股业绩优良，基本面毫无问题，另外，当时大盘环境还处于反弹势头中，超短线风险很小。因此就在当天收盘前10分钟根据盘口介入了该股，结果如图4—10所示，该股第二天单边走高，再次放量收大阳线，最高涨幅超8%，超短线收益颇丰。

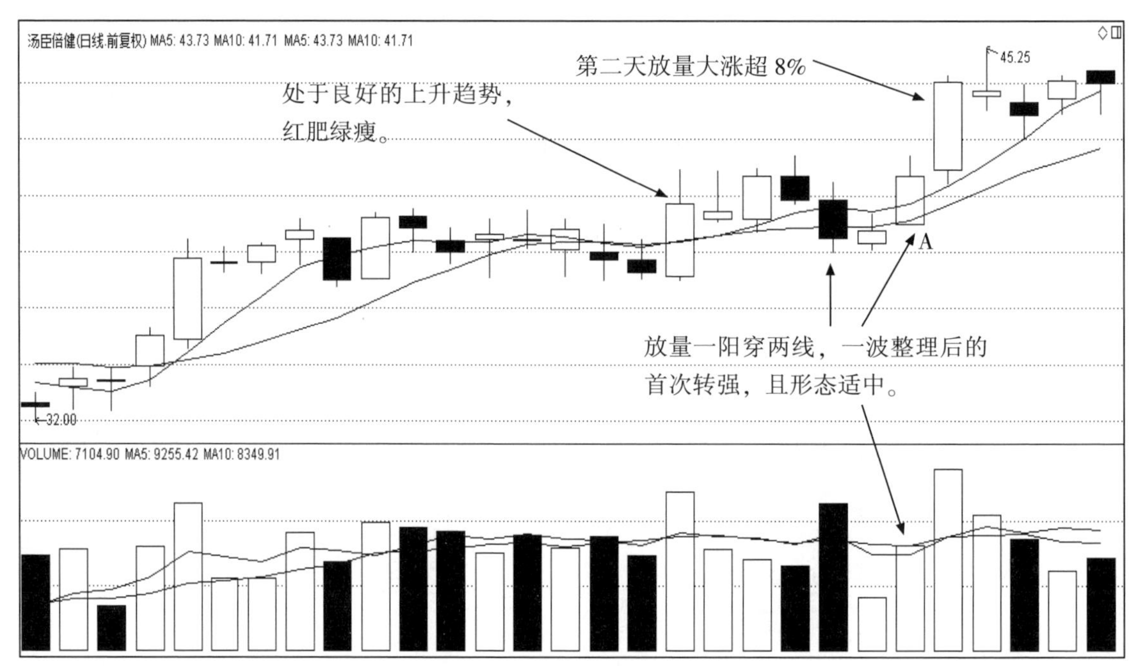

图4—10　汤卧倍健日K线图

4.6　典型案例二：安徽水利（600502）

本案例是上升趋势中的跳跃拐情况。2011年7月11日尾盘使用“必杀二”方案选股，最终结果中只出现了这只股票，也就是安徽水利（600502）。如图4—11所示是当天的选股结果。

图 4—11 “必杀二”选股结果

打开该股的日 K 线图，如图 4—12 所示，图中显示该股处于一波良好的上升趋势中，当天（图中 B 点位置）出现放量跳空走势，虽然最终没能收阳，但缺口尚在，强势特征明显。

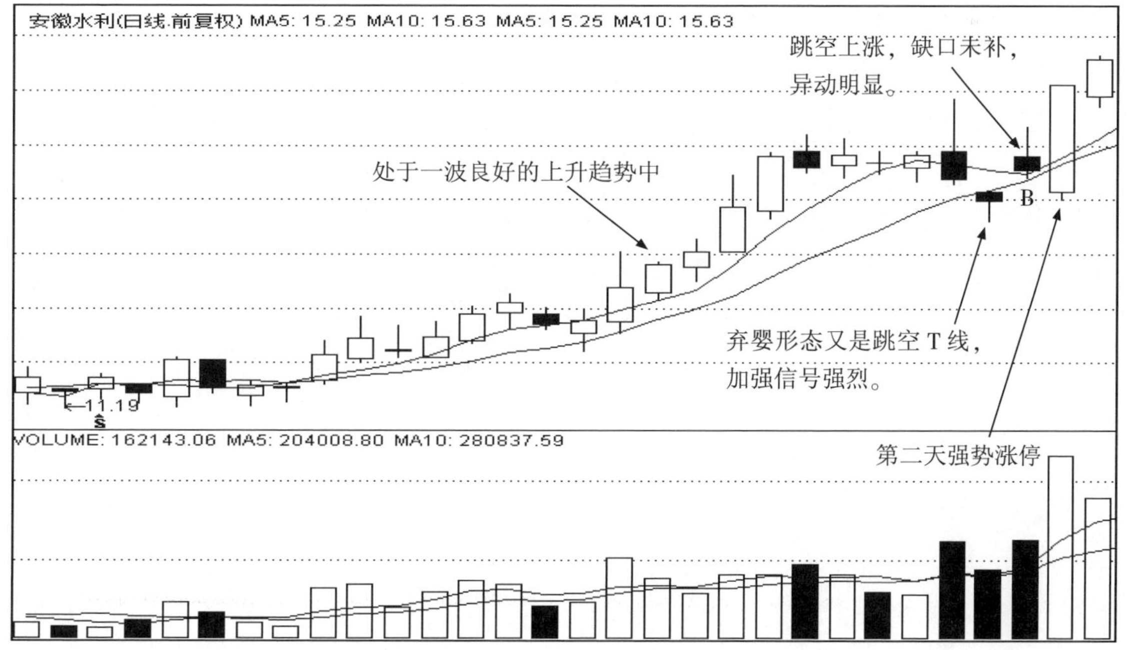

图 4—12 安徽水利日 K 线图

关键是最近的3根K线组成了弃婴形态，前一天的K线竟然还是根T线，属于后面章节会介绍的跳空T的加强信号。另外，个股的业绩也很不错，只有20倍的市盈率，预期年化净资产收益率达到20%以上，基本面良好。加上考虑到当时的大盘环境尚可，处于一波反弹行情中，短线操作环境还是相对安全的，因此在当天尾盘收盘前10分钟介入该股。

结果如图4—12中所示，第二天该股直接封涨停板，战法非常之成功。看来以后这种明显的异动信号要重点关注，属于上升趋势中的加速点。

从以上两个案例可以看出，必杀选股方案是非常优秀的，选股结果具有很好的标的性。每年就算每个月有一次机会，只要你愿意等待，操作一年下来总收益也是很可观的。大家完全可以放在软件里，在每个交易日的尾盘筛选一下，只需要一两分钟也许就能给你带来好的操作机会。

在这里提示一下，本书的所有公式都不用读者自己一个个去新建，而会提供一个下载的地址，到时候只需直接导入到软件，保存为对应的选股方案就可以了。

第5章 下跌趋势个股的有效拐点战法

下跌趋势中做弱中之弱的拐点是首选，但这只有在做空机制下才能实现盈利，对于仍然是以做多盈利为主的当前市场而言参考价值不够大，因此本章只能退而求其次，寻找下跌过程中的反转点。这个反转点是趋势与趋势之间的拐点，是一种级别较大的转折点。找到后只要能排除“一日游”行情，就至少会有短线收益，当然本章战法主要是以波段获利为主。

5.1 战法原理1：跳空及阳包阴等反转色彩拐点

反转有两种，一种是由涨势转为跌势，另外一种是跌势转为涨势。转跌的K线形态常见的有乌云盖顶、三只乌鸦、阴包阳、上吊线、头肩顶、M头、多重顶，等等。而转涨的形态有启明星、反击线、阳包阴、岛形、向上跳空、头肩底、W底、圆弧底，等等。

有些形态可能大家较为熟悉，这里介绍两个不是太常见的反转形态。第一个是岛形反转，如图5—1所示的K线走势就是典型的岛形反转形态，图中虚线框内的K线群就如一座孤岛一般。可以理解为主力通过大幅向下跳空强烈洗盘，并趁机吸收便宜筹码，把不坚定的跟随者“杀死”在这个孤岛上，然后大幅向上跳空，股价扬长而去。

第二个是反击插入线，即第一天收阴线，第二天跳空低开，并在盘中杀出新低后多方突然发力，最终将价格拉红，并将阳实体插入到前一天的阴实体内。假如插进去的程度超过阴实体的一半，这种线就可以称为斩回线或刺透形态。

如图5—2所示虚线框中的形态是反击插入线，可以理解为主力的诱空行为。经验表明，股价第二天低开的幅度越大，在掉头向上前成交的筹码

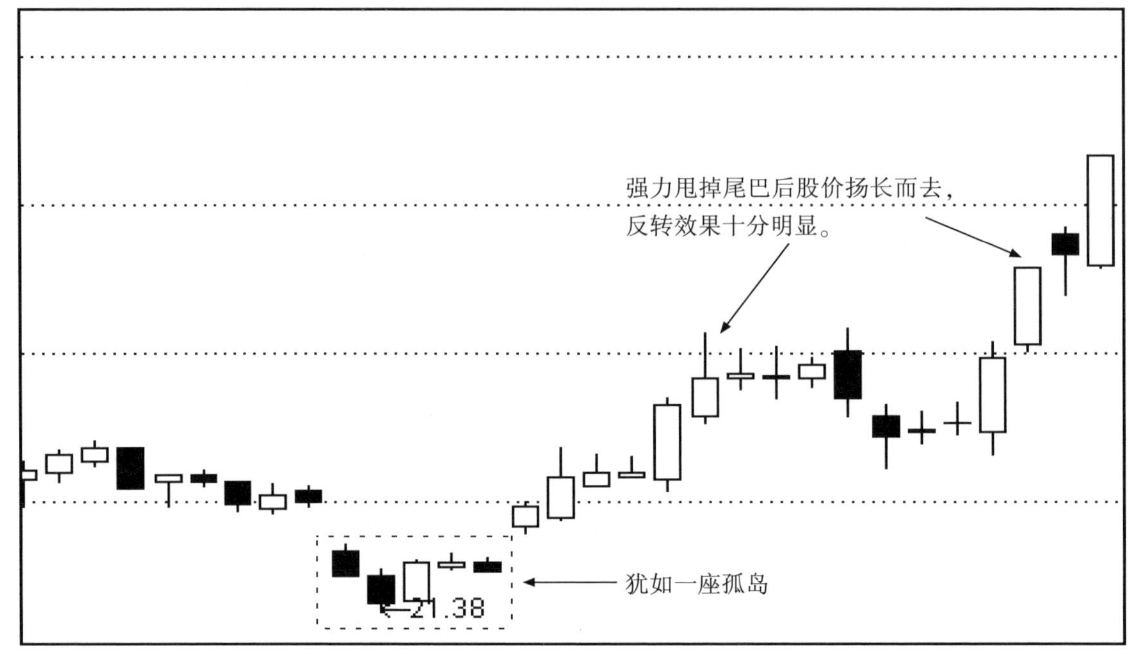

图 5—1　岛形反转

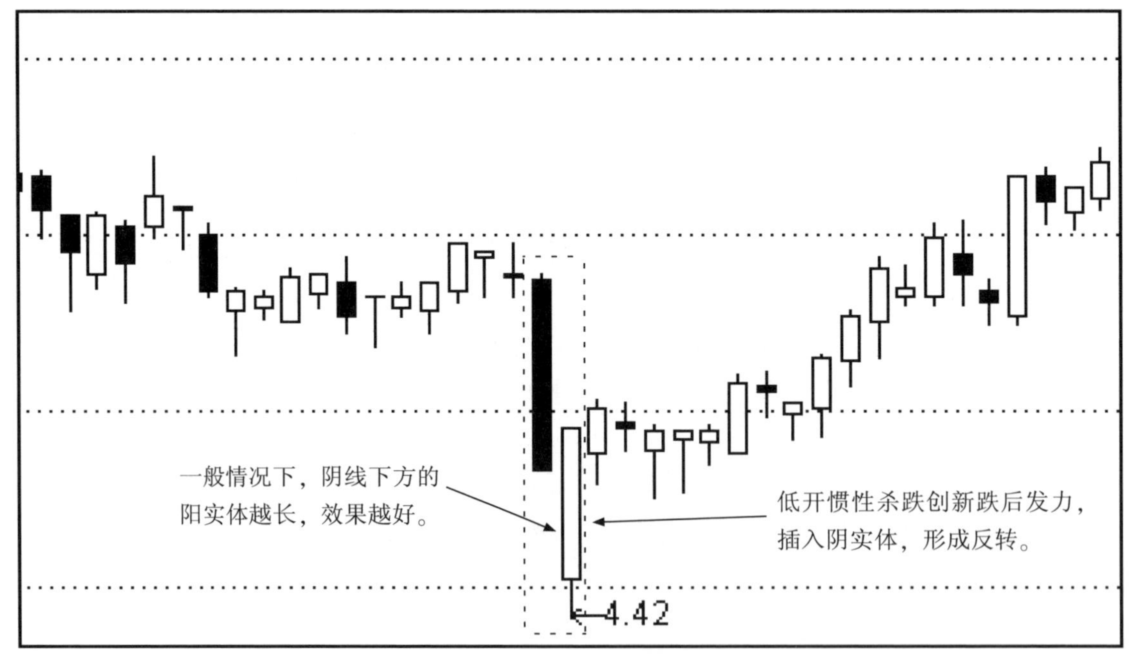

图 5—2　反击插入线反转

越多，之后的走势越凌厉。可以理解为主力利用大幅低开猛烈洗盘，疯狂收集便宜筹码，用于之后的拉升中抛出获利。具体可参考石煤装备

（002691）上市第二天的走势，十分经典。

本章战法要采用的两种具有反转色彩的形态为向上跳空和阳包阴，具体详见图 5—3 所示。图中虚线框内 K 线组合是核心形态，之后走势明显转为上涨，反转效果良好。

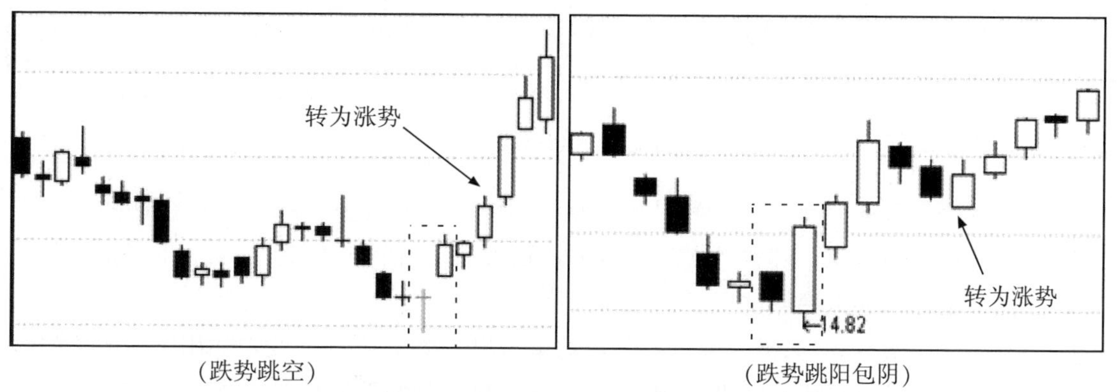

图 5—3 跌势跳空和跌势阳包阴

K 线博大精深，在实际操作过程中需要掌握更多的反转形态，对于提高快速判断能力非常有帮助。建议读者可收藏《日本蜡烛图技术》这本书，反复阅读和研究，夯实自己的基本功，同时多翻图，争取能做到一见到 K 线图就大概知道涨跌。

5.2 典型案例 2：关键位置的确定和动能的持续性

本章战法是在跌势中寻找反转点，其实严格讲属于一种逆势操作的行为，风险稍微偏大。为了降低这种风险，就必须增添一些其他条件，这里为战法准备了两个条件：

第一个条件是关键位置，即只有出现在关键位置的反转点其可靠性才高。

关于关键位置在第一章的内容中有过介绍，可以是前期低点的连线位置，可以是通道的切线位置，也可以是大周期均线位置，等等。如图 5—4 中标明了这几种情况下的关键位置，注意体会（与图 1—14 相同，此处为方便阅读为图 5—4）。

关键位置之所以形成反转或拐点的可靠性高，一是因为市场参与者的心理预期，特别是技术型投资者的心理预期；二是因为这些关键位置往往

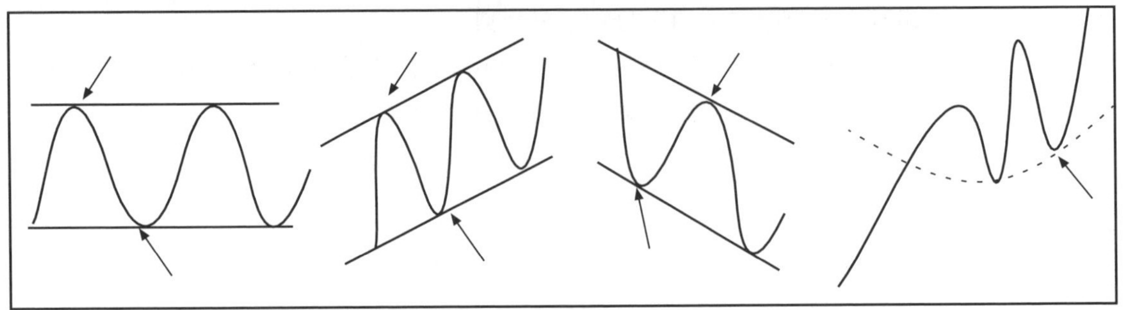

图 5—4　关键位置

都是市场持仓成本的集中区，容易形成支撑或压力。所以一旦在这些位置形成转折点，其背后就有一定的深层原理在作用，容易从内往外铸就一种推力，促进拐点的形成。

图 5—4 只是一个示意图，这里给出一个实际的 K 线走势用于说明关键位置较易形成反转点。如图 5—5 是一只个股的部分日 K 线图，图缩小的较为严重，其实上下价格幅度已达到 100％以上，图中的高低点完全可以称为反转点。

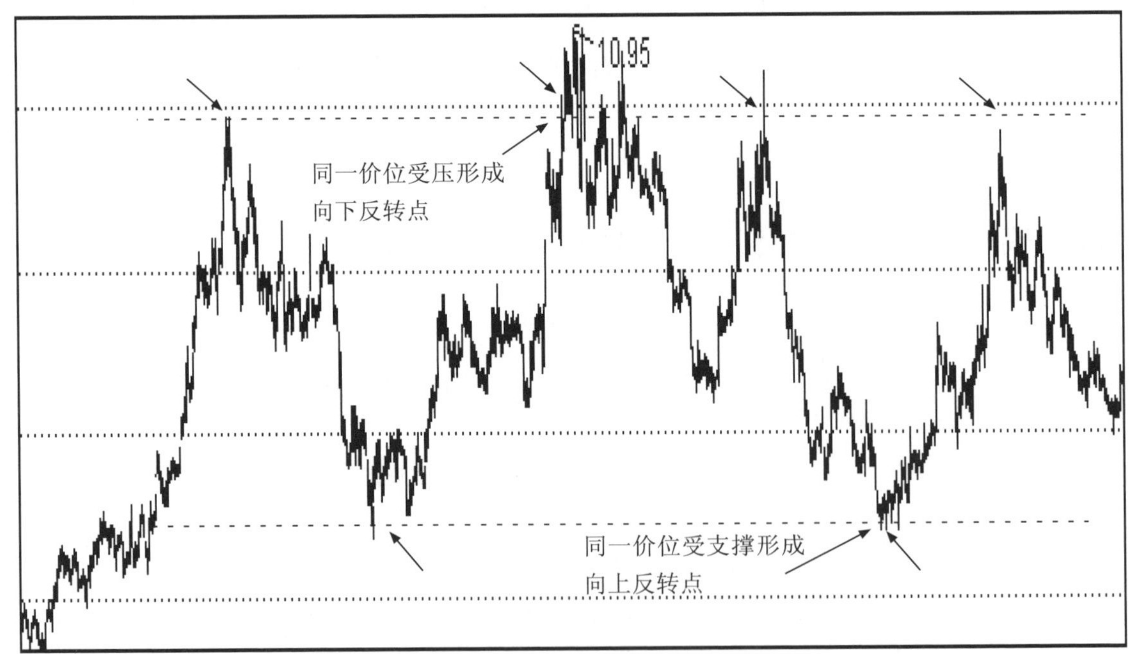

图 5—5　关键位置 K 线图

仔细观察图 5—5，你会发现该股很容易在前期高点或低点的连线处形成反转点。图中的上下两条虚线分别就是高点与低点的连线，而箭头表示的是反转点。

第二个条件是确定动能的持续性，持续性是保证获利的前提。

持续性可以结合物理学的两个角度来理解，第一个角度可以从惯性出发，惯性是指物体保持原有运动状态不变的属性。如果当前运行的越快越强烈，那就需要更强的外力来结束这种状态，否则将会持续。犹如股价，如果疯狂飙升后没有遭受强力抛压，那向上运行状态将得到延续。

第二个角度可以从量能的转换角度出发，动能产生后必然需要一段时间来转化成其他形式的量能，当前动能才能得以消耗殆尽。当前动能越强，其被快速消耗的可能性就越小，或者说不容易很快消失，具有较好的延续性。

动能定理里有两个因素，第一个是速度，也就是要求股价具有较快的上涨速度。第二个是质量，很多人会联想到流通盘，其实不然。根据研究发现，决定动能更关键的因素是换手率，所以这里的质量可以理解为换手率的大小。现在请你去翻看个股的K线图，你会发现高换手率的个股其动能的持续性很强。

为什么换手率具备如此强大的功能？这就需要从筹码的相互带动性来说明这个问题。当前的换手越大，自然当前价位区间沉淀的筹码就越多，这些筹码都是从上面换手下来的。筹码越多，就会对其他筹码形成带动，星星之火可以燎原，最终加入的筹码量越大，等到有足够资本与上面的套牢盘叫嚣的时候，趋势就具备了反转的条件。

理解上也不难，比如当前股价大涨，虽然运行速度很快，但换手只有不到1%，所以在这个位置形成的筹码就不多。上方的套牢筹码分布几乎纹丝不动，对其他筹码的带动性显然不足，很难形成大气候。但假如换手有5%以上，甚至10%以上，上方筹码就会发生较大的松动。如果换手持续下去，上方的筹码就会土崩瓦解，进而形成向上的基础。因此换手越大，筹码之间的带动作用就越强。

图5－6的筹码分布图展示了这个过程，形象地说明了换手率的重要性和筹码之间的带动性。随着交易的进行，可以明显看到上方的筹码在逐步消失，下方的筹码在逐步汇聚变稠密，最终形成一个很大的筹码峰。而这个过程的平均换手率在7%～8%之间，经过短短一周的交易后就形成了筹码低位密集的状态，由此说明换手越大的个股其筹码的相互带动性越强，筹码会快速转移。

基于这个研究发现，因此在后面的选股公式中会体现这个原理，加上换手率的必要说明。

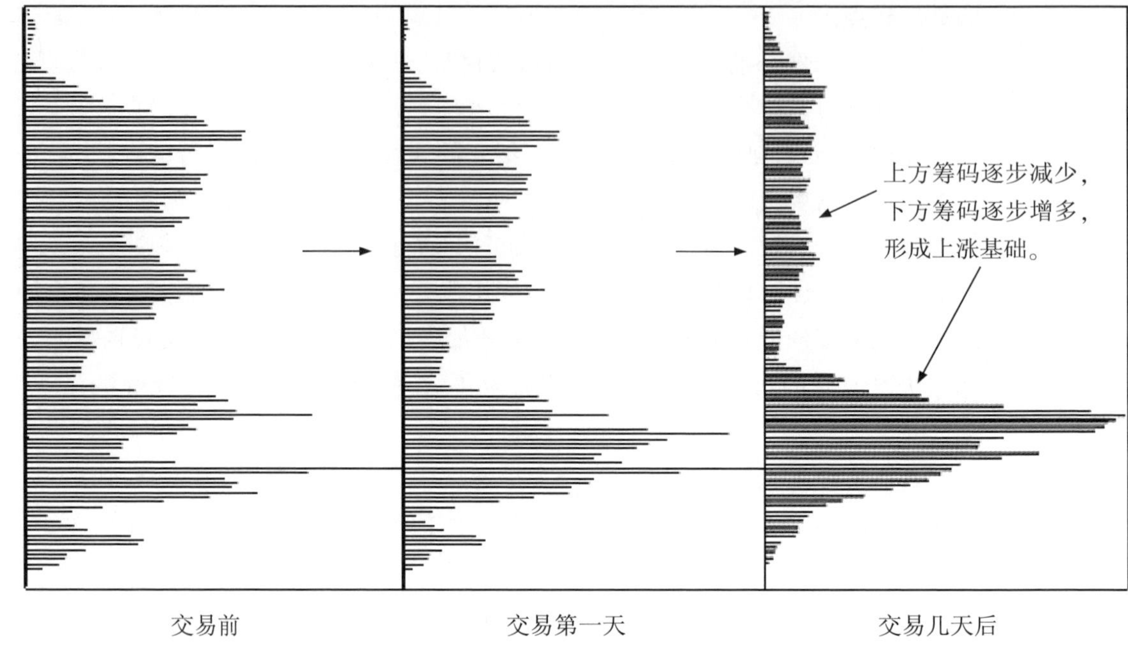

图 5—6　换手率的重要性

5.3　关键战术 1：公式筛选目标股

由于本章寻找的是下跌趋势中的跳空和阳包阴拐点，因此这里就提供两个选股公式，分别选出跳空和阳包阴这两种情况。下面分别介绍这两个公式的代码和相应的含义。

首先介绍跳空拐点公式，公式被命名为“跌势跳空”，编写成功的截图如图 5—7 所示。

具体公式如下：

B1：=MA（C，10）＜REF（MA（C，10），3）AND REF（MA（C，10），3）＜REF（MA（C，10），5）AND REF（MA（C，10），5）＜REF（MA（C，10），7）；

B2：=LOW＞REF（HIGH，1）AND V＞1.5＊REF（V，1）；

B3：=（C－REF（C，1））/REF（C，1）＊100＞3 AND（C－REF（C，1））/REF（C，1）＊100＜9.9；

B4：=V＊100/FINANCE（7）＊100＞5；

B5：=FINANCE（7）＜=200000000；

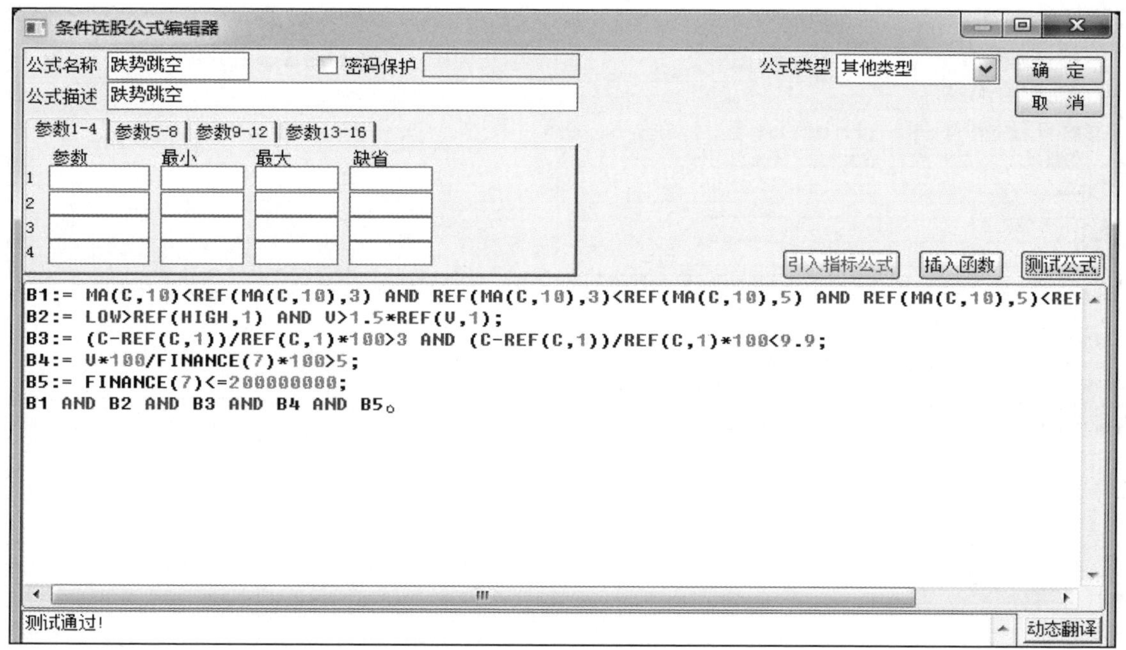

图 5—7　跌势跳空公式界面

B1 AND B2 AND B3 AND B4 AND B5。

公式由 5 个条件组成，其中 B1 使用 10 日均线来表示该股之前处于一波跌势中。B2 是核心特征，放量跳空，且至少放量 50%以上，保证强度。B3 规定了涨幅，不低于 3%，也就是在运行速度上做文章。B4 限制了换手率，规定大于 5%，用来强调换手的重要性，保证动能延续性。B5 是对流通盘做了规定，不高于 2 亿股的盘子，保证结果都是小盘股，更容易出现反转行情。

注意最后选出的个股还需要结合当时的股价阶段来考虑，如果股价处于相对低位，且处于关键位置上，那参与的价值较大，反之可以放弃。

现在来介绍阳包阴拐点公式，公式命名为“跌势阳包阴”，编写成功的截图如图 5—8 所示。

具体公式如下：

A1：=MA（C，10）＜REF（MA（C，10），3）AND REF（MA（C，10），3）＜REF（MA（C，10），5）AND REF（MA（C，10），5）＜REF（MA（C，10），7）；

A2：=REF（C，1）＜REF（O，1）AND C＞O；

A3：=O＜REF（C，1）AND C＞REF（O，1）；

A4：=（C－REF（C，1））/C＊100＞4 AND（C－REF（C，1））/C＊

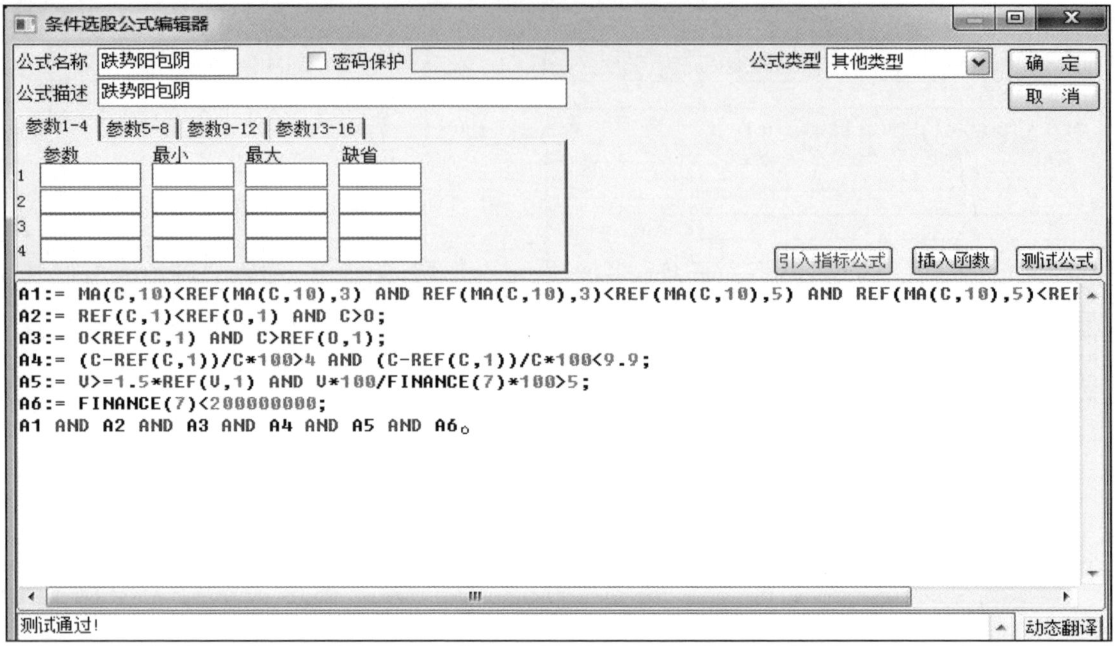

条件选股公式编辑器

公式名称 跌势阳包阴　□密码保护　公式类型 其他类型　确 定

公式描述 跌势阳包阴　取 消

参数1-4 | 参数5-8 | 参数9-12 | 参数13-16

	参数	最小	最大	缺省
1				
2				
3				
4				

引入指标公式　插入函数　测试公式

```
A1:= MA(C,10)<REF(MA(C,10),3) AND REF(MA(C,10),3)<REF(MA(C,10),5) AND REF(MA(C,10),5)<REF
A2:= REF(C,1)<REF(O,1) AND C>O;
A3:= O<REF(C,1) AND C>REF(O,1);
A4:= (C-REF(C,1))/C*100>4 AND (C-REF(C,1))/C*100<9.9;
A5:= V>=1.5*REF(V,1) AND V*100/FINANCE(7)*100>5;
A6:= FINANCE(7)<200000000;
A1 AND A2 AND A3 AND A4 AND A5 AND A6。
```

测试通过!　动态翻译

图 5—8　跌势阳包阴公式界面

100＜9.9；

A5：＝V＞＝1.5＊REF（V，1）AND V＊100/FINANCE（7）＊100＞5；

A6：＝FINANCE（7）＜200000000；

A1 AND A2 AND A3 AND A4 AND A5 AND A6。

为了让读者更清楚地了解公式，这里把条件细分成了 6 个。其中 A1 和 B1 一样，同样是用 10 日均线来说明股价处于一波跌势中。A2 说明前一日收阴线，而今日收阳线。A3 描述了阳包阴的核心特征。A4 对当日的涨幅做了限制，要求大于 4％，以更加体现阳包阴的质量。A5 对量能和换手做了规定，放量不少于 50％，换手大于 5％，这是从动能的延续性上考虑的。A6 要求结果必须是小盘股。

公式的选股结果同“跌势跳空”公式一样，也要通过人工筛选，排除掉股价处于相对高位的个股，其次是要满足关键位置的条件，则应该重点考虑。

5.4　关键战术 2：确保非“一日游”行情

其实通过上面两个公式选出的个股，基本就能排除“一日游”行情了。因为条件的要求还是比较苛刻的，不管是涨幅还是换手，甚至对流通盘都做了强行规定，选出的结果即便处于相对高位，一般至少都会有短暂的上冲行情，做超短线基本是没问题的。但是为了更加提高结果的确定性，可以从其他角度来人工排除，比如从形态的视觉角度，判断是否的确异动明显，是否下跌趋势有明显结束特征等。

另外，还可以从异动的原因角度出发，寻找股价异动的原因是否可靠，比如是业绩暴增还是传闻导致的。如果传闻导致的就需要小心一点儿，可能公司随后会澄清，股价就有打回原形的危险。最后还可以从板块的联动性上确定，如果该股所属板块整体异动，成为了短期热点，那确定性自然就高得多。

这里给出一种技术方式来确保行情具有一定的延展性，就是利用 60 分钟线的两条均线是否金叉来确定走势是否具有延续性。如果金叉则说明股价进一步走强的概率偏大，反之则说明股价强度保持的时间还不够长，延续性仍然需要观察。

这里的两条均线分别取 14 日加权均线和 25 日加权均线，这也是笔者常用的均线系统。经验表明，当 60 分钟线在低位金叉后，其影响的周期至少在 1～4 个交易日，后期还可能会衍生出波段甚至大行情。

换句话说，只要 60 分钟周期的两条均线在异动后出现金叉，那一般就至少满足超短的“偷鸡”操作。如果行情发展良好，则往往会有一波中线行情甚至翻倍行情。

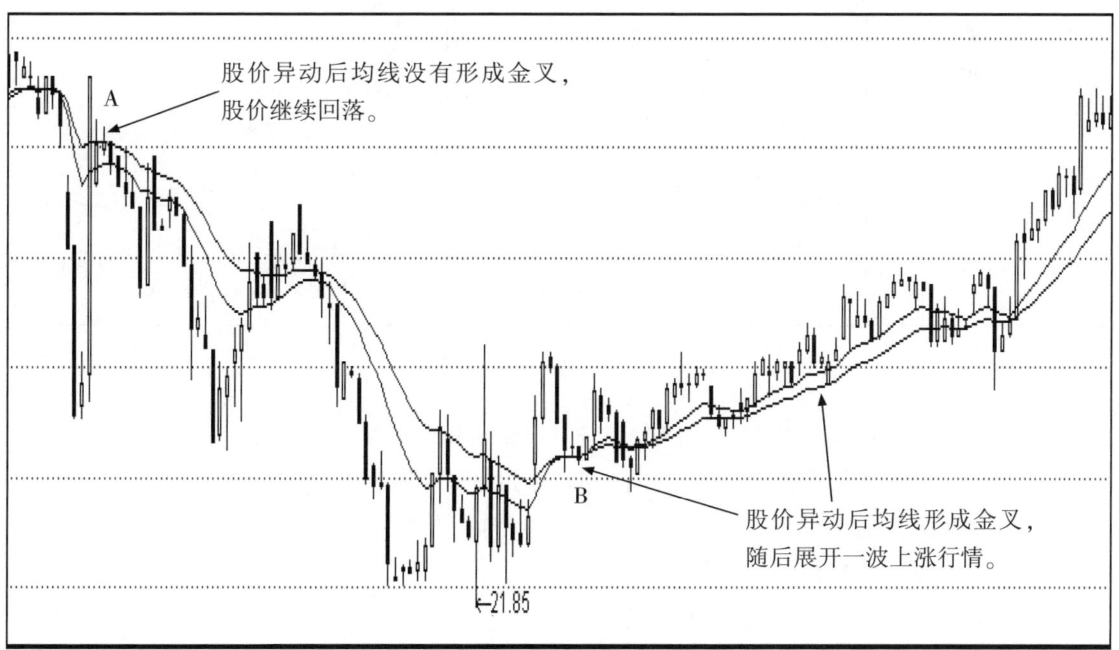

图 5—9　60 分钟周期均线金叉

如图5—9所示是一段60分钟K线图，图中的两条均线分别是14日加权均线和25日加权均线。图中显示，该股之前在位置A有过异动，但最终均线没有形成金叉，股价继续下探。而在B位置异动后形成了金叉，股价随之步入到了一波上涨趋势，由此可见金叉的威力。

5.5 典型案例一：荃银高科（300087）

图5—10是2011年10月26日尾盘使用“跌势跳空”公式的选股结果，图中显示当天有两只个股满足条件，分别是荃银高科（300087）和新开普（300248）。

图5—10 跌势跳空选股结果

分别打开这两只个股的日K线图后发现，新开普只有3%的涨幅和不到7%的换手率，而荃银高科却有超过8%的涨幅和超过10%的换手，明显动能要强得多。另外荃银高科起跳前的止跌形态更为漂亮，进一步增加了被选中的筹码。

关键的是，该股当时处于前期多处低点的连线位置，如图5—11中虚线所示，满足关键位置的条件。因此最后定荃银高科（300087）作为操作

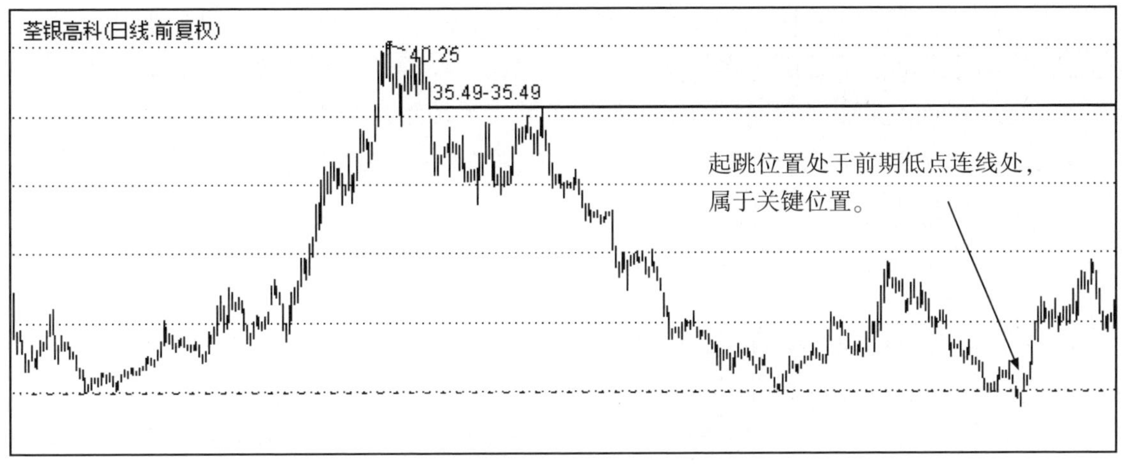

图 5—11　目标股关键位置

对象，在尾盘先小仓位入场。

图 5—12 是该股跳空附近的日 K 线图，图中显示该股在起跳后的第二天仍然是以阳线报收，收小垂线，表示急涨后的整理最终以成功收场，尾盘在确认这种信号后可以加大仓位。随后股价便连续拉升，短线获利颇丰，后来再次演绎成波段行情。由此说明当天的放量跳空是下跌趋势中的一个有效转折点。

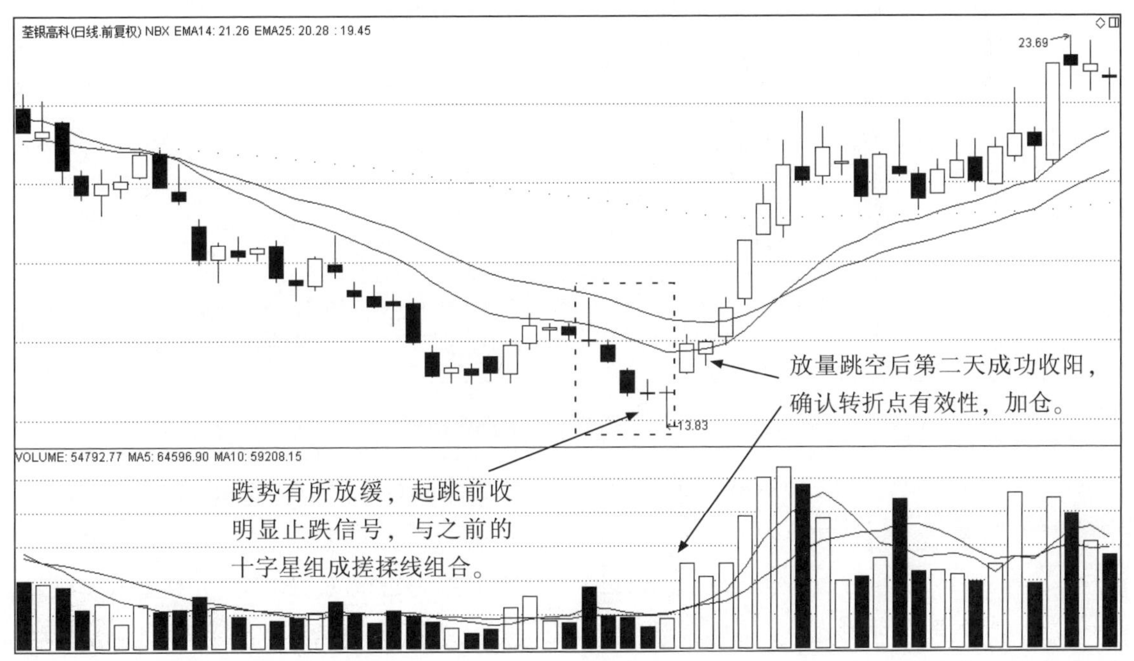

图 5—12　荃银高科日 K 图

其实在确认是否进场前可以观察之前跌势是否有放缓迹象，或者K线上是否有明显的止跌形态。比如该股其实在异动前跌势就有所放缓，跳空的前一天收非常漂亮的十字星，止跌意味浓重。与之前的一根长上影线的十字星形成了一个搓揉线组合（图中虚线框），这也是个加强信号，可以作为参考。

5.6 典型案例二：泰尔重工（002347）

如图5—13所示是2012年1月5日尾盘使用“跌势阳包阴”公式选股后的结果，图中显示当天只有一只个股满足条件，这只股票就是泰尔重工（002347）。

图5—13 跌势阳包阴选股结果

图5—14显示该股出现阳包阴的位置正好处于下降通道的下切线位置，满足关键位置条件。

如图5—15所示，放大该股阳包阴形态附近的K线后，图中显示该股的阳包阴形态（图中虚线框内）处于一波跌势的末端，放量异动明显。仔细观察后发现，其实阳包阴中的那根阴线是根假阴线，并且是跳空上涨的

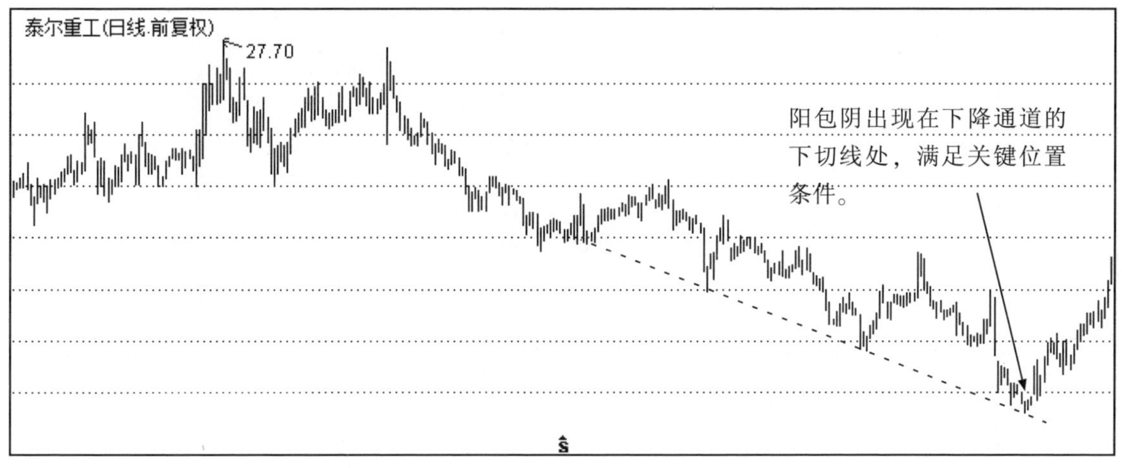

图 5—14　目标股关键位置

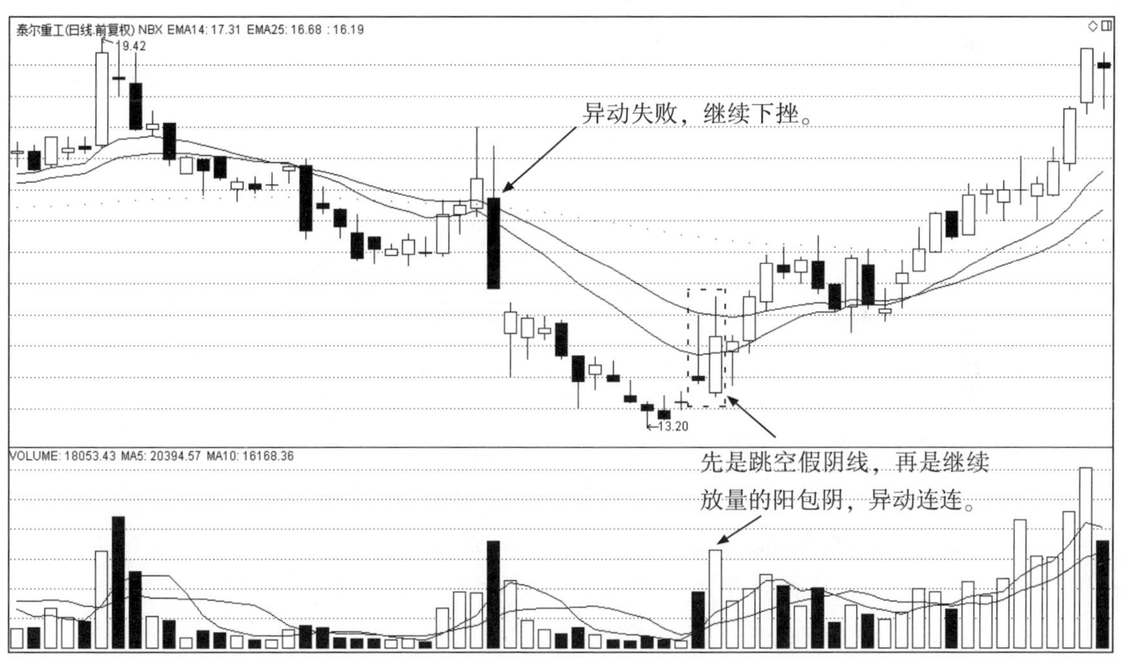

图 5—15　泰尔重工日 K 线

倒垂线，说明该股已经提前异动了。异动连连，看来此股可能有戏。

但考虑到当时下跌趋势仍然明显，之前有过一次异动也以失败告终，所以为了加强信号，现在打开个股的 60 分钟线，如图 5—16 所示，观察两条均线当时是否已经金叉。图中显示截至当天尾盘，两条均线早已呈现金叉状态，说明强度和延续性都较好，可以介入，于是在当日尾盘先介入部分仓位。

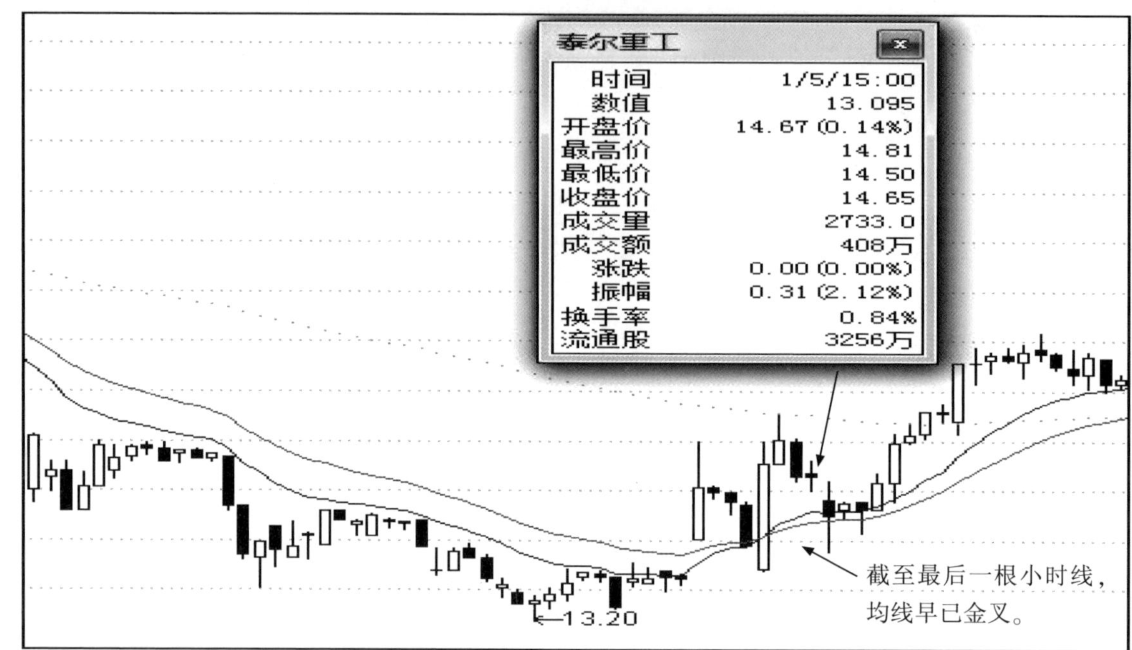

图 5—16 泰尔重工 60 分钟 K 线

随后图 5—15 显示第二天盘中出现正常整理，但整理后开始走强，尾盘日线已显示出阳小垂特征，说明整理成功完成，于是可以加重仓位。结果该股之后顺利步入到了一波中线上升行情，持股获利颇丰，阳包阴拐点奏效。

如果够仔细的话，你就会发现以上两个案例都是分批建仓的，采取先小后大的策略。其原因在一开始就讲过，战法风险性较大，毕竟是逆势操作。如果错了，仓位轻，止损就是，影响很小。如果对了，则会吃掉整个波段，大幅盈利。这也印证了华尔街的那句名言：截断亏损，让利润奔跑。

另外这个战法更多是适用于大盘处于阶段低位，面临转折的时候，这样选出的个股会多一些，成功率也会高很多。若好好利用的话，一般不会让你踏空大盘的波段行情，甚至好多时候都会跑赢大盘。

第 6 章　超跌股及低位股筹码战法

筹码战法是基于对筹码分布图的深入理解和研究，然后衍生出来的一些相对比较独立的战法。本章的超跌股和低位股战法，以及下一章的“妖股”战法，都是在实战中相对使用较多，效果明显，能经得起考验的筹码战法。对于丰富你的战技，甚至打造你的交易系统来说应该都是有较高价值的。

6.1　战法原理 1：筹码分析确定市场成本集中区

给你一张筹码分布图，如果你能不假思索地迅速确定市场的成本集中区，那说明你已经了解了这个指标。因为筹码分布图本来就是显示市场筹码在价格区域上的分布情况，一目了然，非常直观。线条最长最密集的地方就是市场的持仓成本集中区。

如果股价处于集中区的上方，则这个集中区会对股价起到一个支撑作用；相反，如果股价处于集中区的下方，集中区就会对股价构成一种压力。这个集中区代表了市场大多数持有者的持仓成本，在筹码分布图中是最长最密集的地方，自然也就形成了峰状。

市场行为千万种，错综复杂，经过交易混战后可能会形成不同形态的筹码分布。常见的有单峰、双峰以及多峰形态，其中单峰是指市场的筹码只有一个集中区，双峰就是两个集中区，多峰自然就是多个集中区。当然也有无峰的情况，也就是筹码呈现高度分散状态，很难判断市场成本的集中区域，这种情况很少，这里不做探究。

如图 6—1 所示是三种筹码分布形态的示意图。每个峰的中间位置或者说长度最长的位置就是成本集中区的中值，可以直接取相应价格作为压力位或支撑位。

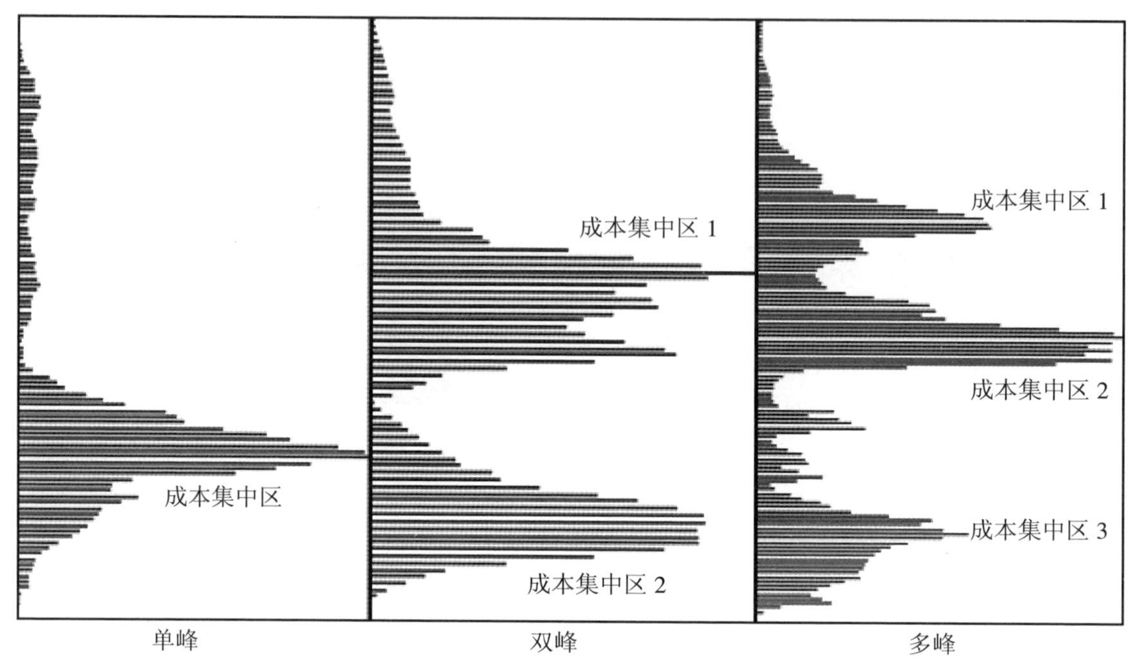

图 6—1　筹码分布形态

图 6—1 显示出来的只是静态的筹码分布情况，只能说明此时此刻的市场成本分布情况。因为随着交易的进行，筹码会发生转移，筹码形态相应就会发生变化，最终可能会导致之前存在的成本集中区消失，而形成新的集中区，对于操作的指导作用就会发生改变。

就用图 6—1 的双峰和单峰两个示意图来举例，比如在 A 时刻筹码分布呈现双峰状态，同时股价处于相对低位，但随着交易的进行，筹码之间进行换手，上面的筹码峰开始向下转移，逐步消失，而下面的筹码峰越发密集，最终形成单峰状态。如图 6—2 所示展示了这个变化过程。

一开始处于双峰状态时，股价有两个成本集中区。如果股价处于两个集中区的下方，那股价向上就会有两个较为重要的压力位，策略上只能保持谨慎或观望。但随着交易的进行，上方筹码逐步割肉后开始向下转移，集中区逐步消失，本来存在的压力位也就不存在了。后期如果股价强势向上，应该采取积极跟进的方式。显然随着筹码形态的变化，操作策略会发生质的变化。

在这里仍然要提醒读者，筹码分布图采用的是概率分布函数，它只是模拟出了不同市场成本抛盘的可能性，然后依此来构成的筹码分布，代表一种大概率事件。就如图 6—2 所示，虽然分布图上显示的确上面的压力位消失了，但并不代表这个位置的真实持仓就一定消失干净了，可能还会剩

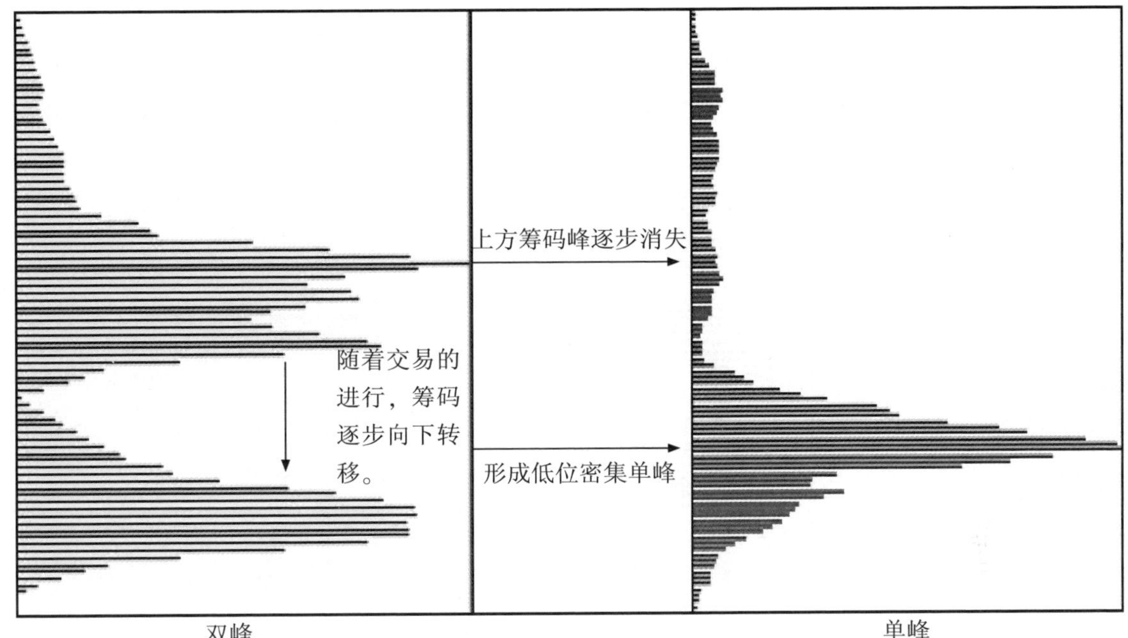

图 6—2 筹码形态的变化

下一部分沉淀。

股价后期假如到了这个位置，可能还是会遭遇一定抛压，一是因为可能真正存在沉淀筹码没有转移，比图上显示的要多，二是可能因为参与者的心理因素。但筹码图模拟出了市场大多数参与者的行为，站在了大概率事件这方，对于判断后期走势完全具备参考意义。

从以上的分析说明，确定市场的成本集中区首先必须确定时间点，然后观察筹码之前的变化转移情况跟实际的交易换手情况是否匹配，如果涨跌和换手情况与筹码的转移之间形成契合，那依此来判断出的成本集中区以及这个集中区的性质就相当有把握度了。

6.2 战法原理 2：判定筹码集中性质，狙击“孕妇”式庄家

其实，如果对技术稍有研究的投资者，都会知道筹码集中的个股比较好，比较容易出现大牛股。但也许只知其一不知其二，筹码集中也要分性质的，不是所有的集中都是好征兆，相反可能是颗“定时炸弹”。

在分析集中的性质之前，非常有必要使用筹码分布图来展示一下个股炒作的各个阶段情况。深刻理解主力的整个操盘过程，筹码会发生怎样的

一个变化。

一般而言，个股的炒作阶段可以划分为四个阶段：吸筹、震仓、拉升和派发。吸筹的过程，筹码是逐步从套牢分散转化为低位集中。震仓的过程，是将吸筹过程中跟进的不坚定者清洗出局，筹码进一步集中。而拉升阶段股价快速向上移动后，集中的筹码就随之向上发散。最后派发的过程，筹码再次从发散状态逐步变为高位集中。派发完毕后，股价下跌，筹码再从集中变为发散。整个过程如图 6—3 和图 6—4 所示。

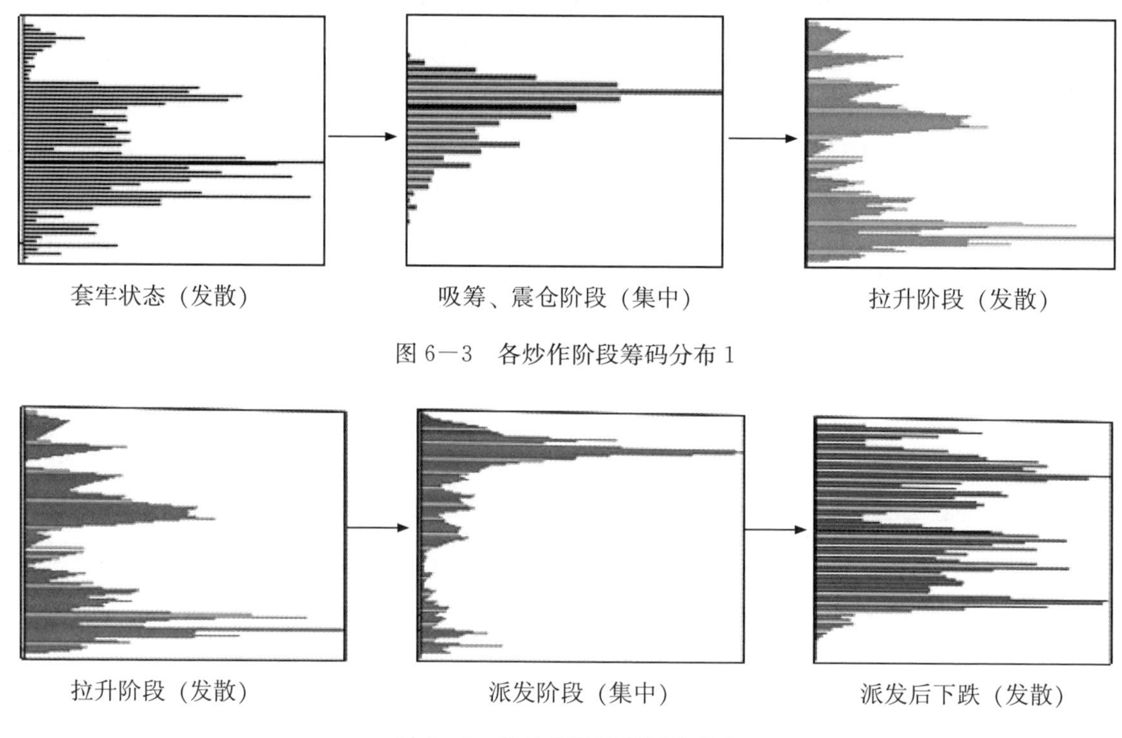

图 6—3　各炒作阶段筹码分布 1

图 6—4　各炒作阶段筹码分布 2

从上面两个图可以看出，筹码处于集中状态的阶段有两个，一是吸筹和震仓阶段，二是派发阶段。显然两个阶段的性质完全不同，前面一个需要建仓做多，后面一个则需要观望或做空。

也就是说，你需要去研究发现筹码集中的过程机理是怎样的，是主力采用多吃小吐的方式将筹码逐步集中在自己手中导致的筹码集中，还是主力采用多吐少吃的方式将筹码喂给其他散户导致的筹码集中。这个其实很好判断，观察股价处于哪个阶段，只要不是经历一波拉升后的相对高位区就基本能排除高风险的集中性质。

为什么说是基本排除呢？因为在实际看盘中，你会发现还会有另外一种情况，筹码也是呈现集中的状态。但这种集中并没有主力收集筹码的技术特征，只是多空在一个位置处于僵持不下的状态。这种情况一般是由于大盘环境的长时间横盘导致的，股价涨跌无序，完全跟随大盘波动。横盘完成后可能下破平台，当然也可能跟随大盘向上走，可判断性很差。

那如何排除这种走势呢？除了上述的一些自身波动特征外，反过来可以去掌握低位收集筹码型的波动特征，照样可以对排除走势有帮助。如图 6—5所示是一个主力低位收集筹码的日 K 线图。

仔细观察图 6—5 的走势，你会发现有以下几种特征：①股价基本维持某个角度上升。②K 线阳盛阴衰。③上涨放量，下跌缩量，规律性很强。

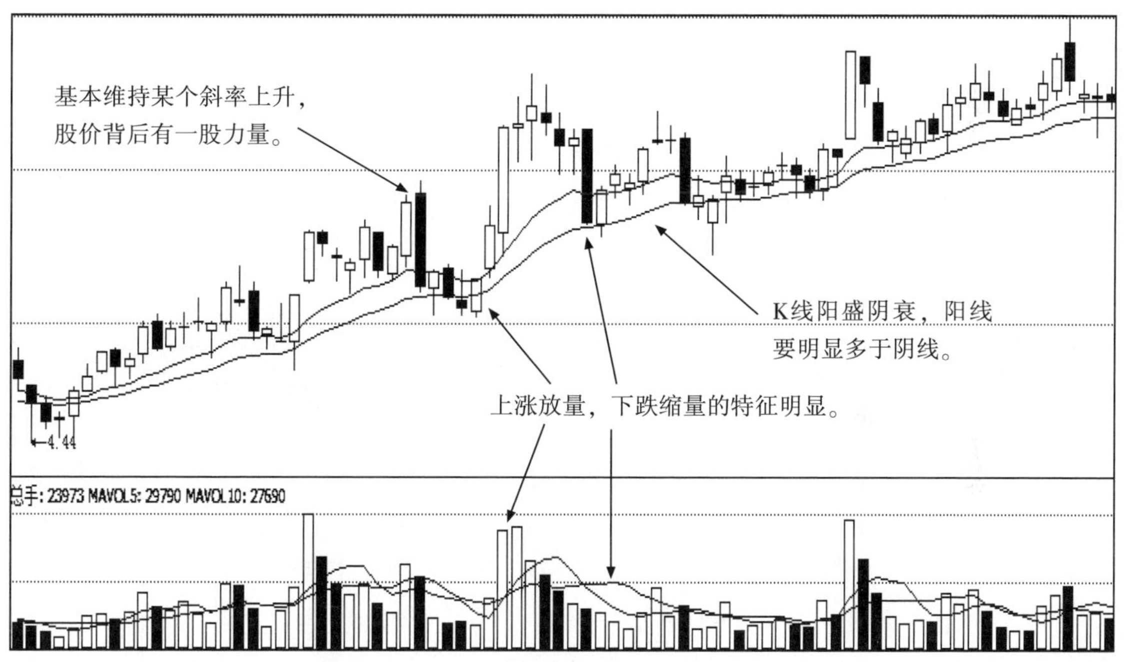

图 6—5　低位收集筹码型日 K 线图

6.3　关键战术 1：公式筛选超跌股后确定压力区间

对于超跌股的定义通常是取当前股价远离 60 日均线 20%以上的个股，之所以选择 60 日均线，是因为这条均线通常作为生命线来看待，也是大家常说的牛熊分割线。

编写公式选出这类个股非常简单，只需要一个代码足矣。但往往在熊市中会出现很多超跌的个股，特别是一波加速下跌后更是如此。显然光用这一个条件选出的结果会非常的冗杂，还需要大量的人工筛选过程，效率相对要低得多。

结合之前所讲到的筹码分布确定成本集中区的原理，思考怎样的超跌个股才真正具备强烈的反弹动力和基础。毋庸置疑，显然是当前股价已经向下远离筹码集中区的超跌股，也就是说当前筹码峰是处于当前股价的上方且较远的地方。

而且根据原理知道，上方套牢筹码集中度越高越好，那自然就是单峰状态的最佳。市场筹码的持仓成本都集中在一个狭小的价格区域内，都处于深度套牢状态，具有强烈的解套欲望，且不会对当前的股价构成抛压，这样高强度的反弹可能性就越大。

根据以上的思考，明白了最佳筹码分布图的图样，如图 6—6 所示便是这个图样。

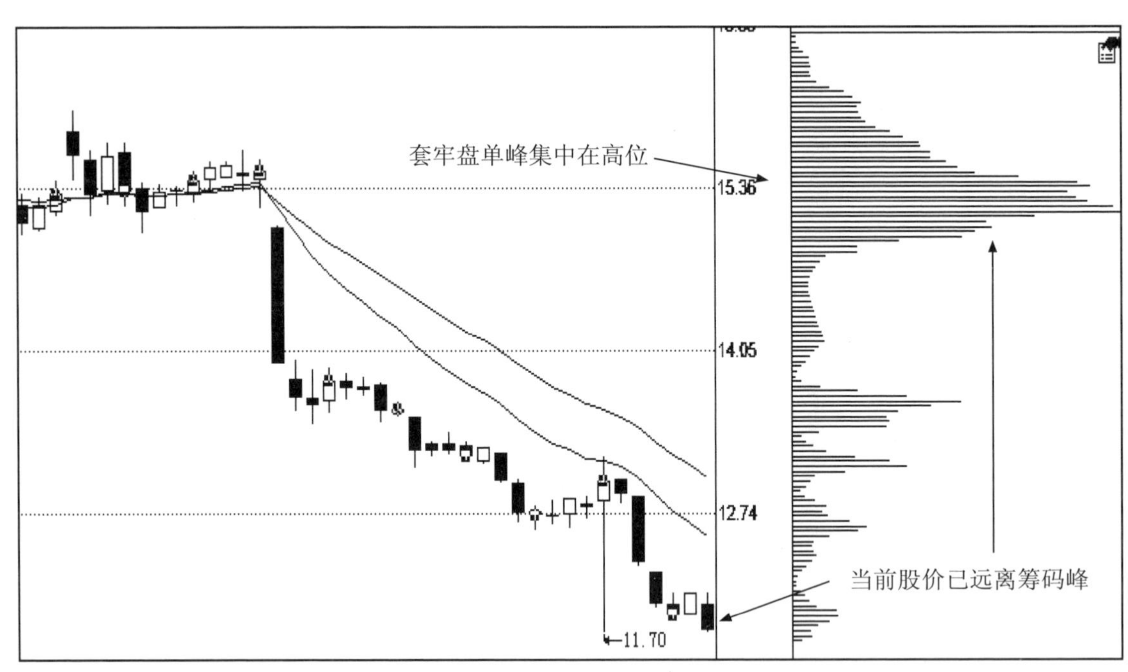

图 6—6　标准超跌股图样

再次试想，什么情况下股价大幅下跌后上方的筹码峰依然存在。聪明的你会想到，一定是换手率很低的个股才能出现这个情况。要是在下跌的过程中换手率很高，那必将导致上方的筹码向下转移，自然也就无法形成高位单峰的形态。所以公式里除了最基本的超跌条件外还需加上一条，就是换手率很低，小于 1%。

另外还应在流通盘上做点儿限制。大象跌倒了不好爬起来，但一只蚂蚁跌倒了就很容易起来，说明应该在源头上回避大盘股，而偏向于小盘。最后还可以利用一下市场抢反弹的心理，认为低价股进一步下跌的空间不会太大了。虽然这是种错误的认识，但往往就能对交易产生影响，所以这里可以添加一条限制，股价小于 10 元。

现在选股条件基本备齐，核心的超跌条件，加上筹码分布的说明，另外再加上流通盘和股价的辅助，现在就将这些条件编写成代码汇聚成选股公式。公式编写的截图如图 6—7 所示，公式命名为“超跌股”。

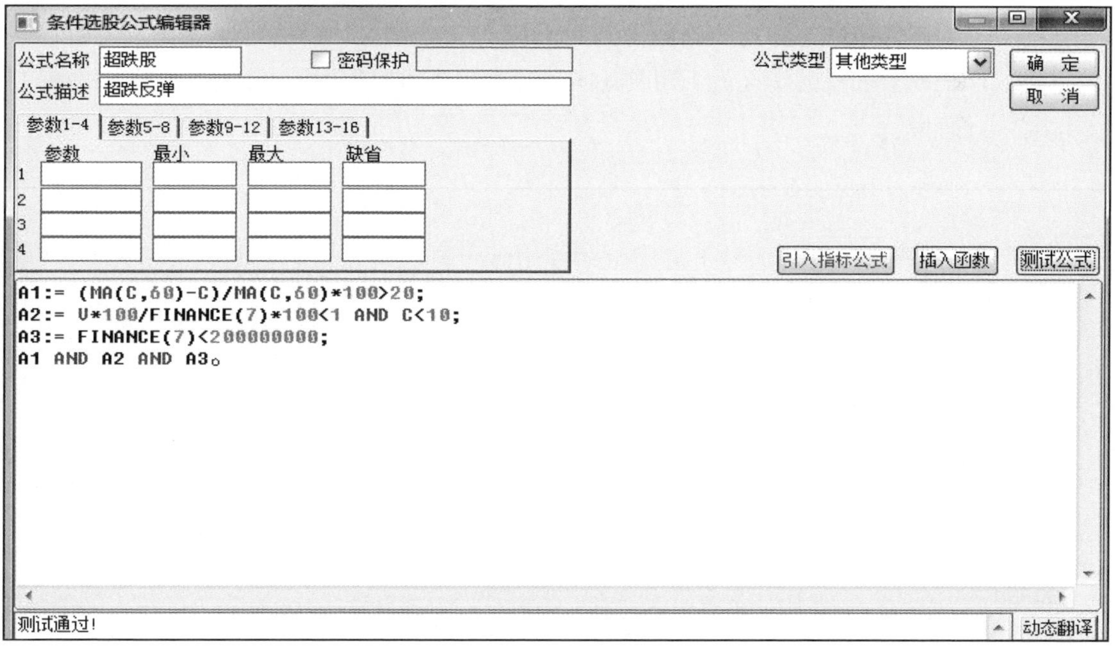

图 6—7　超跌股选股公式

具体公式代码如下：

A1：＝（MA（C，60）－C）/MA（C，60）＊100＞20；

A2：＝V＊100/FINANCE（7）＊100＜1 AND C＜10；

A3：＝FINANCE（7）＜200000000；

A1 AND A2 AND A3。

公式中，A1 说明了超跌股的基本条件，股价远离 60 日均线超 20%。A2 规定了换手率低于 1%，并且股价小于 10 元。A3 限制了流通股数，要求小于 2 个亿的盘子，也就是小盘股。

公式编写好了就可以进行选股了，因为这种超跌反弹一般至少都是短线操作，大多仍然是以波段为主，所以并不用每天都筛选，可以三五天选一次或者一周一次。选出的个股如果满足超跌筹码分布标准图的话，一旦有明显异动则可以适当跟进，往往都会有波段行情。

在讲解案例之前，为了让大家更深刻地理解筹码峰与股价之间的关系，这里补充一个思路，就是可以认为筹码峰与股价之间是存在引力和斥力的，犹如两个分子之间，筹码峰与股价远离了就会表现出引力，引导股价靠近筹码，筹码峰与股价靠近了就会表现出斥力，引导股价远离筹码。

具体按照股价在筹码峰之上还是之下，远离还是靠近，可以分为四种情况。在筹码峰之上，远离则获利盘很可能会兑现利润导致股价受压下跌，回归筹码峰；靠近了则会受到筹码峰的支撑推力，股价再次上扬，远离筹码峰。相反的情况就不用赘述了。这种关系可以用图6—8的示意图来辅助理解。

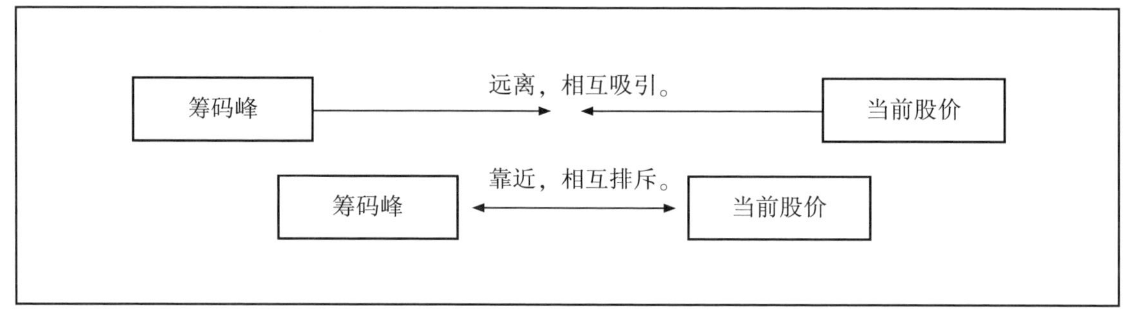

图6—8　股价与筹码峰的关系

6.4　关键战术2：确定股价在底部的有效突破

排除掉高位集中和盘整集中的情况后，也就能找到主力收集筹码型的低位集中股。但找到并不意味着就大功告成，你还需要等待确定股价有效突破后才能进场。

为什么一定要这样呢？首先，在你找到这种低位筹码集中的个股时，该股很可能还处于吸筹阶段，尚未进入到挖坑的震仓阶段。如果你提前介入，有可能要承受主力震仓带来的痛苦，搞不好还可能被吓出局。

其次，如果大盘走势突然极度走坏，或者公司出现重大利空招致巨大抛盘，直接击穿主力成本区域，导致做盘失败，主力也只能认赔出局，那你很可能就跟着倒霉了。

所以最佳最保险的介入点是主力开始进入到拉升阶段的那个临界点。这个临界点如何确定，这里需要引入两个概念，一个是主力的持仓成本区，另一个是T线。

持仓成本区很好理解，关键是T线表示什么呢？T线表示主力吸筹阶段的最高价对应的那根水平线。具体用图来说话，如图6—9所示是一只个股的吸筹阶段和拉升阶段的日K线图。

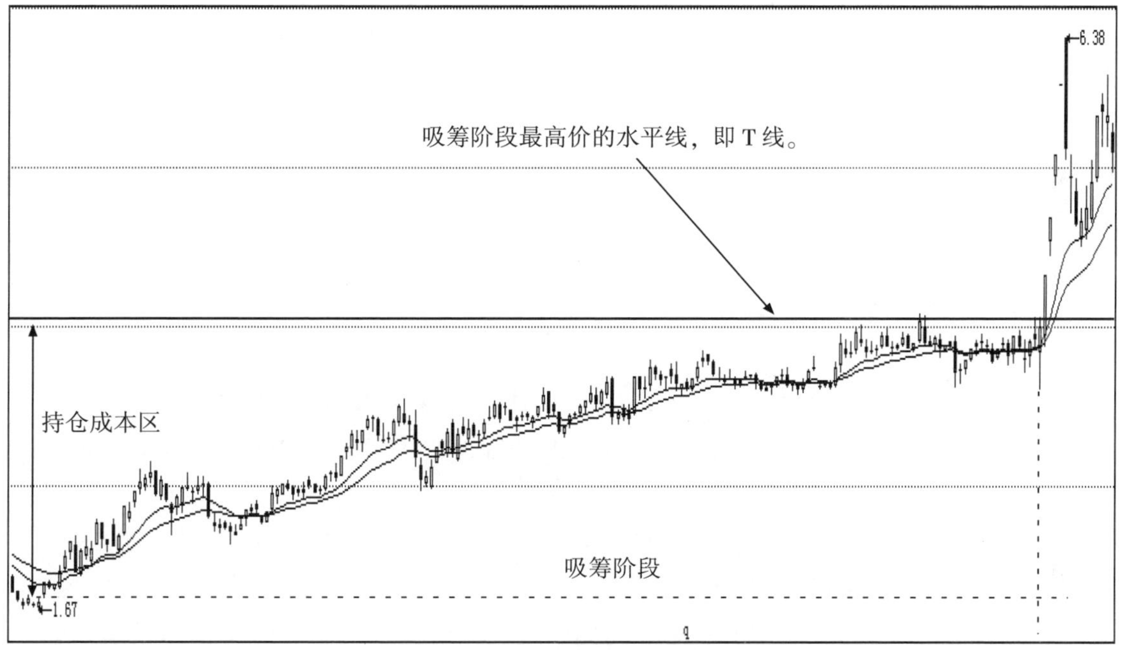

图6—9 持仓成本区和T线

一旦股价放量突破T线，异动明显，则可伺机少量追进，以防股价连续逼空。如果突破后回靠确认有效则可加大仓位，享受主力拉升的乐趣。如果是假突破，则可止损离场或保留仓位观察，毕竟只是少量无损大体。

其实善于多翻票的投资者在日常的看盘复盘过程中，自然就会发现一些具有牛股特征的个股，也就是低位筹码高度集中且具有明显的吸筹特征的个股。但是为了更加方便大家能够快速找到此类个股，这里也给出一个选股公式，以提高效率。

公式命名为“筹码低位集中”，公式编写的截图如图6—10所示。

具体公式代码如下：

A1：＝SCR＜3 AND C＜10；

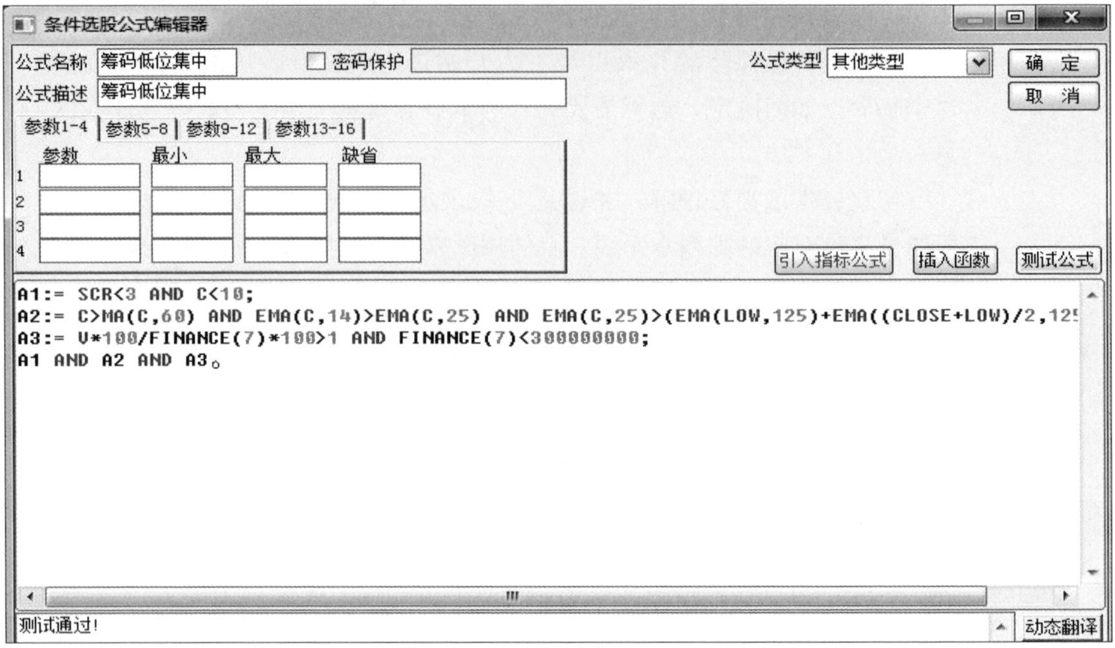

条件选股公式编辑器

公式名称 筹码低位集中　密码保护　公式类型 其他类型　确 定

公式描述 筹码低位集中　取 消

参数1-4 | 参数5-8 | 参数9-12 | 参数13-16

	参数	最小	最大	缺省
1				
2				
3				
4				

引入指标公式　插入函数　测试公式

```
A1:= SCR<3 AND C<10;
A2:= C>MA(C,60) AND EMA(C,14)>EMA(C,25) AND EMA(C,25)>(EMA(LOW,125)+EMA((CLOSE+LOW)/2,125
A3:= V*100/FINANCE(7)*100>1 AND FINANCE(7)<300000000;
A1 AND A2 AND A3。
```

测试通过！　动态翻译

图6—10　筹码低位集中选股公式

A2：＝C＞MA（C，60）AND EMA（C，14）＞EMA（C，25）AND EMA（C，25）＞（EMA（LOW，125）＋EMA（（CLOSE＋LOW）/2，125））/2；

A3：＝V＊100/FINANCE（7）＊100＞1 AND FINANCE（7）＜300000000；

A1 AND A2 AND A3。

公式中A1主要是对筹码集中度和股价做了限制，SCR指标表示筹码集中度，数值越小表示集中程度越高。股价小于10元是因为低价股相对容易产生牛股，股价有足够的上升空间。A2是从形态角度出发的，用几条均线的多头排列以及处于生命线之上来作为条件。A3规定了流通盘和换手率，换手率是保证个股交易不至于太过清淡，侧面排除涨跌无序的个股。流通盘说明是为了排除盘子较大的个股，真正的牛股盘子都不会大，否则主力很难有足够的资金来炒作。

通过以上选出的个股，人工上最好再反复进行对比筛选，毕竟这些个股一旦确定，持股的周期都较长。对于个股的质地，不管是技术面还是基本面都要求较高。多方面论证目标股成为翻倍牛股的可能性很大之后才能介入。

6.5 典型案例一：天津松江（600225）

2011 年年末大盘持续加速下跌，市场上的超跌股遍地都是，这时候就是选择超跌股的最佳时机，一旦后期出现反弹，很容易吃掉波段行情。总结了 2011 年的收官行情后，于是在 2012 年元旦节后的第一个交易日，也就是 1 月 4 日对两市个股用“超跌股”公式进行了一次筛选，结果如图 6—11所示。

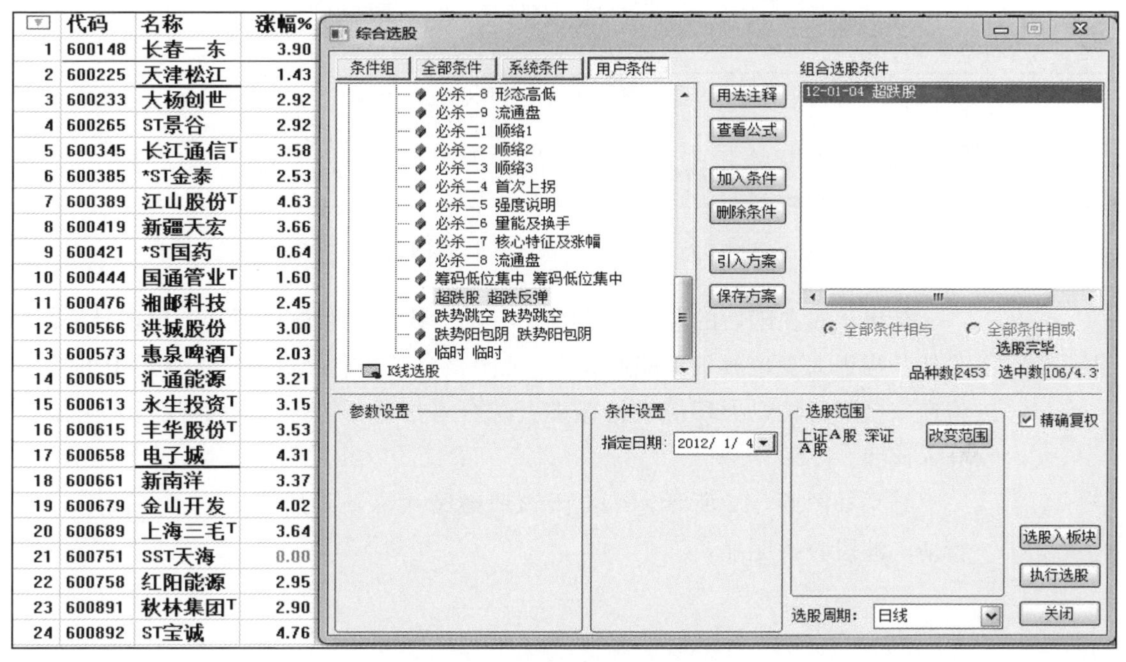

图 6—11　超跌股公式选股结果

图中显示，当时竟然有 106 只个股满足条件，毕竟市场经历了长时间的单边下跌，这种情况也属正常。经过人工筛选后，留下了筹码分布和股价之间搭配较为良好的个股，其中就有天津松江（600225）和电子城（600658）两只个股。

打开天津松江的日 K 线图，如图 6—12 所示。

图中显示，当天被选出时的筹码分布非常漂亮，市场成本主要集中在高位筹码峰，而股价已经远离筹码峰，下跌过程中所带下来的筹码相对很稀少，完全满足条件，一旦股价有异动就可以及时跟进。

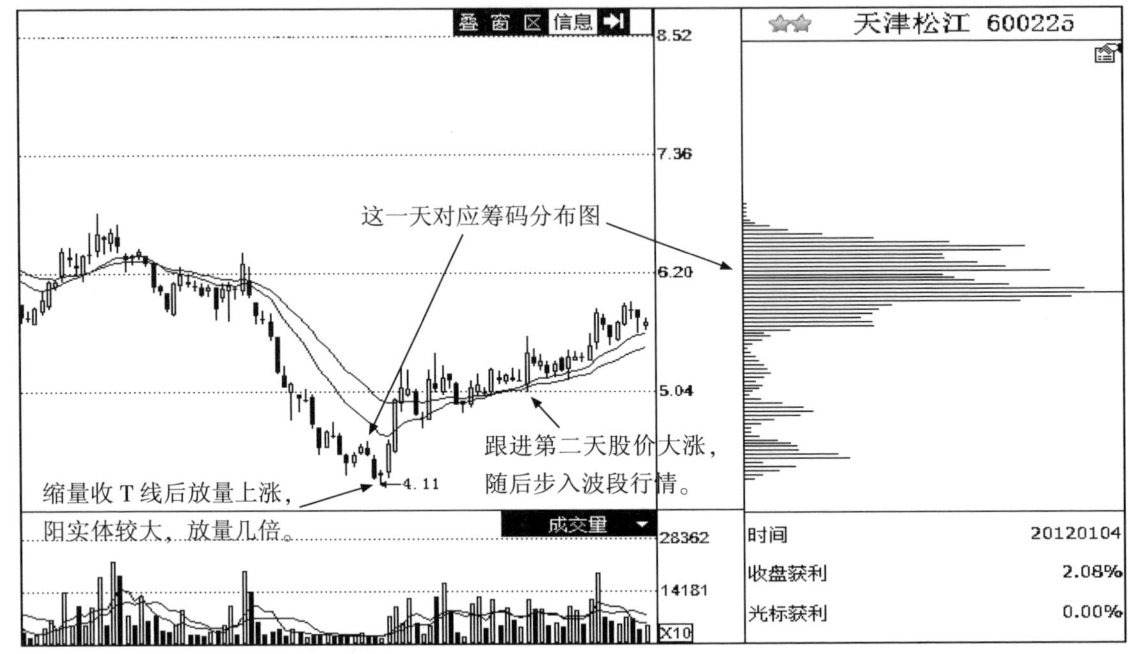

图 6—12　天津松江日 K 线图

结果该股在随后的两天继续缩量，收 T 线后突然放量拉升，出现异动。另外，当天大盘也放量大涨近 3%，说明整个市场在经过连续下跌后很可能将迎来反弹行情，大环境支持做多。综合考虑之下，于是决定在当天尾盘介入该股。

结果如图 6—12 所示，第二天该股继续大涨，随后进入到了一波上升行情，波段收益明显。

6.6　典型案例二：电子城（600658）

电子城和前面的天津松江同时都被选为目标股，如图 6—13 所示是该股的日 K 线图。图中显示，该股的筹码分布也极为漂亮，前期下跌更为惨烈。被选出后随即出现放量止跌的小锤线，变盘意味更浓，加上同期大盘也有止跌回抽动作，支持做多行为。

因此在出现小锤线形态当天的尾盘介入该股，结果图中显示该股随后连续放量反弹两天，短期收益超 7%。随后经过短暂震荡后也进入到了一波上升行情，超跌战法成功。

通过以上两个案例可以说明，满足条件的个股，一旦在低位出现明显

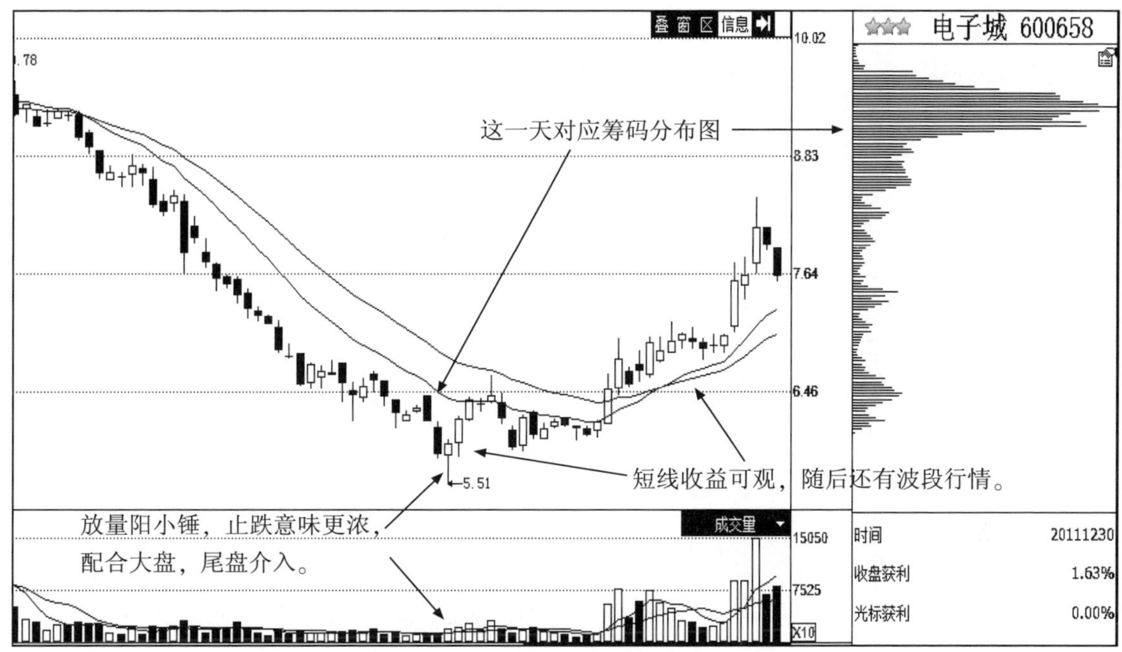

图6—13 电子城日K图

的异动信号，只要这个信号是出现在一波下跌的末端，且同时下降斜率在不断降低，一般介入后的安全度较好，收益都较为确定。这里有深层次的原因，也就是筹码之间的分布结构会形成内推力，导致筹码峰吸引股价向上靠近。

6.7 典型案例三：康恩贝（600572）

2009年8月中旬使用“筹码低位集中”公式进行选股，结果如图6—14所示。图中显示只有两只个股满足条件，分别是康恩贝（600572）和伊立浦（002260）。

分别打开两只个股的日K线后发现，伊立浦的上升角度偏大，且从低位起涨点算上涨幅度已经很大，处于一个相对高位了，相反康恩贝明显呈现筹码收集的特征，且形态只是处于次高位。

基本面上康恩贝业绩优良，且属于医药行业，防御性较强，在大盘环境不好的情况下占有绝对优势。另外，当时陆续有医药公司公布产品进入基本药物目录，康恩贝作为重点医药企业完全具备这个预期。

因此，不管是从基本面还是技术面，最终都选择跟踪康恩贝，等待异

图 6—14 筹码低位集中公式选股结果

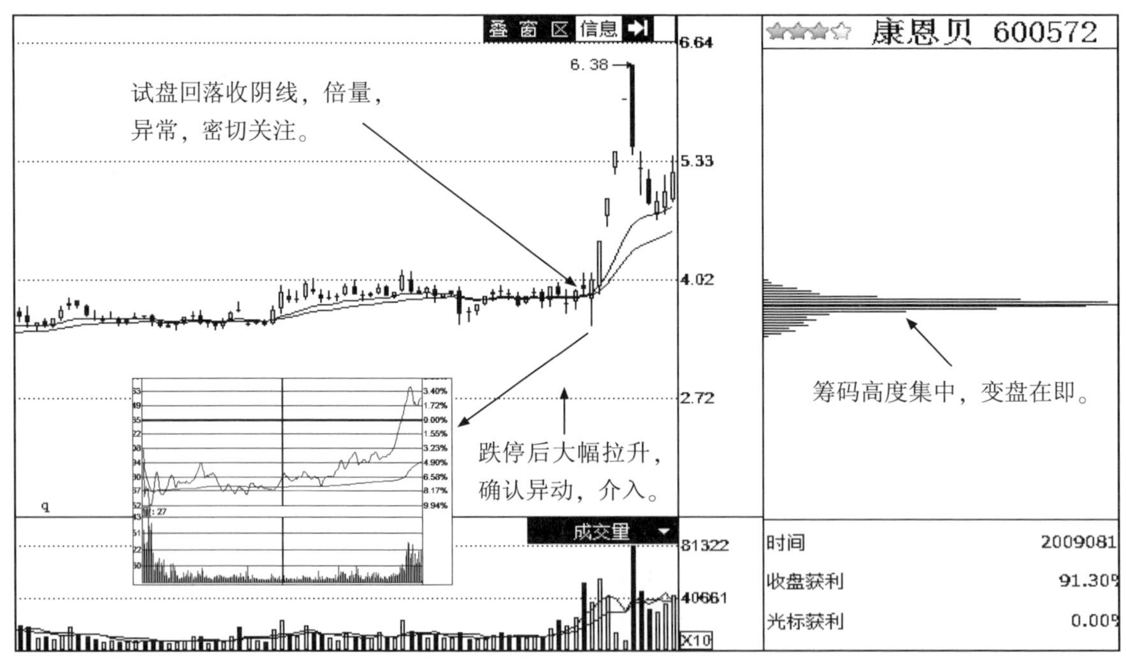

图 6—15 监控目标股异动

动的时候介入。图 6—15 是康恩贝的日 K 线图，筹码集中程度异常的高，在观察的过程中发现在图中的 A 位置出现明显异动，放量异常。

第一天主力向上试盘后回落收阴线，成交量翻倍，异常，需密切留意，股价很可能会去突破 T 线。第二天主力直接大幅低开，开盘后直接杀到跌停价后逐步回升，在尾盘爆发直接放量拉红且有一定涨幅，太过异常（见图中的分时小图）。

异动连连，况且在第二天出现如此完美的分时图，主力挖坑意图尤为明显，尾盘可以大胆跟进部分仓位，待股价强势突破 T 线后再加仓。

图 6—16　大牛股诞生

结果图 6—15 显示该股随后连续拉板，爆发强度之大令人瞠目结舌。是不是行情到此就结束了呢？显然不是，主力酝酿了如此之久，煞费苦心，股价怎么可能不翻倍呢？图 6—16 是该股的后期走势，从爆发点到最高价，股价翻了近 4 倍，可以说是名副其实的超级大牛股。

第 7 章　妖股筹码战法

所谓妖股，指的是疯涨、连续大涨或涨停、完全不受大盘环境影响的个股。如果按照筹码的转移速率，也就是换手率来分类的话，可以分为低换手妖股和高换手妖股。而本章的筹码战法只能解决低换手妖股的情况，这个界定标准通常取涨停板当日的换手率，只要连续涨停的换手都不高于5%，就可以称为低换手妖股。下面就看看如何用筹码战法来把握这类妖股。

7.1　战法原理 1：主力低位锁定筹码

妖股筹码战法的运用前提，是已经知道该股是妖股，也就是已经疯涨过的个股。那疯涨过的个股为什么还能作为涉猎的目标呢？原因就在于在这个疯涨的过程中个股换手率较低，属于低换手妖股。换句话说，就是尽管价格已经出现大幅上涨，但筹码却没有出现特别大的向上转移，仍然有较大部分筹码留在了价格区域的底部。这种情况也就是我们前面讲到过的低位锁仓。

由此可见，本章战法的核心原理或基础就是主力低位锁定筹码。关于这个原理，这里就不用过多描述，用一个图来复习下就行了。如图 7－1 所示是一只典型的筹码低位锁仓的个股，股价已经远离低位密集筹码峰，但低位仍然存在大量筹码尚未向上转移。

导致这种情况的原因是，如果从主力角度来思考的话，无外乎是主力想在低位保留更多筹码，然后在更高更满意的价位派发出去，赚取更大的利润。

如果从技术角度出发，那自然就是在拉升的过程中，个股的换手率很

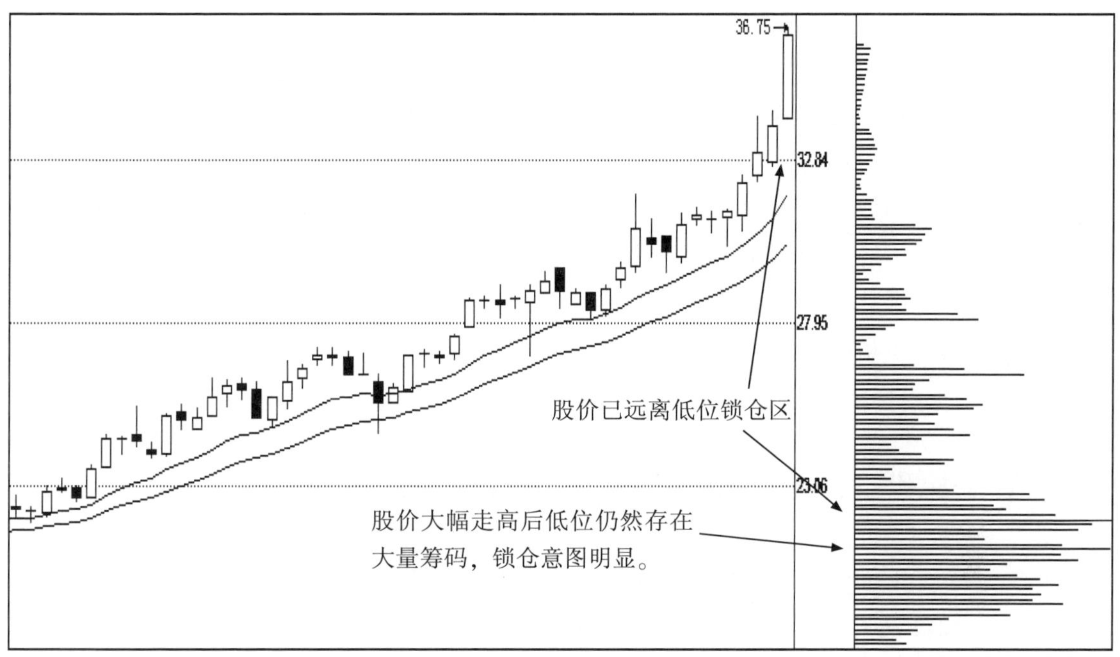

图 7—1　低位锁仓

低，以至于不能在这个过程中沉淀太多的筹码。下方的筹码也就不至于松散甚至消失，相反被保留了下来，也就形成了低位锁仓的技术形态。

主力低位大量锁定了筹码，其目的肯定是要在高位把筹码换成现金，从而完成获利。但主力如何才能顺利完成这个过程呢？假如你是主力，你会怎么做？思考一下这个问题。

主力无外乎会有三种方式可以完成出货：

第一种是直接打压砸盘，把手中的货像扔垃圾一样，不计成本地甩给其他人。但这种方式必定会导致股价持续大跌，主力的获利会大幅缩水甚至无法获利。更为严重的是，形态一旦被破坏后，市场不再认同这只股票，承接盘少得可怜，主力这时候要是还没有出货完毕的话就会把自己置于非常尴尬的境地。后期要想顺利出货，恐怕只能自拉自唱了，不仅费力可能还不讨好。因此一般没有出现大的问题的情况下，主力是不会选择这种出货方式的。

第二种是横盘震荡，不间断出货。这种方式一开始可能问题不大，毕竟股价刚经历过一波大幅拉升，承接盘积极，且这时候主力的控盘度还较高，股价不会出现太大波动。但随着出货的进行，主力手中的筹码在逐步减少，控盘度也就在逐步降低，一旦大盘环境走坏，很可能会招架不住市场抛盘，导致股价大跌。手中剩下的筹码就很难再顺利的派发出去，甚至不排除这部分筹码出现被套的可能。

第三种就是在经过第一波大幅拉升后，稍作整理再次大幅拉升，让股价远离主力的持仓成本区，打造一个足够大的出货空间。同时，股价持续火爆，市场跟风盘就会蜂拥而至，为出货制造了一个良好的市场氛围和基础。因此，大多数主力都会选择这种方式来完成出货，这不管从技术上，还是市场心理，还是资本的贪婪角度等等，都是最合乎逻辑的。

因此出现低位锁仓的个股，其后期继续拉升出货的可能性很大，这也就为本章战法的实施找到了最夯实的原理基础和支撑。

7.2 战法原理2：筹码转移与股价运行速率的匹配

前面研究主力低位锁定筹码的原因，其实已经从主力目的和技术上都做过说明了。目的是为了把低位筹码在更高的价位派发掉，获取更大的利润。技术上是在拉升的过程中换手率很低，导致筹码没有发生大量向上转移。

这里提出一种全新的视角去分析这个问题，就是研究筹码转移速率与股价运行速度的关系。看看它们两者之间处于不同关系时，筹码和股价会表现出怎样的变换关系。

筹码转移速率是指筹码单位时间内转移的百分比，其实就是指的换手率。而股价运行速度是指单位时间内股价上涨的幅度，其实也就是指的涨幅度。

那究竟怎样的换手率和涨幅才是匹配的呢？这个参数也不用太过细化去研究和总结，通常在实盘的过程中一只股票涨停了，只要换手率不高于10%，就可以基本认定为非高换手个股。反过来就是说，10%的换手是个分水岭，也就是说10%的换手与10%的涨幅基本就能形成一个较为匹配的程度。所以说这个参数就可以取成1来作为研究使用。

现在用字母v来表示股价运行的速度，字母c表示筹码转移的速率，也就是换手率。那就会出现三种情况：

（1）当v＞c时，也就是股价速度大于筹码转移速率的，那筹码转移也就无法跟上股价的上涨步伐，出现掉队现象，自然就会在股价下方形成还未来得及转移的筹码峰。这也就是低位锁仓的根本原因，导致股价与筹码峰之间的脱节。

如图7—2所示就是这种情况下形成的结果。

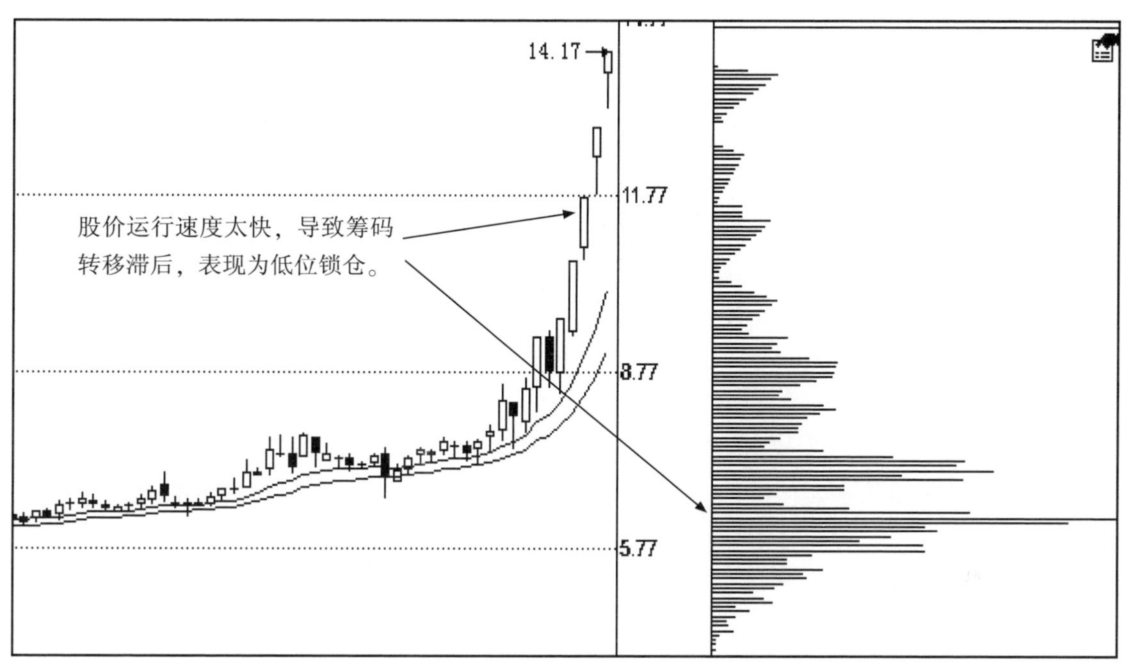

图7—2 筹码与股价脱节

（2）当v=c时，也就是股价速度和筹码转移速率相同，这时候筹码表现为与股价的高度同步性，股价快筹码就跟随着快速转移，股价慢筹码就缓慢转移。这种情况常常会在高换手个股的拉升行情中看到，背后主力可能是几个私募来回倒腾筹码，将股价循环做上去。这时候筹码分析的功效基本就很弱了，只能说明主力的操作手法而已。

如图7—3所示就是这种情况下的筹码转移图。图中A位置到B位置，股价出现了良好的上升态势，对应的筹码也在同步转移，并没有出现脱节或拥挤成峰的状况。这种股一般都是换手较大的小盘股走势。注意图中虚线框内的筹码图是对应B位置的。

（3）当v<c时，股价运行速度小于筹码转移速率，这时候筹码在市场中快速转移，换手较为积极，但股价上涨缓慢，阶段绝对涨幅小，甚至为零或负。最终就会导致筹码在某个价格区域上逐步累积，形成筹码峰。主力的吸筹阶段和派发阶段就是这种情况，吸筹阶段筹码逐步集中在主力手中，为后面的拉升做准备。派发阶段筹码逐步集中在散户手中，为后期股价下跌埋下伏笔。

图7—4表示的是这种情况下两个阶段的筹码分布图。图中虚线框内的筹码分布图是派发阶段的，可以看出在股价缓慢移动，同时筹码快速转移后，必将导致筹码的拥堵和集中。

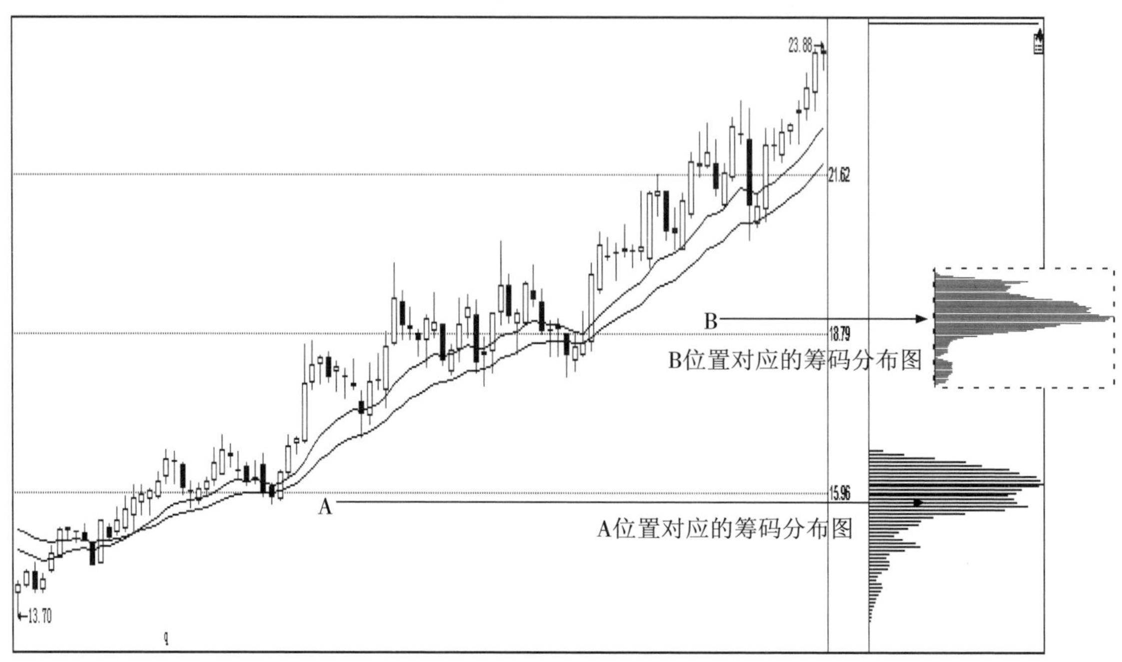

图 7—3 股价与筹码同步运行

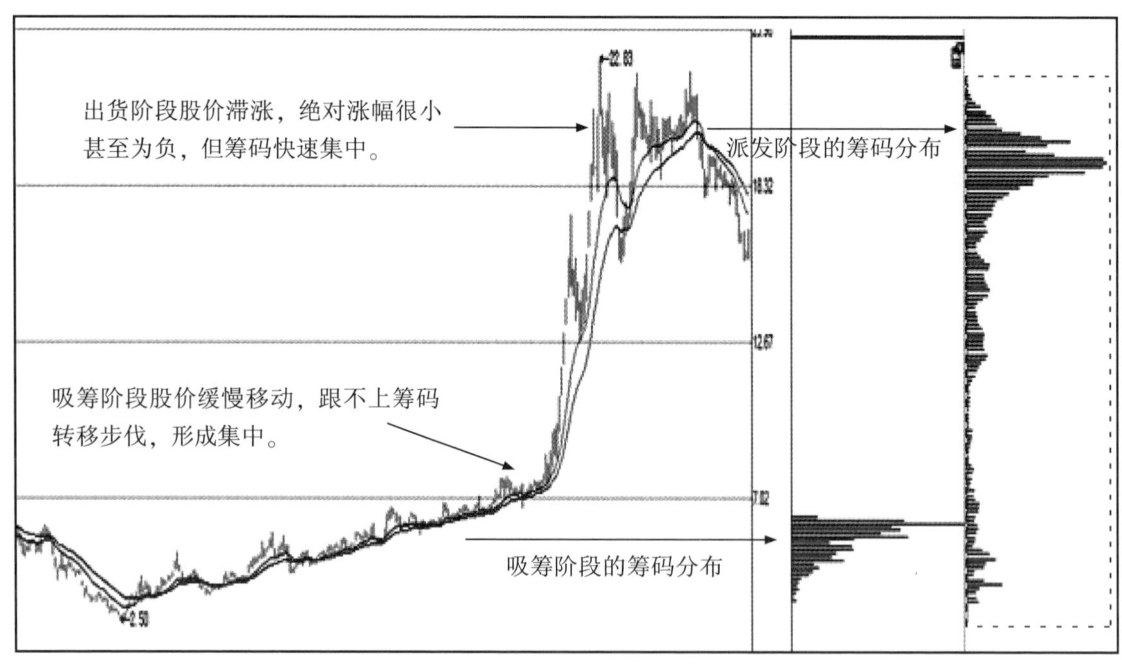

图 7—4 筹码集中速度快于股价涨速

希望通过以上的分析，能给你带来一个全新的视角和思维方式，对于自身的研究有一些新的看法和启迪。

7.3 关键战术1：综合评估股价的二次启动概率

由于本战法的操作对象是低换手妖股，也就是寻找经过第一波狂拉后筹码仍然呈现低位锁仓的个股，然后伺机狙击二次启动点，抓住第二波拉升行情。

既然要抓住第二波行情，那就需要在此之前评估一下股价二次启动的概率，如果股价不再二次启动，那自然也就谈不上抓住或者抓不住。通常情况下会有以下几个方法或角度来综合判断股价二次启动的可能性：

（1）第一个是股价的绝对涨幅角度，一般而言，妖股从起涨位置开始算，至少都会有一倍以上的涨幅。如果第一波拉升后筹码呈现低位锁仓状态，但股价并没有翻倍，甚至还不到50%的涨幅，那后期继续拉升的可能性很大。这个原因前面讲过，主力要打造足够大的出货空间。

（2）第二个角度可以从涨幅与换手之间的对比，从理论上测算出后期可能的涨幅。比如第一波拉升后调整逐步缩量后，下方筹码还剩下50%处于锁仓状态。也就是说，在此过程中有50%的筹码发生了换手，还剩下50%没有换手。理论上，主力要想把这剩下的50%筹码换手出去的话，股价就应该还会有之前那波上涨的涨幅。如果之前那波涨幅很大，比如超50%甚至100%，那主力现在就没有理由不继续拉升，放弃这个好机会。

图7—5揭示了这个测算方法，虽然在实际运用中两波涨幅和对应的筹码转移比例大多时候都不可能一致，也就是说量价不一定一致，但这种方法能从定性的角度来估计主力继续拉升的概率。

（3）第三个角度可以从K线形态和均线系统之间的搭配来看，比如图7—5中，股价经过第一波拉升后逐步回靠均线但并未跌穿均线，均线系统向上发散态势良好。且同时量能逐步萎缩，调整压力在逐步释放，也都可以加大对二次拉升的预期。

（4）第四个可以从盘口角度出发，即股价在第一波拉升完成后的整理过程中，特别是整理后期，是否有明显的抗跌盘口。这个抗跌是针对于大盘而言的，如果在大盘下跌的过程中，股价表现出非常明显的反抗动作，不愿意下跌甚至逆势上涨的盘口特征，这也可以作为股价即将步入二次拉升的前奏处理。

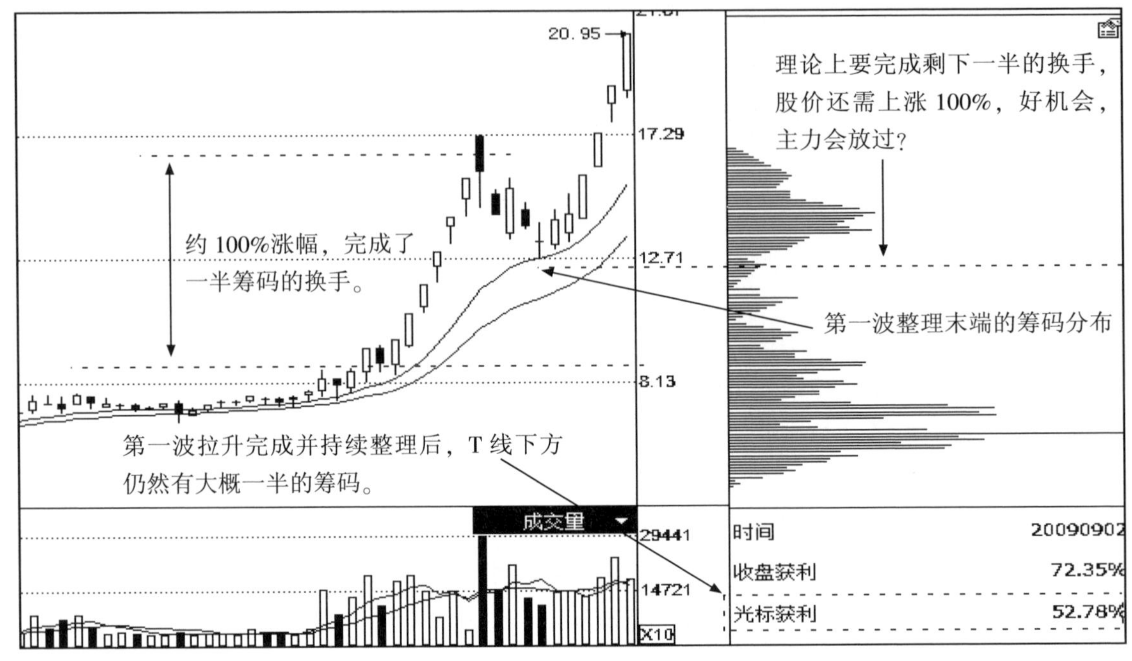

图7—5　涨幅粗略测算法

（5）第五个角度可以从大盘环境出发，如果股价即将步入二次拉升时，大盘走势良好，并且有继续深入的态势，则主力很可能会利用良好的市场氛围继续拉升，并且这时候拉升要相对轻松得多，毕竟市场人气旺，抬轿子的人自然就会多。

（6）最后还可以从板块的联动性上下功夫。比如这只疯狂拉升的个股是属于某个概念题材，而这个题材非常新颖，符合国家政策导向，也很容易深入人心，这就是个大题材，市场充分挖掘的可能性很大。如果第一波拉升后，市场热情不减，其他相关个股也在开始逐步被挖掘，那这只个股就很可能成为了龙头，继续拉升做旗帜的可能性就大为增加。

从以上6个角度来综合评估股价二次启动的概率，其最终的成功率会改善很多。但毕竟是妖股，走势常常会有出乎意料的情况。在实际操作中如何把握呢？请看下面的分析。

7.4　关键战术2：仓位策略防止突然起爆

对于这种走势很妖的个股，要想吃到肉还想同时不被咬，自然要有个较为高明的操作手法。这个手法要做到小亏大赚的效果，也就是如果股价没有二次启动，而是向下了，止损便是。如果股价二次启动，就会产生大幅盈利。

要想实现这种效果，必须用到试仓法，也就是在判断出股价具备较高的二次启动概率后，先小仓位介入该股。如果股价如期起爆，则迅速加大仓位，享受拉升乐趣。如果股价横盘或向下，则可以及时离场，即便亏损也是非常有限。

这种做法可以防止踏空，也可以让你更加投入地关注该股走势，在股价起爆的同时快速加大仓位。为什么要注意防止踏空呢？因为有部分妖股，在第一波拉升整理后，会突然快速封板，随后连续封板，甚至是一字板，根本不给你介入的机会。即便给了，可能那时候你也不敢介入了，导致严重踏空。

所以仓位策略上就可以采用打底仓加上追击仓的方式，原则上可三七分或二八分，也就说打底仓占两成或三成，而追击仓占七成或八成，这就是先小后大的试仓策略。

确定了仓位策略后，那如何选出此类妖股呢？其实这类个股的走势都非常抢眼和突出，在平常的看盘过程中非常容易被发现。但如果有部分读者万一因为有事几天没看盘了，需要用公式来选一下是否有满足条件的个股呢？所以这里还是给大家提供一个简单筛选此类个股的公式。

开始就说过，此类妖股是低换手妖股，那条件就包含两个。第一个是妖股，即至少连续三个涨停板。第二个是低换手，即这三个涨停板的换手率都不能高于 5%。编写成具体公式如下：

A1：=COUNT（（C—REF（C，1））/REF（C，1）＊100>9.9，3）=3；

A2：=COUNT（V＊100/FINANCE（7）＊100<=5，3）=3；

A1 AND A2。

其中条件 A1 表示股价走妖，连续三个涨停板；A2 表示这三个涨停板，每天的换手率都不高于 5%，也就是满足低换手的条件。

公式被命名为“妖股”，编写公式的截图如图 7—6 所示。

选股公式和操作策略都交代清楚后，接下来就进入到案例分析。用真实的案例来让大家复习和加深对前面所有知识的理解，达到触类旁通的效果，也为连续两章的筹码战法学习画上圆满的句号。

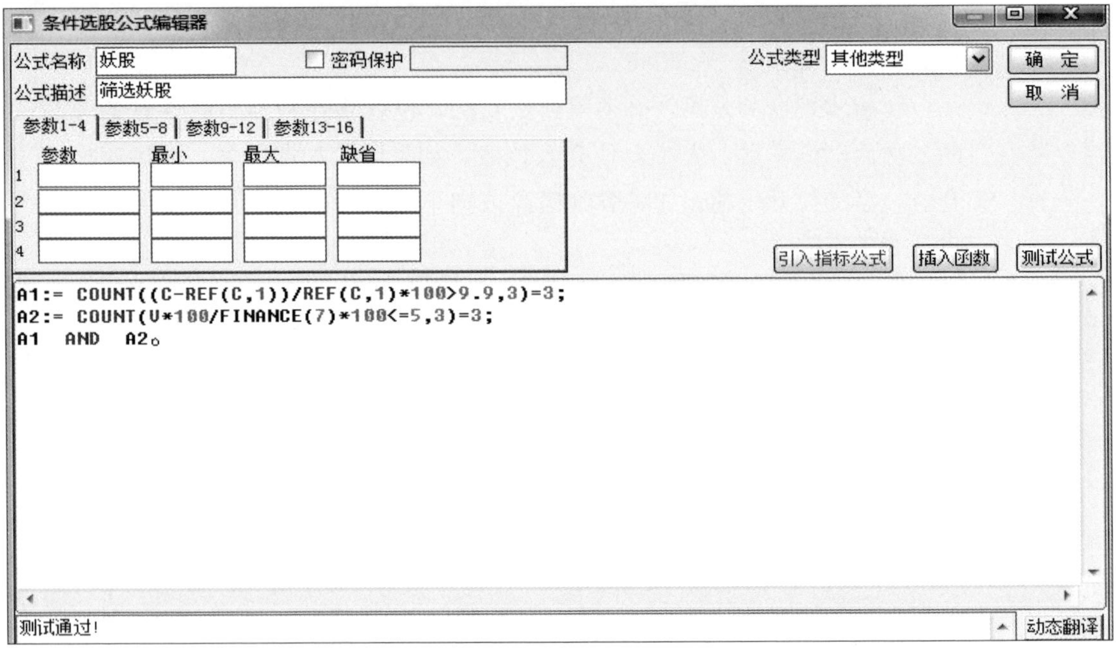

条件选股公式编辑器

公式名称 妖股　密码保护　公式类型 其他类型　确 定

公式描述 筛选妖股　取 消

参数1-4 | 参数5-8 | 参数9-12 | 参数13-16

	参数	最小	最大	缺省
1				
2				
3				
4				

引入指标公式　插入函数　测试公式

```
A1:= COUNT((C-REF(C,1))/REF(C,1)*100>9.9,3)=3;
A2:= COUNT(V*100/FINANCE(7)*100<=5,3)=3;
A1  AND  A2。
```

测试通过!　动态翻译

图 7—6　妖股筛选公式

7.5　典型案例一：双钱股份（600623）

2009 年 8 月 21 日用妖股公式进行选股，最终只有一只个股出现在了选股结果中，如图 7—7 所示。这只个股就是双钱股份（600623）。

如图 7—8 所示是该股的日 K 线图，图中显示股价在爆发之前的运行特点非常规律，即是相当漂亮的低位逐步吸筹的过程。股价表现为按照某一角度稳步向上，量价配合良好，严格满足“上涨放量，下跌缩量”的完美搭配，有一种马儿草上飞的感觉。随后股价连续涨停被公式选出，起爆的含金量很高。

从图中可以看出，该股的吸筹阶段时间持续很长，大概有 10 个月的时间，如此长时间的吸筹，可以说主力手中的筹码已经达到了很高的控盘度。所以股价出现连续涨停也是在情理之中，后期再次大涨甚至翻倍也是正常的。

但其实去对照当时的大盘情况，指数已经见顶开始持续地大幅回落。按理说主力不应该在这个时候爆发，究竟是什么原因导致的呢？有没有深层次可以作为股价上涨的支撑原因？

图 7—7 妖股公式选股结果

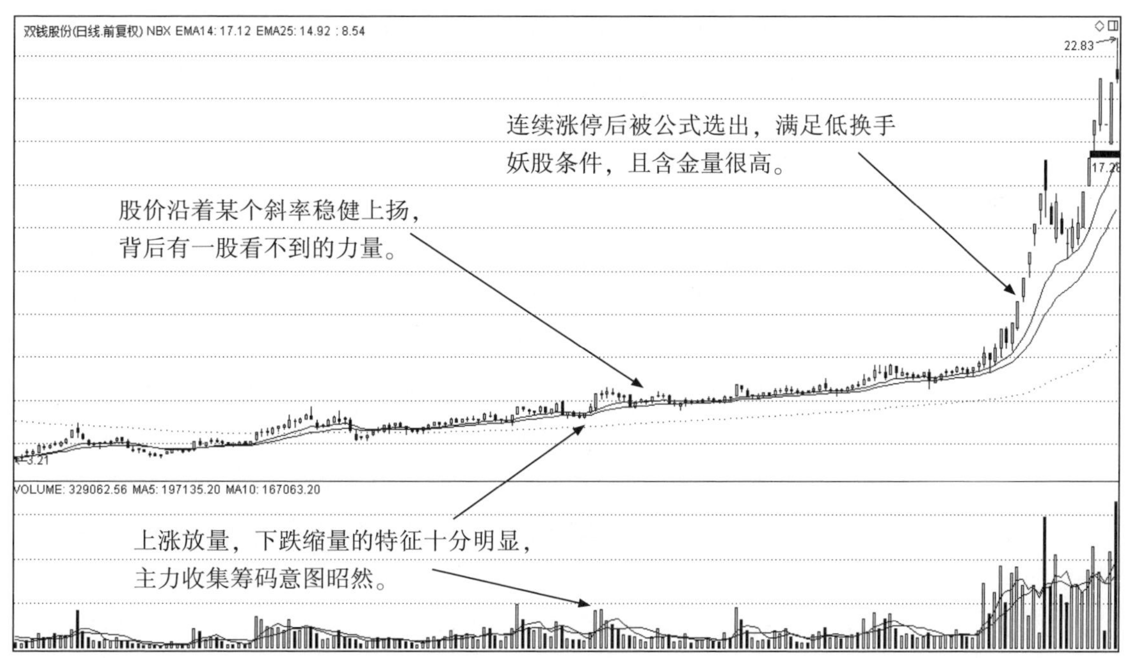

图 7—8 双钱股份日 K 线图

研究后发现，其实股价爆发很可能跟当时吵得沸沸扬扬的轮胎特保案有关。2009 年 6 月 29 日美国国际贸易委员会以中国轮胎扰乱美国市场为由，建议美国将在现行进口关税（3.4%～4.0%）的基础上，对中国出口美国的乘用车与轻型卡车轮胎连续3年分别加征55%、45%和35%的从价特别关税。根据美国调查程序，在8月7日的听证会后，美国总统将于9月17日前做出是否采取措施的最终决定。

而双钱股份是国内知名的轮胎制造、轮胎研究、轮胎出口的综合性大型企业，虽然公司的核心产品是重卡轮胎，不属于征收特别关税的范畴，但一旦这个提案落实，势必对整个中国轮胎业造成较大的负面影响，对于庄家做盘非常不利。

6月29日提出建议，然后8月7日召开听证会，最后必须在9月17日前做出最终决定。主力其实在这个提案出现前毫不知情，只是在默默地吸收筹码，然后等待爆发。但这个提案的出现就意味着给主力下了一道最后通牒，必须在9月17日完成所有拉升，否则就没有好机会了。

那主力为什么就这么自信呢？敢于在市场走弱的情况下疯狂拉升。一则因为主力的控盘度当时已经很大，二则这只是个提案，在9月17日公布结果之前，随时都有可能通不过，三则一旦股价大幅拉升，那市场很可能会作为利好来理解，反而容易招致跟风盘。

其实这时候无论主力有无信心都已经没有退路了，大盘已经开始走坏，最终结果公布又迫在眉睫，不拉都不行了。于是主力发动主升浪，连续拉板，也是在情理之中，至少在原因上站得住脚。

在选出该股，确定该股属于低换手妖股后，密集关注该股走势，等待第一波拉升后的回靠，看是否有二次拉升的可能。如图7—9所示是该股回靠均线时的筹码分布图，图中显示该股在第一波拉升整理的末端，筹码分布仍然表现为低位锁仓的状态，满足二次拉升，也就是妖股战法的基本条件。

股价在回靠均线的过程中量能持续萎缩，且并未下穿均线，MACD也并未出现死叉。随后股价开始企稳回升，MACD呈现佛手形态，与此同时，大盘也出现持续回升，而且与9月17日尚且存在一段距离。况且如此大比例的低位锁仓，主力非常需要继续拉升把低位筹码在高位放出去，因此综合来判断股价二次拉升的可能性很大。

操作上可在持续缩量回靠均线企稳的时候先介入一部分仓位，也就是前面提到的打底仓。随后在股价再次大幅拉升，确认二次启动的时候快速加仓，也就是追击仓，加大仓位后享受拉升乐趣。结果如图7—9所示，该股随后再次连拉4个涨停板。尽管被特停后出现一个一字跌停板，但第二天便再次涨停，可伺机离场。因为当时，也就是9月11日轮胎提案已经被

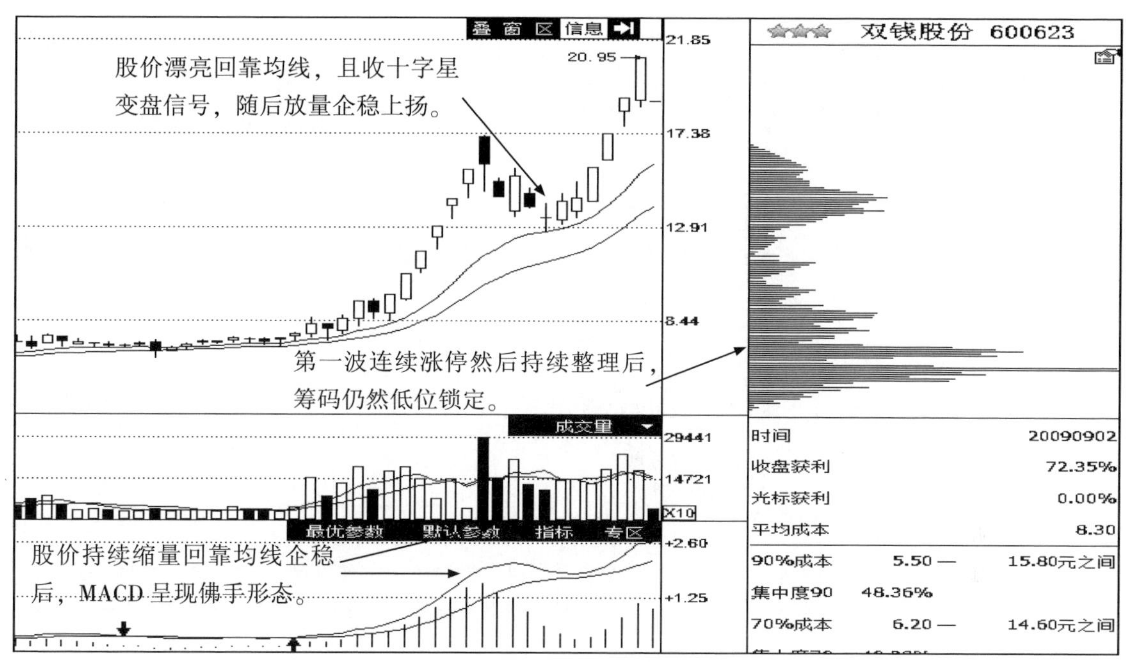

图 7—9　双钱股份筹码分布图

通过，主力继续拉板也是无奈之举，强弩之末。尽管如此，短线收益已经是暴利之中的暴利了。

7.6　典型案例二：天津磁卡（600800）

2012 年 9 月 13 日收盘后使用妖股公式进行例行筛选，结果仍然只有一只个股被选出，如图 7—10 所示，该股就是天津磁卡（600800）。

打开该股的日 K 线图，如图 7—11 所示，图中显示该股其实属于摘帽股，之前是“ST 磁卡”，现更名为“天津磁卡”。且当时摘帽行情如火如荼，之前有梅雁吉祥（600868）、金杯汽车（600609）等火爆的表现作为铺垫，该股出现持续涨停，遭遇爆炒也是有预期的。

并且当时有金融卡迁移的利好刺激，对于该股的炒作更是构成支撑。另外 ST 股集中摘帽遭遇爆炒，本身就是市场在上市新规颁布后对于 ST 股保壳预期升温导致的。刚好当时市场对中信文化传媒集团重组天津磁卡预期较强，看来该股具备多重概念，炒作理由充分。

于是在选出该股后应该认真分析，观察第一波完成后的筹码分布情况，伺机狙击二波拉升的起涨点。

图 7—10　妖股公式选股结果

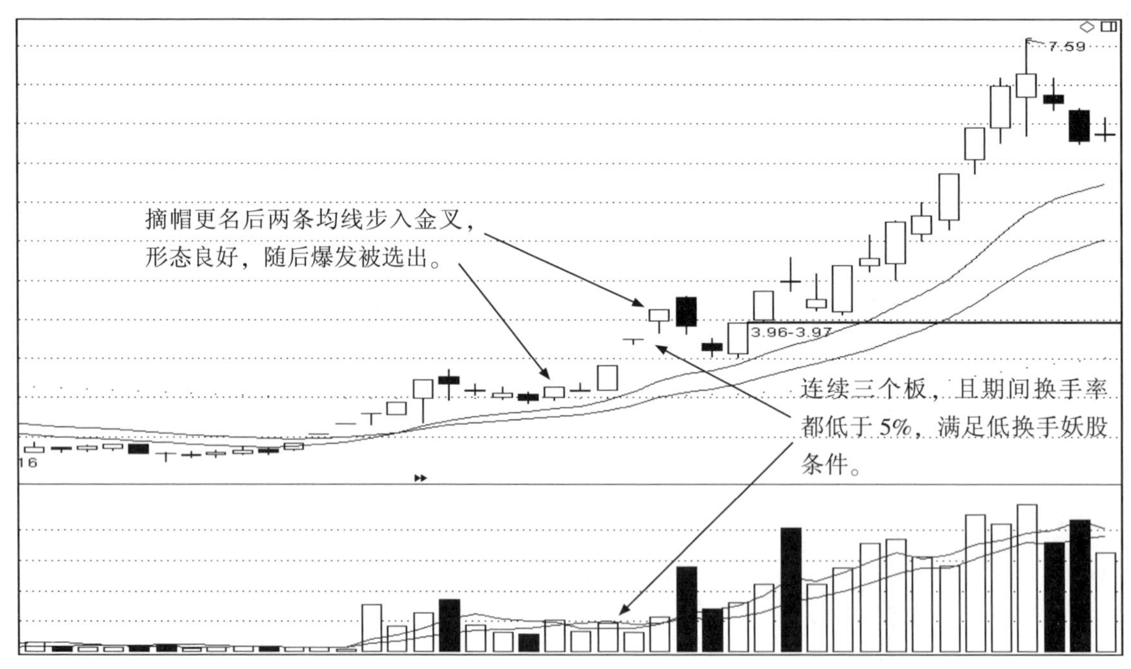

图 7—11　天津磁卡日 K 线图

现在观察该股第一波妖股走势后的筹码分布图，看是否满足本章战法的低位锁仓条件。如图 7—12 所示是该股当时股价回靠均线时的筹码分布图。

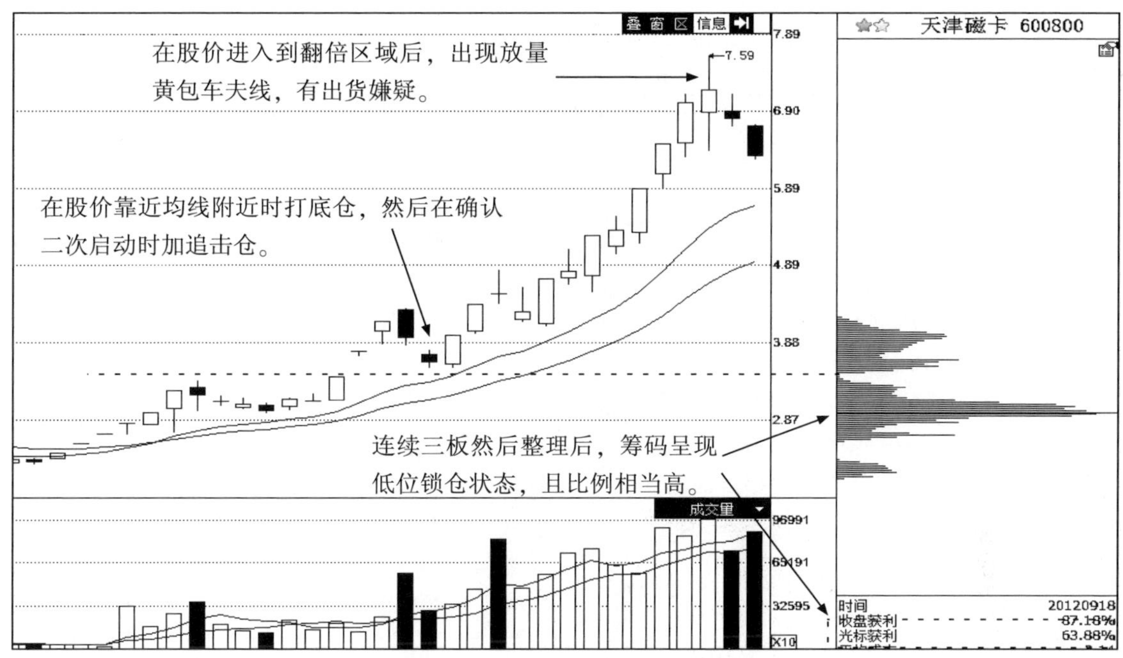

图7—12　天津磁卡筹码分布图

图中显示当时股价回靠均线时，在前期高点（图中虚线位置）以下仍然有高达63.88%的筹码。这部分筹码如果是散户的，完全可以在上方获利20%以上的时候获利离场，所以可判定这部分筹码是主力的。既然是主力的，那如此高比例的低位锁仓，加上摘帽行情的大环境，判断继续拉升出掉筹码的可能性很大。

因此可在该股靠近均线的时候先小仓位吃进一部分，但该股在经历短短的两天整理后便快速进入到了再次拉升，第三天就继续封板。但好在第三天该股是低开，且幅度较大，开盘后快速拉升，与同期的大盘表现形成鲜明的对比，说明主力已经按捺不住了，出现了明显的逆盘走势（如图7—13所示），于是可在盘中快速打进追击仓，完成建仓工作。

结果如图7—12所示，该股随后持续拉升，并在后期出现加速迹象，股价和均线系统保持良好配比关系，持股信心良好。直到股价进入到翻倍区域，并出现放量的黄包车夫线时，则可逐步减仓获利离场。在短短一个月的时间，获得100%的超级收益，只能说妖股战法威武。

通过以上两个案例可以看出，一旦找到此类妖股，并满足妖股筹码战法，最终收益都非常惊人。如果你的模式适合这个战法就赶紧行动吧，在平时的看盘过程中多留意连续拉板个股或者每天用公式去选一遍，少量的工作只要你付出了也许就能带来意想不到的收获。

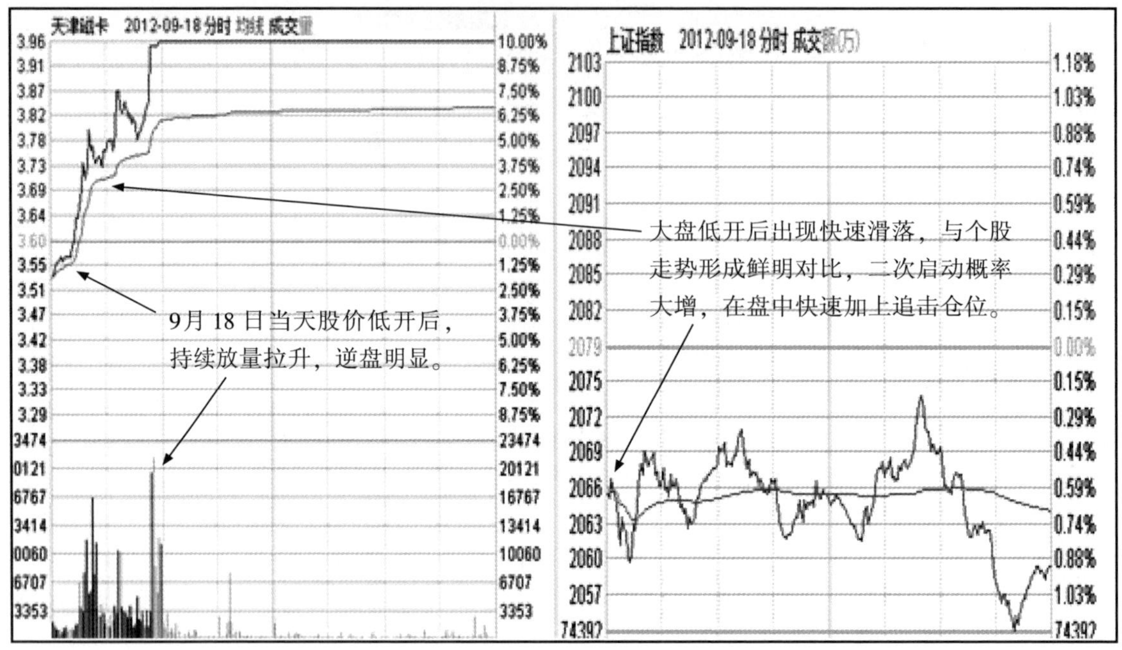
天津磁卡 2012-09-18 分时 均线 成交量
上证指数 2012-09-18 分时 成交额(万)
大盘低开后出现快速滑落，与个股走势形成鲜明对比，二次启动概率大增，在盘中快速加上追击仓位。
9月18日当天股价低开后，持续放量拉升，逆盘明显。

图 7—13 逆盘走势

第 8 章　连续板之二春战法

前面讲过，妖股按照换手高低可分为高换手妖股和低换手妖股。上一章战法只是解决了低换手妖股，因为高换手妖股通过普通的软件技术分析很难扑捉到真实的主力动向，不能十分确定主力是否还在场内。因此本章使用了一个高端软件的指标，从机构持仓的角度来分析判断二波行情的启动概率，这里称之为二春战法。

8.1　战法原理 1：实体板确保主力充分吃货

从 K 线形态来分类，涨停板可以分为实体板、一字板和 T 板。所谓实体板是指当天的涨停板 K 线是有实体的。有实体自然就会有最高价、最低价、开盘价和收盘价。当天价格有过波动，或者说是有价差。有价差肯定就会有交易，否则价格无法波动。哪怕是一笔单子封板，那也至少有交易。

为什么一定要确保有价差，或者说为什么一定确保有交易？这是从筹码的沉淀角度来思考的，假如没有交易，那自然在这个价位就不会出现沉淀筹码。如果没有沉淀筹码，则意味着主力就没有进行吃货，而没有吃货的话，自然主力就没有源动力去拉升股价，也就不存在获利机会。

由此来看，拟定实体板的条件其实是从主力吃货的角度来思考的，以充分保证主力吃到了足够的筹码。因此一旦主力在拉板的过程中吸收到了很多的筹码，必定会想办法获利出局，在高位把筹码换手出去，自然也就会拉升股价。如图 8－1 的示意图，形象地说明了这个原理。

那是不是说一字板主力就不能吃到货了呢？这个到不一定，只是大多数情况下，主力不会采取这种方式来吸收筹码。一则因为一字板一旦出现后，市场对股价会有更高的预期，抛盘会很少，主力也就很难吃到货。二

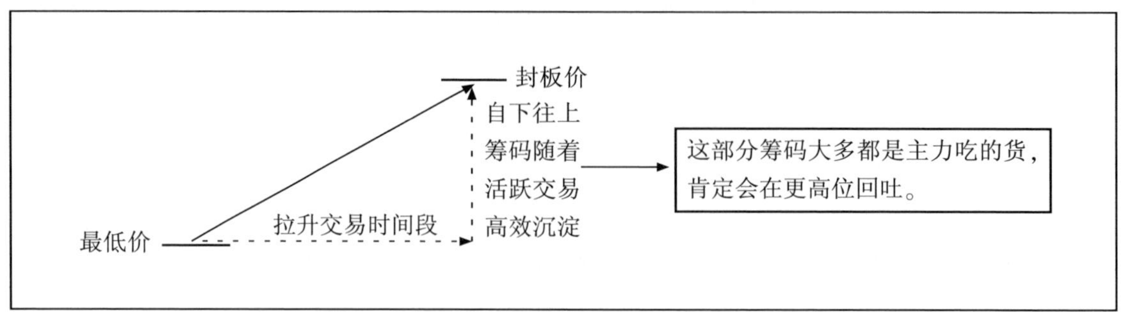

图 8—1 实体板获利原理

则假如你是主力，你愿意出高价买别人的货吗？显然站不住脚，你肯定会尽量在低位吸筹，最差也会采取大幅度拉升吸筹。

只有在极端情况下，比如突然重大利好，主力才会采取一字板的形式来吸收筹码。但这种情况一般也不会全天都处于封板状态，只是一开始表现为一字板，后面一般都会“放水”（所谓放水是指主力在封板的过程中故意打开封板，让市场其他资金介入，摊高市场平均持仓成本，以利于后期进一步拉升），以刺激市场抛盘出现，才能吃到筹码。所以分时图上常常表现为一会儿封板，一会儿打开的走势。K 线最终会收出 T 线形态，也就成了前面所说的 T 板。

其实上面所描述的“放水”走势或者 T 板同时也会被主力用来出货，利用高度活跃走势来引诱散户接盘。因此判断这种情况下是出货还是吃货，关键要参考股价所处的阶段。低位吃货的可能性大，而高位出货的可能性很大。

通过以上分析说明真正意义上的标准一字板，主力吸收筹码的效率或者可能性是非常低的。或者说一字板本来就不是主力用来吸收筹码的方式，而是用资金优势来达到无成本拉升的手段。因为巨单封盘的一字板主力只是动用了巨大的资金量，但付出的代价却是很少，毕竟不用吃什么货。而本来拉升阶段主力手中的货已经不少了，不需要再吃进，怎样实现轻松拉升才是重中之重。

一字板深层原理可以用图 8—2 来表示，从一字板中买一价位的挂单方式来揭秘。同样大小的封单，其内在结构的不同可以看出主力的真实意图。而无论是哪种结构，都表明不是吸收筹码的有效手段。

如图 8—2 中左边是一只个股的封板买卖档截图，涨停价 6.11 元上的封单有将近 6 万手。

但这 6 万手的封单其委托结构可能会有两种，如图中的第一种是前大

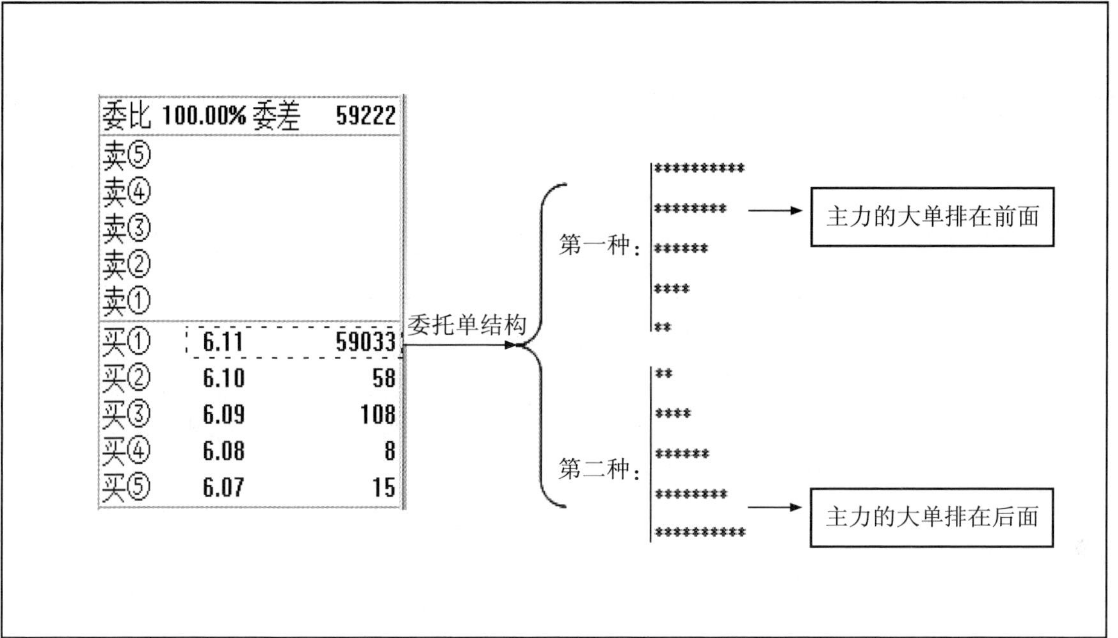

图 8—2　一字板封单结构

后小结构，意思是说主力直接把他的大单挂在前面，一旦市场上有抛单，主力的大单将首当其冲，吃掉这部分抛单，说明主力不怕接货，对股价有足够的信心。但这种情况下，往往市场上的抛盘很小，不足以吃到很多的货。

第二种委托结构是前小后大结构，也就是主力在封板后，等跟风盘开始把单子挂上去后，主力快速撤掉前面的单子，然后把单子挂在了后面，这样尽管封单的大小没有什么变化，但散户的单子却排到了前面，一旦市场有抛单，散户就成了接货的对象，主力并没有吃到货。这种情况其实是主力利用市场力量来支撑股价，不愿意吃进更多的筹码，对股价没有信心。因此后期下跌的可能性较大。

由此来看，这两种结构都不能让主力充分吃货，甚至反而有可能是股价下跌的征兆。所以，本战法的条件里就排除了一字板这种情况。而 T 板的两种情况，出货自然就不考虑了，但即便是吃货，主力也不至于马上拉升，很可能会震荡几下才会步入拉升。综合来看，确认度不高。

因此三种封板里只有实体板才能保证主力充分吃货，筹码一直在正方向上不断沉淀，呈现出良好的量价齐升状态，主力吃货或扫货的真实度非常高。

8.2 战法原理2：洗盘时持仓无明显下降

连续三个以上的实体板后，主力将进行洗盘或者直接出货。本章战法要抓住的是二波行情，当然就要确保主力在第一波拉升后不是直接出货，而是进行正常洗盘。

但高换手个股往往伴随着主力或几个主力之间的对倒盘，换手率都偏大，筹码分布图上会显示筹码大量向上方转移，所以很难从筹码图中来判断主力筹码是否还在手中。也许你会说，你可以从股价的表现和量能情况来大概分析出主力是否在疯狂出货。

的确，这个方法有一定帮助，毕竟疯狂出货有较为明显的盘口特征和K线形态。但为了更高程度地把握主力动向，也为了帮助部分使用高端软件的股民朋友熟悉应用，这里引入了一个高级指标——机构持仓。一般高端软件都会有这个指标，通常会采用曲线的形式来形象表示机构的持仓变化情况。如图8—3所示是这个指标的截图。

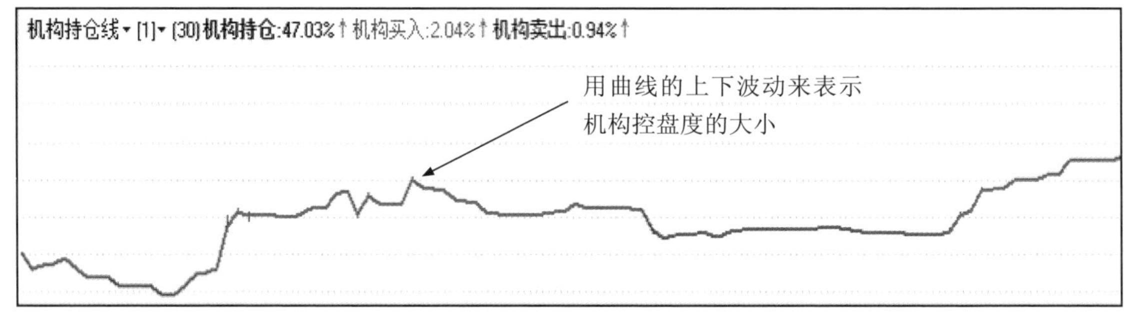

图8—3　机构持仓

这个指标的原理是对成交明细里成交单的级别以及成交方向，按照个股流通盘的大小情况，通过既有的计算模型模拟出的机构增减仓的数据，进而用曲线的形式表现出来。它的优势在于计算机强大的监控和计算能力，让数据最大程度的贴切真实持仓，而人工显然是很难做到的。

有了指标，通过观察主力在第一波拉升完成后的持仓变化情况，很容易就能判断出是出货还是洗盘。在这里要搞清楚一个概念，就是洗盘与出货的区别。其实从本质上这两个行为是一样的，都是砸盘。但区别在于洗盘主力只是砸出很小部分的仓位，随后还会在二次拉升中买回来。而出货是大量砸盘，后期不会再买回来。

因此在机构持仓线上就会体现为洗盘时小幅下降，随后再次上升，而出货则快速下降，随后不会再上升。如图 8—4 的示意图就表现了这两种情况。

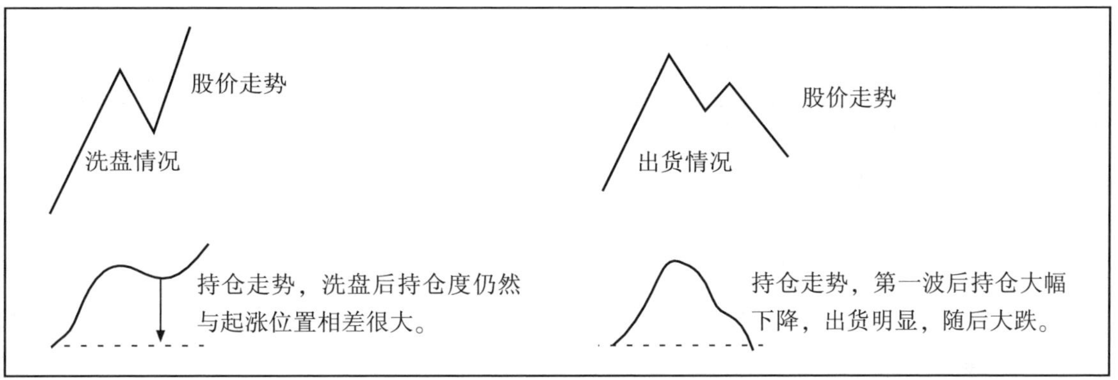

图 8—4　两种情况持仓走势

从图 8—4 中两种情况的对比来看，显然我们需要的是第一种情况，也就是洗盘的情况，而且判断起来也非常简单。原因在于，既然主力在第一波完成后没有急着出掉手中的筹码，那必定会在更高的位置完成出货，启动二波拉升行情的可能性极大，这就为战法的实施创造了根本条件。

8.3　关键战术 1：公式选出目标股

连续封板的个股其实对于有足够时间炒股的朋友来说，在看盘和复盘的过程中很容易就能发现，完全不需要公式来筛选。但对于部分时间不够充足，或者临时有事耽误看盘的朋友来说，就有必要在盘后用公式来筛选，以免有漏网之鱼。当然多市场操作的朋友，比如同时做期货、外汇的，可能没有太多的时间来关注股票，但又想把握一些类似于本章战法的大机会，那公式也成了不二之选。

本章战法主要是为了解决非低换手妖股的操作问题，因此在核心特征，也就是连续实体板外还对换手率做了部分限制。公式被命名为“二春战法”，公式编写的截图如图 8—5 所示。

公式具体代码如下：

A1：= COUNT（（C－REF（C，1））/REF（C，1）＊100＞9.9，3）=3 AND COUNT（O！=C，3）=3；

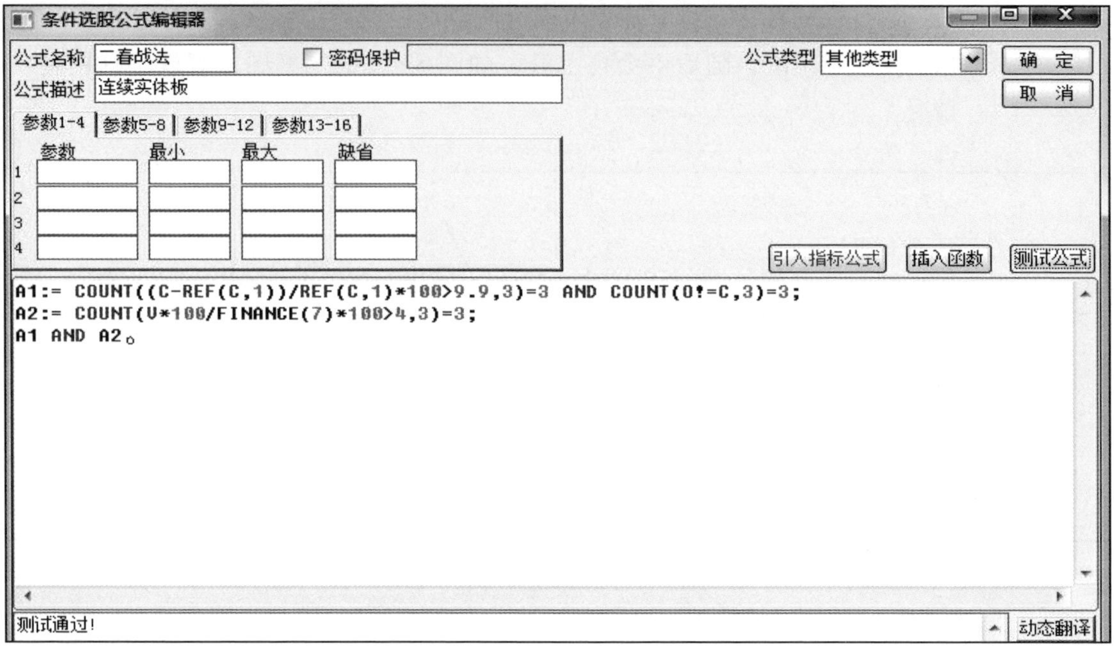

条件选股公式编辑器

公式名称 二春战法　　密码保护　　公式类型 其他类型　　确 定

公式描述 连续实体板　　取 消

参数1-4 | 参数5-8 | 参数9-12 | 参数13-16

	参数	最小	最大	缺省
1				
2				
3				
4				

引入指标公式　插入函数　测试公式

```
A1:= COUNT((C-REF(C,1))/REF(C,1)*100>9.9,3)=3 AND COUNT(O!=C,3)=3;
A2:= COUNT(V*100/FINANCE(7)*100>4,3)=3;
A1 AND A2。
```

测试通过!　　动态翻译

图 8—5　二春战法公式

A2：=COUNT（V＊100/FINANCE（7）＊100>4，3）=3；

A1 AND A2。

其中 A1 的第一个条件表示连续三个涨停板，第二个条件表示实体板；A2 对换手率做了部分限制，要求有连续的三个涨停板，换手率都必须大于 4%。

公式条件很简单，但在一般的大盘环境下出现此类个股的时候并不多，所以把握起来难度并不是太大，而且一旦成功，收益率相当不菲。因此本战法是非常值得借鉴的。

8.4　关键战术 2：狙击点的确定

使用机构持仓线指标确定主力并没有出货后，应该在什么位置介入，既安全还能吃掉第二波拉升的大部分行情呢？

研究表明，这类具备二春走势或者“三外有三”的个股，往往在第一波结束后的洗盘阶段都呈现比较明显的价跌量缩的特征。止跌位置大多数在一些均线位置，比如 20 日均线。如果使用笔者的均线系统，股价往往会在 14 日加权均线或者 14 日与 25 日两条均线之间止跌。

止跌后量能开始逐步放大，伴随价格回升，常常会有相对于大盘的抗跌走势。随后 5 日均线逐步从下降转为上升，而这个转折点或者拐点，就是狙击这类个股的最佳点位。

这个最佳点位如果从强弱转换关系来理解的话，可以看作是弱势逐步消失，而强势逐步开始的首次转强信号。

如图 8—6 所示是典型的二春走势个股 K 线图。

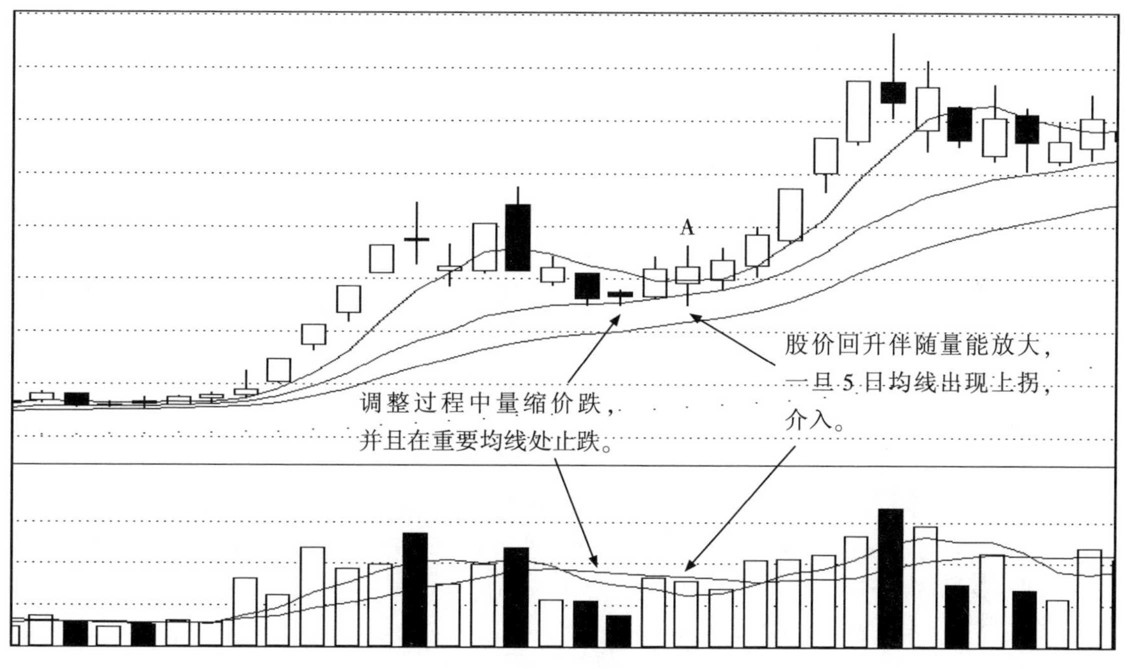

图 8—6　二春走势狙击点

图中显示该股经过连续实体板后逐步回落，回落的过程中跌幅逐步缩小，并伴随量能逐步萎缩。股价在 14 日加权均线附近止跌后开始逐步放量，价格出现回升。而在图中的 A 位置，5 日均线出现下降后的首次上拐，狙击介入，随后股价便开始二次大幅拉升。不难看出，其所有技术特征均非常经典，可作为范本来学习和体会。

8.5　典型案例一：熊猫烟花（600599）

2009 年 8 月 3 日盘后使用二春战法公式进行筛选，结果如图 8—7 所示。

图 8—7 二春战法选股结果 1

结果中显示有两只个股被选出，分别打开这两只个股的日 K 线图后发现，第二只个股 ST 天一其实处于停牌状态，会被选出是因为该股停牌前满足公式条件。这里自然也就排除在外，选择处于正常交易状态的熊猫烟花（600599）。

如图 8—8 所示是熊猫烟花（600599）的日 K 线图，图中显示，该股第一波拉升有连续四个实体型涨停板，且成交量配合非常漂亮，被选出后应该密切关注。连板后股价步入调整，调整过程中跌幅在逐步收窄，量能在持续萎缩。

与此同时可以观察到，该股的机构持仓线在整理的过程中并没有发生明显下降。股价在 14 日均线处止跌并开始放量回升时，持仓线与起涨位置相比仍然存在很大距离，说明主力在调整过程中采取了锁仓策略，并未大幅出货。

上面这些条件都说明该股满足二春战法的所有要求，接下来只需要确定 5 日均线一旦上拐便可狙击该股。图中显示该股在股价放量回升的第二天，5 日均线就开始有所上拐，在尾盘待技术形态固定后可先介入小部分仓位。

如果第二天股价继续回升，5 日均线上拐越发明显，则可加仓。特别是股价如果出现了严重抗跌现象，则可进一步加仓甚至一步加到位。结果

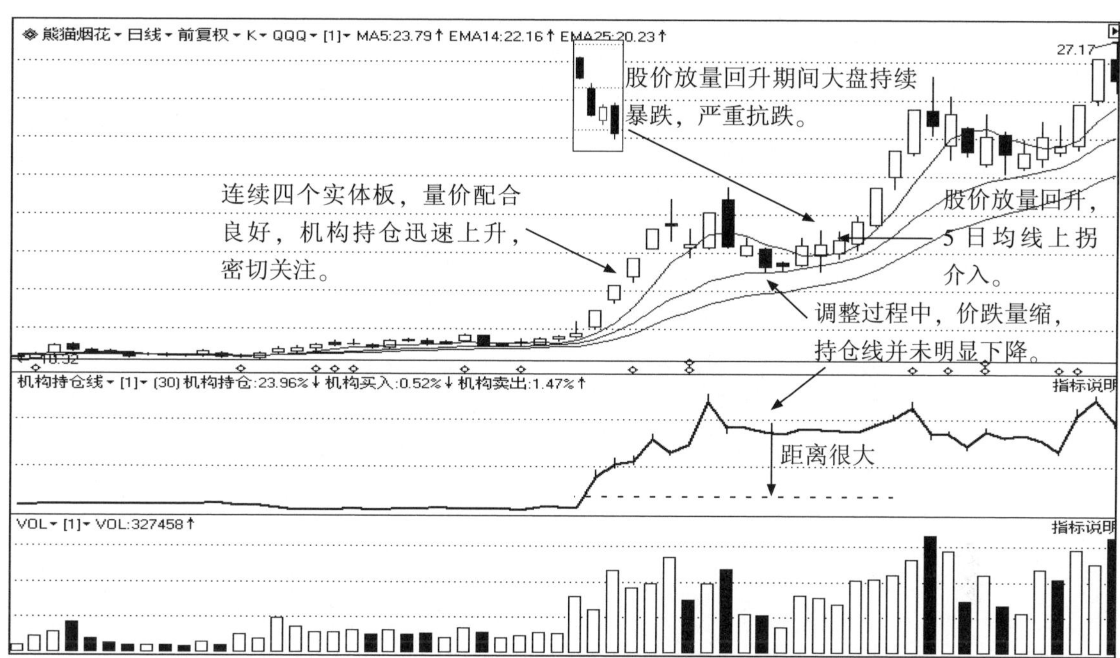

图 8—8　熊猫烟花日 K 线图

该股在 5 日均线上拐区域就出现了明显的抗跌现象，当时大盘处于连续暴跌的加速期（图 8—8 上方小图所示），单日跌幅有超过 4%甚至 5%的。说明该股完全在主力的掌控之中，二波行情非常可期。

结果如图 8—8 所示，该股在 5 日均线上拐后再次大涨，连续拉三个涨停板，短线收益非常惊人，由此说明战法的强大。

8.6　典型案例二：紫鑫药业（002118）

2012 年 1 月 11 日盘后用二春战法公式进行筛选，结果如图 8—9 所示。

结果中只有一只个股，就是紫鑫药业（002118）。打开该股的日 K 线图，如图 8—10 所示。

图中显示，股价在一波暴跌后突然连起四个实体型涨停板，且量能持续放大，非常值得关注。随后股价展开调整，在 25 日加权均线处止跌后回升。调整期间机构持仓只是小幅下降，满足战法要求。

5 日均线上拐时则可介入，结果该股随后步入二波拉升行情，虽然不是太凌厉，但收益也相当不菲。

图 8—9 二春战法选股结果 2

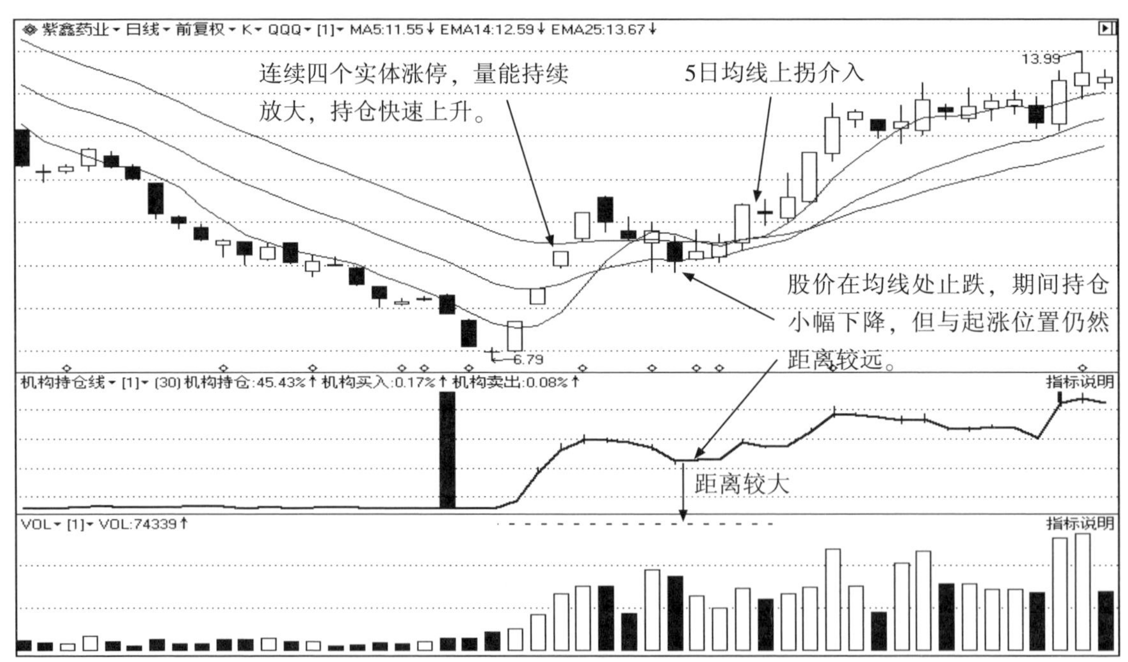

图 8—10 紫鑫药业日 K 线图

第 9 章　超级逆势爆发战法

所谓超级逆势，是指大盘暴跌的同时，个股大幅拉高，出现极为明显的抗跌走势。因此本章战法使用的前提是大盘出现暴跌，然后在暴跌的当天去市场上“淘宝”。之所以需要淘，是因为并不是所有的超级逆势股都是满足战法的，要具体看股价逆势暴动所处的阶段和暴动的性质，去伪留真。排除掉诱多出货的个股，则留下真正启动的个股，有种大浪淘沙的感觉。

9.1　战法原理 1：超级抗跌测试

抗跌测试，是指个股在阶段的交易过程中出现了多次抗跌走势，这个走势是相对于大盘而言的。这里要强调一下，一定是多次，只有反复验证，确认持续抗跌性才能证明主力资金的存在，在最大程度上保证操作的成功率。而超级抗跌测试，是指大盘当天暴跌超过 2％，但个股却大幅放量上涨超过 5％。

判断某一天的超级抗跌测试是否通过只需要对比当天个股与大盘的分时图，看两者是否存在相反的走势，即大盘单边向下，而个股持续向上。如图 9－1 所示，上面是个股分时图，下面是同一个交易日的大盘分时图。图中显示个股拉升动力十足，而大盘分时出现类似自由落体运动，盘中一度暴跌超过 4％，但个股却未曾翻绿。

另外，在大盘盘中暴跌后的弱势震荡同时，个股在尾盘再次大幅拉升，甚至有冲板动作，自发性异动明显。总体来看，个股全天走势都极度抗跌，通过超级抗跌测试。

多次超级抗跌测试或普通抗跌测试后，阶段的个股 K 线形态将呈现整体抗跌性，相对于大盘走势明显强势。如果把分时图定义为微观分析的话，

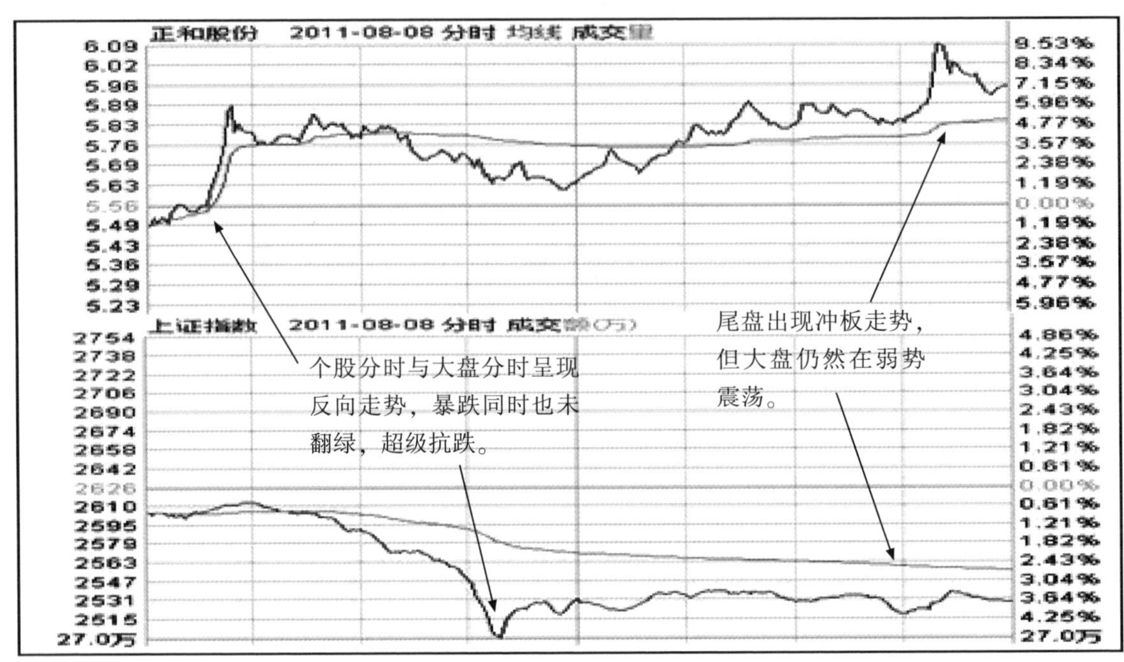

图 9—1 超级抗跌测试

那阶段的 K 线形态则是相对宏观的分析。两种结合分析，则对于判断确认抗跌股的概率会提高不少。

如图 9—2 所示是个股与大盘的阶段 K 线走势对比，左边是大盘，右边是个股，同一时期两者的走势出现极度不同，左边大盘持续单边暴跌，而右边的个股虽然期间也出现过连续下跌，但阶段整体走势呈现横盘震荡格局，相对于大盘明显抗跌。

个股能表现出阶段的抗跌特征，说明背后必定有一股资金力量在支撑股价，以抵抗住可能到来的巨大抛盘。经过阶段的多次抗跌测试后，主力仓位一般都会出现明显加大，而加大的目的是为了在后期的爆发拉升中抛出，从而完成获利。

由此来看，只要能通过超级抗跌测试并呈现阶段性特征的个股，一般在后期大盘跌势放缓的“换气”阶段，个股出现爆拉的可能性较大，因为有深层次的动力在推动这种行为的发生。

9.2 战法原理 2：主力意图暴露

一般主力操作某只个股都会制订详细的操盘计划，每个时间阶段的工

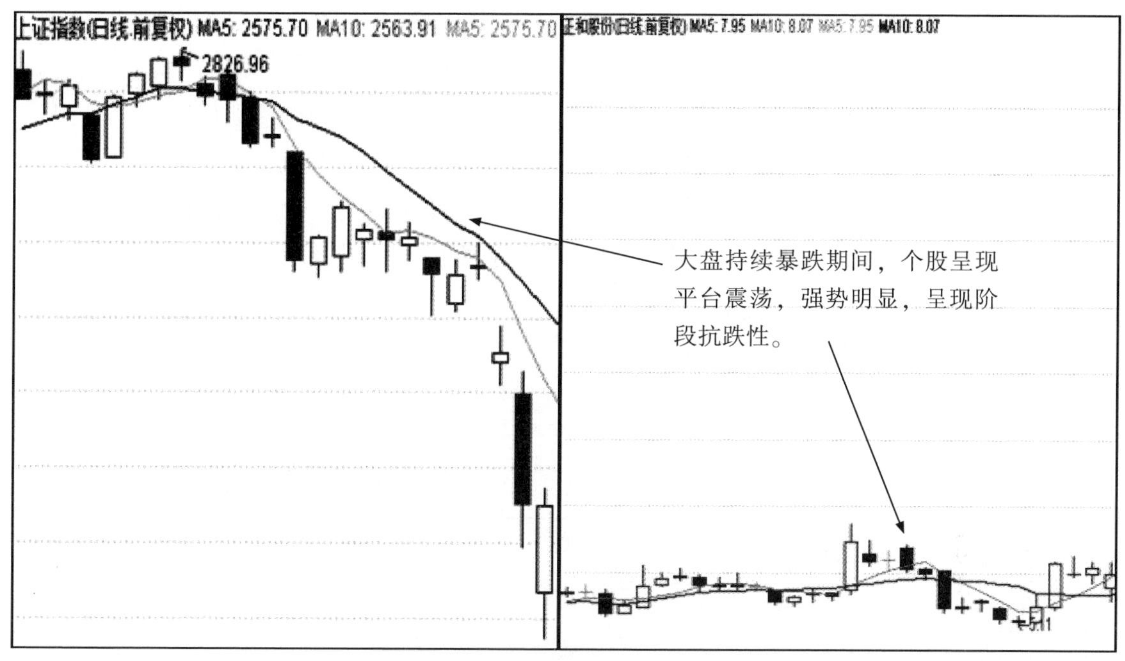

图 9—2　阶段 K 线形态抗跌

作和目标都做了规定。比如仓位的配比及对应的价格区域，整体的持仓周期及风险评估，以及应急措施，等等。计划周密，应有尽有，甚至一些相关媒体的报道或传闻等，都会提前拟好放在不同的时间点上准备着。

因此主力的整个操盘是有条不紊，步步为营的，以保证操盘的最终成功。当然，这些都是基于对未来操盘期间的大盘走势做过反复预估，特别是个股基本面的变化更需要了如指掌，这会直接影响股价的拓展空间。

纵观整个市场，主力坐庄失败的案例也不少，原因五花八门。比如资金链的断裂，因为有部分主力是短期拆借来的资金，对把握度要求更高，一旦出现非预期走势，很容易导致因到期还款压力而放弃坐庄，落荒而逃。

另外对大盘或个股基本面的预判，与现实发生了很大脱节，也容易导致坐庄失败。特别是基本面上个股出现突发性事件，比如三聚氰胺、毒胶囊、塑化剂等等，主力很难掌控整个局面。

当然有提前预期的特殊事件对操作也是有很大帮助的，比如之前案例中提到的双钱股份（600623）。美国轮胎特保案的预期对本来就潜伏在里面的主力有一个“最后通牒”的推动力，让其不得不在最后公布日之前完成整个拉升操作。

而主力也可以反过来利用拉升，让市场的朦胧猜测把预期的利空转化成利多，助力主力拉升。因此对于此类有事件推动型的个股，在搞清楚事件的来龙去脉后，结合股价表现来操作成功率会高很多，真正能做到胸有成竹。

那股价一般会有什么表现呢？当然是前面所讲到的超级抗跌走势，股价在爆发前常常会有躁动的特征，波幅会突然加剧，犹如飞机在起飞时“轰隆轰隆”的声响震动，而这就给了我们发现此类个股的绝佳机会。

如图 9—3 所示，该股在连续暴涨前股价出现了极度异动。

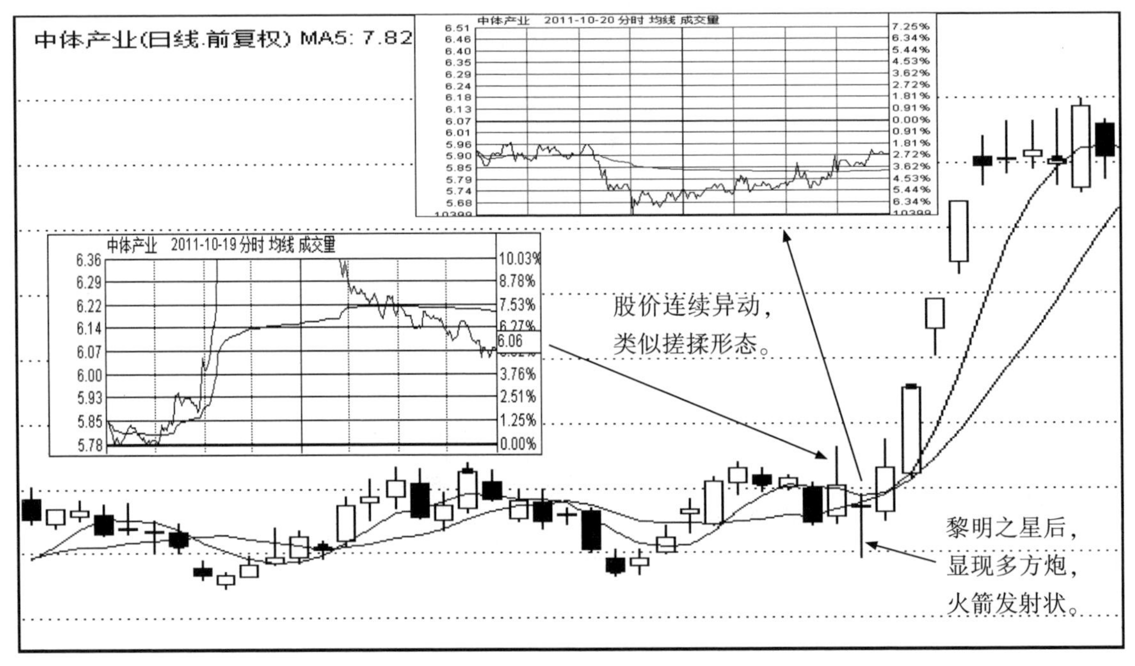

图 9—3 主力意图暴露

图中 K 线对应的分时图上显示，第一天该股盘中迅速封板，但在下午开板后出现大幅回落，最终收倒垂线，实体较大。第二天个股顺势低开后大幅杀跌，但杀跌后逐步回升，最终将 K 线收成一根“探海神针”的黎明之星。与前面的倒垂线放在一起有搓揉线组合的形态特征，第三天股价再次收大阳线，三根 K 线放在一起就是两阳夹一阴的多方炮形态，有火箭发射之阵势。

结果如图 9—3 所示，该股随后起飞，连续涨停。主力在爆发前意图暴露明显，一是为了试盘，二是进行强烈洗盘，为拉升甩掉尾巴。

9.3 关键战术 1：确定上涨基础

超级逆势爆发个股，之所以敢如此“狂妄”，其根本在于主力之前已经进行了一定的筹码吸收，然后在弱市中拉升，耀眼夺目后可直接完成出货，实现盈利。

因此此类个股基本上在爆发前都会有一个吸收筹码的过程，常常在 K 线形态上表现为助涨平台。这个平台将前期下降趋势的杀跌动能充分瓦解，让均线系统逐步收拢，指标逐步修复回正。

如图 9－4 所示是一只蓄势后爆发的个股，其上涨的基础就是之前的那段反复震荡的蓄势箱体，如图中虚线框内所示。

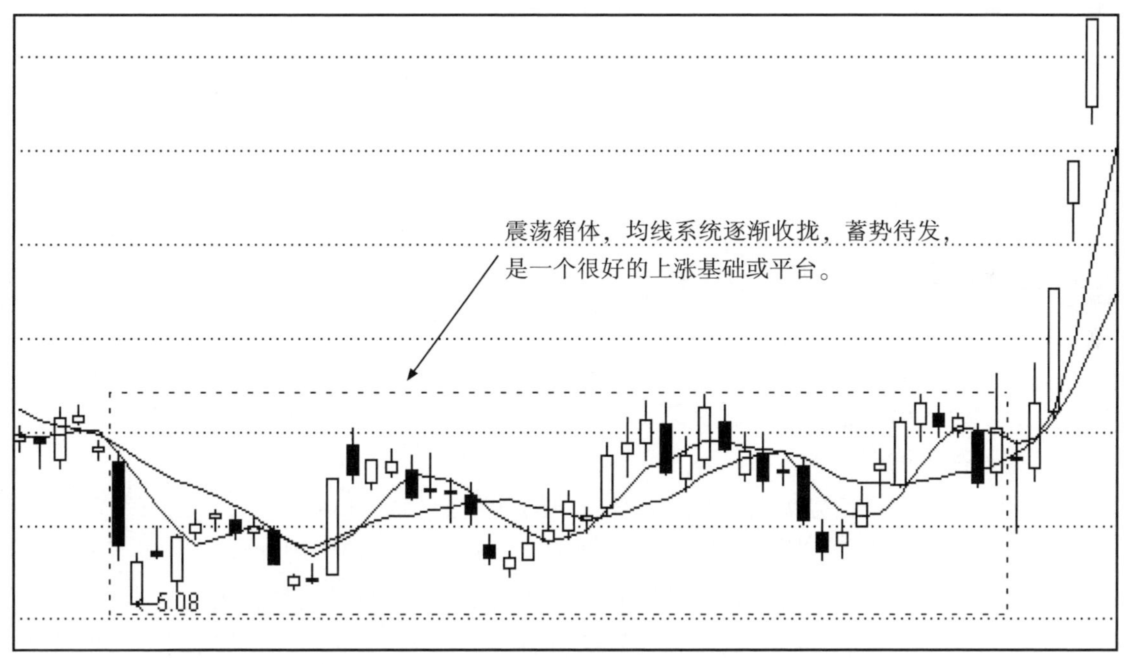

图 9－4　助涨平台

该平台呈现出比较整齐的震荡步伐，均线系统逐步收敛，指标开始修复回正。整体 K 线形态给后期的拉升创造了一个良好的上涨基础，犹如运动员在跳远前的助跑一样。

助跑的深层原理是筹码沉淀，也就是主力在低位平台震荡逐步沉淀筹码，让散户手中的筹码逐步向主力手中集中，以完成主力的吸筹目的。完成吸筹的目标值后或者在事件推动下，主力开始发动行情，然后在高位把低位吸收的筹码换手出去，实现盈利。

具体原理如图 9—5 所示，低位沉淀的筹码在高位换手出去，完成整个操盘过程。

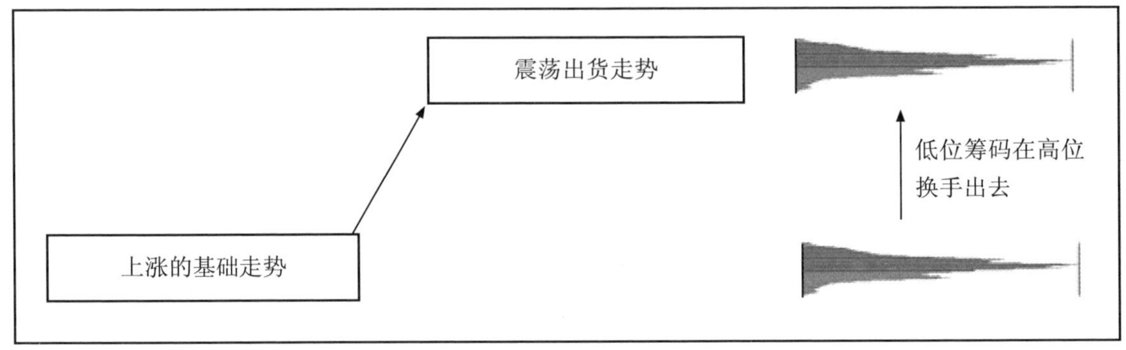

图 9—5　上涨基础深层原理

由此可见，只有在低位的超级逆势爆发股才满足战法，在原理上才能行得通，否则在高位的话，很可能是主力诱多出货，筹码逐步在高位集中。

9.4　关键战术 2：盘中狙击点

对于这种逆势爆发的个股，可在确认通过超级抗跌测试的当天，尾盘介入部分仓位，然后从第二日的拉升再次确认爆发，快速跟进剩下仓位，甚至追板。

超级逆势爆发的当天，一般伴随着量能的疯狂放出，走势上有突破形态，但也不能完全确定股价就此起飞，进入主升浪。因此仓位上就需要分配好，不排除这个爆发是假突破，是主力拉升之前的挖坑行为。

仓位配比上可在逆势爆发的首日先介入两三成仓位，然后高度密切关注股价走势。一旦在后期的走势中更加确认起飞的概率，则可在起飞的同时介入进去，快速打进追击仓位，完成建仓。

所以说狙击点有两个，一个是逆势爆发的当天尾盘，另外一个就是确认起飞的瞬间。仓位上按照一比二，或者一比三的比例配置。至于该股的整体仓位安排可根据大盘当时的情况，以及该股是否属于热点等等，来综合评定。总体来说，本战法的风险度中等偏低。

狙击完后，如果股价连续拉板，中间出现很多突破缺口，如何确定离场位呢？你会不会担心第二天回落调整，还是在涨停当天就离场？这里可以用到之前讲到的一个方法——筹码分布法来辅助判断。

如图9—6所示是一只个股出现第一个跳空缺口后的筹码分布图，图中显示该股在第一个起跳涨停板后，筹码只是向上转移了很小一部分，仍然有大部分筹码处于低位，类似于锁仓状态。

因此非常有理由相信该股继续拉升的概率很大，在第一个起跳涨停板当天完全不用担心第二天出现回调，反而连板的可能性很大，安心持股便是。

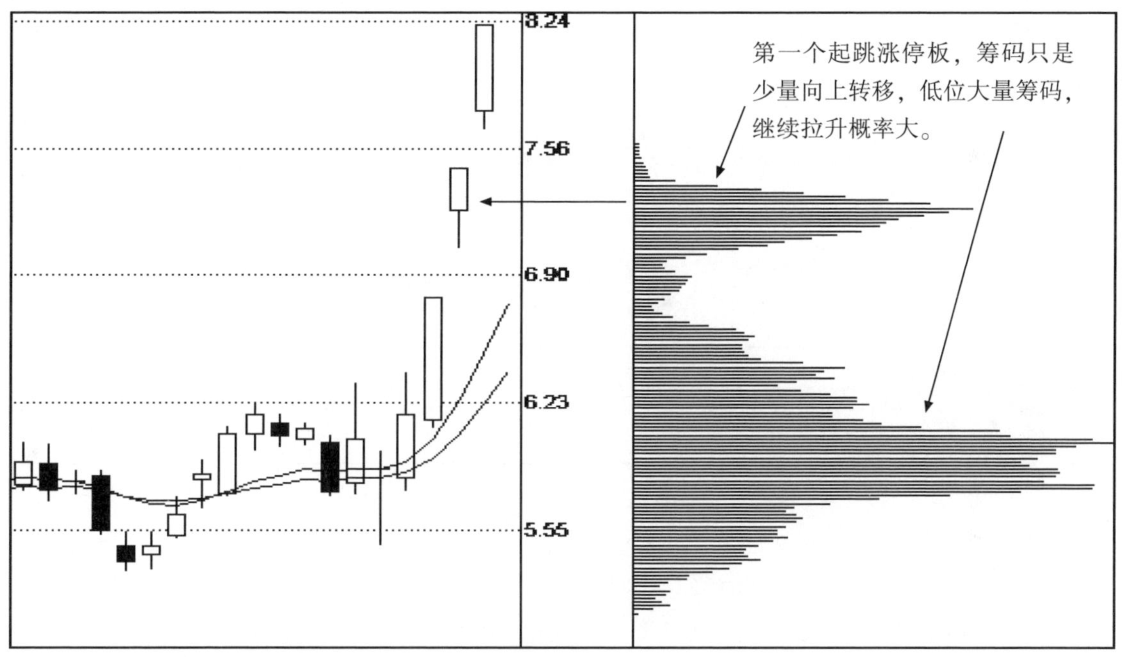

图9—6 离场点判断

那什么时候离场呢？通常也可以参考筹码分布图，当筹码已经完成向上大比例转移后离场，准确率就已经不低，如果再加上K线形态和相关盘口说明，离场点则会更加精确。

9.5 典型案例一：正和股份（600759）

2011年8月8日大盘盘中暴跌一度近5%，但当天正和股份却是表现的异常强势，一开盘便大幅拉升，与大盘走势形成明显背离。不管是从涨幅排行，还是涨速排行上看，都能很容易发现此股的身影，十分夺目。

如图 9—7 所示是当日的分时图对比，图中显示该股在一开盘后不久便表现出相当的不同，股价快速飙升至 6%的位置，而大盘却还没触碰翻红临界点。

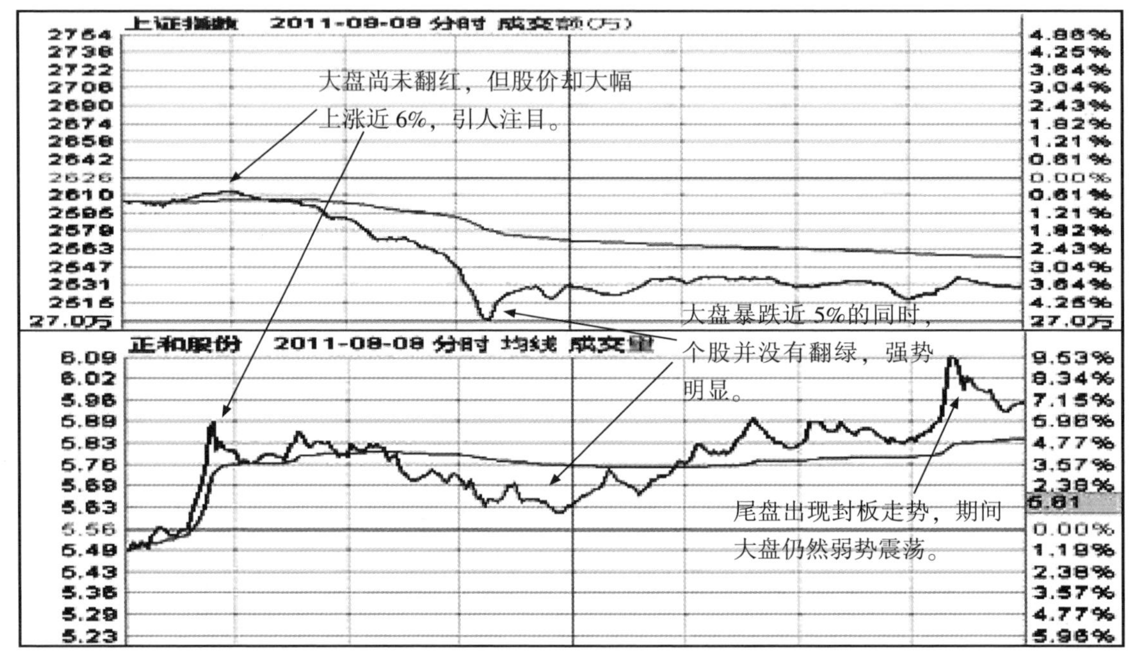

图 9—7 分时图对比

随后大盘持续滑落，出现类似自由落体运动，一度暴跌近 5%，市场无限恐慌。但该股虽然也出现较大回落，但丝毫没有触及翻绿警戒线。

而大盘在大幅滑落后企稳时，该股便开始快速拉升上穿均线，在尾盘竟然再次暴拉，表现出封板气势。但期间大盘没有任何表现，仍然在低位弱势震荡，自发性拉升意图明显。

由此可见，该股完全属于逆势爆发股，通过了当天的超级抗跌测试。打开该股的日 K 线图，如图 9—8 所示。

图中显示，该股爆发当天均线呈现拐头向上态势，且处于两条均线之上。另外，当天大阳巨量，在启动前收出很多星线，本身具备较强的变盘预期。此外上涨基础较好，均线形态已经呈现蓄势状态。当时市场上有该股的涉矿传闻，具备所谓的炒作理由。

因此综合来看，该股满足超级逆势爆发个股的条件，可开始实施战法。在当天尾盘跟进少量仓位，然后密切关注该股走势。

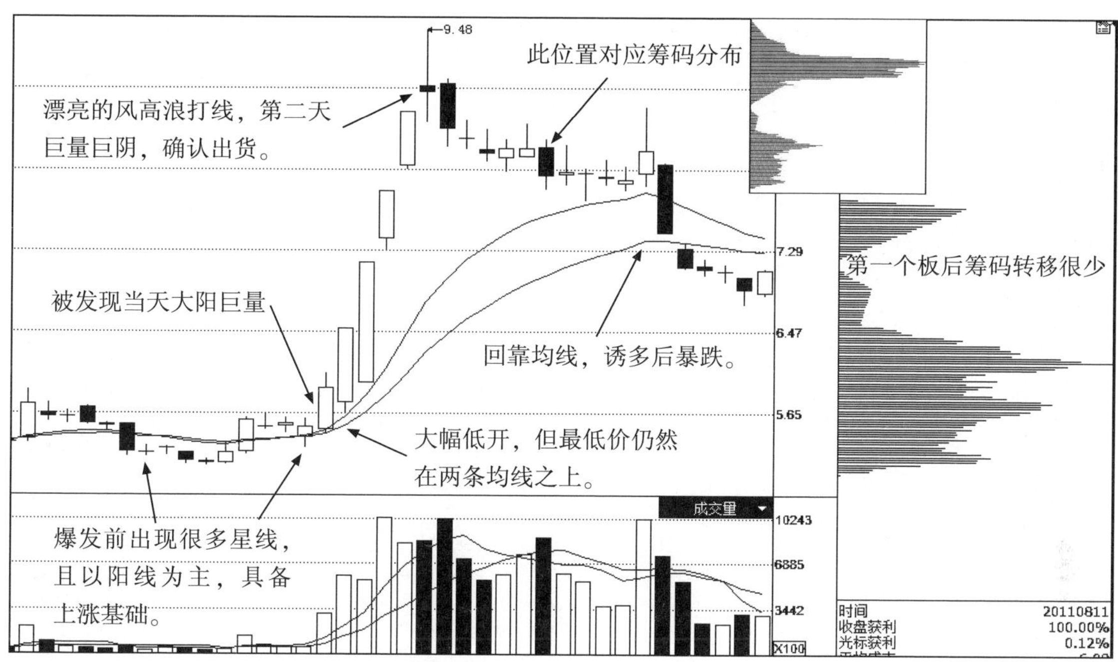

图 9—8 正和股份日 K 线图

该股第二天跟随大盘，出现大幅低开，但开盘价仍然处于双线之上，不必太过恐慌。本来前一天的超级逆盘走势太过于夺目，有部分资金跟进，主力费力不少。第二天有震荡消化前一天浮动筹码的需求，加上大盘大幅低开，因此仍然是在预期范围，不必茫然离场。

结果该股第二天一开盘便快速拉升，与大盘走势再次形成巨大反差。如图 9—9 所示，开盘后的十几分钟上下，走势呈现明显的喇叭发散状，背离明显，再次印证股价背后有一股超级强的主力资金实力，应该果断打入追击仓位，完成整个建仓。

结果如图 9—9 所示，该股随后逐波拉升，尾盘强势封板。如图 9—8 所示，完成建仓当日之后，该股疯狂暴拉三个涨停板。在第四天收出非常漂亮的风高浪打线，有巨大出货嫌疑，敏感度高的可先进行获利了结。

如果对股价还抱有希望的可先减掉一部分仓位，观察该股走势，一旦筹码在高位形成集中，则必须及时撤离，否则很容易出现暴跌。如图 9—8 中的筹码分布小图所示，当时筹码已经呈现高位高度集中，表明主力已完成出货，没有任何理由和动力来支撑股价，况且在风高浪打线的第二天收巨量大阴线，验证出货无疑，结果股价逐步回落，后期转为暴跌。

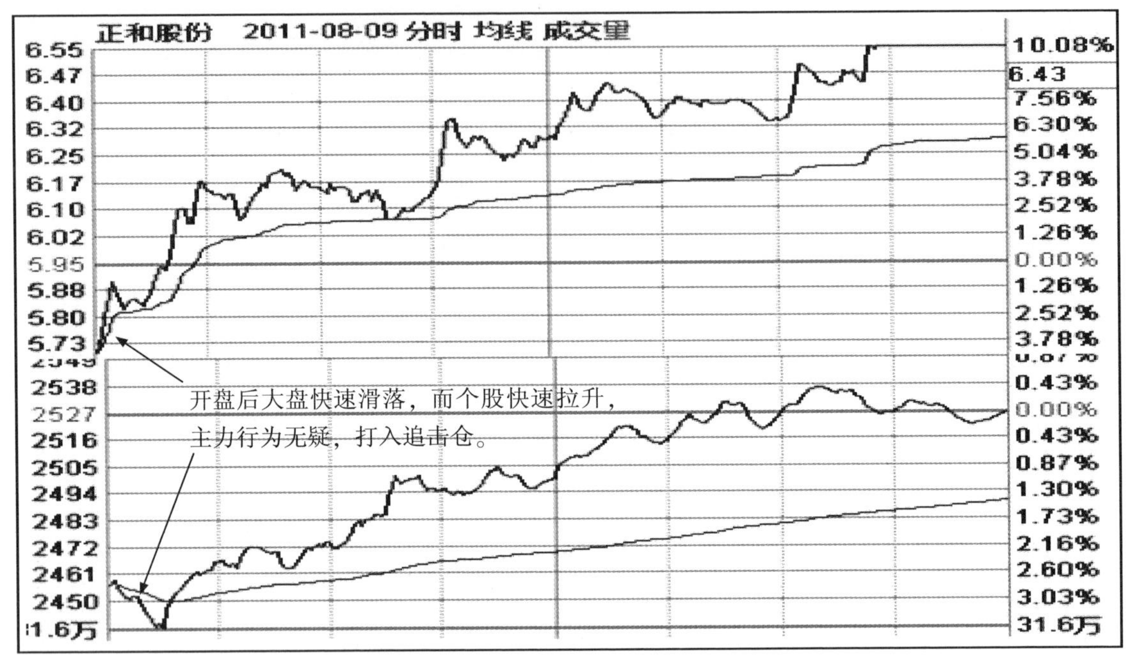

图 9—9　追击仓介入时机

9.6　典型案例二：中体产业（600158）

2011 年 10 月 18～21 日，大盘连续四天阴跌，幅度超过 5%。期间发现中体产业走势怪异，异动十分明显。消息面上 10 月 18 日党的十七届六中全会提出“推动文化产业大繁荣、大发展”，对该股形成利好刺激。另外当时正值法人股大王刘益谦请辞董事前两三天，蹊跷之极。

如图 9—10 所示是该股当时的日 K 线图，图中显示该股在爆发前有明显的异动形态，K 线收长上下影线。

图中有三个小图，分别是启动前长上下影线对应的分时图和期间的大盘走势。综合比较可以看出，该股在启动前走势异常，且阶段相对于大盘抗跌明显，满足抗跌测试，且低位震荡平台走势良好，有坚固的上涨基础。

于是可在该股出现异动的同时，逐步完成建仓。随后该股连续拉三个涨停板，但如何做到在这三个涨停板期间不离场呢？方法如图 9—11 所示，利用筹码分布图，来判断后期继续封板的概率有多大。

从图中可以看出，该股在第一个板时筹码并未明显向上转移，而在第二个起跳板后，筹码出现了明显转移，但量很小，下方仍然有大量筹码沉

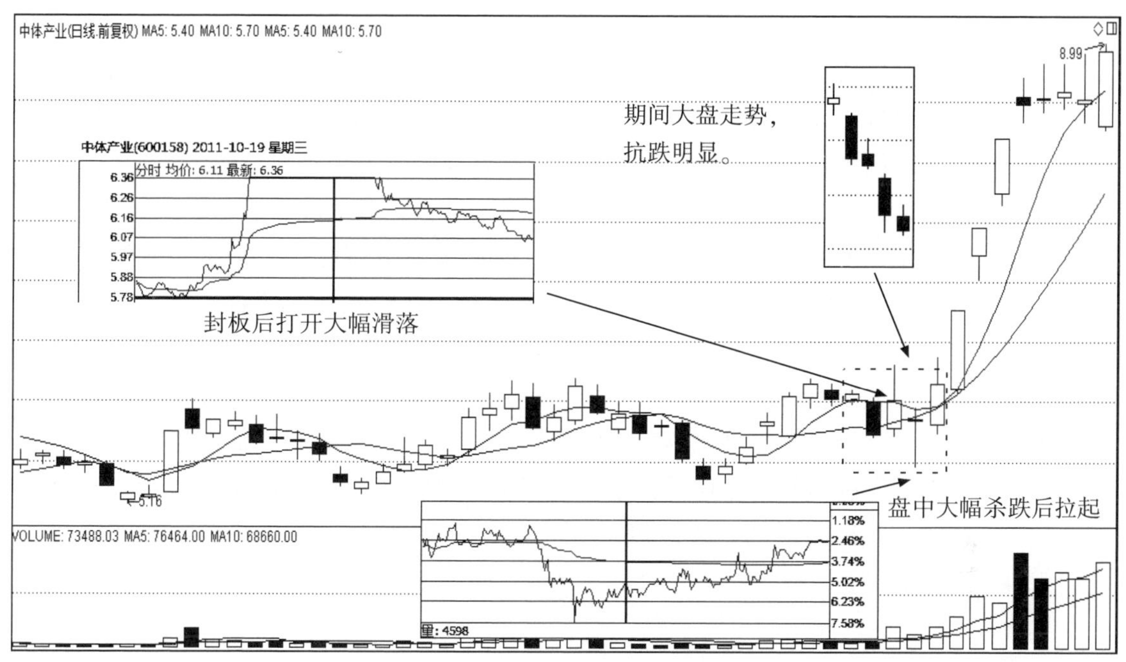

图 9—10　中体产业日 K 线图

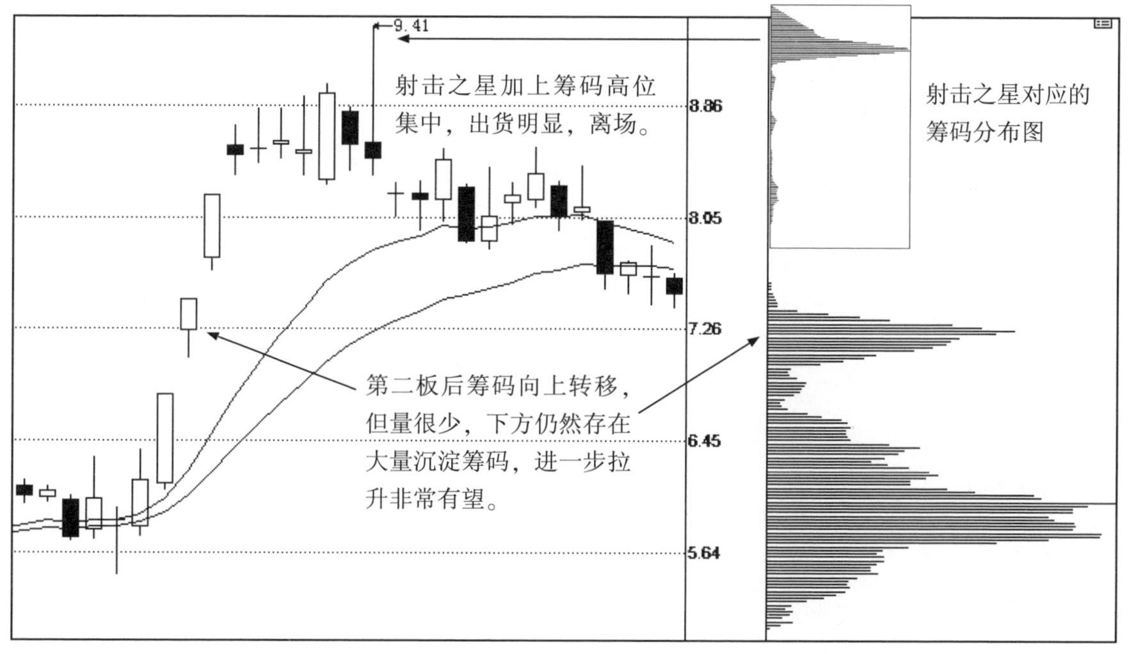

图 9—11　持股及离场

淀。这种情况类似于锁仓，如果主力要想将下方的筹码换成货币，继续向上拉升在高位换手的概率极大，因此可放心持股，等待筹码向上转移，形成集中。

结果该股在高位强势整理后出现明显诱多行为，形成射击之星形态，主力出货嫌疑极大。并且当时的筹码分布形态如图中右上角的小图所示，可以看出筹码已经在高位高度集中，下跌风险极大，应立即离场。

结果如图 9—11 所示，该股随后逐步回落，逃顶成功。

从以上两个案例可以看出，超级逆势爆发个股的魅力十足，但做此类个股需要一定的经验基础和魄力，毕竟属于逆势操作。笔者以为，可以在实战中多去发现和体会，争取早日能掌握本战法。

本战法也说明大盘暴跌不见得一定是坏事，这时候正是大浪淘沙的时候，正是挖掘大好机会的最佳时机。同时也印证了那句“别人恐惧的时候我贪婪”的名句。况且现在市场有了融资融券以及期指等做空手段，无论涨跌都有机会盈利，所以以一颗平常心看待市场，不悲不喜，方可游刃有余。

第 10 章　连续阳线战法

市场有云：高手动于阴末，止于阳极。然笔者认为，阳初未现，便不能确定是阴末，而阴初未现，也不能确定是阳极。因此这句话应该改为：高手动于阳初，止于阴初，如此才能契合不动于无明的说法。而连续阳线便是很好的阳初特征，这种走势阳气逼人，一举把之前的阴霾驱除殆尽，很可能成为一波中级行情的开端。因此本战法就采用了连续阳线作为基础原理，称之为连续阳线战法。

10.1　战法原理：非正常走势尽显主力意图

股票走势可以分为三种：上升、下降和盘整（无趋势）。正常的上升趋势可以形容为进三退一，或者进二退一，如果上攻较急的可以进四退一，当然也可以进五退二，等等。只要进的比退的多，自然就会形成一波上涨，其比例大小最终决定了上升的角度。

以此推理，下降趋势就是退的比进的多，进和退的比例也决定了下降的角度。盘整走势就是退和进基本呈现一样多的情况，两者刚好相互抵消，无法形成明显趋势，所以也叫无趋势。

从三种趋势来看，正常的走势都必须由比例不等的进和退来组成，其中进也叫阳，退也叫阴。所以可以说，正常的走势必须由阴和阳组成，其比例是协调的。如图 10－1 所示显示了这三种正常走势。

图 10－1 中的三种正常走势显示，阴阳的间隔时间都不会太长，超过四五根 K 线，或者说四五个单位周期的都比较少见，更不要说 10 根 K 线了。这是由股票交易的内部机理导致的，股价涨高了自然会招致获利盘的回吐打压从而形成阴线。相反，股价跌多了自然会招致市场的抄底盘做超

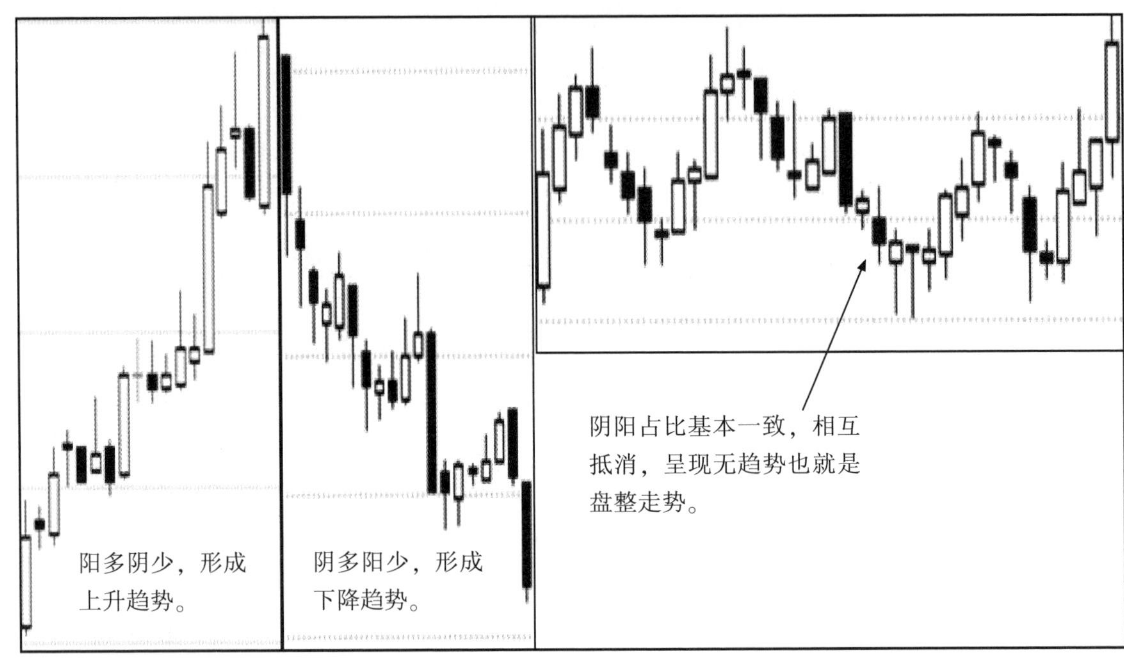

图 10—1　三种正常走势

跌反弹。另外场内投资者的惜售心理也会助推股价反弹，从而也就形成了阳线。因此在没有足够外力的影响下，股价一定是呈现正常波动的情况。

而本章战法恰恰就是运用这种非正常走势，也就是一直出现阳线或者一直出现阴线的情况，通常取 10 根为标准。如图 10—2 所示是两种非正常走势，左图连续收了超过 10 根的阳线，而右图则连续收了超过 10 根的阴线。

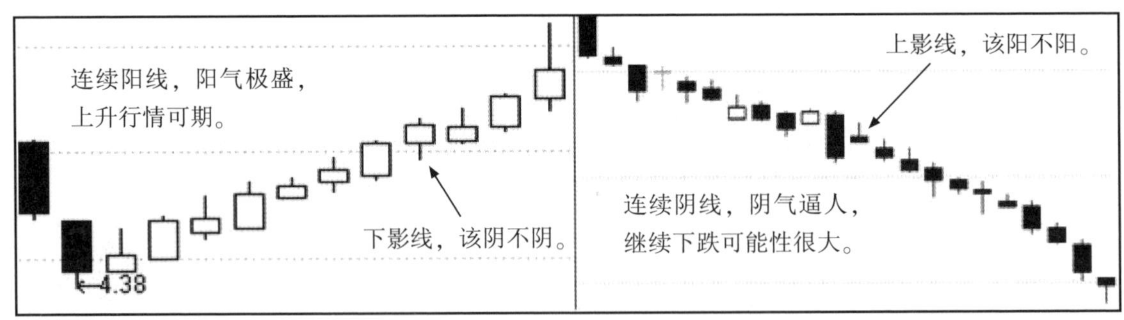

图 10—2　非正常走势

两者一个阳气极盛，另一个阴气逼人，究其形成的原因不外乎是强大的外力作用导致的。左图本来在连续上涨后会招致获利盘的打压，但主力硬是用资金消化掉这部分抛压，让股价最终再次收阳，说明主力对股价的信心和做高股价的决心。

右图本来经过连续阴跌后迎来了抄底盘，但抄底盘一出现便再次遭遇打压盘的打击，股价再次回落收阴，阳气被扼杀在盘中，说明市场打压股价的积极性很高，有不砸光手中的筹码誓不罢休的感觉，因此对股价后期继续看空。

两种极端走势能非常明显地透露主力的意图，极阳走势说明主力做多意愿超级强烈，有密切关注的必要。而极阴走势说明主力砸盘意愿坚决，观望为宜。本战法的基础原理采用了极阳走势，也就是连续阳线，因此叫连续阳线战法。

10.2 关键战术 1：确认趋势已转变

连续阳线的极阳走势出现的机会不多，一旦出现一般都会形成一波中级行情甚至翻倍走牛行情，因此战法的运用范围是中长线操作。发现极阳走势只是实施战法的第一步，发现后如何确定能否介入才是关键，这里把确认趋势已转变作为介入的必要条件。

趋势既然要转变，那之前的走势一定是下降趋势，因此连续阳线走势一定要出现一波下跌之后，用阳气逼人的走势将之前的下降趋势完全扭转，从而形成一波上升趋势的开端。

如果出现在一波上涨趋势的后期，用连续阳线走势加速上扬，那很可能是主力加速赶顶制造疯狂局面以高效出货。因此极阳走势必须要处于低位，否则战法就不再成立。

确认趋势已转变的方法比较多，这里采用两种方法来确定。

第一种是常用方法，即对 K 线形态进行趋势通道切线画法，确认下降趋势已经结束，上升趋势开始形成，如图 10—3 所示。

发现股票具备连续阳线走势后，回过去用通道切线画法确认之前的下降趋势已经彻底结束，目前处于一波新的上升趋势初段，则满足介入的基本条件。

第二种是非常用方法，采用均线金叉和布林通道中轨来确认趋势转变。长期观察发现，BOLL 中轨最能代表股价的趋势，向上则表示阶段股价是呈现向上趋势。另外加权 14 日均线和 25 日均线的金叉或死叉也可用来判断股价是否已经转势，金叉状态则是可操作区域，反之观望。

如图 10—4 所示是出现连续阳线走势的个股截图，图中显示该股当时

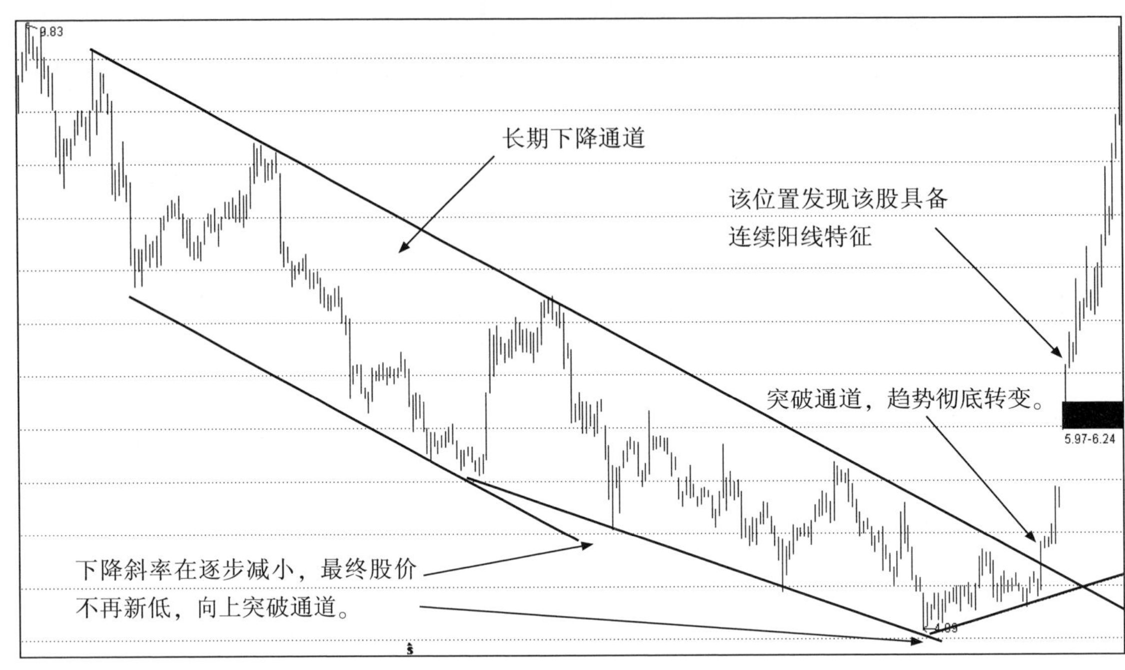

图 10—3　通道切线确认趋势转变

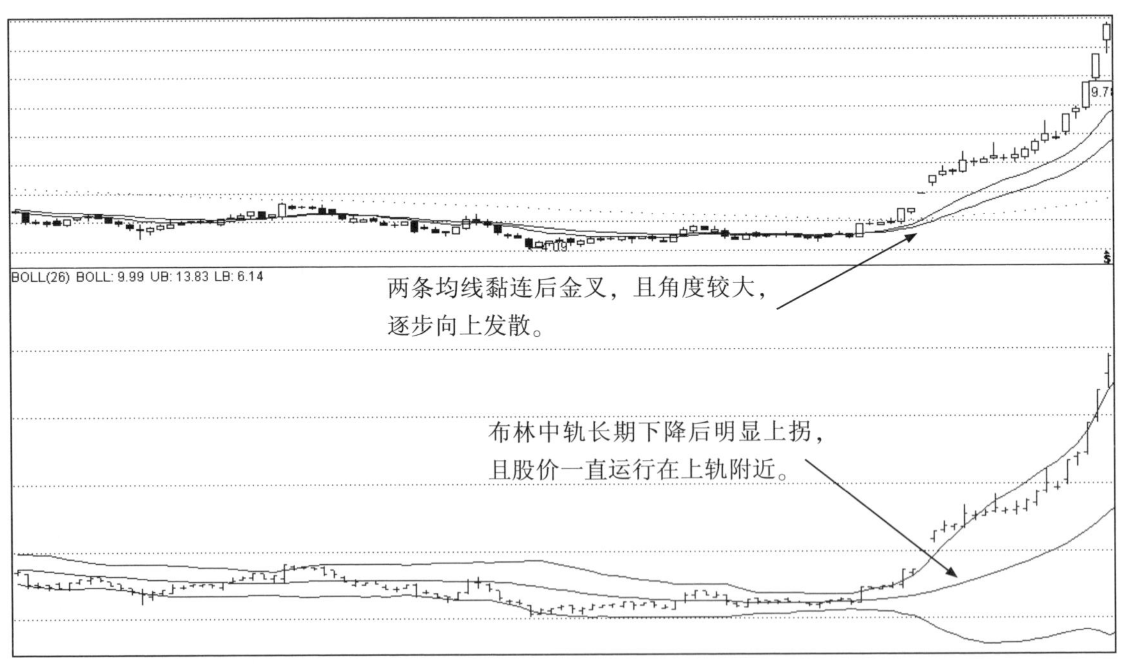

图 10—4　布林中轨和金叉确认转势

的两条均线已经呈现非常好的金叉状态，且角度较大，逐步向上发散。另外 BOLL 中轨经历长期下降后也明显上拐，股价开始一直运行在中轨甚至上轨以上，强势特征异常明显。

从图 10—4 中的两个判断依据来看，该股明显扭转了之前的下降趋势，进入到了新的上升趋势，满足介入的基本条件。

两种判断方法常常可以共同使用，相互验证，以提高判断的准确性。

10.3 关键战术 2：趋势逆转后的首次回踩介入

前面使用通道切线画法和布林中轨及均线金叉两种方法确定个股的趋势已经扭转，满足基本的介入条件。本小节将讨论如何寻找准确的介入点。长期观察发现，此类个股通常采用首次回踩均线介入，效果比较明显。

这条均线取两条均线中的 14 日加权均线，另外再配合量能说明，从容介入。如图 1—5 所示是一只连续阳线走势的个股，介入点在图中 A 位置。

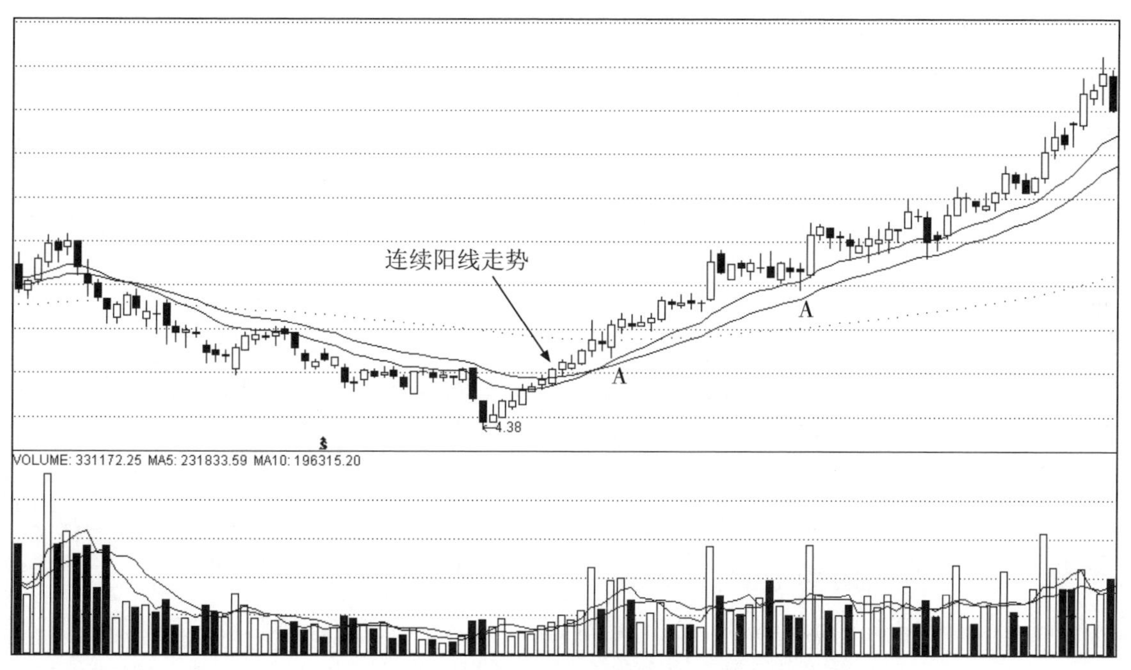

图 10—5　介入点说明

图中标了两个 A 位置，其中第一个是连续阳线走势后的首次金叉回踩，属于一类介入点。第二个位置是股价持续缩量整理后首次明显回踩均线，属于二类介入点。两类介入点比较而言，一类介入点的技术要求和收益都要高一些，是最佳介入点。

其实从图 10—5 中可以看出，使用两条均线的空头或多头排列就可以非常明显地看出股价的强弱。金叉买入后一直持股，直到死叉卖出，如果是融资融券标的股则可反手做空。以此反复操作，稳定盈利不在话下。其实交易就是如此简单，没必要花样百出，华而不实，所谓大道至简就是这个道理。

另外该战法还给出了选股公式，因为 2000 多只个股，要想找到连续阳线的个股还是比较难的，运用公式，效率自然会高很多。公式被命名为“连续阳线”，编写的截图如图 10—6 所示。

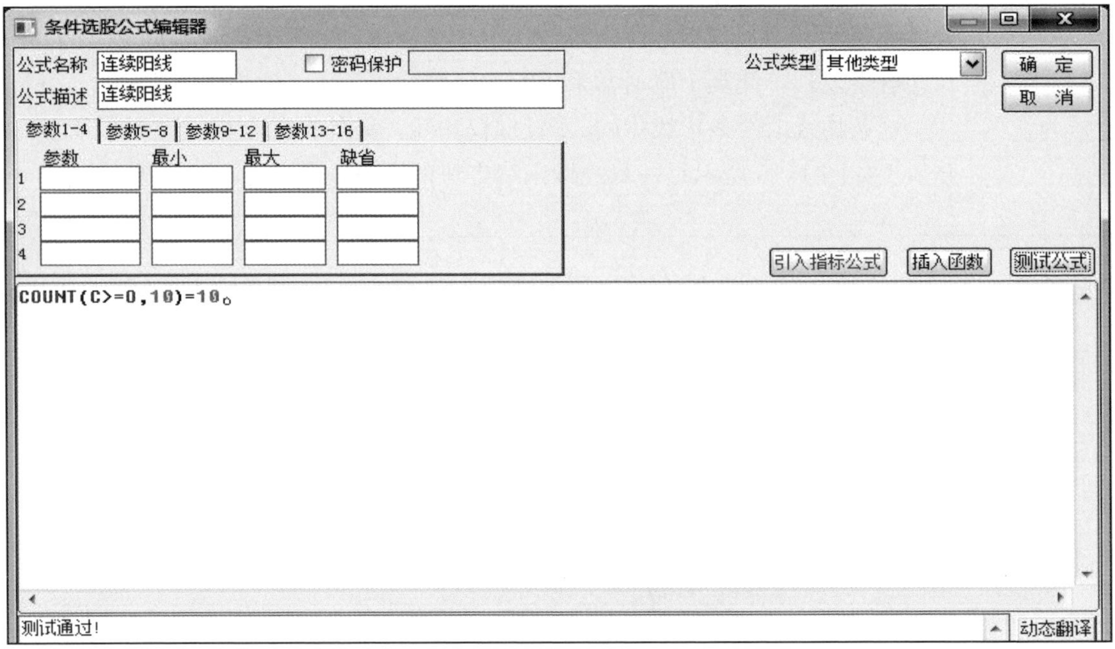

图 10—6　连续阳线公式

具体公式代码非常简单，只有一个语句，采用了 COUNT 函数，如下：

COUNT（C>＝O，10）＝10。

语句表示连续 10 根 K 线都收阳线或收平，满足连续阳线的战法基本原理。选出的结果另外还必须满足处于一波长期下跌的末端，这是重要条件，否则战法不成立。

在满足以上两个条件后，再利用基本面和一些其他技术面因素来最终确定最佳标的。

10.4 典型案例一：金发科技（600143）

2010 年 7 月 15 日收盘后使用连续阳线公式筛选，结果如图 10—7 所示，共有 5 只个股满足条件。

图 10—7 选股结果 1

经过筛选后，排除不是处于低位的个股，剩下金发科技、外运发展和江铃汽车。其实从后期表现来看，三只个股都有不错的涨幅，无论操作哪只都会成功。这里之所以选择金发科技来作为案例，一是因为其股价相对偏低，二是因为形态相对更为漂亮。

如图 10—8 所示是金发科技（600143）当时满足连续阳线走势的日 K 线图。

图中显示，该股在一波下跌走势的末端出现了连续阳线走势，且成交量温和放大。随后 14 日加权均线金叉 25 日加权均线，MACD 逐步上 0 轴，布林中轨逐步走平进而上拐，股价开始运行在中轨以上。

以上特征说明该股趋势已经得到彻底扭转，寻找回踩点即可入场。图 10—8中的向上箭头位置都可以作为介入点。

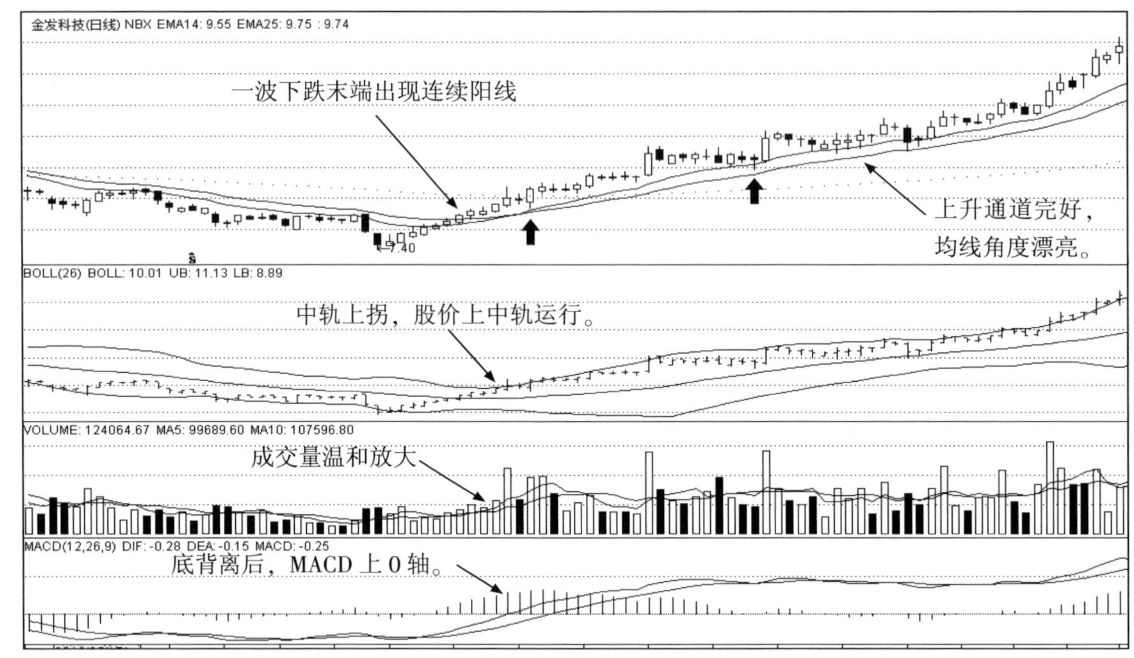

图 10—8　金发科技日 K 线图

结果如图 10—8 所示，该股随后步入良好的上升通道，均线之间的通道十分通畅，角度亦十分漂亮，可一直持股到均线出现黏连为止。

另外，基本面上该上市公司主营改型塑料，是全球该行业产品覆盖种类最为齐全的企业之一，也是目前国内规模最大、产品最齐全的改型塑料生产企业。当时正值世界经济逐渐从金融危机的泥淖中恢复，中国经济则呈现了更为明显的回暖。公司产品在各个领域应用广泛，特别是在家电和汽车行业，当时正值家电汽车下乡优惠政策的实施，公司产品一直保持着旺盛的市场需求，业绩也呈现爆发式增长。这些都为坚定持股信心创造了良好条件，基本面上完全支持，是一只名副其实的白马股。

10.5　典型案例二：凯乐科技（600260）

2012 年 2 月 24 日盘后使用连续阳线公式进行筛选，结果如图 10—9 所示，共有 10 只个股被选出。

人工简单排除掉业绩差和停牌，以及阶段涨幅已经过大的个股外，剩下天地源、凯乐科技和中国高科。这三只个股再进行比较，从筹码的沉淀角度来看，凯乐科技的换手率明显要优秀得多，而天地源和中国高科日均

图 10—9 选股结果 2

换手率不足 1%，筹码沉淀效果差，对于后期的走势支持力度不够。

因此最终确定凯乐科技（600260）为最终标的，况且该股当时正处于业绩爆发期，塑料管材、光电缆、房地产、白酒等多元化经营效果显著。后来的一季报净利润增 1.5 倍，其中子公司黄山头酒业贡献颇大，且二三线酒进一步增长的空间还很大，会持续支持该股的基本面。

如图 10—10 所示是该股的日 K 线图。

图中显示，该股很明显在一波下跌后出现了连续阳线走势，布林通道之前的逐步收缩就预示着将要变盘。随着连续阳线的走势，MACD 双线上 0 轴，两条均线完成从死叉到金叉的转换。股价也持续运行在布林上轨附近，说明趋势已经得到了彻底转变，且强势特征明显。

操作上可在确认趋势转变后逐步分批跟进，结果如图 10—10 所示，该股后期持续上扬，最终翻倍。

其实在前面筛选过程中剔除掉的一些个股，后期走势都比较不错。这说明连续阳线的确是主力持续吸筹的一种特殊走势，这也就为波段行情甚至翻倍行情埋下了伏笔。

在实际看盘和操作过程中，可以多留意连续收阳线的个股，特别是大盘调整期间仍然顽强收阳，拒绝回调的个股。其后期一旦爆发，力度都不会小，具体牛股案例可参考川润股份（002272）2012 年 2～3 月的走势，以

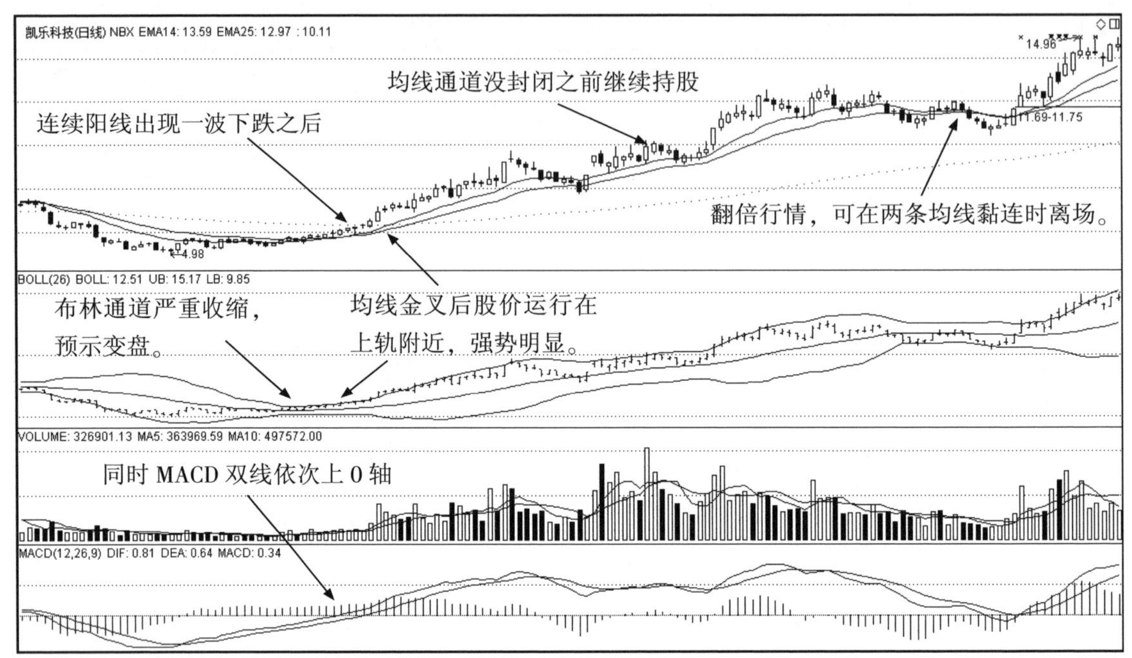

图 10—10　凯乐科技日 K 线图

及联创节能（300343）2012 年 12 月份的走势。由此抛砖引玉，以期读者能举一反三，触类旁通。

第 11 章　短线黑马发现及操作法

黑马横空出世犹如蛟龙出海，必定惊涛骇浪，气势如虹。要想擒龙必定要未雨绸缪，充分准备以赢得先机，否则待蛟龙真正腾跃而起时，便很难驾驭，不小心还会伤及自身。因此在之前就要静观其变，等待异常之景象，确定为蛟龙之行迹。抓住股票黑马道理亦是如此，先要有敏锐的眼光去发现黑马异动征兆，才能在黑马起飞之时快如箭般上马，坐收渔利。其关键有二，一是发现，二是上马。本章将重点讨论的就是这两个内容，以求给大家一些擒得短线黑马的方法或见解。

11.1　战法原理 1：股价活跃度异常

正常的股价波动是循序渐进，步步为营的。其升降之势，环环相扣，亦有铺垫之用，亦有助攻之益。大动之前必有征兆，也就是有 K 线走势作为铺垫说明，形势转变有道可循，相互印证。

其走势一般按照强弱强，比较规则的变化规律来进行。比如一波走势见顶，犹如强弩之末，强势虚脱耗尽，阳气尽散，阴气乘虚而入，走势开始转颓。一开始，阴气少许，走势只是微微向下，并不凌厉。后阴气蚀骨，完全占据主导，便肆无忌惮，大肆发泄，股价一泻千里，走势从此由微弱转为大弱。

大弱之后股价行将就木，空方目的达到，收手返回，留下一片荒原于市场。此时跌势已然减缓，走势由大弱转为止跌。来春荒原再次长出绿芽，先知先觉者逐步进场，股价止跌回升，此时走势由止跌转为回升，也就是微强。

股价逐步开始茁壮成长，后知后觉者便开始争先恐后进入，像是给绿苗一剂生长激素，很快便开花结果，股价疯狂暴涨，此时走势由微强转为大强。

大强之后，各方分得果实，纷纷离场，留下残花败叶，大势已去，此时走势由大强转为弱强。

弱强之后股价再无阳刚之气，最后一点儿残余反抗分子也逐步缴械投降，股价开始逐步回落，此时走势由弱强转为微弱，依次循环。股价也同时跟着高低起伏，完成一次又一次的资产再分配。

正常的走势就是上述的这个过程，每步之间都是环环相扣，承上启下，有章可循，作为技术分析人士应该深刻领悟其阴阳转化之奥妙。下面用一个示意图来表示这种强弱转换，如图 11—1 所示。

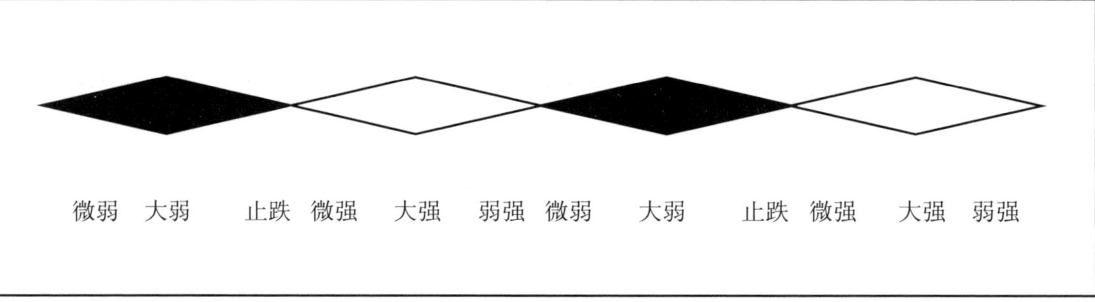

图 11—1　正常强弱转化

由图 11—1 可知，正常的股票走势其强弱转换是循序渐进的，弱势慢慢走完了才能形成强势初期，然后才是强势旺盛期，最后强势慢慢消去，形成弱势初期，以此周而复始。但本章战法是需要去发现黑马的异动征兆，为什么呢？因为长期观察发现，大部分短期爆发的黑马在启动之前都会有一些异常走势，这些走势一般都是不按常理出牌，十分异常，这里称之为活跃度异常。

其实用诡异来形容也不为过，因为这些异动都是比较出乎意料的。正常的强弱转换关系常常会被打破，股价可能从弱势突然跳到大强，也可能从微强直接跳到大弱。也就是说，活跃度是跨级跳跃的，正因为如此才给了我们发现此类个股的方法，我们只需按图索骥即可。

如果把活跃度按照高低划分成五个级别，分别是上上、中上、中、中下和下下，那正常活跃度的喷发表现至少都应该是从下到中然后再到上，或者由上到中，再到下。而异常的活跃度可能就直接从下跳到上，或者直接从上跳到下。图 11—2 用示意图表现出了这种情况，左边是正常的活跃度，是渐进式爆发和展现的。右边是异常的活跃度，股价可能会从弱势中直接突然暴涨，是跳跃式的。

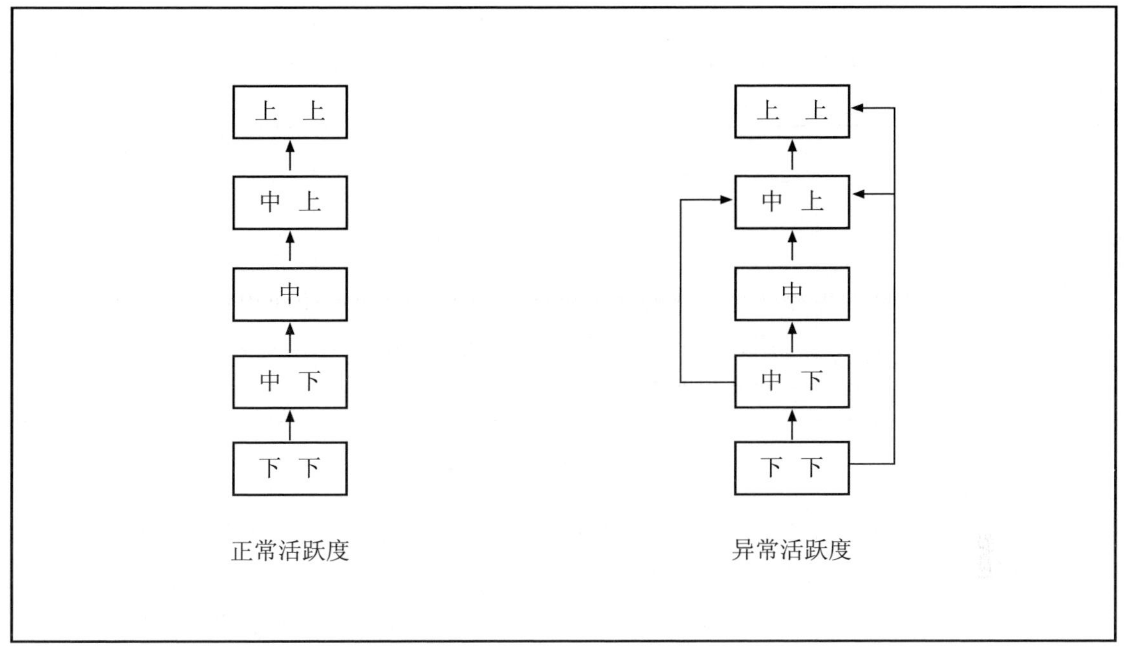

图 11—2 异常活跃度

这种直接跳跃式的活跃度，其实体现在 K 线形态上就是没有任何铺垫走势，直接从弱到强，或者强到弱，与前面章节所讲的上涨基础的理论相悖，其如川剧中的变脸，说变就变，中间不会有任何过渡形态。这样在 K 线走势上就会形成一些非常特别的形态，便于我们按图索骥。

说到底，其深层原因还是在于背后有一股强大的资金力量在推动和主导，抑或是突发事件的刺激，这也就为短线黑马的诞生埋下了诱人的伏笔，关键看你是否有慧眼和魄力去抓住。

11.2 战法原理 2：股价强弱转换的规律性

上面讲到此类短线爆发黑马在前期异动时，常常打破强弱转换的正常规律，出现跳跃式异常走势。但一旦爆发，随着换手的不断进行，其仍会回归到较为正常的强弱转换关系中来。

究其原因，一是庄家既然已经暴露企图，就完全没必要再进行突袭或试盘的动作，通过不断换手把股价做上去即可。二是此类短线黑马每日换手率都保持在很高的水平，通常日均换手都在 10%以上。筹码的沉淀效果很好，每个价位都会累积很多筹码，股价在波动过程中基本不会出现成本真空区。波动起来更容易呈现较好的强弱转化关系，技术分析往往更管用。

这种自然的强弱转换关系可以用图 11—3 来表示。

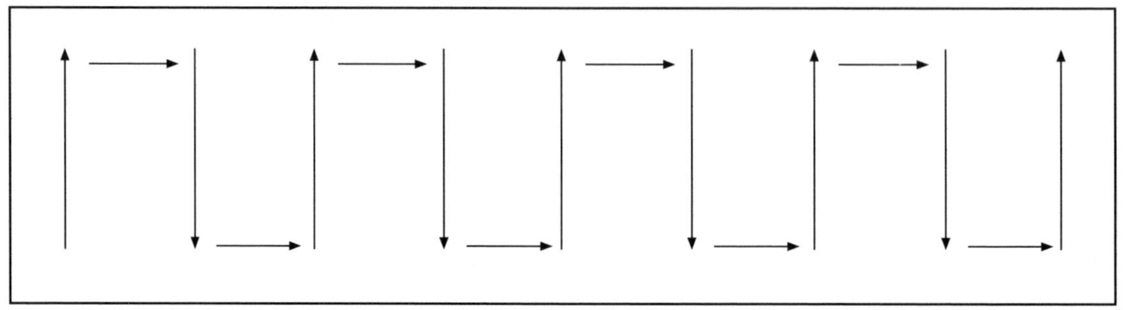

图 11—3　股价强弱转换关系

图中的向上箭头表示走强，向下箭头表示走弱。股价逐步走强，进入鼎盛后便会逐步形成弱势的初期，也就是向下箭头的初端。而股价经历暴跌后止跌便会形成强势的初端，然后再进入强势鼎盛期。以此不断循环，便有了股价的波荡起伏。

这种强弱转换其实并不难理解，跟世间万物的自然规律十分相似。但关键是如何找到介入点，什么样的点位才是既安全又收益颇丰的？就拿图 11—3 来说，你会在箭头的什么位置介入呢？

做股票肯定要首先排除下跌趋势，也就是排除掉向下箭头，必须选择向上箭头。毋庸置疑，那当然选择在向上箭头的初端介入是最安全，也是最可能吃完整波上涨行情的。这个位置其实就是常常强调的弱到强的拐点，或者说转折点。

图 11—4 是一只短线黑马的日 K 线走势图。图中显示，该股的强弱转换关系十分明显，转弱后便有一波下跌，转强后便有一波上涨，并且形态上非常容易找到强弱转换的临界点。

从图 11—4 可知，短线黑马一旦启动后其涨跌转换还是很有规律性的，操作起来难度不是太大，只需要找到临界点或者说转折点。如果你够仔细的话，你会发现该股在保持良好规律性的同时，个股的成交量或者说换手率都保持在一个较高的水平，整个过程量能保持均匀。其实这是另外一个战法，会在本书第 14 章中给大家介绍。简单地说，就是能量越高越均匀的阶段，个股更容易呈现规律的强弱转换关系，技术特征会更加明显。

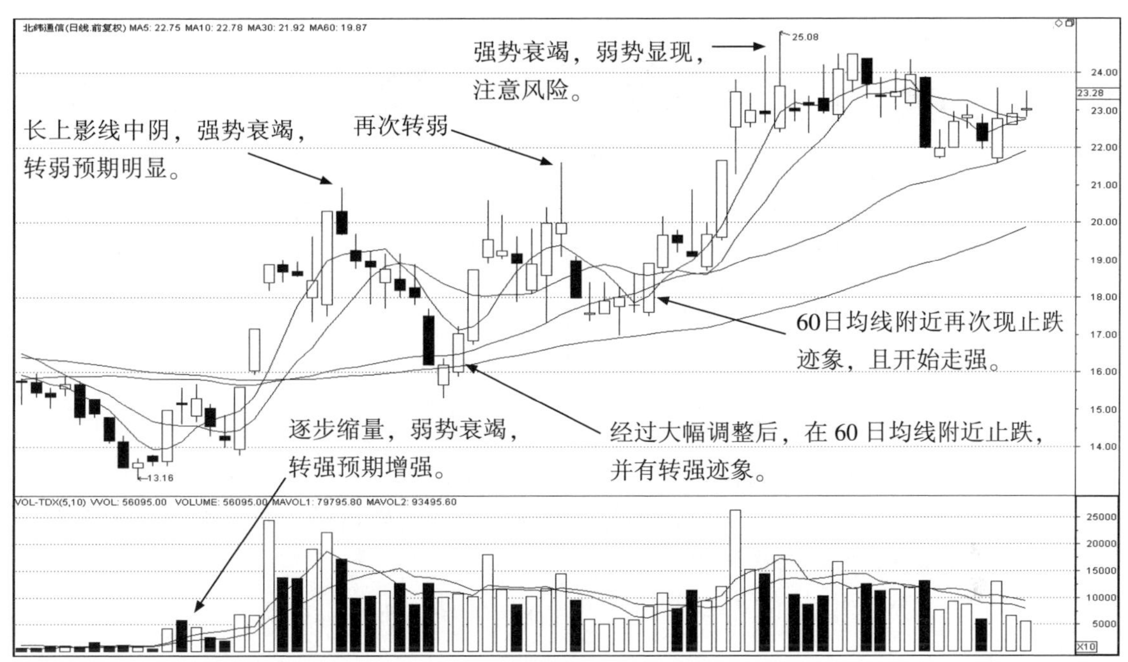

图 11—4 规律的强弱转换

11.3 关键战术 1：寻找不寻常的痕迹

前面讲到过，不寻常的痕迹都是出现在个股启动前的异动阶段。活跃度不是打破常规的逐步晋级的自然发展规律，而是出现跳级式走势。

这些痕迹只要每天仔细看盘和复盘，其实并不难发现。但毕竟这些走势比较罕见。下面列举一些比较常见的异动形态和走势，按照向上异动和向下异动分为两组。

第一组是向上异动，如图 11—5 所示是几种常见形态。

第一种形态是突然一字板，这种主力十分凶悍，试盘动作非常大，发现后应该密切关注，一旦启动短期幅度应该不会小。

第二种形态相比第一种就要常见一些，在主升浪前期有过涨停板作为铺垫，主力也可以通过这种方式试试对盘面的控制力。

第三种走势较为卑鄙，起跳涨停板后，第二天大幅高开，然后逐步单边滑落，把形态收成乌云盖顶，乍眼一看很容易会以为股价即将转跌。其实不然，主力是利用极其难看的 K 线组合完成强力洗盘，强逼不坚定者离场，以便在后期轻松拉升。如果出现乌云盖顶的第二天收阳线，而不是继

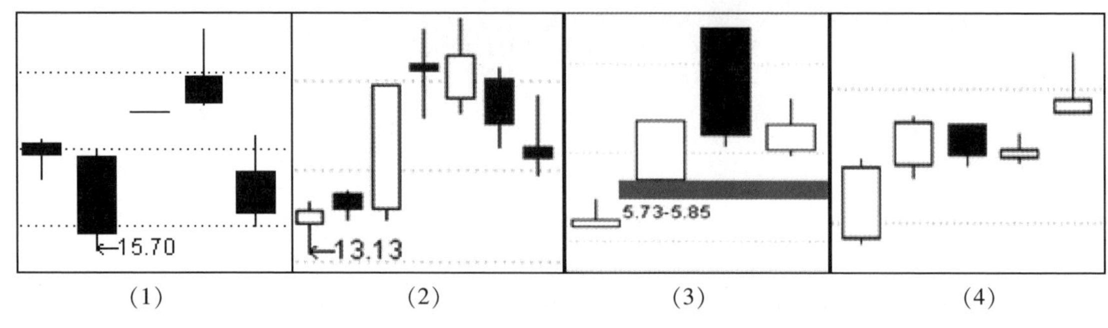

(1)　(2)　(3)　(4)

图 11—5　向上异动形态

续下跌，则骗线的可能性很大，一旦启动必须快速介入。

第四种走势也较为常见，底部起跳的倒锤线，缺口较大，有非常明显的试盘意图，也是一种突破底部整理平台的突破信号。股价很可能很快步入拉升，应该密切关注。

第二组是向下异动，如图 11—6 所示是几种常见形态。

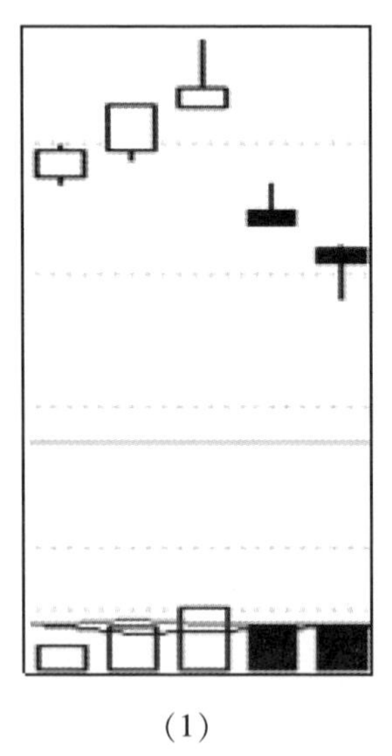

(1)

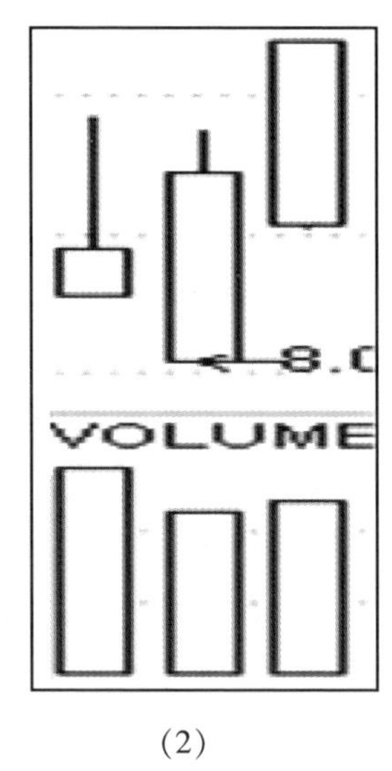

(2)

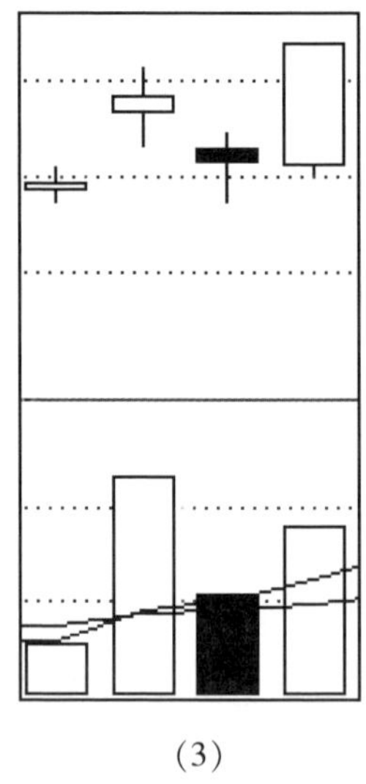

(3)

图 11—6　向下异动形态

第一种比较常见，在启动前突然一个跌停，但仔细观察你会发现往往这种跌停都是缩量的，跌停往往封得也不算死，要么是盘中时不时地打开封板，要么是尾盘才主动性封板。经验统计，这种短线黑马采用尾盘主动性封跌停板来洗盘的时候相对偏多。

第二种走势采用大幅低开的方式，甚至是跌停价开盘。采用这种洗盘方式的庄家十分凶狠，一开盘便直接击穿大多数投资者的止损位，并且在盘中来回折腾，即便是老手也很难坚持得住，一旦市场上的抛单量洗得差不多了，便一冲而上，甚至会有封涨停板的气势，让你后悔莫及。这种走势常常会把K线收成反击刺透形态，随后股价很可能会连续暴涨。

第三种走势比较特殊，连续两日就采取了两种截然不同的洗盘方式。第一日向上异动，股价大幅高开后一直悬在上空盘整，直到收盘。第二日便大幅低开，一直在低位盘整直到收盘。这种极端的洗盘方式，让主力能确认市场的整个情况，为后期大幅拉升探好路子，这在实际看盘过程中出现的机会不多，应注意总结和体会。

两组异动形态已介绍完毕，其实异动的不寻常迹象千姿百态，关键在于你能否领会主力的意图和想法。因为，他们往往会向上和向下异动交叉使用，最大的目的就是试盘和甩掉尾巴，但手段及其复杂多变，以挑战你的心理极限，所以操作时必须保证冷静，认真分析股价异动背后的实质，才能从不寻常的痕迹中挖掘出宝贝。

11.4 关键战术2：狙击启动点和低吸回踩点

研究发现，通常黑马会有四个比较好的介入点，分别位于潜伏期、拉升期、空中加油期和回踩期。如图11—7所示，用示意图来表示出了这四个点位。

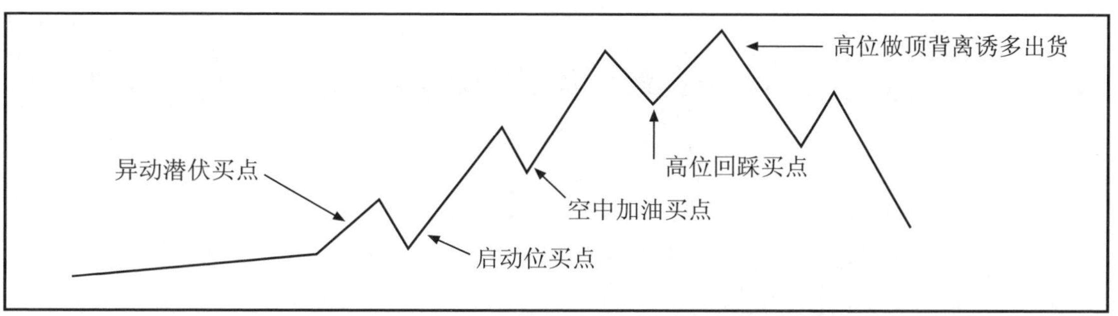

图11—7　黑马的四个买点

图中的四种买点，各有千秋，可运用在不同的市场情况和个股走势中。比如第一种潜伏买点，其实采用的并不多，毕竟对于大多数投资者而言，资金一般都不大，不适宜左侧交易。当然，如果确定性比较高，加上大盘环境也不错的话，可以先小仓位潜伏。

第二种启动位买点采用的相对偏多，但需要比较敏捷的手法和充足的准备，只有密切关注该股才能在个股启动时快速切入，否则会失去机会，因为此类个股往往启动十分迅速，连续封板的时候比较多，一旦错过最佳时机，后期再去追涨停板，心态上会有一些影响。

第三种空中加油的买点并不是所有的短线黑马都会给的，一般而言，行情级别非常大的个股才会有空中加油走势，也就是在连续拉板后空中进行短暂的快速洗盘，然后继续连拉涨停。这种买点即便给出，如果对股价信心不足的投资者也很难从容介入，要把握这种买点的确需要魄力。如图 11－8所示就是一个典型的空中加油买点图例。

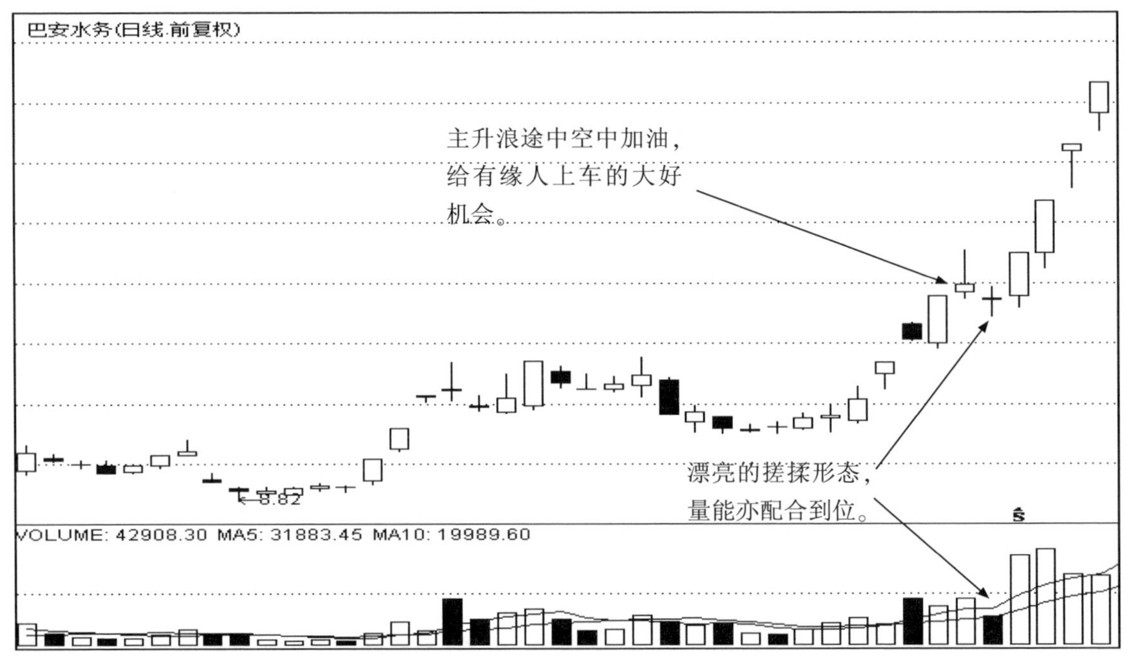

图 11－8 空中加油买点

图 11－8 其实是环保龙头巴安水务（300262）的走势，图中显示，该股在主升浪途中给了一次上车的机会，而且还是比较漂亮的搓揉形态，这种机会只给懂它的人。

第四种高位回踩买点几乎是所有短线黑马都会有的，目的是为了后面的诱多做顶背离出货。因此此类机会相对而言比较容易把握，如果前期没有把握住主升浪，此时也可以进去分得一杯羹。但切记，一定要是主升浪后的首次回踩，因为只有首次回踩才会有出现大幅反弹的动力。如果是二次或后面的回踩，则上涨动能已经基本消失殆尽，容易出现突然暴跌。

如图 11－9 所示是一个高位首次回踩的买点图例。

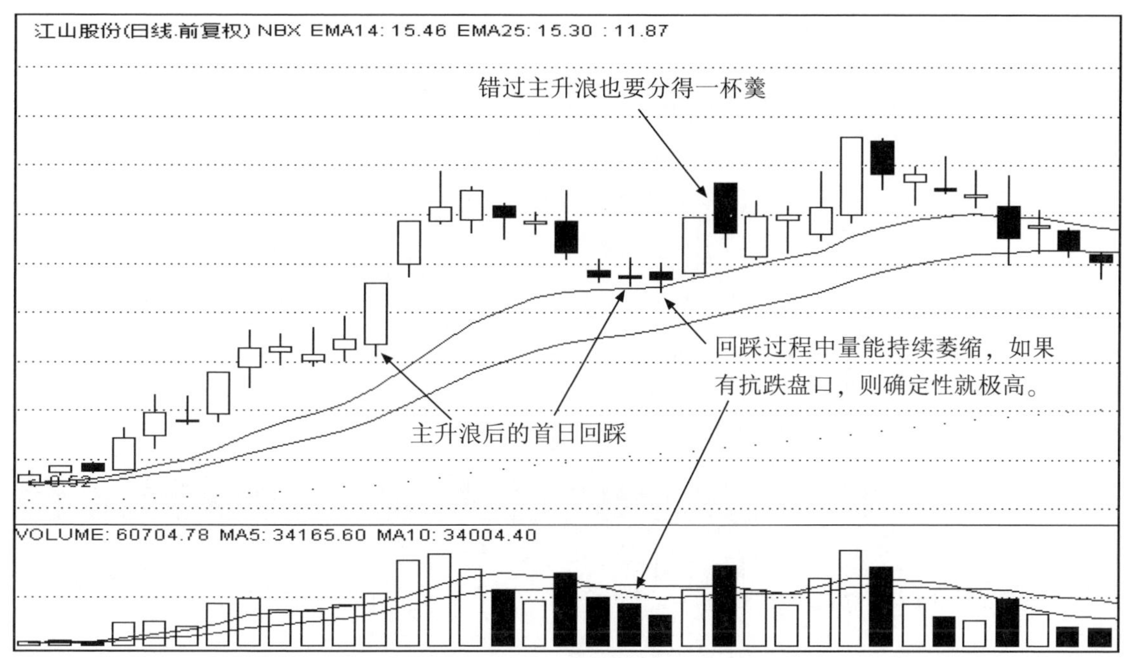

图 11－9　高位回踩买点

图中的高位回踩买点十分明显，通常都会在加权 14 日均线位置止跌，然后起反弹浪。注意观察图中也是主升浪后的首次回踩，靠近均线处量能持续萎缩。判断此类买点成立的关键因素是，在回靠均线的同时有明显反抗动作，也就是大盘下跌时，股价不愿跟风下跌，而是有抗跌盘口，那回踩起来的概率就会非常大。

四种买点介绍完毕，可以看出，只有启动点和回踩点是比较容易把握的买点。所以在日常操作中，注意多去试验这些买点，即便不能抓住启动点，不能吃到主升浪，也要在后面的首次回踩点从主力的牙缝里拔出一点儿肉屑出来。

11.5　典型案例一：恒信移动（300081）

如图 11－10 所示是恒信移动（300081）的日 K 线图。

图中显示，该股在一波下跌后突然来了一个一字涨停板，随后股价再次跳空下跌到起始位置，有孤岛也有弃婴形态的意味。活跃度十分异常，应该引起高度重视。其实该股之前已经经历了相当大的跌幅，下跌持续时间之长，属于严重超跌股。另外公司上市后业绩突然变脸，从而引发创业

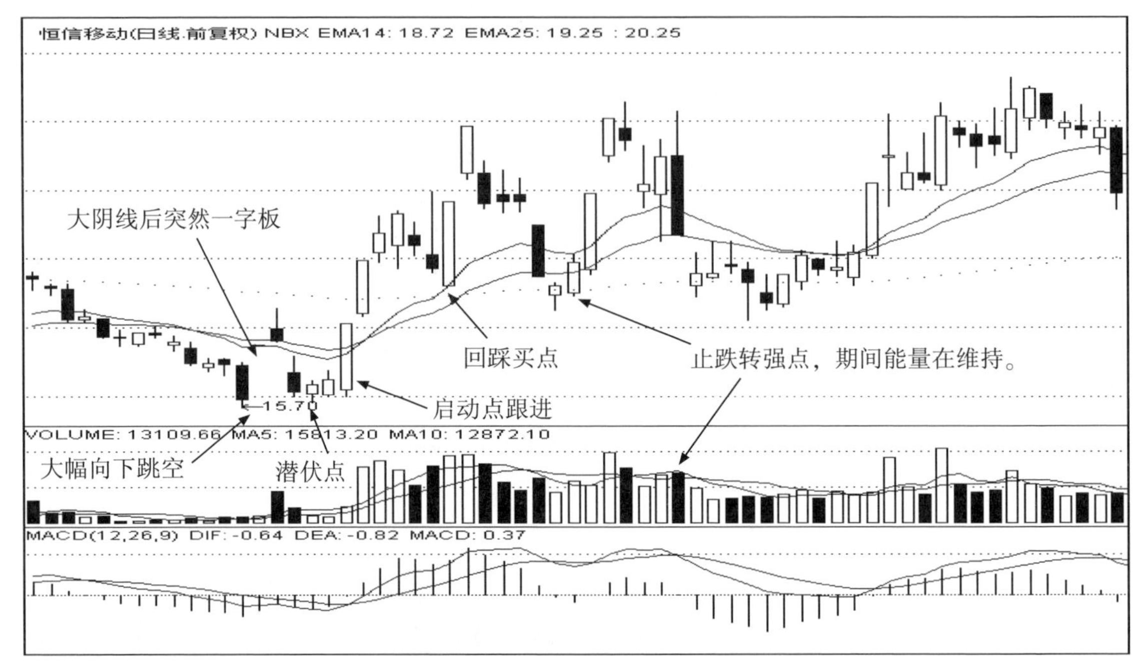

图 11－10　恒信移动日 K 线图

板退市联想，被誉为“创业板退市概念第一股”，被投资者相继抛弃也在情理之中。

的确该公司主要从事移动信息产品的销售与服务，受运营商政策影响很大，某些项目很可能因为政策的突变而被迫中止，前期的投入全部付之东流，对公司业绩影响很大。但仔细了解公司后你会发现该公司主要收入来自于手机连锁零售业务，资料显示公司在河北省有超过 600 个营业网点，这块业务相对比较稳定。这在公司随后的澄清中也被提到，公司虽然受运营商政策影响，业绩会有所下滑，但离退市还很远。加上当时正值工信部印发《软件和信息技术服务业“十二五”发展规划》，明确了“十二五”的发展思路和发展目标，确定了 10 项发展重点和 8 项重大工程，都可以看出恒信移动属电子信息板块，有一定的利好刺激。这些也都为游资炒作提供了不少题材，加上股价本来就严重超跌，人弃我取，的确是一个大好机会。

在看到股价异动，加上充分了解基本面和消息面后，应该高度密切关注该股走势。结果如图 11－10 所示，该股在异动后成交量迅速萎缩至低点，此时如果有把握和胆量可适当小仓位潜伏，这样也可以迫使你密切关注，以免错过主升机会。

盘整两天后出现大阳涨停，放量一阳同时上穿两条均线，操作上可在当天大幅拉升爆发的同时跟进。假如没有跟进也可以在随后的回踩均线时介入，短线收益也是十分不错的。

当然，该股在后期的高量能区域还提供了一些其他买点，其中有两次止跌转强的拐点机会，配合 MACD 的话，分别是 0 轴上首次金叉和贴近 0 轴金叉，加强信号比较好，把握起来难度不大。总的来说，此类短线黑马股，尽管最终绝对涨幅的可能不是太大，但波动过程中的相对涨幅就足够使你来回操作，赚取丰厚的短线差价利润了。

11.6 典型案例二：北纬通信（002148）

如图 11—11 所示是北纬通信（002148）的日 K 线图。

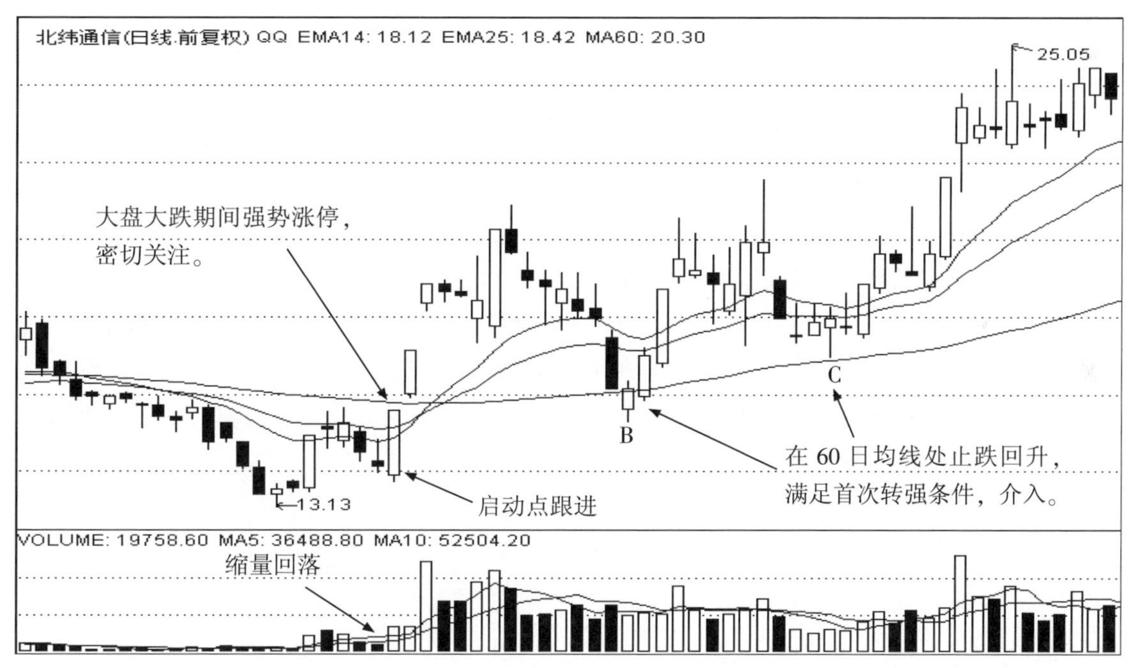

图 11—11 北纬通信日 K 线图

图中显示，该股在一波下跌末端突然出现一根大阳涨停板，且成交量开始明显放大，随后股价开始逐步缩量回落。纵观整个股价走势，该股也属于超跌股，但当时大盘持续单边走低，角度之大，在这种逆境中能出现这种走势实属罕见，必须找到一些炒作理由来支撑才行。

当时消息面上有传闻北纬通信与央视合作参与手机动漫频道的招标，另外 2011 年 12 月 14 日即将召开的中国移动全球开发者大会可能会有一定的利好刺激。其实该公司主营移动增值服务，与上一个案例中的恒信移动一样，也会受到工信部《软件和信息技术服务业“十二五”发展规划》的刺激，且异动时间点几乎一致，都在12月初。另外公司也长期受益于3G行业，3G用户爆发性增长给增值服务类公司提供了商机。据东方证券预计，截至2012年年末，3G用户数有望突破3亿大关，也就是说，移动增值服务行业的景气度会长时间保持下去，目前还只是景气的起点阶段。

找到了基本面和消息面的支持后，就应该密切监控股价走势，结果如图11—11所示。该股在持续缩量回落后再次来了一个放量涨停板，有底部双龙形态，可快速切入，随后又是两个涨停，十分凌厉。

即便不能在启动点进入，但该股后期的高能量成交维持了比较长的一段时间，涨跌转换关系十分规律。也可在一些关键位置的止跌处从容介入，短线收益也非常不错。如图11—11中的B处和C处，都是在60日均线处止跌明显，开始回升，买入后短线都会有超10%的收益。至于为什么要强调量能维持呢？这个问题会放在第14章量能均衡战法中专门讨论。

上面两个例子能充分说明短线黑马的威力非同一般，只要能熟练掌握此类个股的整个操作流程，发现和上马两个关键步骤都没有问题了，守在股市里专做这样的个股，一年下来收益也绝对不会少。况且在不断的实战中技艺会日益精进，无论是成功率还是收益率都会更上一层楼。

另外需要注意，此战法的操作对象多是小盘的中小板或创业板个股，有丰富的炒作题材和概念，但在前期需要做一些功课，对可能爆炒或曾经爆炒过的题材类个股进行总结归类，以便在市场有任何反应时快速找到相关个股，抢得先机，赢得利润。

第 12 章　布林通道突破战法

布林通道对于大多数投资者而言并不陌生，专业技术者可能主图上就是叠加的这个指标，由此可见它的用处非同一般。既可以统计模拟出股价波动的通道范围，也可以提示即将突破和突破信号。但这里的突破常常指的是突破中轨，很少有思考突破上轨的应用，究其原因可能是因为上轨常常作为压力位来处理。本章战法主要是研究股价强势突破布林上轨的应用，寻找走势极其凌厉，阶段运行速度最快，上攻最猛的个股。

12.1　战法原理 1：突破布林上轨

布林通道（BOLL）是根据统计学中的标准差原理设计成的一个实用性较强的指标，在实际应用中可以采用主图叠加和副图指标两种方式。如图 12—1所示是这两种形式的截图。

图中的上面是主图叠加的布林通道，下面是副图指标，两者其实完全同步，只不过一个是蜡烛图，另外一个是美国线而已。

以下是该指标的源代码：

BOLL：MA（CLOSE，N）；

UB：BOLL＋2 * STD（CLOSE，N）；

LB：BOLL－2 * STD（CLOSE，N）。

其中 BOLL 表示中轨值，UB 是上轨值，而 LB 是下轨值。中轨值是 N 日简单移动平均线，上轨是中轨值加上两倍收盘价的 N 日标准差，而下轨值是中轨值减去两倍收盘价的 N 日标准差。参数 N 一般默认成 20，但也可以根据自身经验和风格进行适当调整。

公式代码中的标准差跟股价的波幅或者波动剧烈程度成正比例关系，

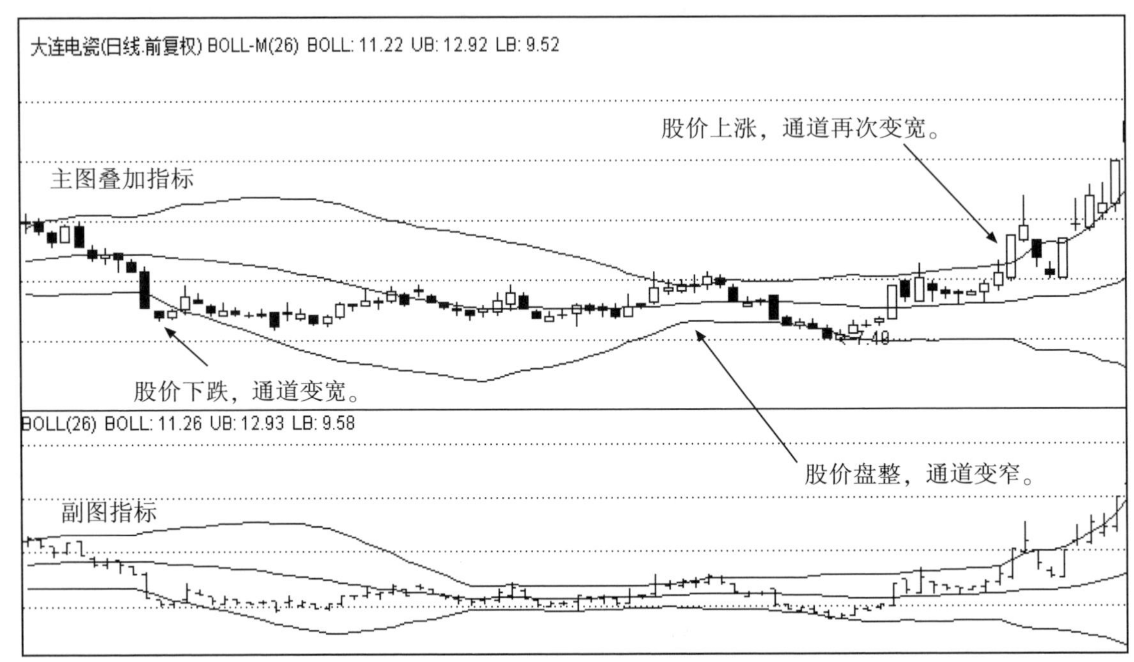

图 12—1　布林通道指标

波幅越大值就越大，波幅越小值就越小。通过运算规则可知，标准差的值越大，上轨和下轨的值相差就会更大，表现在指标上就是通道不断发散变宽。相反，标准差的值越小，通道就会呈现逐步收缩的状态。

因此在典型应用上就有在布林通道不断收窄时静观其变，一旦股价选择方向突破则快速跟进。也可以描述为等待通道收缩后向上扩大时介入，这些都是由指标本身的构造原理决定的。一句话，标准差小，通道变狭窄，股价肯定是呈现窄幅震荡格局，面临方向选择。而标准差大，则通道宽，股价处于大幅度运行状态。图 12—1 中标识了这三种走势对应的指标情况，应注意理解。

另外这个指标还有个比较重要的应用，通常在实际操作中会认为，股价在中轨以上运行的个股属于强势股，而在中轨以下运行的个股属于弱势股，因此中轨就成了个股是否强势的分界线，在应用中就可以取当天强势突破中轨线的个股为突破型个股，短线很可能会存在操作机会。如图 12—2 所示是一只突破布林中轨的个股走势。

该股之前一直处于下降走势，运行在布林通道中轨以下，弱势明显，且每次反弹至中轨处便受压再次下跌，直到后期巨量强势突破中轨后该股才具备了非常好的操作机会。

但是在实际操作上会发现一种规律，即股价强势突破了布林通道的上

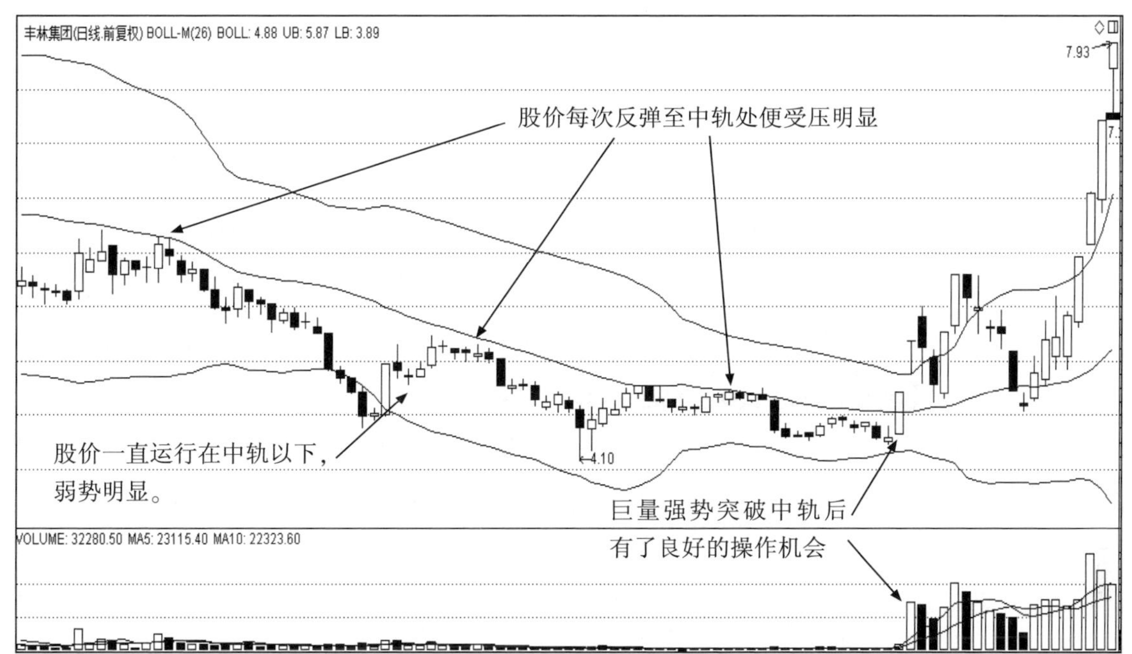

图 12—2　突破中轨走势

轨，且在上轨以上运行了一段时间，这段时间股价连续大涨，运行速度之快，强度之大。先给出一些图例，希望能引发大家的思考。

这里按照是否以涨停板突破上轨，分为涨停突破和非涨停突破两组。

如图 12—3 所示是涨停突破组，突破上轨都是由涨停板开始的。

如图 12—4 所示是非涨停突破组，突破上轨都不是由涨停板开始的。

从两组对比来看，股价在突破布林上轨后都运行了一段时间，这段时间股价运行速度之快，出现短期暴涨，如果对此类现象进行总结分析，并加以应用，把握其中规律，实现短线暴利并不是天方夜谭。

这种突破上轨的现象可以理解为股价摆脱通道的范围管辖和引力，犹如脱缰野马，横冲直撞，抑或也可以理解成卫星在强大的燃料助推下，摆脱地心引力进入太空。

其实翻阅大量的个股走势后，你会发现一只个股自上市起在上轨上运行的时候很少，大部分时间都是在通道内运行，这些脱离轨道运行的阶段好比股票一生中最风光的岁月。但股票犹如人生，风光往往都只是暂时的，一切都会化为浮云，回归平淡，甚至某些个股上市一年都未曾风光过，常年郁郁寡欢，阴气弥漫。

所以对于此类个股都要特别关注，因为机会难得。如果说股价运行在

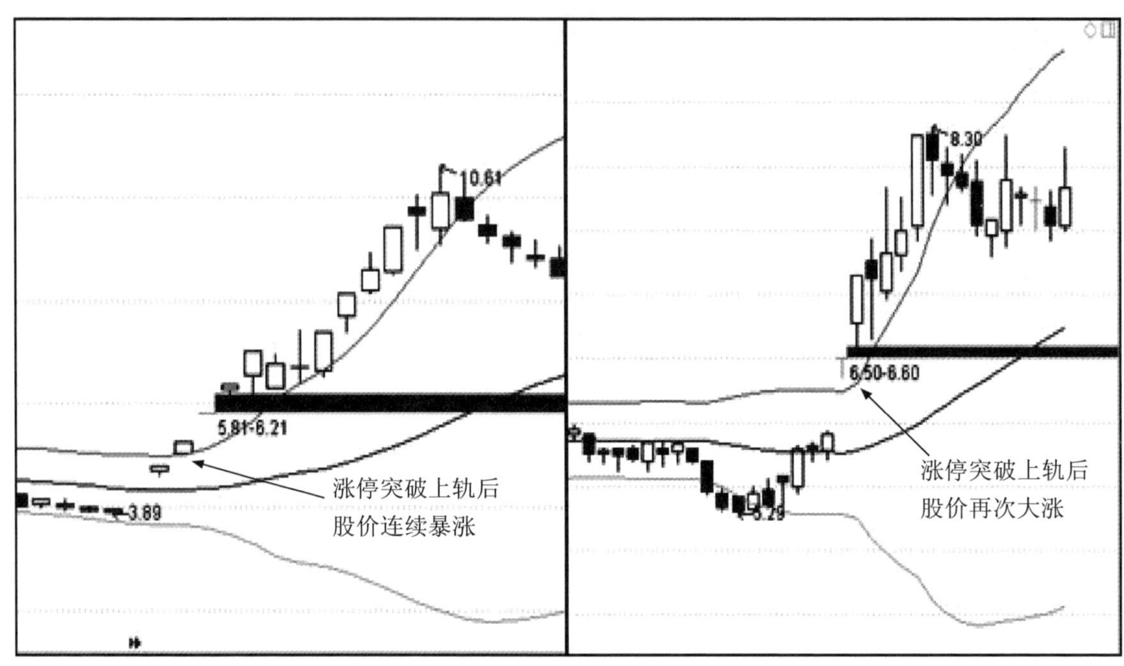

图 12—3　涨停突破上轨

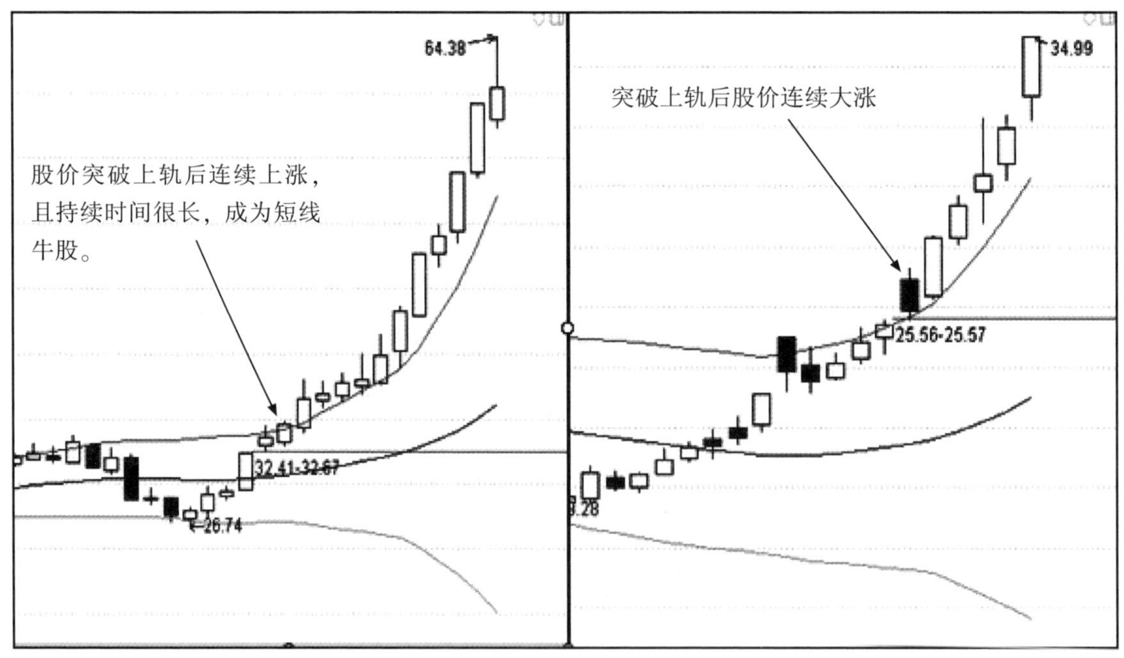

图 12—4　非涨停突破上轨

中轨以上的个股是强势股，那么运行在上轨之上的个股就是超强势股，是短线操作的明星个股。

12.2 战法原理 2：技术动能惯性与资金集中地

之所以要寻找此类强势突破布林上轨的个股进行操作，原因在于即便是超短线，也就是突破当天尾盘跟进，第二天离场，都非常可能有比较不错的收益。如果依然强势，便会发展成短线收益，甚至超强势波段暴利。

脱缰野马需要蛮力十足，卫星升空也需要强大的推力，否则很难摆脱束缚。同样股价亦是如此，既然股价能强势突破上轨，挣脱掉布林通道对股价的限制和羁绊，说明股价强势度非常大，具备很大的动能。

股票虽然是摸不透的事物，但和实物一样都会具备惯性特征，满足物理学上的牛顿第一定律，一旦突破便不会轻易止步，而是沿着之前的暴动方向继续行进，犹如一辆行驶在高速公路上的轿车，不可能在瞬间停止下来。

从动能上来说，股价强势突破上轨已经具备充足动能，要想把这部分动能消耗掉，最好的方式就是让股价继续上升，转化成势能。

因此从两方面来看，此类个股都具备短线操作的条件，它们属于市场上的异数，出现的时候并不多，要倍加珍惜。

另外，本战法为了充分提高狙击的成功率，还加了一个十分有含金量的条件，也就是所选出的个股一定要属于短线热点范围，否则尽量不操作。

这是从资金的角度出发的，以保证后续资金的跟进，让股价保持强有力的上涨动能。其实个股能强势突破布林上轨，已经说明自身就具备了一定的吸金魅力，有先知先觉的资金在场内活动。但是这部分资金毕竟有限，如果有市场上的其他资金来关注的话，那该股后面持续上涨就十分有望。

其实一般而言，市场上的资金都是在局部活跃，会扎堆某一个板块或概念题材，也就形成了热点，这样才能充分发挥资金的使用效率。要想成为短线高手，必须要明白这个道理，从一而终都坚持操作热点和主线，市场涣散无明显热点时就休息，千万不能偏离方向。

现在就可以把此类个股的推动资金分为两类，一类是自身资金，另一类是其他追逐热点的资金。下面用示意图来表示突破上轨个股的上涨原理，如图 12—5 所示。

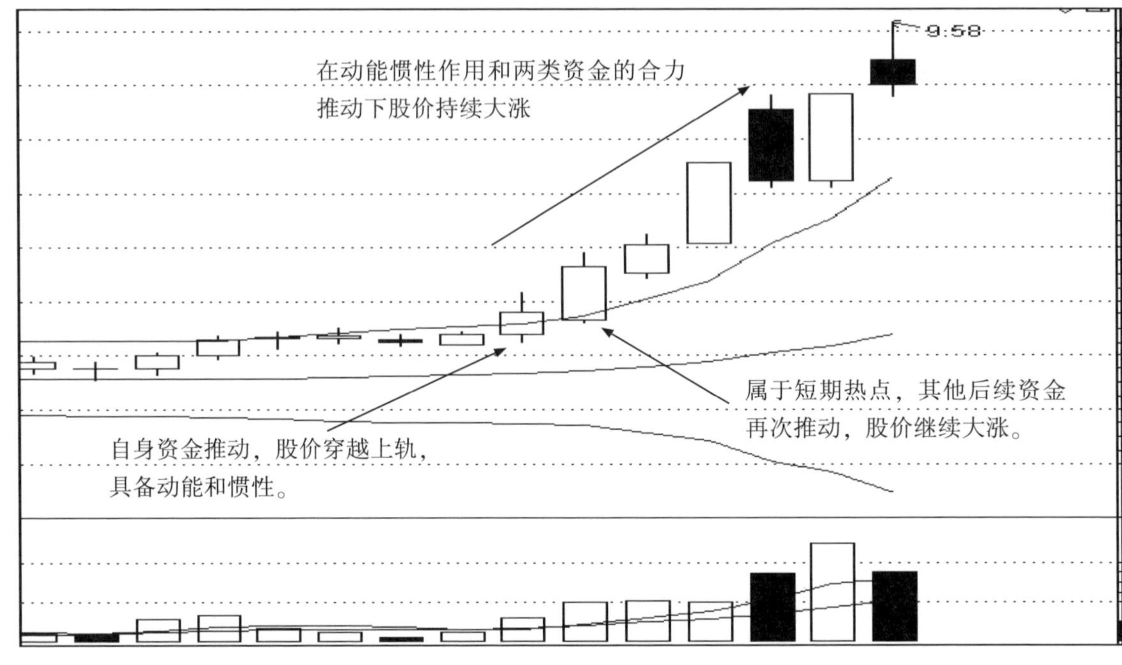

图 12—5　上涨原理

12.3　关键战术 1：筛选倍量突破 BOLL 上轨个股

筛选公式里特别强调倍量，是为了保证突破上轨当日成交量明显放大，出现异动，是主力的主动进攻信号。自发性特别强，而不是受大盘或者其他个股带动的。

倍量具体采用换手率来表示，而没有使用真正的成交量。原因在于只有换手率才能真正体现个股的活跃程度，特别是在个股除权当日流通股数会明显增大，同样的成交量并不能表示与之前同样的成交活跃度了。因此采用换手率来说明倍量更具准确性和说服力，也就是突破上轨当日的换手率至少是前一日的一倍以上。

另外前面强调过，此类个股还必须属于热点板块，所以在筛选个股时有两种方案。一种是直接从沪深 A 股中筛选满足技术特征的个股，然后再在里面人工选出满足热点的个股。另外一种就是先找到热点，把选股范围设置成相应板块，然后再在里面进行筛选。

两种方案各有好处，第一种选股范围大，不会漏掉一些平时没注意到的热点个股，或者说避免软件自身概念板块归纳不全导致的漏选。但这个可以通过自定义热点板块来解决，相对工作量就会大一些。第二种到是非常省事，选股的效率也很高，但可能出现漏选的情况。如果热点板块特征较为突出，软件自身归纳较为全面，则选择这种方式比较适宜。

公式命名为“倍量突破上轨”，其测试截图如图 12—6 所示。

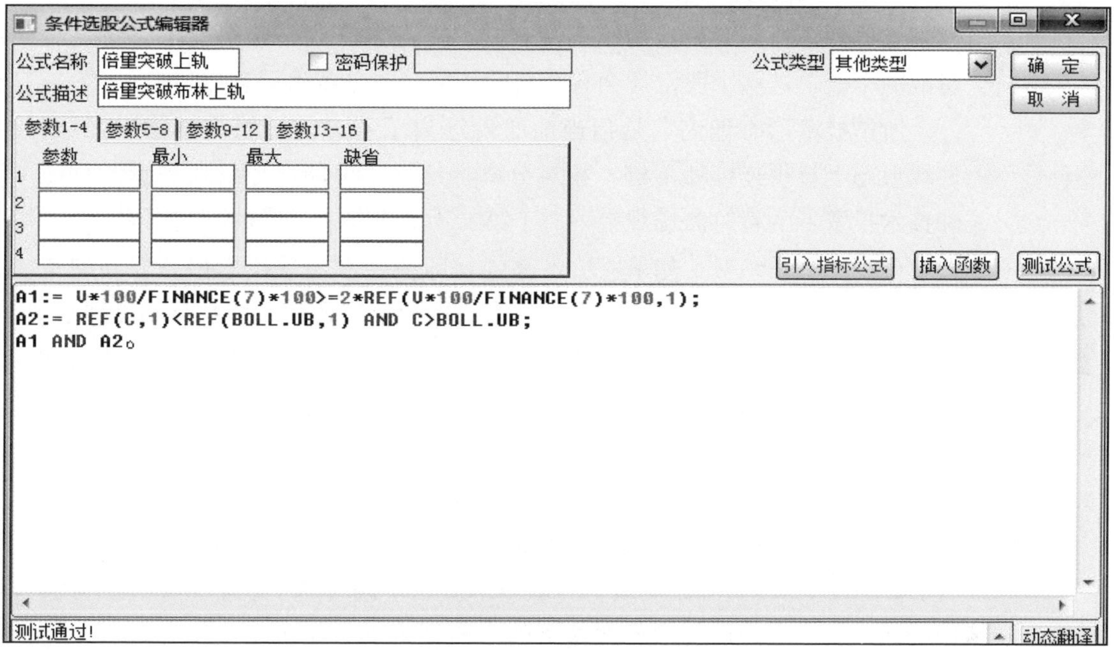

```
A1:= V*100/FINANCE(7)*100>=2*REF(V*100/FINANCE(7)*100,1);
A2:= REF(C,1)<REF(BOLL.UB,1) AND C>BOLL.UB;
A1 AND A2。
```

图 12—6　选股公式

具体公式代码如下：

A1：＝V ＊ 100/FINANCE（7） ＊ 100＞＝2 ＊ REF（V ＊ 100/FINANCE（7） ＊100，1）；

A2：＝REF（C，1）＜REF（BOLL. UB，1）AND C＞BOLL. UB；

A1 AND A2。

公式比较简单，只有两个语句组成。其中 A1 表示倍量，即当日换手率是前一日换手率的一倍以上，A2 表示突破布林上轨。

同样而言，在大盘环境比较好的时候选出的个股数量偏多，比较疲软的时候选出的个股自然就要少些，甚至不会出现，或者只有 1～2 只的情况。如果遇到数量较多的时候，可参考其他因素来确定操作对象。由于本战法着眼点是超短，也就是今日买明日卖，因此参考因素上需要充分考虑到个股的股性，主要从历史走势和盘子大小来确定，以保证该股能保持良好的惯性和上冲动能，而基本面考虑的相对较少。

12.4 关键战术2：技术形态不偏高

由于本战法是从超短线的角度出发，所以在当天尾盘的选股中务必要从多方面保证目标股具备后续上冲动能。因此就必须排除可能不具备后续量能的个股，这些个股常常会有个共同特征，就是技术形态偏高。

所谓技术形态偏高，是指当前股价远离了下方的市场成本集中区域，K线形态上显得连续性不够，相对分离，这样很可能会导致获利盘的抛压和技术投资者的暂时离场观望，对于第二天的走势有一定的不利因素。

但当然不是绝对，如果股价足够强，即便当天出现技术形态偏高的走势，后期也会延续能量。比如常见的有一字板，或者跳空留缺口的涨停板，抑或是当日是长时间处于封板状态的涨停板。因此大多都是涨停板才可能免去这个条件，非涨停板要特别注意，基本上都不能形态偏高，否则无法保证强度能延续。

如何来判断形态是否偏高，通常可以采用上穿均线法，把均线系统设置成最全状态，即最普通的均线系统，包括5日、10日、20日、30日、60日、120日、250日七条均线。一般技术形态不偏高的个股都会至少上穿其中的两三条均线，而技术形态偏高的个股则可能一条都不会上穿或者只上穿其中一条短周期均线。

另外如果要细化的话，还需要观察上穿均线时，均线分割阳实体的情况，分割的越均匀，则形态越漂亮。尽量不要选尽管上穿多条均线，但均线上方仍然有大部分实体处于无均线分割状态，这样也属于形态偏高范畴。此外突破后收盘价上方附近如果有明显的长周期压力均线，也需要仔细斟酌。

其次突破布林上轨的程度最好比较深，收盘价刚刚过了上轨的个股也不是太好，这样说明突破决心不够大，可能是假突破。如果当天股价出现冲高后大幅回落，收长上影线，也需要排除在外，这说明能量宣泄不够通畅，有郁结。

因此综合来看，判断技术形态是否偏高其实不是个简单的工作，这个跟经验非常有关。特别是投资者自身对于K线形态的条件反射和盘感要求较高，冰冻三尺非一日之寒，建议大家平时空闲时可多翻阅个股走势，多记忆一些经典的图例，形成强大的反射系统。

如图12—7所示分别是两种走势图，左边是形态偏高的，右边是形态适中的。

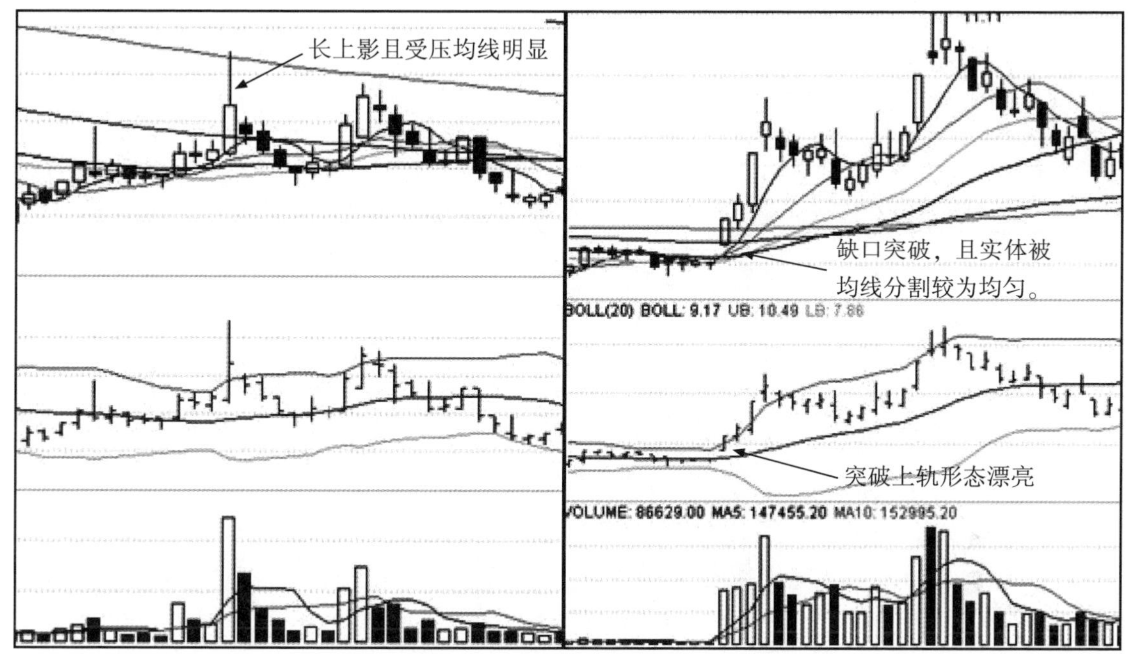

图 12—7　形态偏高与否

左图中该股当天巨量突破布林上轨，但收出很长的上影线，说明股价冲高后出现了大幅回落，量能有遇阻的盘面特征。另外当天高点明显受压于长期均线，接下来回落的可能性在加大，因此综合考虑要排除这种个股。结果如图 12—7 中显示，该股突破上轨之后便持续回落。

右图中该股突然腾空而起强势突破布林上轨，且阳实体被均线分割较为均匀，布林指标中突破上轨的形态也较为适中，可密切跟踪和伺机跟进。结果如图中显示，该股随后继续大涨，且有充足的介入机会。

12.5　典型案例一：特锐德（300001）

2012 年 5 月下旬，大盘走势疲软，但以中铁二局、国恒铁路为首的铁路基建板块却异常强势，板块连续大涨，联动性很好。其他个股如晋亿实业、南方汇通等也均出现大涨，符合短线热点范畴。

消息面上，铁道部 2012 年 5 月 18 日发布了《关于鼓励和引导民间资本投资铁路的实施意见》。紧接着国务院 23 日召开常务会议，要求推进“十二五”规划重大项目按期实施，鼓励民间投资进入，铁路被置于突出位置。在政策推动下，铁路建设的资金瓶颈有望得到缓解，对相关公司构成利好。

5 月 25 日，尾盘使用“倍量突破上轨”公式进行筛选，注意选股范围是铁路基建，结果如图 12—8 所示。

图 12—8　选股结果

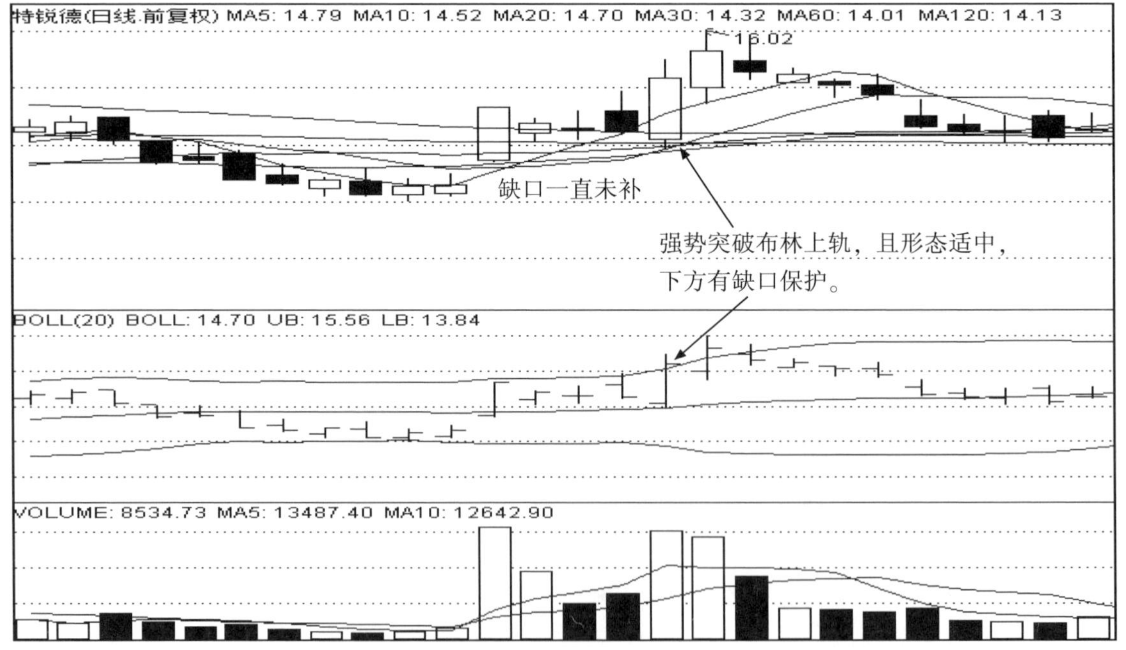

图 12—9　特锐德日 K 线图

结果中只有一只个股被选出，就是特锐德（300001）。打开该股的日K线图，如图12—9所示。

图中显示，该股当天强势突破布林上轨，且一阳同时上穿了三条均线，且紧贴均线系统上攻，技术形态还算适中，不属于偏高范畴。另外该股当前下方有缺口保护，属于整理后的再次上攻，续涨功能比较强。

其次该股属于正宗的铁路基建类个股，主要为铁路提供电力系统，当时流通盘只不过6000多万股，属于十足的小盘股。综合考虑，该股符合所有条件，决定在当天尾盘介入。结果如图12—9所示，该股第二天继续创新高，最大涨幅有5个多百分点，超短收益明显。

12.6 典型案例二：宝安地产（000040）

2012年11月初地产指数出现大涨，惹人注目。其实在之前的9月底和10月中旬地产指数都有过异动，当时该权重指数是各大权重指数中走势最为稳健和突出的。

究其原因，消息面上有人民币升值刺激，全球特别是欧美量化宽松，造成投资者对国内宽松货币政策的预期升温。另外三季报公布完毕后显示房地产的整体盈利状况较好，资产质量也不错。加上当时国内对房地产的政策日趋平稳，地方政府时有放水动作，这也许跟年末冲击GDP任务有关。

这些理由都支撑炒作房地产，且当时房地产的确集体暴涨，十分满足热点范畴。于是在11月1日尾盘时候使用“倍量突破上轨”公式进行筛选，注意选股范围是房地产，结果如图12—10所示。

结果中显示共有31只个股满足条件，可见当天房地产的火爆程度。这个时候就可以比较一些其他因素了，比如MACD、形态及盘子大小等等。其实大多数个股第二天都会续涨，毕竟地产指数第二天在强大的惯性作用下再次大涨超2%，超短操作基本都会成功。

这里给出一个比较好的例子，目的在于指导大家如何在众多结果中找到漂亮的个股。如图12—11所示是宝安地产（000040）的日K线图。

图中显示，该股突破上轨的当天形态十分适中，一阳同时上穿三条均线，且成交量放大明显。关键是该股当时的MACD呈现十分漂亮的佛手加油形态，类同于MACD在0轴上的首次金叉，强度肯定不会低。综合所有条件来看，都十分满足介入标准，因此可以在尾盘进行买入。

图 12—10 选股结果

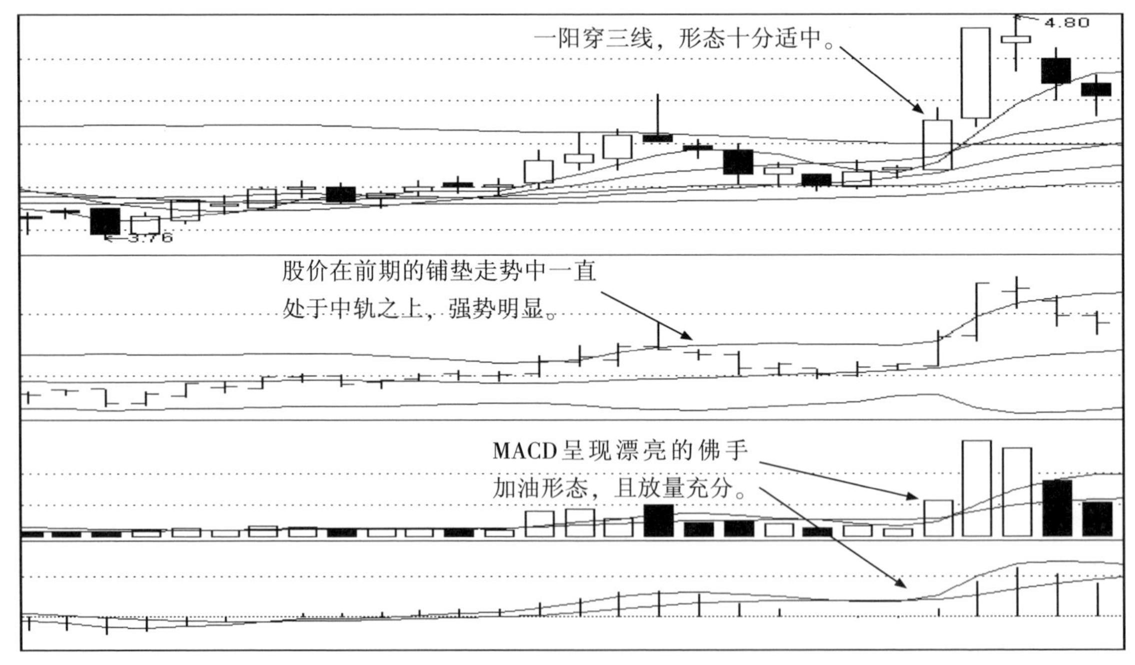

图 12—11 宝安地产日 K 线图

结果如图 12—11 所示，该股第二天继续放量大涨，强势涨停，超短线收益相当完美。

12.7 其他布林相关高级战法

除了上面详细介绍的倍量突破上轨战法外，其实布林通道在一些强势股上还有一些其他非常优秀的战法。这里专注于龙头类个股进行讨论，分别介绍两个战法。

第一个战法是涨停板的第二天站上布林上轨，且全天缺口未补，收放量小阴小阳或十字星。这样的个股只要有一定的题材支撑和上涨基础，后期继续大涨或涨停的概率很大。

如图 12—12 所示是开开实业（600272）的日 K 线图。

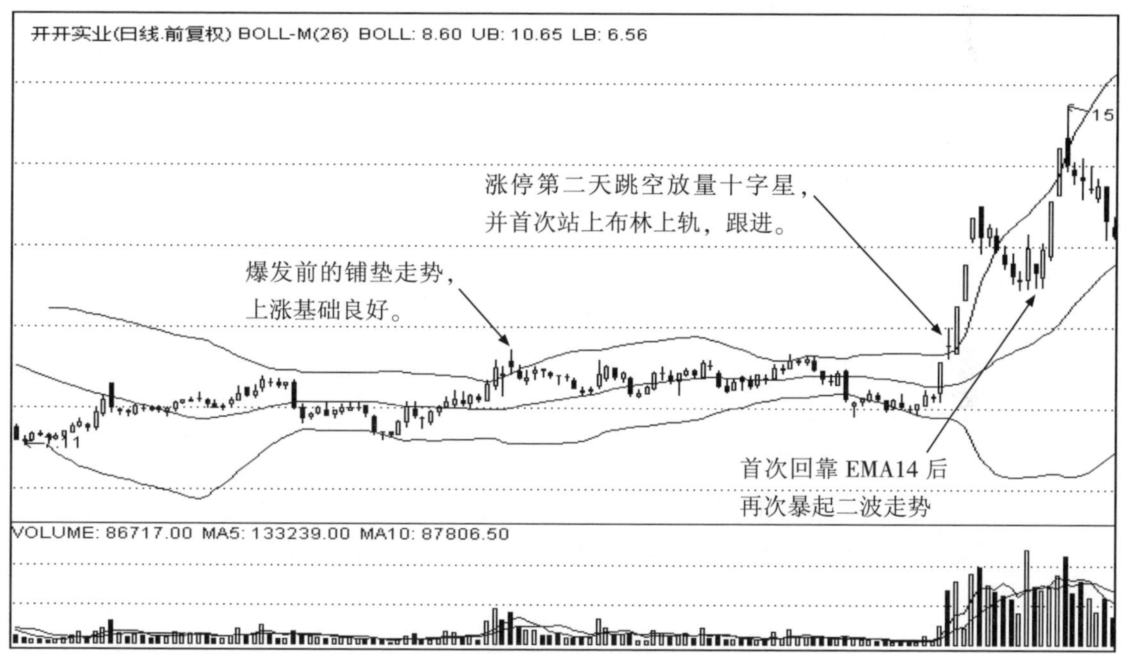

图 12—12　涨停留缺突破战法图 1

图中显示，该股在涨停板的第二天收放量十字星，且完全站上了布林上轨，另外该股在爆发前有一波较好的上涨基础，无论是核心特征还是辅助特征都满足。

如果你够用功，每天复盘时都搞清楚每只涨停板个股的原因，那在涨停板这一天就会知道这只股票是炒的什么。仔细挖掘，其实该股具有两个比较大的题材概念。

第一个是子公司上海雷允上药业旗下拥有六神丸，该药与片仔癀、云南白药等同属国家级保密配方，国家一级重要保护品种，是中华国药之瑰宝。当时尽管市场持续低迷，但此类个股股价一直较为强势，特别是片仔癀站上了百元大关，给市场挖掘开开实业提供了依据。

第二个是该公司大股东明确表示要进行重组，逐步清理内部资产为公司转型医药铺路，这也符合上海国资资产证券化的路径。向来上海国资委重组类概念股很受市场追捧，常常遭到爆炒。

除了以上两个重量级的题材外，该股当时的业绩非常好，仅一季报就超去年全年。流通盘只不过一个多亿，股价几块钱，非常适合炒作。在搞清楚这些炒作理由后，该股的技术形态又十分满足该高级战法，加上当时大盘指数单边下跌，能够出现这样的走势的确非常值得关注，丝毫不能怀疑庄家炒作该股的决心。

结果如图 12—12 所示，该股在跳空站上布林上轨后再次连续三个涨停板。从当时该股的龙虎榜上可以看到，一些著名游资营业部，比如西藏同信成都东大街营业部等，侧面说明该股可炒作性不是一般的大。图中也显示该股在第一波拉升调整后又来了一波快速拉升，其实整理回靠位置刚好是 14 日加权均线，且是第一波暴起后的首次回靠均线，满足龙头回抽战法。

类似于开开实业的例子也不少，这里再给出两个典型图例供大家学习参考。如图 12—13 所示是两只个股的日 K 线走势，分别是莫高股份（600543）和闽发铝业（002578）。

第二个战法是突破上轨后，在上轨以上强势运行停留三天，则很容易在第四天继续向上喷火。如图 12—14 所示是香雪制药（300147）的日 K 线图，当时医药股行情火爆，该股连续一字涨停，是明显的龙头个股，应密切关注。

图中显示，该股一字板突破布林通道上轨，第二天继续涨停，第三天强势整理，期间成交量都非常大。但依据该战法，该股已经满足战法条件，在上轨以上运行停留了三天。于是超短线高手就可以在第三天的尾盘介入，结果图中显示该股第四天继续涨停，第五天也是大幅上涨。

该战法还可以用 MACD 的柱状图来加强信号，如果突破上轨后柱状发散的速率在保持，则继续大涨的概率就极大，如图 12—14 中的情况就是如此。

下面再给出两个典型图例，如图 12—15 所示是江山股份（600389）和珠江实业（600684）的走势图，其中江山股份是 2012 年 7 月份的草甘膦龙

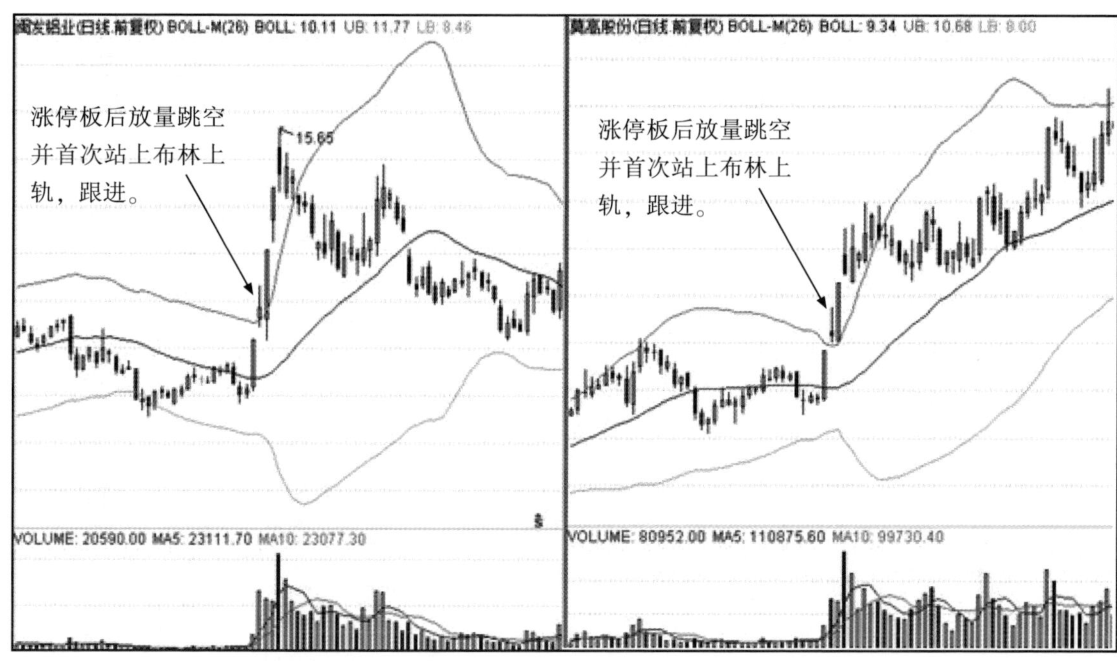

图 12—13 涨停留缺突破战法图 2

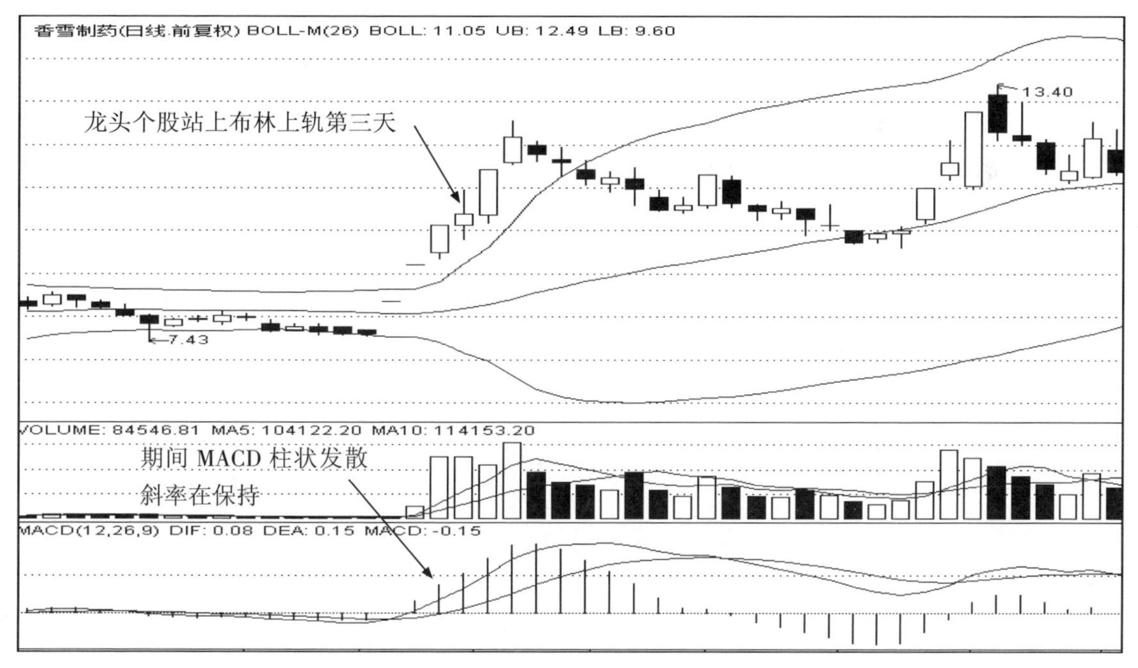

图 12—14 上轨三天战法图 1

头，珠江实业是 2012 年年末行情的房地产龙头个股。

图中显示，这两只个股都是只要停留三天，随后便大涨，另外成交量

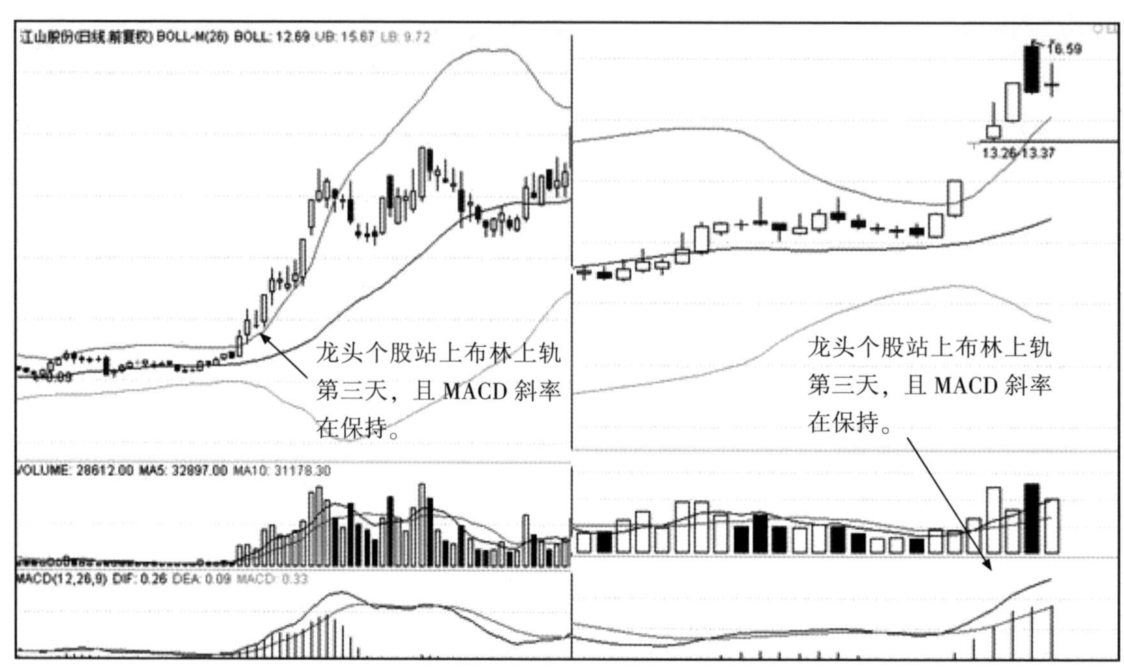

图 12—15　上轨三天战法图 2

配合较好，MACD 柱状斜率在保持。

以上两个高级战法都是在实战中揣摩出来的，主要是为喜欢研究龙头相关战法的朋友准备的，另外操作此类个股需要很大的胆识和魄力。但笔者认为，只要经历不断的实战摸索，操作龙头个股的技术就会日益精进，所谓艺高人胆大就是这个道理。

第 13 章　指标之王 MACD 战法

MACD 看似简单，其实它的功能十分强大，既能提示趋势，还能提示动能的延续性，甚至对买卖点的确定也有辅助作用。而且这个指标的稳定性很好，属趋势性指标，不同于 KDJ、RSI 之类的摆荡指标，它对趋势有较好的预判性。学习指标不在于多而在于精，而且各种指标之间基本都是相通的，无外乎是量价等原始因素经过不同的算法构建罢了。

因此能把 MACD 一个指标研究透彻就完全足够了，可以毫不夸张地说，如果你能把 MACD 吃透，就基本能做到高成功率操盘。这里没有厚此薄彼的意思，任何指标学到极致都会威力无比，只是笔者实战中相对偏好 MACD 而已。假如某一天你能对照 K 线走势画出 MACD，或者对着 MACD 画出 K 线走势，那你就成功了。MACD 这把宝剑会带领你行走于股市武林，笑傲江湖。

13.1　MACD 之柱状斜率战法

如图 13—1 所示是 MACD 指标的截图。

乍眼一看，该指标由三部分组成，DIF 和 DEA 双线，以及柱状图。其实它还有个非常重要的部分，就是 0 轴。所以准确地说，MACD 由四部分组成，DIF、DEA、柱状图和 0 轴。至于为什么要强调 0 轴，会在后面的应用中说明。

以下是 MACD 指标的公式代码：

DIF：EMA（CLOSE，SHORT）－EMA（CLOSE，LONG）；

DEA：EMA（DIF，MID）；

MACD：（DIF－DEA）＊2，COLORSTICK。

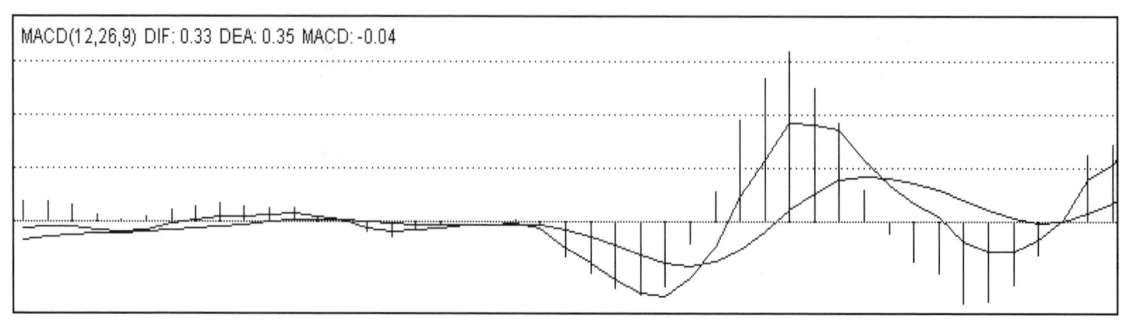

图 13—1 MACD 指标

代码比较简单，SHORT、LONG、MID 的默认参数分别是 12、26、9。其中快线 DIF 是 12 日加权均线减去 26 日加权均线，而慢线 DEA 是取 DIF 的 9 日加权平均值。MACD 表示柱状，是 DIF 与 DEA 差值的两倍。

由此可知，如果股价向上运行速度加快，则必定导致 12 日加权均线与 26 日加权均线的远离，DIF 的值就会变大，从而向上走，它与股价的同步性相对较大。而 DEA 再对 DIF 取 9 日加权平均，相当于对趋势做了平滑处理，对趋势的反应相对滞后，但更能兼顾中短期走势的变化倾向。

因此 DIF 和 DEA 配合使用便可以判断出即期走势与中短期走势的相对关系，它其实体现的是股价的运行速度。相互靠近则说明当前趋势有所减缓，走势更加趋向于近期的平均速度。而远离则说明即期走势在偏离近期走势，股价在加速上扬。

速度是技术分析的重中之重，最能体现股价的运行动能，这个可以结合物理学上的动能公式来理解。动能等于二分之一质量再乘以速度的平方，速度用的是平方，是极度加大权重的，因此速度对于动能的影响和贡献是最大的。

为了更加形象地体现出这种速度的变化，MACD 指标中给出了柱状图。由代码可知，柱状图是表示 DIF 和 DEA 的差值，刚好就能体现股价运行速度的大小。柱状在不断的放大缩小就能体现速度的变化情况，也就是股价动能的延续性。

因此柱状图尤其重要，是 MACD 指标的精髓所在，但往往会被大家所忽略。本小节战法主要是运用柱状图来判断股价运行速度是否在保持，它适用于所有的个股，命名为柱状斜率战法。但这里既然是高级战法，所以就把应用的范围确定为短期强势股，本章的所有战法都是如此。

本战法的核心特征是股价暴起后，然后在相对高位进行整理，但 MACD 的柱状一直在发散变长，斜率基本在维持，或者甚至在加大。这就说明股价的整体运行速度并未减慢，而是在维持，那整理就属于拉升途中的暂时停顿，属于一气呵成中的一个组成部分。

13.2 MACD之0轴上平飞战法

这个战法突出了MACD中0轴的重要性，其实在MACD中0轴基本相当于60日均线的作用，如图13—2揭示了这种关系。

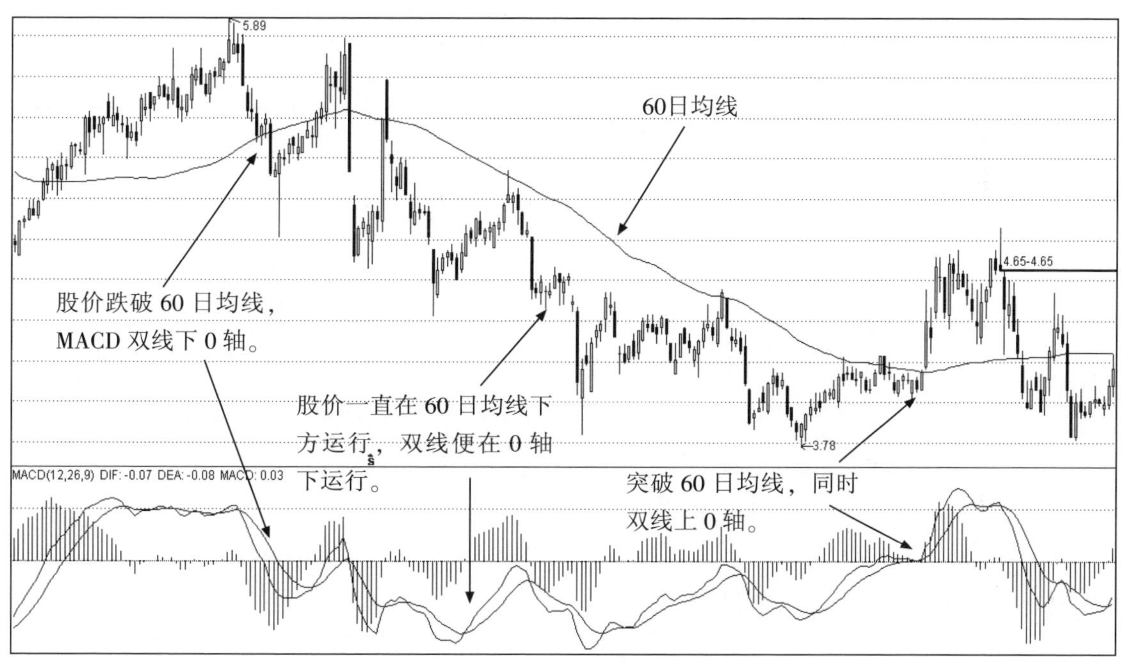

图13—2　0轴功效

图中的均线是60日简单移动均线，明显可以看出0轴基本就相当于60日均线的作用，而60日均线又被看作是生命线，具有划分强弱的效果。因此可以大概认为，DIF和DEA双线在0轴以上则股价强势，反之在0轴以下则股价弱势。由此可见0轴的功效，但这只是其中一个功能，后面还会有更强大的展现。

所谓0轴上平飞，是指DIF和DEA双线长时间在0轴以上运行，期间并未下破过0轴，说明股价一直处于强势，通常慢牛股或即将走牛的个股会呈现这种形态。

13.3 MACD之0轴上首次金叉战法

股价在一波下跌后逐步企稳上升，从而带领MACD双线逐步上0轴，从主力角度来理解这一波属于吸筹阶段。而随后主力进行震仓洗盘，股价出现小幅回落，同时双线开始跟随回靠0轴，但在还没跌破0轴前双线再次金叉。本战法至少要求DEA最好不要出现负值现象，因为DEA是较为平滑的近期走势，需要一直保持强势度，也就是在0轴以上。

如图13—3所示是典型的0轴上首次金叉战法的MACD形态。

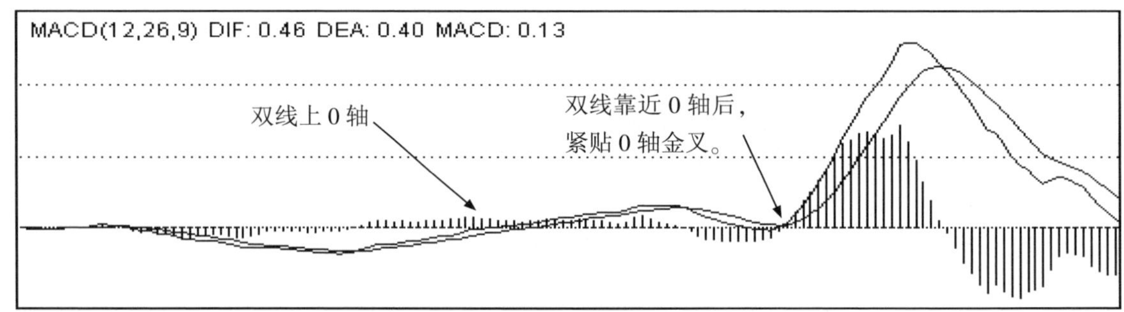

图13—3　0轴上金叉典型图样

13.4 MACD之加油战法

MACD加油形态分为两种，一种是正向加油，另外一种是反向加油。正向加油继续看涨，而反向加油继续看跌。如图13—4所示是这两种形态的图样。

图13—4中的上面是正向加油形态，下面是反向加油形态。正向加油的核心特征类似于将死不死，意思是DIF靠近DEA后有死叉倾向，但在未死叉前再次掉头向上，形成加油形态。柱状图上即表现为柱状先缩小再放大的形态，深层原理是正常洗盘然后再次走强。

反向加油形态的核心特征类似于将金不金，柱状同样是先收缩再发散，只不过与正向加油形态相反而已。两种加油形态如果在0轴附近出现，则后面股价加速的可能性越大，力度越强。

特别要注意观察柱状“长短长”的变化规律，加油当天的那根柱状长

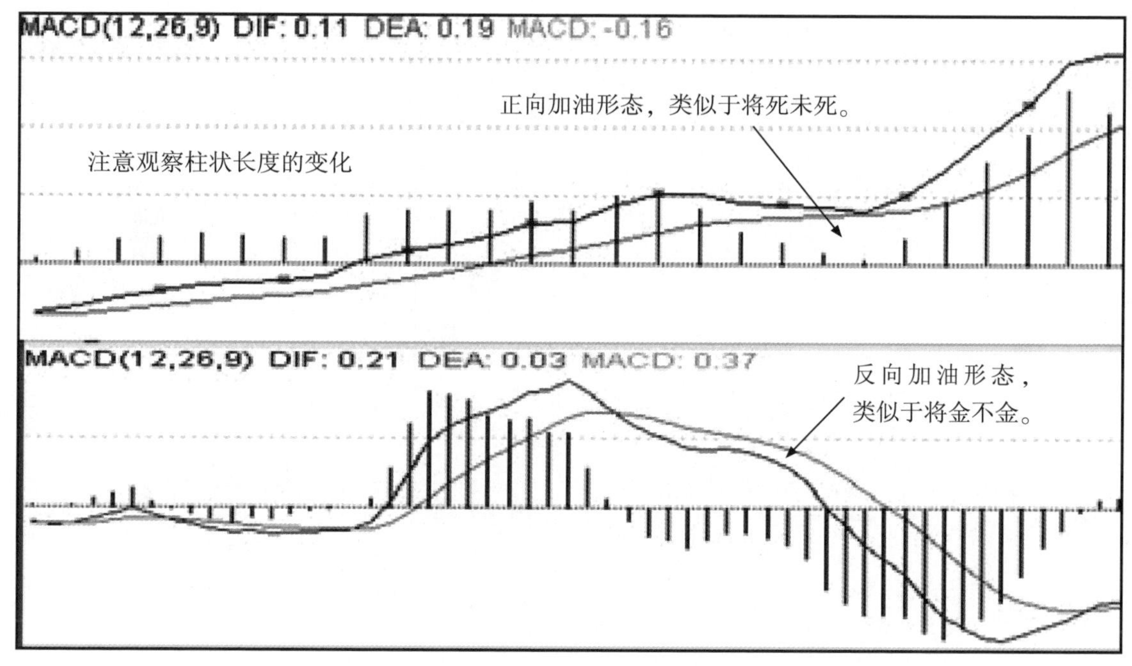

图 13—4　MACD 两种加油形态

度相对越长，则说明趋势越明显。本书后面的战法中会有专门的此类选股公式，无论普通的做多，还是融资融券做空都会有所涉及。

13.5　典型案例：神农大丰（300189）

如图 13—5 所示是神农大丰（300189）的日 K 线走势图。

图中显示，该股在涨停后跳空连续强势整理两天，期间缺口并未补掉。关键看下面的 MACD 柱状仍然在逐步向上发散变长，斜率在维持，满足强势股的斜率战法。通常可以在整理缩量的同时介入，也就是跳空后的第二天，因为斜率在保持就说明当前整理属于正常范围内的整理，后面再次冲高的概率极大。

结果如图中显示，该股在暴起后的第三天出现大幅冲高，开盘后便有冲板气势，超短线收益十分明显。注意细细体会战法的核心特征是柱状斜率在整理过程中能够保持的原因。

再给出了两个典型案例，如图 13—6 所示，希望能给大家更多启发。

图 13—6 中的左图是房地产龙头珠江实业（600684）的截图，右图是碳酸锂涨价概念龙头众和股份（002070）的截图。图中显示它们都满足斜率战

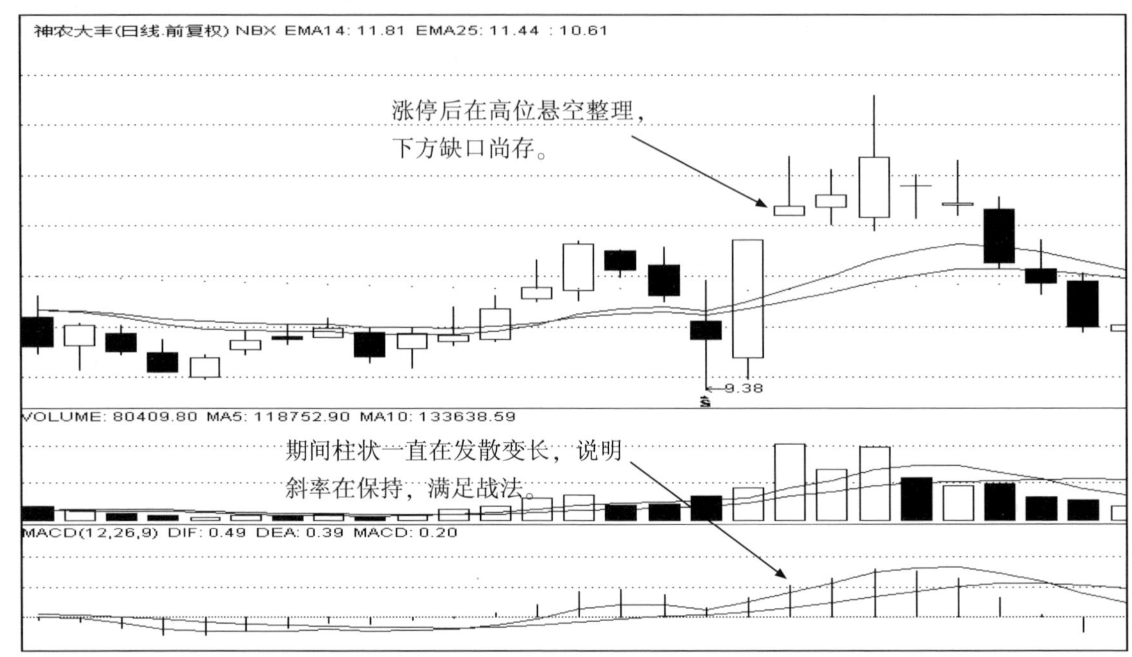

图 13—5 斜率战法图 1

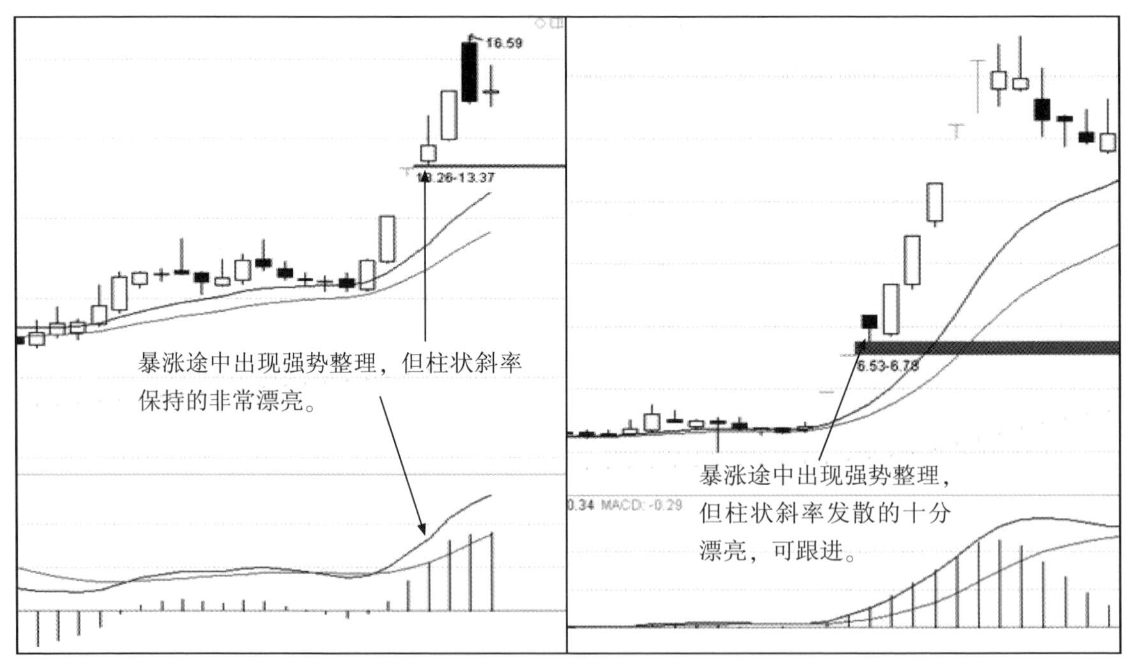

图 13—6 斜率战法图 2

法，走势骄人。其中众和股份还满足其他两个战法，一个是 MACD 的 0 轴战法，还一个是后面章节要介绍的一字板战法，所以走势才会如此夸张。

13.6 典型案例：江山股份（600389）

如图 13—7 所示是江山股份（600389）的日 K 线走势图。

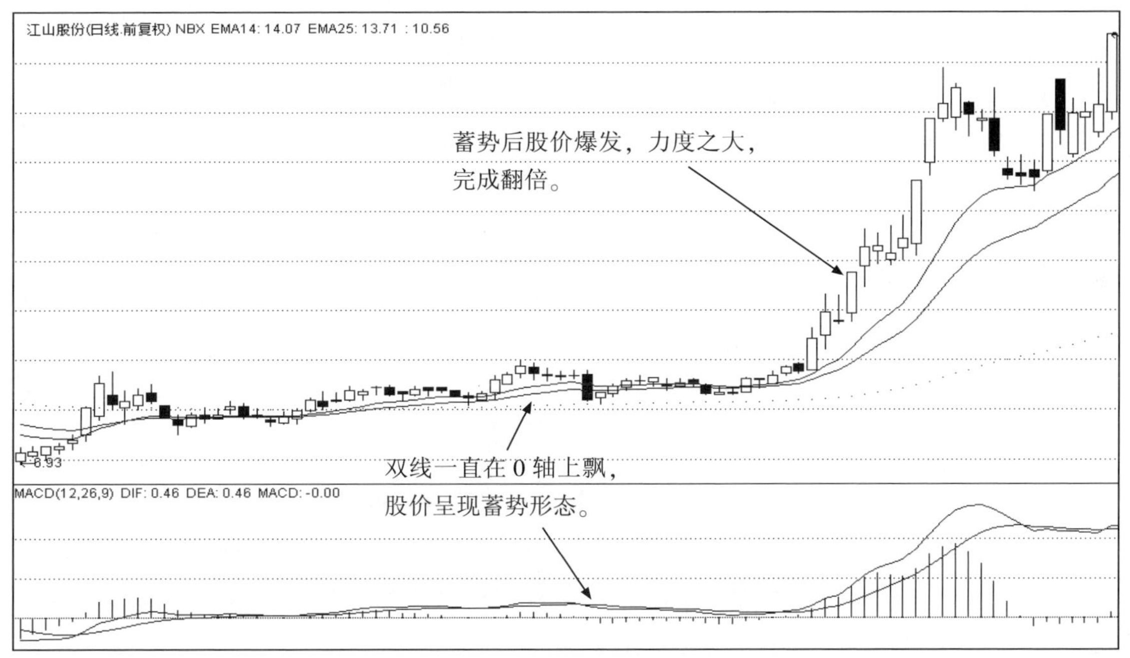

图 13—7 平飞战法图例 1

该股具有草甘膦涨价概念，仔细观察该图，你会发现它在爆发前相当长的一段时间，MACD 的双线一直都在 0 轴上平飞。这种平飞的走势可以理解成股价的蓄势期，原理是主力的吸筹阶段。

这只股经过长期的双线平飞后最终爆发，一举成为草甘膦龙头，最终完成了翻倍宏业。股价经历第一波暴起后还在高位起了两波，强势度非常高，且延续性十足，由此说明该战法的威力。这种走势让技术面趋于完美，再加上题材的刺激，如虎添翼，疯狂飙升也在情理当中。

下面再给出两个典型案例，分别是慢牛股和大牛股两种类型，以起到逐步深化的作用。

（1）慢牛股类型。如图 13—8 所示是酒鬼酒（000799）的日 K 线走势图。

图中显示，该股一直呈现走牛形态，期间 MACD 的双线一直在 0 轴以上平飞，飘来飘去，最后股价出现加速，双线开始远离 0 轴，因此完全可以用

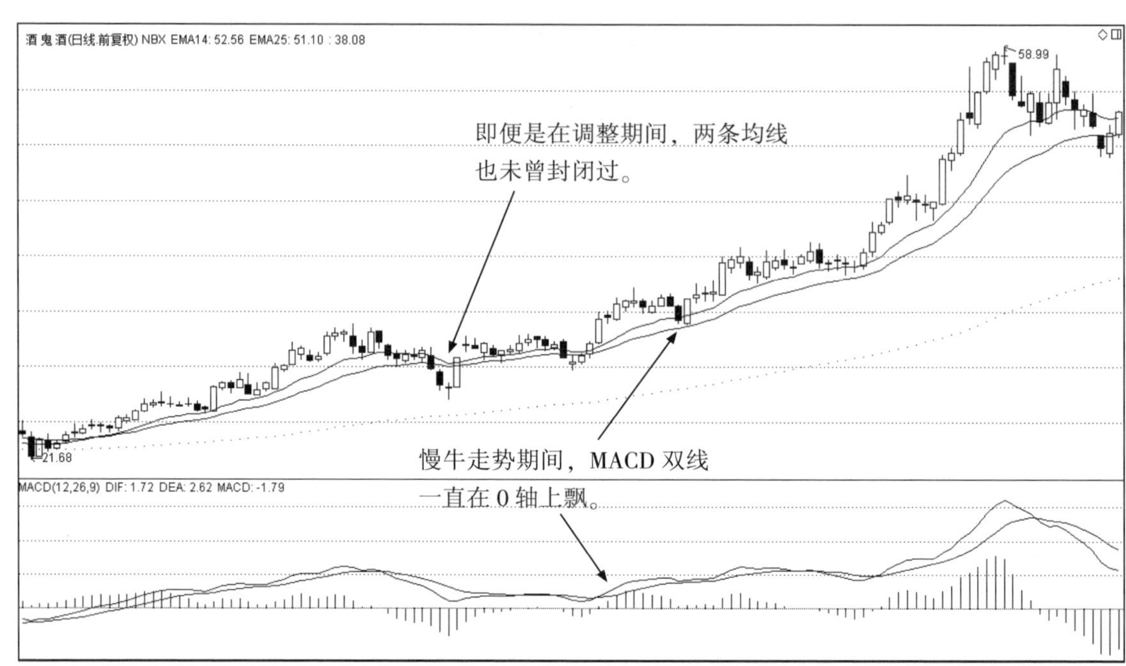

图 13—8　平飞战法图例 2

这个战法来判断个股是否处于强势区域。另外，该股整个上扬期间两条均线均保持通畅，即便是调整时期也没有封闭过，这个也可以作为强势股的参考。

（2）大牛股类型。如图 13—9 所示是双钱股份（600623）的日 K 线走势图。

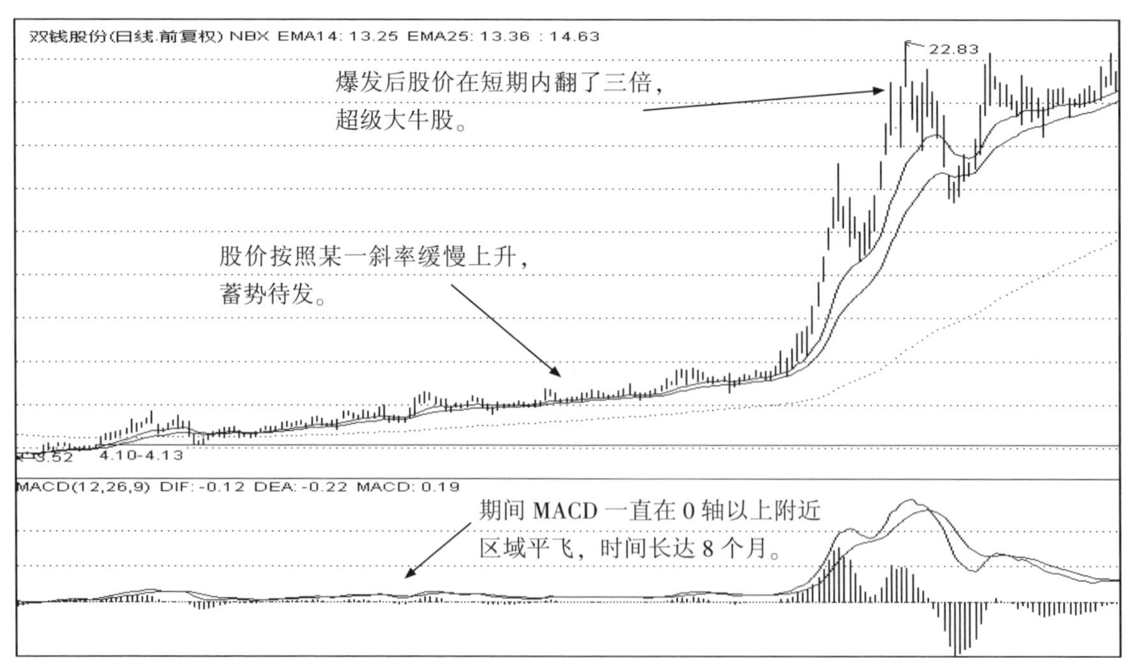

图 13—9　平飞战法图例 3

图中显示，该股在爆发前经历了长达8个月的缓慢上升蓄势，期间MACD的双线一直在0轴上方平飞，形态十分漂亮。结果爆发后股价在短期内便翻了三倍，成为名副其实的超级大牛股。

13.7 典型案例：浙江东日（600113）

如图13—10所示是浙江东日（600113）的日K线走势图。

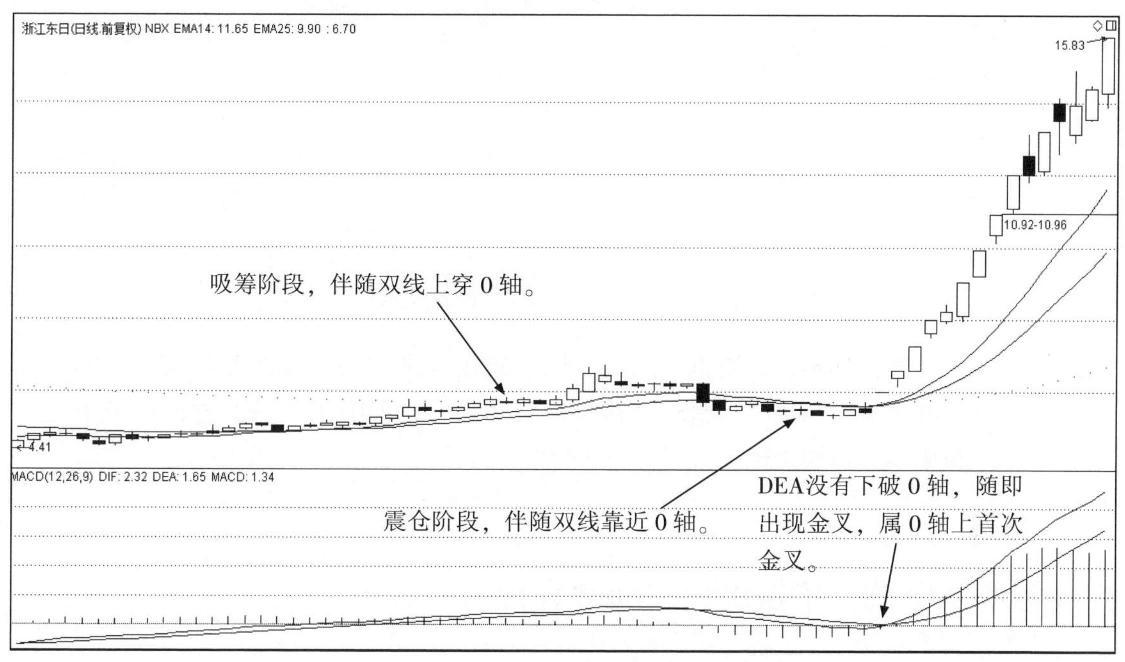

图13—10 0轴上首次金叉战法图例1

图中显示，该股在爆发之前进行了标准的吸筹和震仓走势，伴随着MACD的双线上0轴和靠近0轴的走势。但靠近后，DEA的值最低就到0.04，并未下穿0轴，随后便出现金叉。股价从此爆发，连续涨停，股价在短短一个月内就翻了三倍。

当然，这个跟金融改革消息的刺激有关，该股是第一个启动的龙头股，但这里是找到了超级大牛股的共有特性，说明牛股的走势必定完美，长此以往，脑袋里就会形成对牛股形态的条件反射，形成超强的交易系统。

下面再给出一个典型案例，是近期的一只超级大牛股。如图13—11所示是联创节能（300343）的日线走势图，该股是年末行情中的高送转龙头个股。

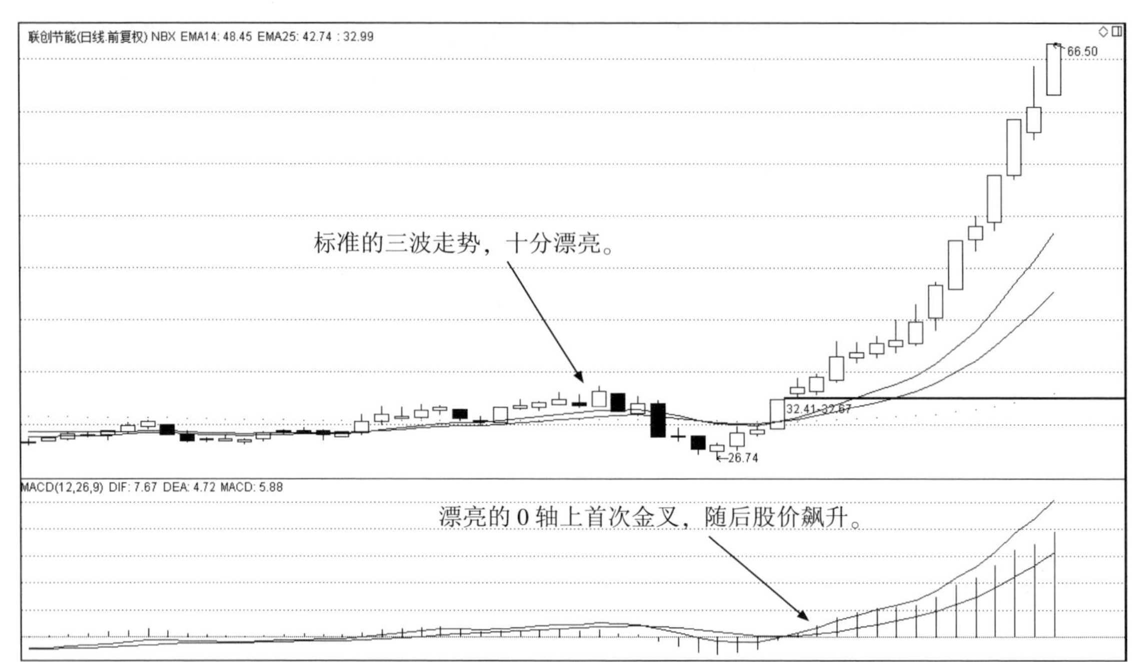

图 13—11 0 轴上首次金叉战法图例 2

图中显示，该股也是满足 0 轴上首次金叉战法，走势非常满足标准的三波走势。结果在大盘环境良好以及高送转的刺激下，该股连续拉了十几根阳线，短期之内实现了翻倍。

13.8 典型案例：华银电力（600744）

如图 13—12 所示是华银电力（600744）的日 K 线走势图，该股具备页岩气概念。

图中显示该股在 0 轴上方附近出现了非常漂亮的加油形态，当天股价跳空强势涨停，与公司涉足页岩气有关。之前页岩气就遭到市场热炒，出现了诸如宝莫股份（002476）和山东墨龙（002490）之类的大牛股，其他小牛股也为数不少。市场对于这种新型能源的炒作十分青睐，甚至出现了一沾边页岩气就必涨的局面，如同稀土一般神奇。

因此该股起跳形成明显加油形态的当天就应该引起高度重视，另外研究后还会发现此股是长期以来首次上 0 轴，由于将死未死的加油形态可以等同于金叉，因此也满足 0 轴上首次金叉战法。这些特征和理由都足以说明该股很可能会连扳，如果第二天集合竞价特征满足的话，完全可以直接追板。

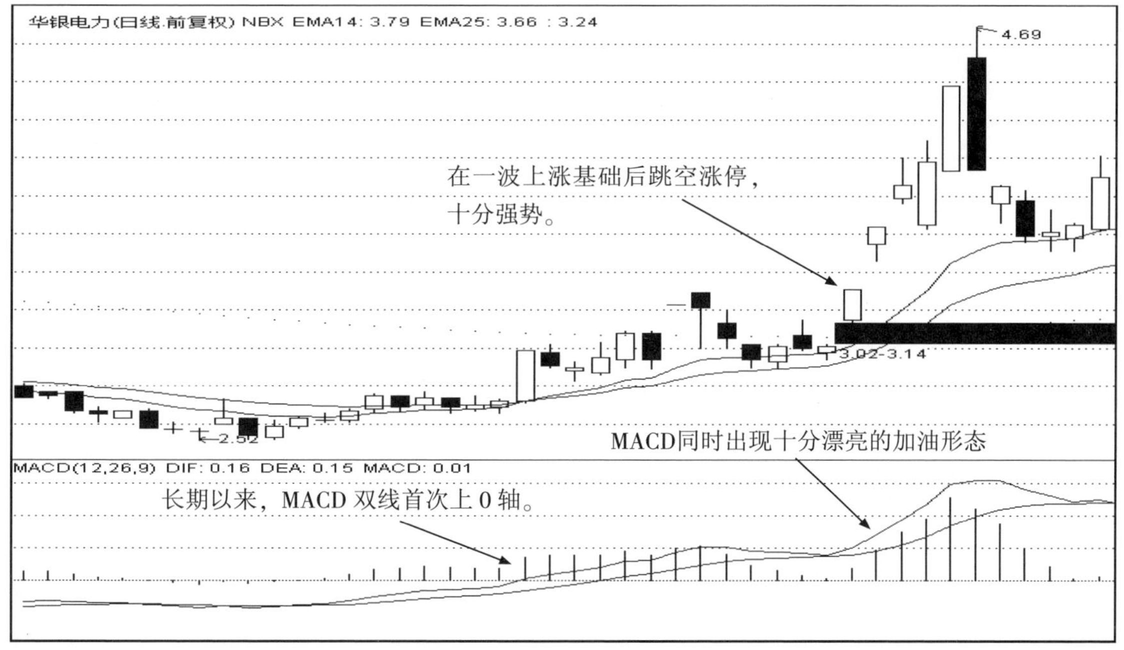

图 13—12 加油战法图例 1

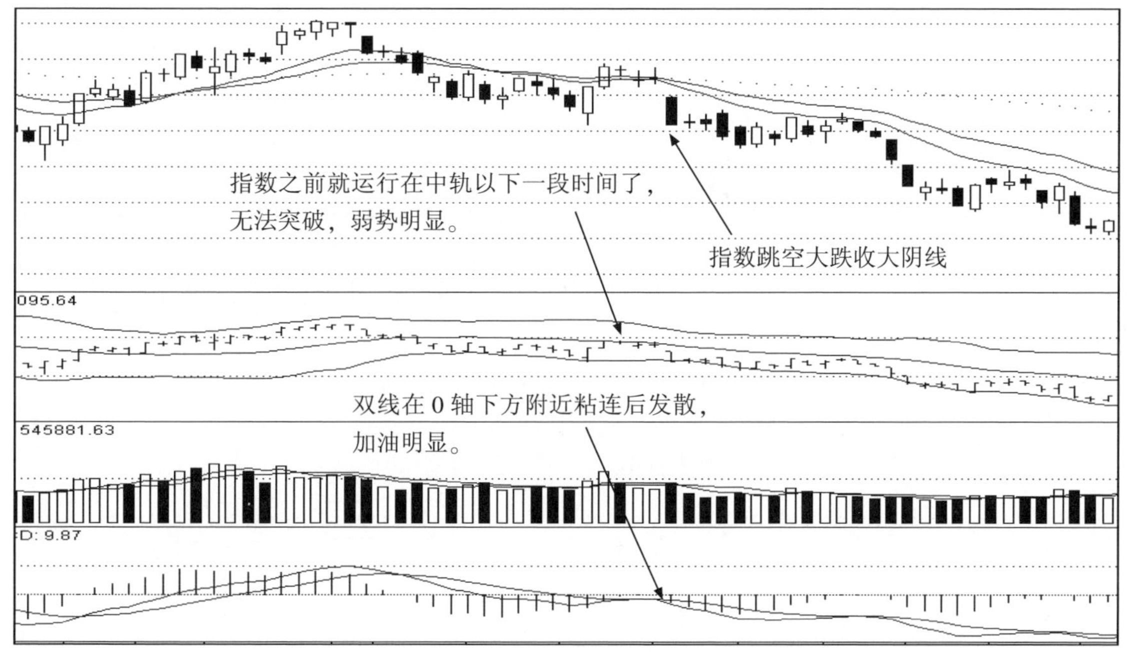

图 13—14 大盘指数反向加油

但这样的机会只能属于盈利模式是最高模式的一类人，他们是超短高手，只做热点和龙头，并且敢于出击。一般的投资者即便做不了这种股票，也可以欣赏一下，加深对 MACD 加油战法的理解，从而应用到自己的模式中。

图 13—13 是一个反向加油的案例，该股恰好在 0 轴附近出现的加油，随后股价持续暴跌。

其实不只是个股，MACD 加油战法还适用于各类指数，如大盘指数等。经笔者亲自一一验证，该战法甚至还适用于期货、黄金、外汇等投资品种，因此非常值得学习和借鉴。如图 13—14 所示是大盘指数 2012 年 6 月初在 0 轴附近出现的反向加油走势，随后大盘步入长达几个月的阴跌走势，指数不断刷新低点，可见 0 轴加油的威力。

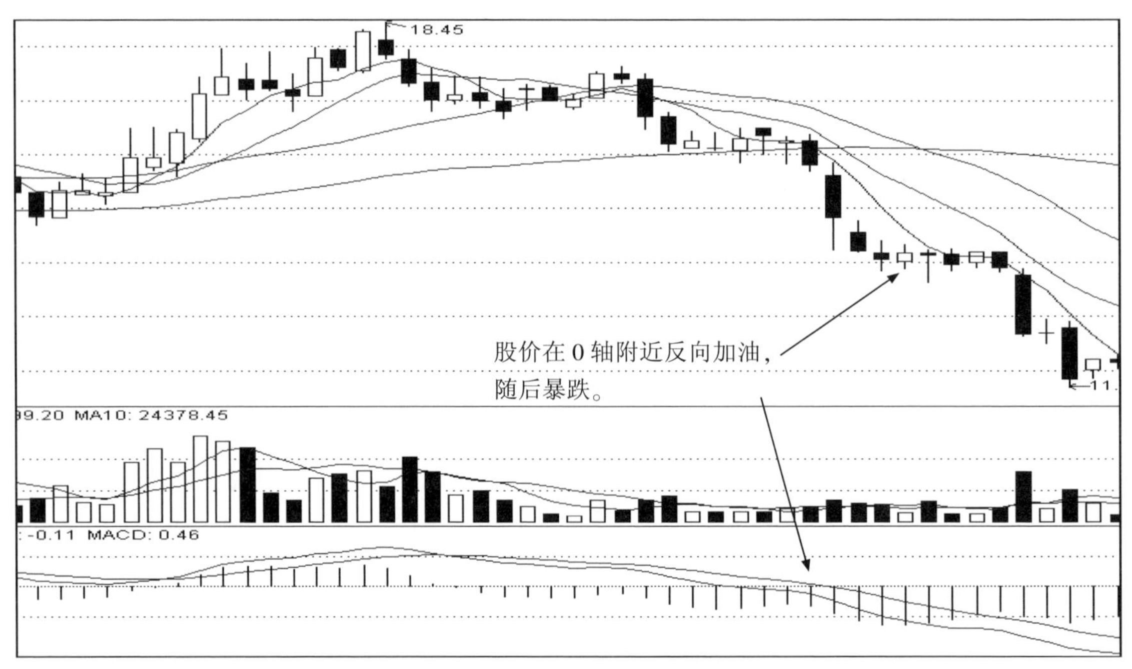

图 13—13 加油战法图例 2

第 14 章　量能均衡战法

音乐喷泉之所以能随着旋律翩翩起舞，时而急促喷张，时而舒缓优美，是由于内部有强大的电动机在带动着水流运行，量能充盈，才会有如此美不胜收的盛景。瀑布一落三千尺，直击深潭，溅起无数银花，出现雾里看花、魂牵梦绕的美景，是因为水流从高处落下具备很强大的动能。

由此可见，量能充足才能造就传奇，反之量能匮乏则犹如一潭死水，了然无趣。如果把一只股票的运行周期比作春夏秋冬的话，那么量能火爆的时候犹如烈日骄阳的夏天。而作为投资者的我们，应该只关注处于夏天里的股票，由于这些股票价格波动大且快，因此研究战法的价值很大。这里介绍一个以此为基础原理的高级战法，为了便于理解，特此命名为量能均衡战法。

14.1　战法原理 1：阶段平均量能足且均匀

量能足且均匀的阶段，犹如个股的夏天，热情似火，股价波动幅度大且速度很快，超短获利的机会较多。仔细观察，该原理其实有两个重要条件，一是量能足，二是阶段要持续均匀。

提到量能足也许大多数人会联想到成交量，会认为成交量越大，则量能越充足。对于个股而言，在流通股数不变的情况下，上面的结论是成立的，但对于不同个股而言，仅仅通过成交量来对比量能强弱，并不能真实反映实际情况。因为成交量是相对的，小盘股和大盘股之间的成交量就没有多少可比性。几万手的成交量对于袖珍股而言，成交算是比较活跃的，但对于大盘股而言，就算是最平淡的盘整行情都不止这个数，活跃起来可能成交量会达到几十万手，甚至百万手。

由此可见，如果单纯用成交量来表示个股是否活跃，量能是否充足，准确度明显不够。经验表明，换手率是最能表示个股活跃度和量能指标的。从筹码之间的带动性来理解这个问题相对容易，换手越高，流通盘中活跃的筹码比例就越大，对其他筹码的带动和影响程度就会越大，相对容易盘活整个筹码，从而长时间保持较高的活跃度。

如图14—1和图14—2所示是成交量和换手率的对比说明，证明只有换手率才能表示个股是否具备充足的量能，而非成交量。

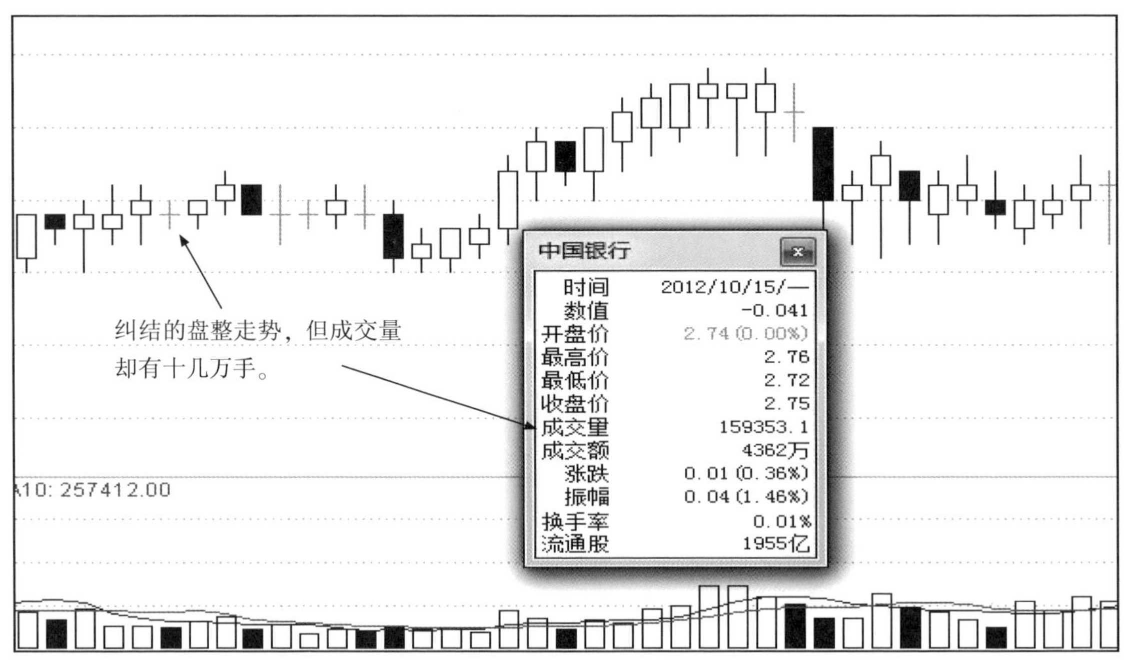

图14—1 成交量与换手率对比1

图14—1显示，该股小框中当天成交量达到近16万手，而换手率却只有区区0.01%。

图14—2中显示，该股当天的成交量只有两万多手，还不到图14—1中成交量的两成，也就是说图14—1中的个股成交量要远远大于图14—2中的个股，但从K线走势上来看活跃度却比图14—2低得多。由此可见成交量并不能代表股价运行的量能大小。

相反可以看到图14—2中的个股换手率却超过20%，图14—1中的换手与之相比只不过是沧海一粟，不值一提。因此换手率才能真正体现股价的活跃度和量能大小。

原理的第二个条件是阶段量能均匀，也就是换手要能维持下去。之所

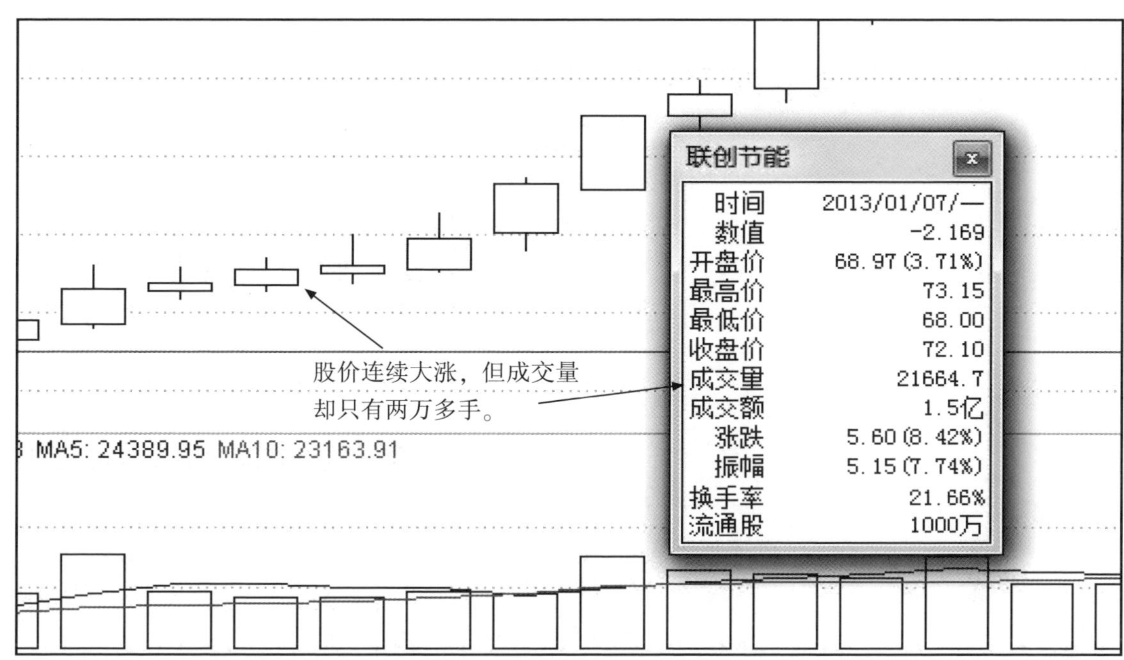

图 14—2　成交量与换手率对比 2

以要强调这个条件是为了保证个股是真正处于强势区间，而非刺激导致的短暂异动，然后很快回归原状，出现下跌途中所谓的诱多假突破走势。

一波新走势如果没有持续到一定时间有可能会失败，犹如刚出生的新生儿如果没有倍加呵护，采取必要的保暖等措施，很可能会有夭折的风险。亦如开国皇帝初定江山，如果不让百姓休养生息，军队养精蓄锐，及时夯实帝位，可能会有被残余势力翻盘的遭遇。

所以时间对于新走势是否能延续下去至关重要，只要一波新行情能持续到一定时间，那极有可能形成大反转，产生大行情。用到这个原理上就是充足的量能可以持续一段时间，量能均匀，具备良好的操作机会，而不是量能不均匀，只是昙花一现，过眼云烟，成为诱人陷阱。

图 14—3 和图 14—4 分别展示了这两种情况。

图 14—3 所示的是量能不均匀的情况。图中显示，该股在下跌途中股价异动，量能突然暴起，现电杆小草型，但持续时间非常短，量能很快回归到之前水平，高量能并没有持续，说明该股不具备良好的操作机会。结果图中显示，该股随后继续阴跌。

图 14—4 中显示的个股便是量能均匀类个股，该股自从发动行情后量能就没有回归到之前水平，而是一直维持在一个较高水平，股价高低起伏幅度很大，具备良好的短线操作机会。

图 14—3 量能不均匀情况

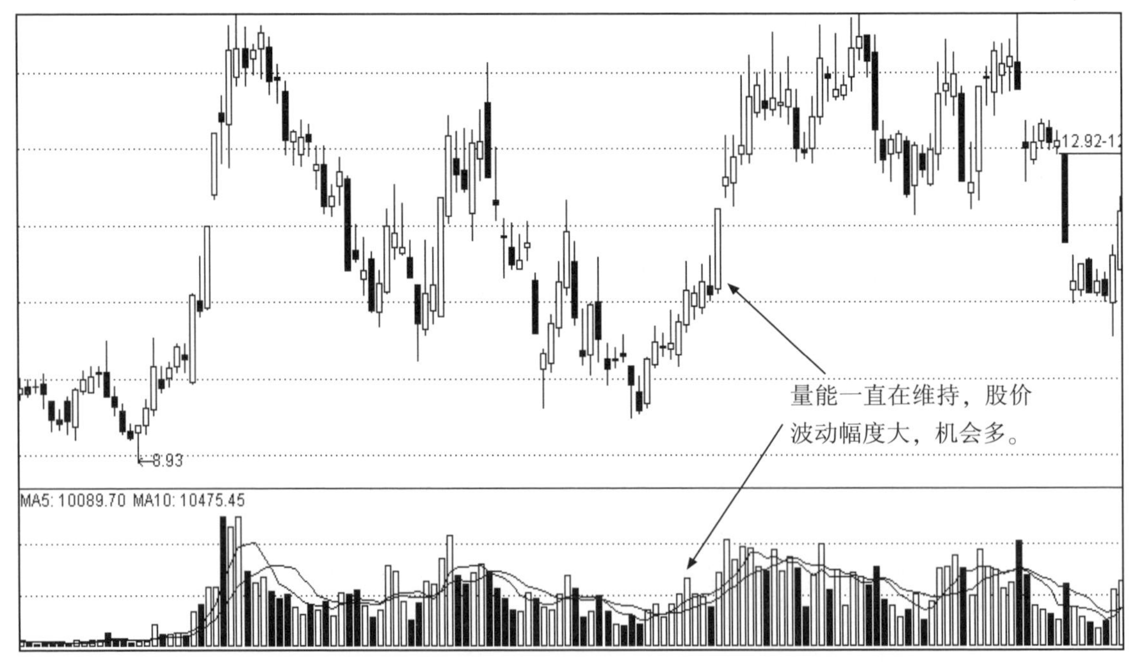

图 14—4 量能均匀情况

前面分别讨论了量能充足及均匀的问题，图例较为分散，不能全面直观地说明问题。下面是一个较为标准的满足量能均衡战法的个股走势图，希望大家能将本小节的战法原理领悟通透。

如图 14—5 所示是一只满足量能均衡战法的标准图样，一般此类个股都是小盘股居多。

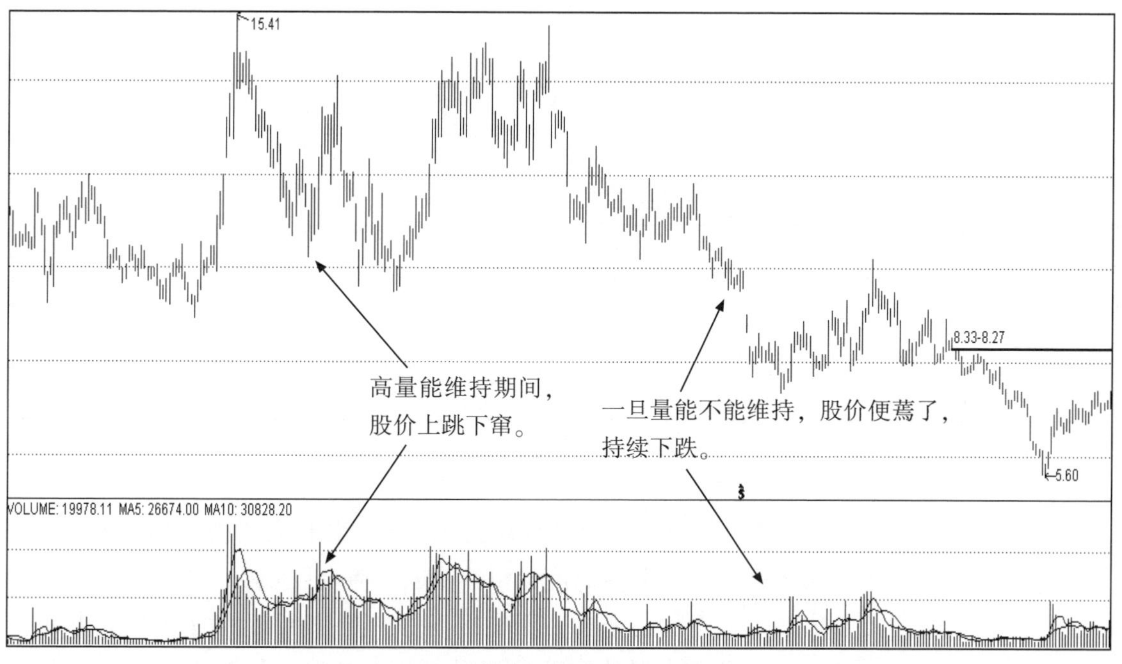

图 14—5　量能均衡战法标准图

图 14—5 中显示该股自从行情启动后高能量一直保持了很长一段时间，期间股价波动剧烈，超短机会众多。而到后期量能快速萎缩，不再维持，股价便每况愈下，甚至演变为暴跌。

由此可见，只有量能高且均匀的阶段股价才具备良好的操作机会。

14.2　战法原理 2：强弱转换关系更明显

量能充足且均匀的个股更容易表现出较好的强弱转换关系，深层次原因在于筹码在每个单位价格上沉淀的较为充分，股价在波动过程中会拨动这些价位上的筹码。它们对于价格趋势既有阻碍作用，也有助推作用。

筹码在价格上分布的越密集均匀则这种作用越强，相反，越稀疏分散则作用越弱。作用强则股价的强弱转换关系越明显，股价的可预判性就越高。相反，强弱转换关系越不明显，股价的波动具有高度随机性，操作就具有高度不确定性，风险系数大。

如图 14—6 的示意图分别表示出了量能均匀与不均匀两种情况下的筹码分布。

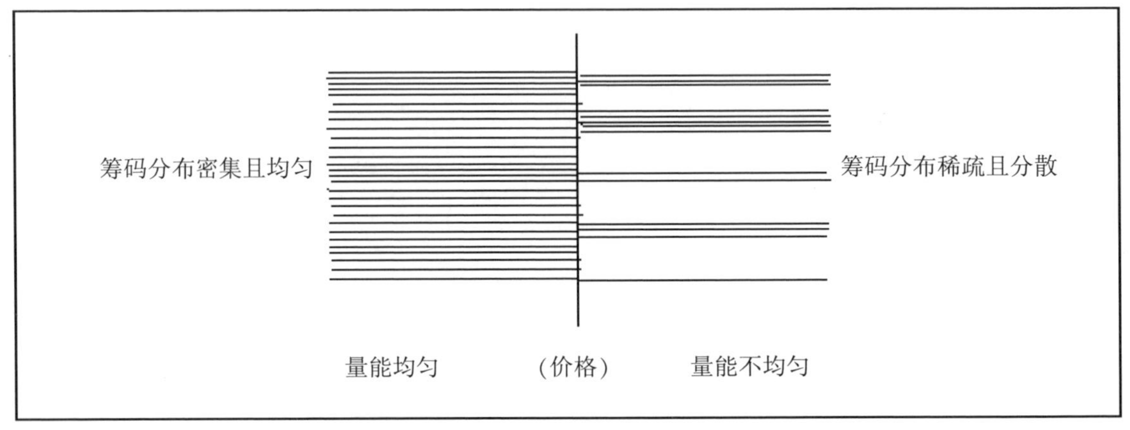

图 14—6　筹码分布对比

从图中可以看出，量能均匀的筹码在各个价位上沉淀的均匀且密集，而量能不均匀的个股筹码沉淀的价位相差较远，稀疏且分散。

量能均匀的个股运行起来相当于在区间每个价位上受到的阻碍和推动力是一致的，股价可能遭遇的推动力和阻力基本可判，意外基本消除。而量能不均匀的个股成本区域有真空区，股价可能突然加速也可能遭遇密集区戛然而止，大幅回落，股价的可预判性很差，容易造成操作失败。

如图 14—7 所示表示出了这种良好的强弱转换关系，其中黑色菱形表示弱势，而白色表示强势。

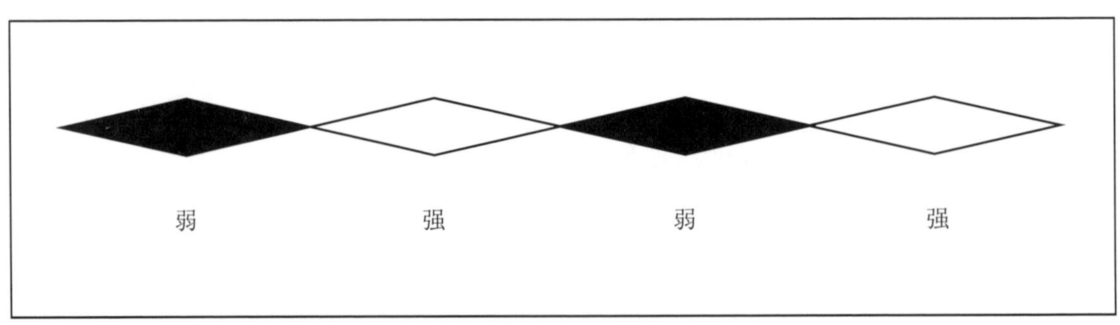

图 14—7　强弱转换关系

图中菱形的垂直距离表示强弱的程度，由此可知菱形的两端程度最低，而中间程度最高。也就是说，该图形表示，弱势逐步加强，然后减弱，随之出现强势初期、中期和后期，强势度减弱后便再次出现了弱势初期，以此循环，周而复始，便形成了股价的高低起伏。

这种转换关系是循循渐进的，量能是逐步汇聚也是逐步散发的，中间不会出现量能级别的跳跃，而是逐级进行的，可预期性很强。

14.3 关键战术 1：公式筛选出阶段量能均衡个股

这里用一个公式来筛选阶段量能高且均匀的个股，公式被命名为“量能均衡”，编写公式的截图如图 14－8 所示。

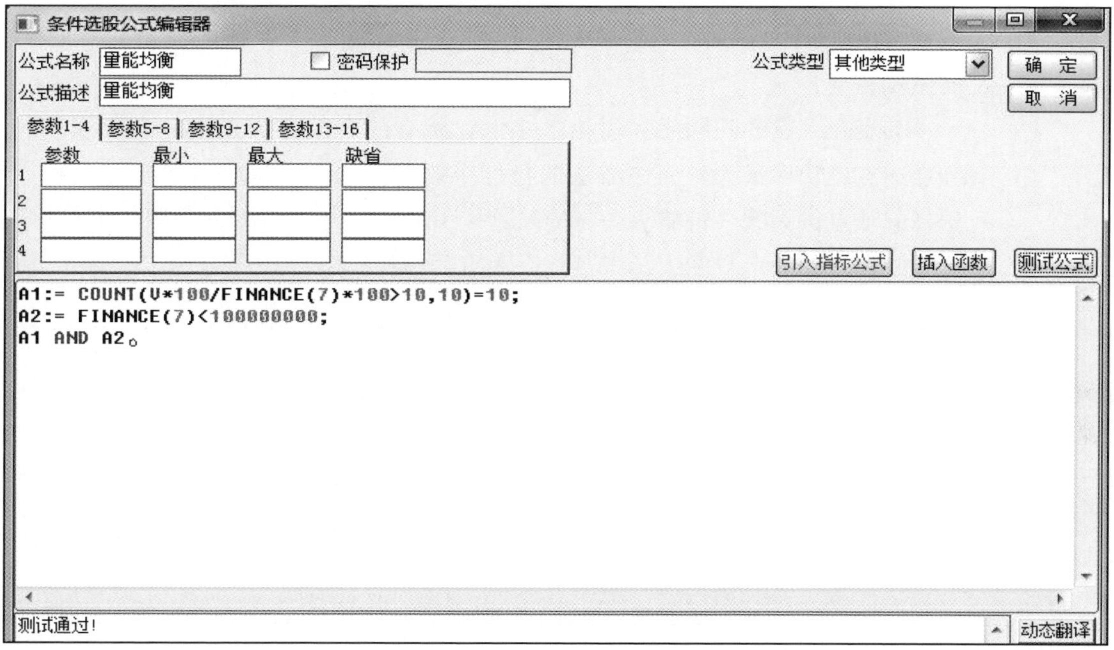

条件选股公式编辑器

公式名称 量能均衡　　密码保护　　公式类型 其他类型　　确 定

公式描述 量能均衡　　取 消

参数1-4 | 参数5-8 | 参数9-12 | 参数13-16

	参数	最小	最大	缺省
1				
2				
3				
4				

引入指标公式　插入函数　测试公式

```
A1:= COUNT(V*100/FINANCE(7)*100>10,10)=10;
A2:= FINANCE(7)<100000000;
A1 AND A2。
```

测试通过!　　动态翻译

图 14－8　量能均衡公式

该公式的具体代码如下：

A1：＝COUNT（V＊100/FINANCE（7）＊100＞10，10）＝10；

A2：＝FINANCE（7）＜100000000；

A1 AND A2。

其中 A1 表示近 10 天每天的换手率都在 10％以上，满足量能高且均匀的条件。另外此前提到过一般能运用该战法的个股都是小盘股，流通盘最好不超过 1 个亿为佳，因此 A2 就限制了流通盘小于 1 个亿，以保证个股具备良好的动能延续性。

选出的个股最好能结合市场当前的热点来操作，热点容易受资金追捧，这样就能进一步加大操作的成功率。该战法的操作周期一般是超短或短线，快进快出，见好就收，充分发挥投机操作优势。

14.4　关键战术2：调整后的首次转强及特殊加强信号

筛选出满意的个股后加入到对应的股票池进行监控观察，目标股必须是调整后的首次转强才能进场，否则放弃。因此只有首次转强才能保证股价具有后续上涨动力，从而保证操作的成功率。因为此类个股价格波动幅度大，风险大，对买卖点的把握更应该精准，否则即便看对也可能做错。

其实介入点的问题已经讨论了多次，所有的有效介入点里只有起涨点和加速点成功率最大。而该战法的目标个股对介入点要求很高，因此只能选择起涨点作为唯一策略。

图14—9的示意图表示了最佳介入点的选择。

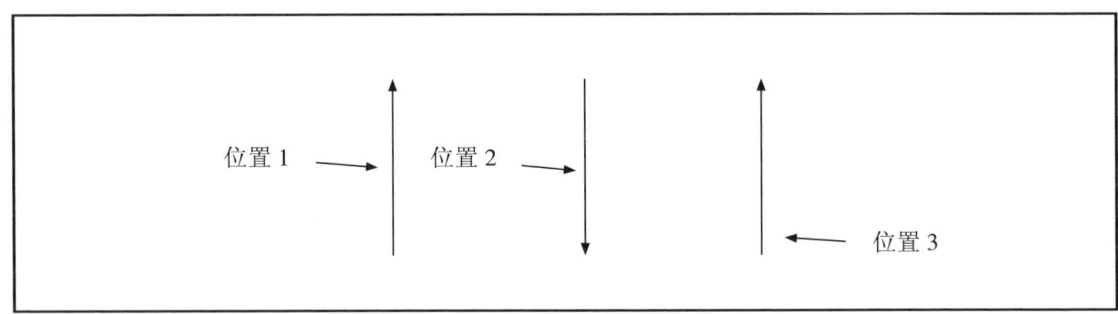

图14—9　介入点的选择

图中的位置1和位置3是有效介入点，而位置1处于趋势中期，属于加速点。位置3属于趋势初期，是调整后的首次转强点，也就是本战法的最佳介入点。

在实际操作中，这种首次转强点会有各式各样的走势，最为普通的就是直接走好，K线形态没有什么特别的地方。此类走势把握起来难度相对偏大，除非在一些关键位置出现才相对容易把握，比如60日均线、120日均线等。

有部分特殊的走势成功率非常高，比如T线、阳包阴、反击线、缺口，等等。这些 K 线本身就具备良好的强势特征或止跌效果，因此相对于普通走势而言把握会更大一些。

如图 14—10 所示是 T 线和跳空 T 线的图例。所谓跳空 T 线，是股价低开后大幅杀跌，最后股价回升但仍然没有回补跳空缺口，形成下影线很长的跳空 T 线形态。

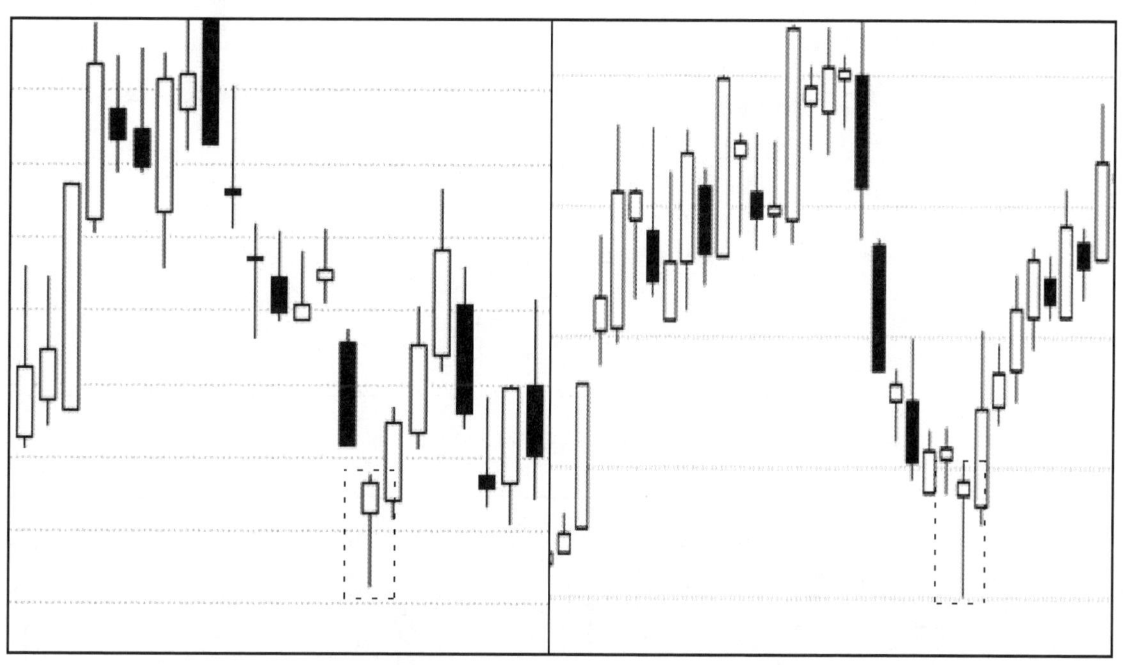

图 14—10　T 线及跳空 T 线

图中虚线框内的形态分别为跳空 T 线和 T 线加强信号，随后股价都出现快速回升，短线收益明显。

如图 14—11 所示是缺口类加强信号，分为普通缺口和岛形两种。普通缺口只是有一个向上的缺口，股价在高量能运行过程中一直未向下回补缺口，说明依然强势，继续向上暴起的可能性很大。岛形信号是指当前是前面发生孤岛反转后的走势，且在运行过程中岛形一直存在，一旦向上起爆，往往威力巨大。

图中左边是普通缺口，右边是岛形，明显可以看出来岛形的个股一般爆发力要大得多。

如图 14—12 所示是反击线和搓揉线加强信号，两者都是效果非常好的洗盘结束信号，有浓重的即将上涨的意味。

图中左边是反击线加强信号，右边是搓揉线加强信号。虚线框内的 K

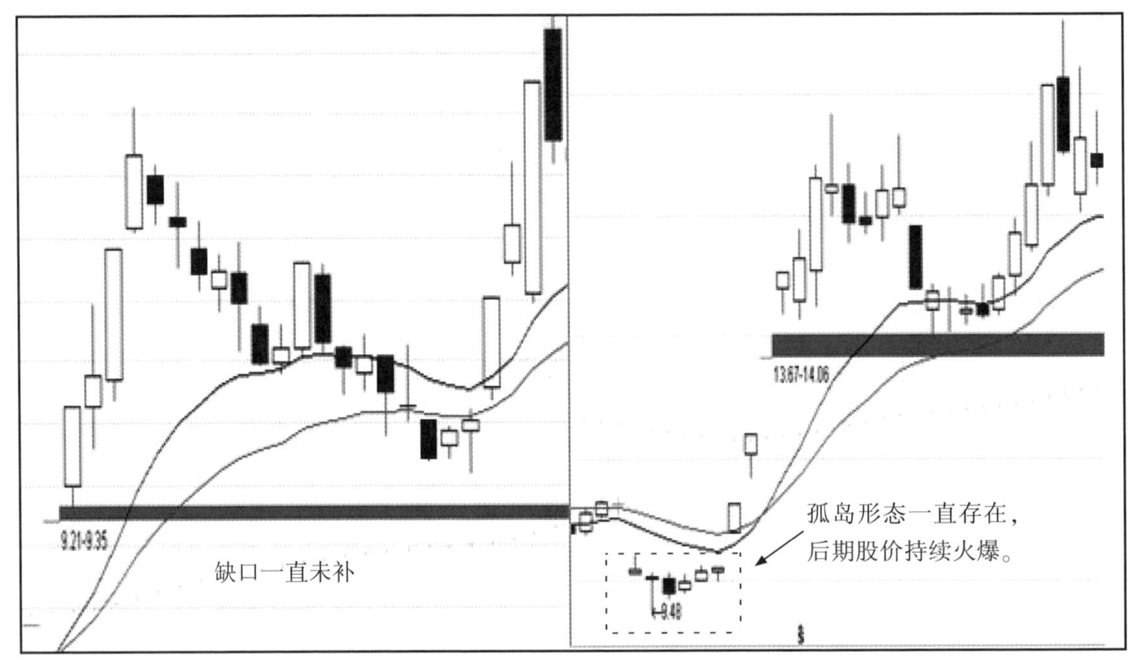

图 14—11　缺口类加强信号

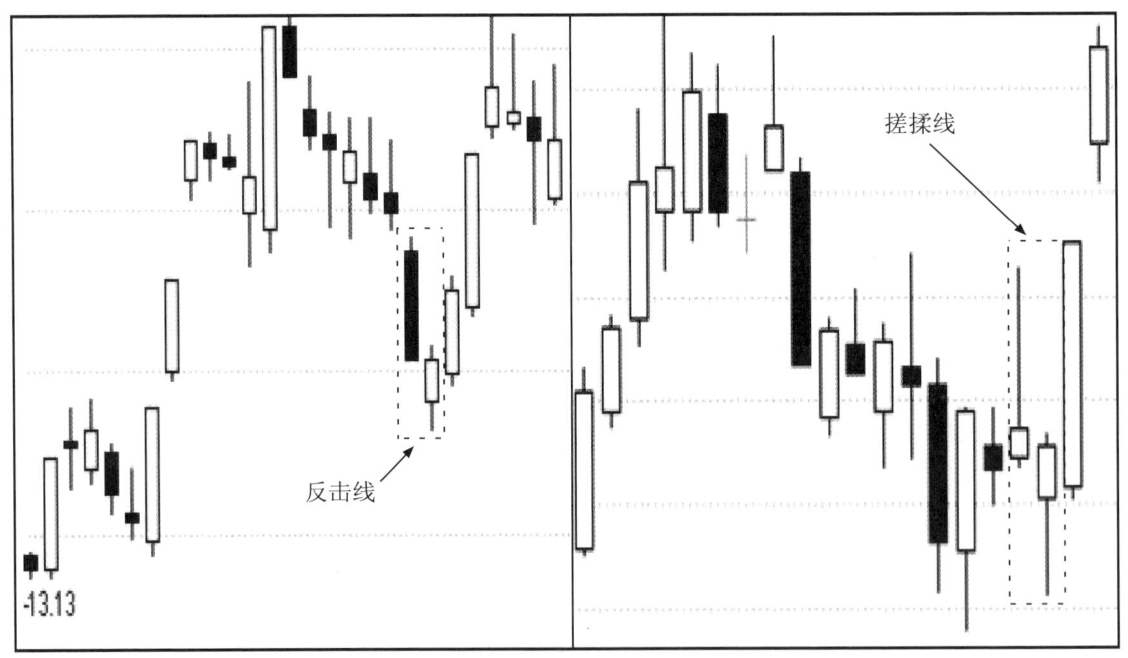

图 14—12　反击线和搓揉线

线是核心形态，注意结合形态定义进行理解。

以上列举了一些比较常见且成功率很高的特殊加强信号，在实际操作过程中，多观察和运用。高换手类个股是短线操作的摇篮，技术精湛后稳定的收益会超乎你的想象。

14.5 典型案例一：北纬通信（002148）

2011 年 12 月 30 收盘后使用量能均衡公式进行筛选，结果如图14—13所示。

图 14—13 选股结果

图中显示，当天共有 10 只个股被选出，其中电子信息之北纬通信、三五互联，以及文化传媒之大地传媒、天舟文化都是当时的热点。其中传媒龙头天舟文化行情启动的要早一些，截至选股时，行情已经进行到了中后期，而电子信息则刚进行到中前期，具备进一步炒作的空间，因此这里把北纬通信和三五互联作为案例进行讲解。

如图 14—14 所示是北纬通信（002148）当时的日 K 线走势图。

图中显示，该股自低位爆发后成交量一直保持在良好水平，被公式选出说明换手率已经连续 10 日保持在 10%以上，完全满足量能充足且均匀的战法条件。另外，该股属于当时市场的热点，被选出时 MACD 正有首次 0

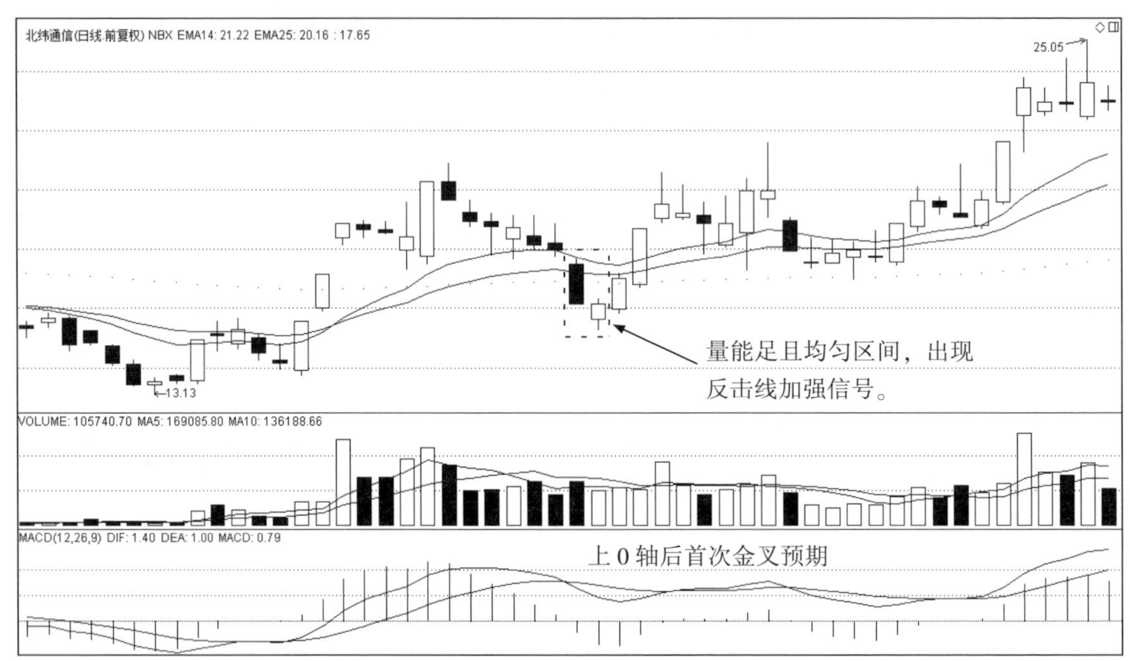

图 14—14　北纬通信日 K 线图

轴上金叉预期，因此股价还有炒作空间的可能性很大。

观察中发现，图中虚线框内的 K 线形态显示该股出现了加强信号之反击线走势，有调整后首次走强的特征，这种情况可以先在当天尾盘介入一部分仓位。只要第二天走势能继续走好，MACD 向下发散斜率不能维持，那就反向证明了反击线的有效性，应该立即放大仓位。

如图 14—14 所示，该股在第二天继续走强，MACD 发散斜率的确不能保持，很可能会成为最长的那根柱状，在尾盘再次放大仓位至目标仓位。结果反击线的第三天股价强势涨停，第四天出现冲板走势，超短线收益接近 20%，是名副其实的暴利。

14.6　典型案例二：三五互联（300051）

前面已经选出并确定了三五互联（300051）作为典型案例，跟北纬通信一样，同属电子信息类个股，是当时市场的热点。如图所示是该股的日 K 线走势图。

当时该股被选出的时候处于一波弱市中，且并没有出现任何加强信号，因此应该继续观察等待。结果随后的加速下跌后出现了跳空 T 线的加强信

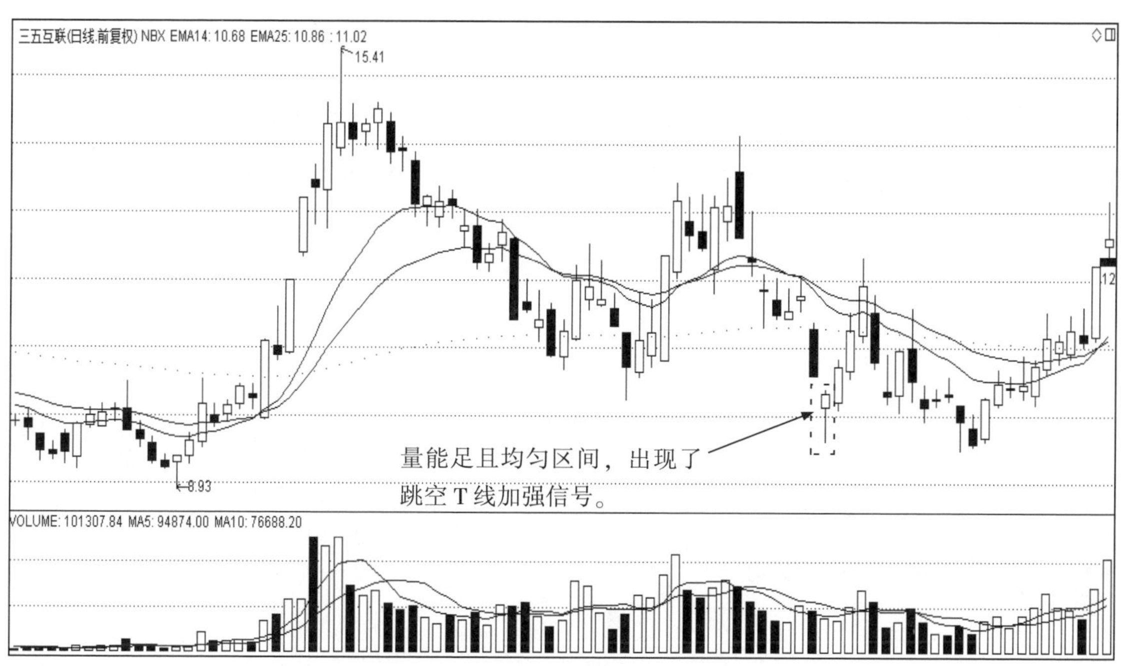

图 14—15 三五互联日 K 线图

号，止跌意味十分浓重，如图中虚线框内所示。

操作上可在出现跳空 T 线的当天尾盘，待技术形态逐步固化后介入。结果如图 14—15 中所示，该股在加强信号出现后连续大涨 3 天，短线涨幅达到十几个百分点，收益十分丰厚。

14.7 100%换手战法

为了更进一步地升华本章战法，给读者展示换手率的强大威力，这里另外附加介绍一种超高级战法。该战法从极限的角度出发，寻找个股换手率超级大的个股，必须在 2～3 天内完成 100%的筹码换手，且换手的位置必须在连续跳空的途中出现，最好是连续无量一字板后出现，股票在短短两三个交易内的换手率之和接近或超过 100%。

一般而言，这种特殊走势空中加油的概率很大，因为如此大的换手，散户是无能为力的，基本都是主力所为。因此即便是主力出货的话，散户接盘的可能性也很小，很可能是其他主力接盘或对倒，然后后面继续拉高，从而完成最终的出货。

此战法的操作风险较大，属于高风险高收益类，若抓到了一般都是暴利，收益通常都在10%以上甚至更高，若抓错了可能会遭受好几个百分点的止损。但根据经验来统计，此类战法的成功率很高，因为其存在着深层次的原理来推动，这个原理就是筹码的沉淀和换手。有兴趣的读者可以研究一下，也可以小仓位去尝试操作。记住此战法赌博的成分较大，一般操作时都使用较小的仓位。

如图 14－16 所示是长方照明（300301）的日 K 线走势图。

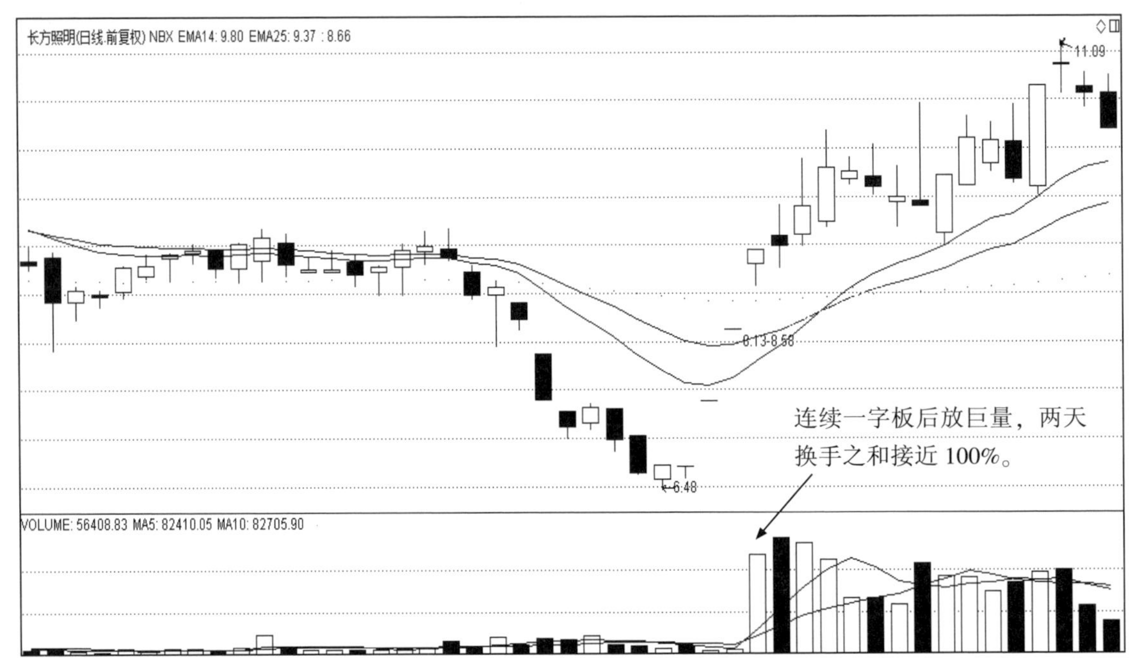

图 14－16　100%换手战法图例 1

图中显示，该股自低位起连续一字板，几乎无成交量，但是股价在遭遇前期平台时打开涨停，成交量快速放大，连续两天的换手率之和接近100%，明显满足 100%换手战法。

另外，该股是受中报公布高送转方案预期刺激导致的连续涨停，之前股价处于连续下跌中，场内主力的掌控度有限，如果不打开涨停让场外资金进场，股价很难做上去，因此此处打开涨停是空中加油的概率极大。

做了以上判断后应该果断在满足 100%换手战法的当天尾盘大胆介入。结果如图 14－16 所示，该股随后两天连续大幅冲高，超短线收益不错。

如图 14－17 所示是达华智能（002512）的日 K 线走势图。

图中显示，该股连续涨停后现一字板，随后股价打开涨停，成交量急速放大，连续两天十字星的换手率之和达到 96.39%，接近 100%，满足

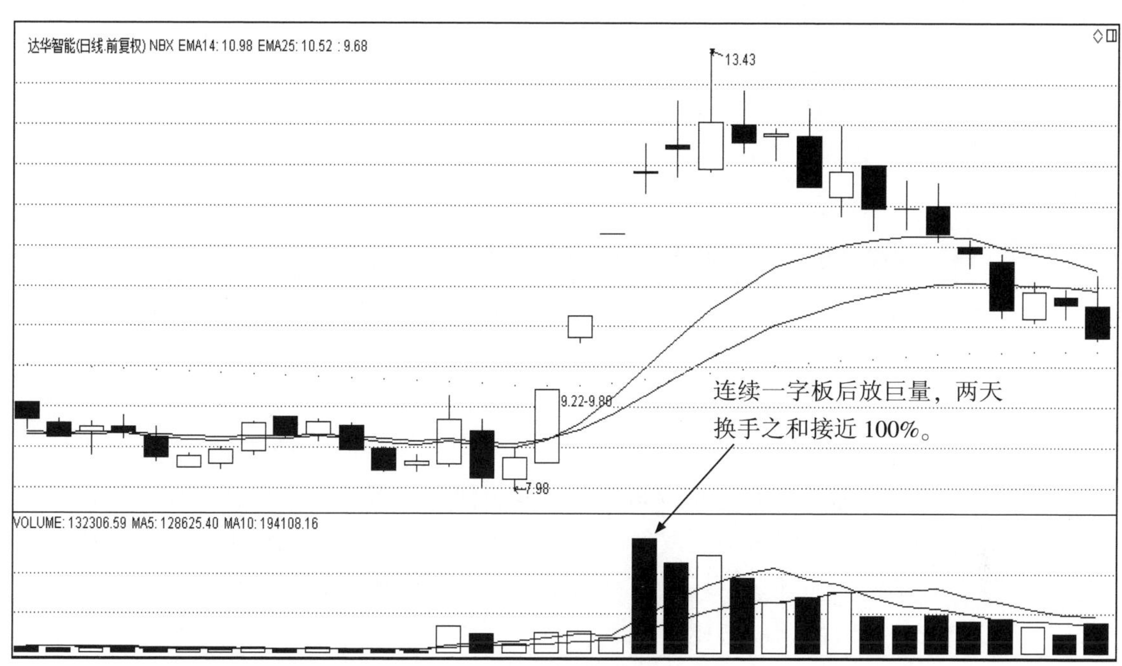

图 14—17　100％换手战法图例 2

100％换手战法。当时该股炒的是智能交通概念，板块效应十分明显，龙头中海科技快速完成翻倍，是市场的明星热点。

因此，超短的激进投资者可以在当天尾盘轻仓介入。结果该股第二天股价开盘后快速冲高封板，虽然尾盘打开了涨停，出现快速滑落，但超短收益已经到手，操作依然成功。

此类战法的例子还比较多，这里只是随意举出两个，以便读者学习所用。若还有兴趣，读者可以参考一些其他例子，如和晶科技（300279）2012 年 8 月 16～17 日，长亮科技（300348）2012 年 12 月 25 日，等等。

可能会有部分读者认为该战法太过于冒进，无异于虎口拔牙。的确如此，该战法风险很大，应该说并不适用于大多数投资者，这里只是作为研究来讨论，以提高大家对换手率的重视程度。请记住，做短线抓热点是第一，其次技术上换手率是必要的条件。

第 15 章 涨停板后维持高速率战法

以日 K 线为例，涨停板便是速率最快的走势。涨停板之后如果速率能维持的话，说明股价强度很高，完全在主力的预谋和操控下运行。犹如自行车的链条一环扣一环，没有出现断链，不停地为轮子提供着驱动力，维持车子继续向前的必要速率。

经验表明，能够维持运行速率的个股股价很容易创新高，但如何判断速率在维持。前面在介绍 MACD 相关战法的章节中提到过，MACD 中的柱状长度能够表示股价的运行速度，而这种长度是可以量化的，自然就可以用选股公式来进行筛选，也就有了本章战法的诞生。

15.1 战法原理：股价运行速度是技术之重

本章战法的核心原理就是股价的运行速度在维持，之所以必须要求满足这个条件，在于操作此类个股的前期就是股价具备十分充足的动能，才可能有良好的延续性。而延续性是保证获利的必要条件，没有延续性自然也就无法获利。

由此可见速度的重要性，它是决定动能大小的绝对性因素。由物理学上的动能公式也可以得到相应的解释，而 MACD 中的柱状长度恰好能表示出股价的速度变化。为什么呢？原因就在于：MACD 指标中柱状长度是快线 DIF 与慢线 DEA 之间的差值，而 DIF 表示的是短期的一个速度趋势，向上加速，向下则减速。而 DEA 则是对 DIF 再取加权值，是相对中期的一个走势度量。如果 DIF 与 DEA 之间的距离拉开，则说明短期速度在加速，靠近则说明短期速度在相对下滑。

因此距离拉开则柱状变长，股价加速，而距离靠拢则柱状变短，股价减速。柱状的强大在于它的长短变换之间，能够对趋势有一定的预判和指导意义，同时也给我们建立筛选公式提供了入口。

怎样的柱状走势才能表示股价运行速度在维持呢？图 15—1 的柱状图便是标准图样，请注意理解以及注意如何在实际操作中去判断。

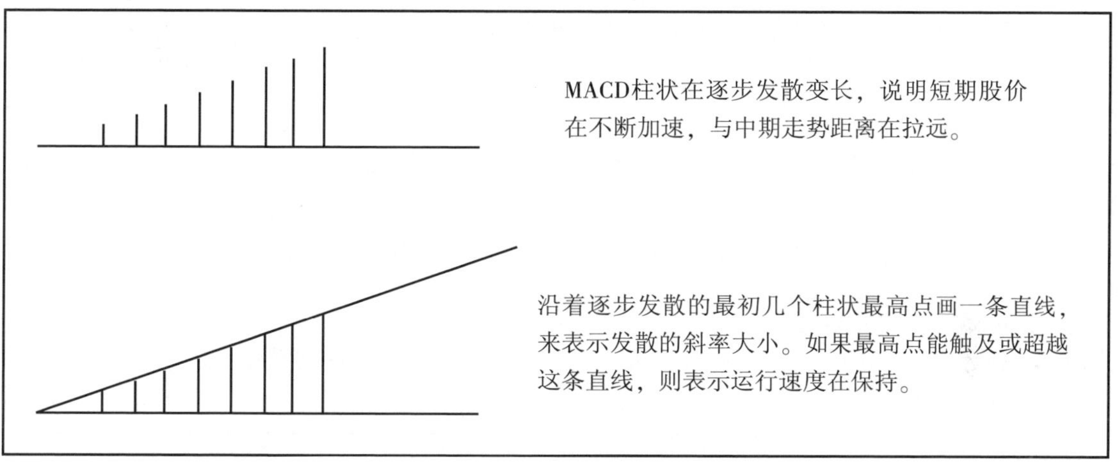

图 15—1　标准速率维持 MACD 柱状图

该图说明标准的维持速率的柱状图是柱状长度在不断加长，且需要用表示速率的直线来判定。柱状的最高点的连线能维持在一条直线上，则表明速率在维持。相反则说明运行速率在降低，股价有回落的风险。

上面是上涨做多类的标准图，柱状为红色。如果把图 15—1 中的图形垂直翻转后便变成了下跌做空类的标准图样，柱状是绿色，且逐步向下发散。此类个股有进一步创新低的动能，适合放空。

对于短期连续走势的判断，使用以上柱状斜率方法十分奏效。但对于中长期走势，由于柱状会随着走势不断翻红翻绿，甚至出现柱状背离等，判断中长期走势是否维持上涨斜率，基本就失效了。这时候就会采用布林通道中的中轨线来辅助判断。

如图 15—2 所示是一只中长期走牛的个股走势图。

图中是在 K 线图中采用了主图叠加 BOLL 指标的方式，而布林通道中轨明显呈现出良好的上升态势，且斜率在逐步加大，说明股价运行速度稳定且在加快速度。另外股价一直运行在中轨以上，同样能说明股价强势，操作上可在判断出股价中长期运行速率在保持的同时介入，直到斜率降低为止离场。

本章战法立足于 MACD 斜率的应用，因此操作周期上依然是以短线、

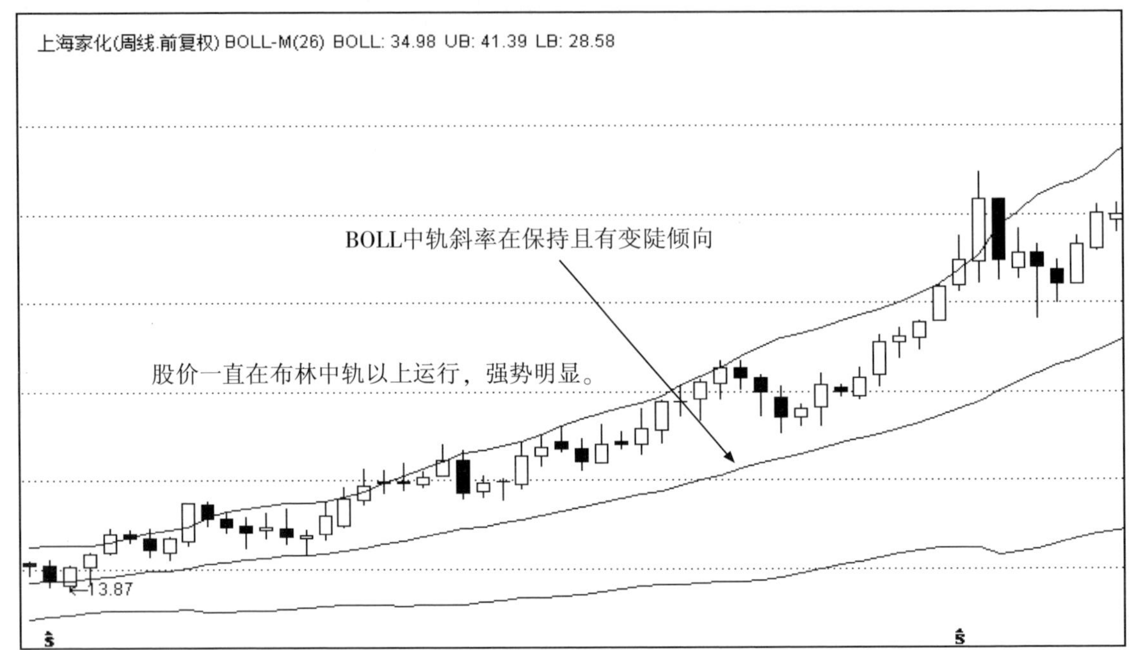

图 15—2 中长线运行速率判断

超短线为主。当然，如果有幸上车龙头类个股，也可以发展为波段的暴利收益。

股价后续能否继续上涨，取决于两个方面。第一个是之前股价的运行技术特征，主要包括速度和持仓比例因素，其中速度是首位。第二个是后续有无资金跟进，给股价注入新的动能。

第一个靠技术实力，可以完全通过历史走势来进行判断。第二个靠运气，当然尽量保证目标股是市场热点能加大成功率。由此可见，投资者应该尽力在第一点上下功夫，争取做到全面分析，不在技术上留下遗憾。其次便要在主流题材的分析上下些功夫，但这的确需要经验的积累，特别是对题材级别的判断和认识是需要大量的知识作为后盾的，非一朝一夕能够速成。

技术上除了前面强调的速度以外，持仓比例也是十分重要的，常常可以用换手率来认识这个问题。换手率既可以体现股价活跃度的真实性，也可以粗略估算主力吃货的比例大小。因此，本战法除了保证速率的基本原理外，还需要目标股具备较好的基础换手，有较强的运行动能，如此才能在最高程度上保证操作的成功。

15.2 股票动能原理及战法公式由来

炒股之所以难，是因为要考虑的因素的确太多，相比外汇、期货而言要复杂一些。首先经济面、政策面以及行业、公司分析，这些都只是基本面的分析。技术面还会考虑到外围市场的动向，特别是欧美市场，以及原油、黄金期货等等走势。然后才是分析大盘走势，寻找热点，筛选个股。最后才是确定目标股，找到买卖点进行操作。

过程中涉及到的因素及需要的知识繁多，但都很重要，厚此薄彼最终可能无法修成正果。也因为如此会导致市场上出现两种投资者，一种是基本面分析派，以经济面、行业、公司业绩等作为投资依据。但在当前的市场环境下，所谓的安全股并不安全，更多的是概念题材炒作，此类投资者并不吃香。

另外一种是技术分析派，以技术面分析独尊，无论是选股还是买卖点都是从技术出发。通常喜欢研究一些指标或选股公式之类的，但往往会忽略对个股基本面以及行业的研究，更有甚者可能并不注重热点题材的挖掘，而是一味地追求技术上的高成功率方法。

当然，就当前的中国股市现状而言，投机依然是主流，技术派可能相对更占优势。但一味的追求技术分析的最高境界，可能会误入死胡同，出现永远都打不开的结。因为无论技术多么高超，由于市场变幻多端，即便是一模一样的技术形态或要素，最终结果可能也会大相径庭。

因此一味从技术出发来考虑，也许会导致本末倒置的结果，较难形成有效的高级模式。记得有一句话是这样说的，消息引领资金，资金引领趋势，趋势即是人心。由此说明深入理解题材概念才是打造最高炒股模式的首要步骤，其次才是用技术去优化买卖点，如此顺序才能形成有效模式，且不会疑惑。

这里为了帮助大家理顺整个分析流程，全面考虑各种重要影响因素，尽快形成短线操作模式，特意模仿物理学上的动能公式，组建一个个股的成功率公式。公式里揉进了大盘、炒作逻辑、概念题材以及个股换手、运行速度，是一个较为全面的分析系统。

具体公式如下：

$$W=DZ \cdot T^{3} \cdot \frac{1}{2}XV^{2}$$

其中 W 表示成功率、D 表示大盘、Z 表示市场逻辑、T 表示题材概念、X 表示个股换手率、V 表示股价的运行速度。

这个公式由三部分组成，分别是 DZ、T^3，以及$\frac{1}{2}XV^2$，按照由外到内，由重到轻，由大到小的先后顺序排列。下面分别对这三部分进行分析讲解。

（1）DZ 表示大盘分析和市场逻辑，大盘分析是操作最基础的依据，对于制定仓位策略意义重大，是最基础最首先要解决的问题。大盘分析如果不过关，即便有再好的战法恐怕也是空谈，犹如盲人过河，完全是在碰运气。

大盘分析依然主要以技术为主，另外需要综合考虑消息面、资金面，以及外围市场，比如欧美股市动向。技术上大盘本身可以多周期结合分析，常用的有月线、周线、日线、60 分钟线等，从而判断行情的性质，对中长期以及短期的走势都做到心中有数。

这里用一个例子来说明周期之间结合的重要性。如图 15－3 所示是大盘的月线和周线走势图。

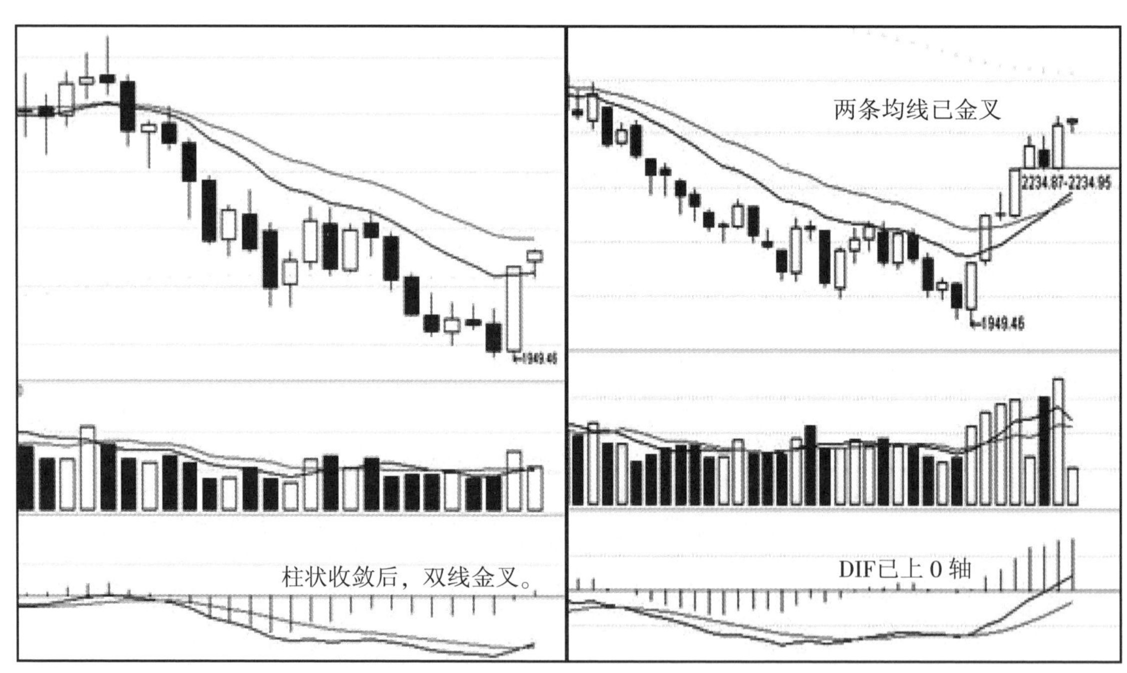

图 15－3　大盘多周期结合 1

图 15－3 中左边是月线图，右边是周线图。从图中可见，月线图的 MACD 在 0 轴下双线呈现逐步收敛状，出现柱状底背离，随后一根大阳线，双线呈现金叉状态。由此说明行情中长线已经有明显的走好迹象，低位收敛后金叉给小周期一直提供着强度支持。

再看右边的周线图，周线图明显已经步入升途，量能持续放大，DIF 已经上 0 轴，DEA 也有随后上 0 轴的趋势。另外加权 14 日均线和 25 日均线已经金叉，且是长期以来首次金叉。综合说明指数中线已经走好。

如图 15—4 所示是同一时间的大盘日 K 线图。

图 15—4　大盘多周期结合 2

图中显示，日线上升趋势明显，且两条均线之间的通道很宽，MACD 双线在 0 轴上运行。由此月、周、日三个周期都支持指数后期进一步走好，指数向上明显还会有拓展空间。但短期来看，周线离均线系统稍远，日线 MACD 双线上升斜率下降，呈现黏连状，指数会有回调整理的需求，可能以时间为主，也可能以空间为主。但无论如何，即使回调也是为了后期更好的上涨，回调期间，市场基本的强势不会消失，毕竟月线一直在提供着强度支持。

通过以上分析，可以非常详细地判断分析出大盘的性质以及短中期最可能的走势。操作上可以短期降低仓位回避可能的回调，中长线仍然可以逢低吸纳，优质仓位可以继续持有。如此仓位和操作策略就制定出来了，在大方向上不会犯错误。

DZ 中的 Z 表示市场逻辑，或主力逻辑。从技术面上判断出指数大概的走势，但内部结构不清楚仍然会有所疑惑，对操作的信心不足，容易导致没必要的止损单或无效单。因此市场的上涨或下跌逻辑是十分重要的，比如技术上判断指数短期大幅上涨概率很大，那权重类的个股就必须要表现。回到市场中去寻找近期是否有权重类异动，是否有可能成为领头上涨的板块。通常分别分析金融指数、地产指数、煤炭指数和有色指数四大指数。操作上就可以关注相关的异动领头股，或者期间同时爆发的热点题材股。

如果指数上涨面临较大压力或可能会有回调风险，那自然权重类股表现的几率就很小，相反概念题材股容易表现。毕竟这些个股盘子都较小，即便表现对指数也影响不大，因此在盘整行情中往往就是题材股的天下。

权重与题材的二八切换，涨跌关系对于大盘的影响，综合表现是否符合大盘的预期走势，都是需要考虑的，只有如此才能把握到行情的内部结构，踩准涨跌节奏。其实可以在平时的操作中总结一些常用经验，比如在盘跌行情中不能做蓝筹和基金品种，而在下跌尾声，坚决买入蓝筹和基金品种，以券商、稀土类为主。急跌做短线超跌，暴涨做基金类和超跌的前期龙头股。如此种种都是在实盘中总结出来的，其实就是满足市场的基本炒作逻辑，跟市场的超级主力站在一起。

（2）T^3 表示题材概念，之所以要给予三次方的加权，是为了突出题材的重要性。只有做热点才能把握到市场的资金集中地，才能在短时间内实现快速盈利，打造出最高模式。因此题材的挖掘和级别的判断是首要任务，是判断一个人实力是否强大的重要参考标准。

对题材的认识和判断需要良好的知识储备和经验积累。总的来说，要有这些基本特点。题材够新颖，符合国家政策导向的容易被爆炒，比如金改行情；涉及到国家主权完整和重大能源战略的容易被爆炒，比如三沙概念、页岩气概念、钓鱼岛概念；另外高科技类重大创新技术容易被炒作，比如苹果概念、3D 打印概念等；除此之外，重组当然是永久的明星炒作概念，比如 ST 摘帽；另外涉矿、稀土等也是很容易受到资金的追捧。

（3）第三部分$\frac{1}{2}XV^2$是严格按照物理动能公式来的，只是把质量 m 换成了 X，这里的 X 表示个股换手率。如果从质量角度来思考的话，很容易会联想到个股的流通盘。但往往个股的动能与流通盘反而呈现反向关系，大盘股往往死水一潭，而小盘股上下乱窜。因此流通盘不能作为个股是否活跃的判断因素，而应该以换手的筹码作为依据，这样才最切合实际。因为即便是盘子较大的个股，只要换手达到一定程度，活跃度就不会低，同样可以作为动能充足的个股对待。

另外整个成功率公式里，只有这一部分具备可量化的因素，也就是 X

和 V，换手率和速度。既然可以量化，那就可以作为选股公式的入口来筛选满足条件的个股。选出的个股只要符合公式前两部分的要求，综合考虑后便可确定为最终标的。

15.3 战法公式全解析

本章战法叫涨停板后维持高速率战法，因此首先要有涨停，表明股价处于异常活跃区域。然后再在此基础上进行条件限制，说明股价的运行速度在维持。

公式一共考虑了四种情况，按照前面所讲的 X、V，也就是换手率和速度来分类，可以分为速度类和换手率类。速度 V 由于是平方，权重较大，因此如果考虑 V 的话，可以减轻对 X 的重视，这样才不至于漏选严重。

如果弱化 V 的因素，以换手率为主的话，那就必须提高条件。不仅要对换手率提高要求，而且还要在速度上给予补偿，只有这样才能保证与速度类公式媲美。

这四种情况按照不同分类分别如下：

（1）速度类选股公式，包括以下三种情况。

①当前 MACD 柱状处于绿色区域，涨停第二天柱状长度相对于前一天缩短一倍以上，或者说当天柱状长度只有不到涨停当天的二分之一。如此说明柱状在急速缩短，短线走势在快速向中期靠拢，后面双线便很有金叉的倾向，如图 15—5 所示。

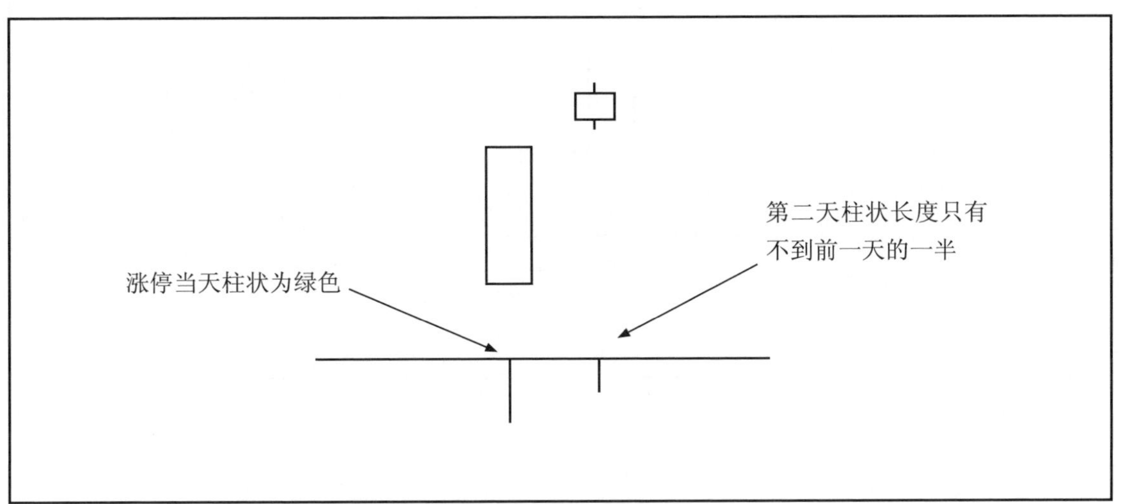

图 15—5 选股类型 1

②涨停当天 MACD 柱状是绿色，第二天柱状翻红，即说明涨停后 DEA 和 DIF 双线金叉，对趋势有加强作用，继续上涨的概率很大，如图 15－6所示。

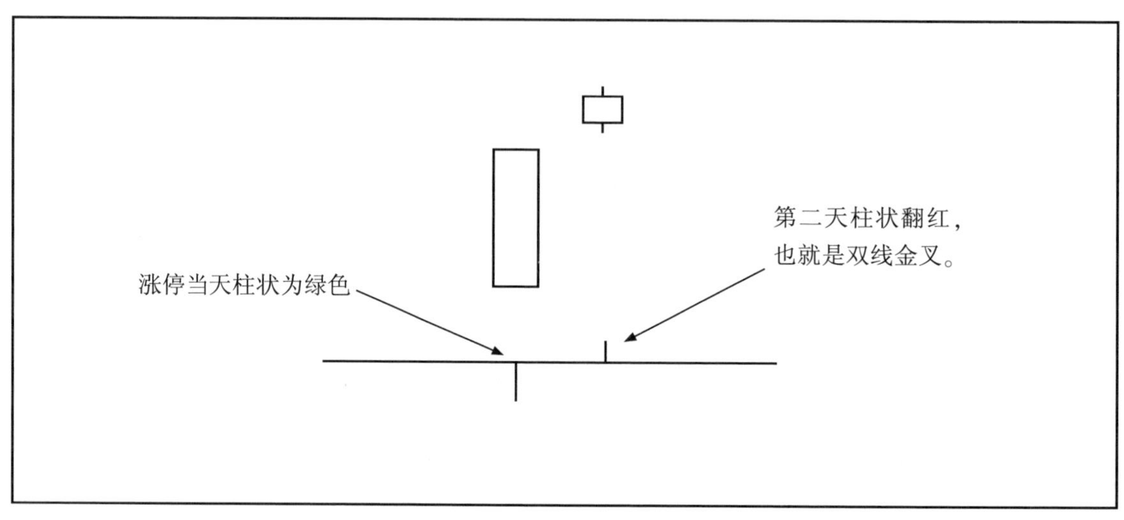

图 15－6　选股类型 2

③涨停当天 MACD 柱状颜色本来就是红色的，但第二天柱状的长度明显变长，加长一倍以上，说明涨停后股价速度全面启程，维持高速运转，再次冲高甚至继续涨停的概率较大，如图 15－7 所示。

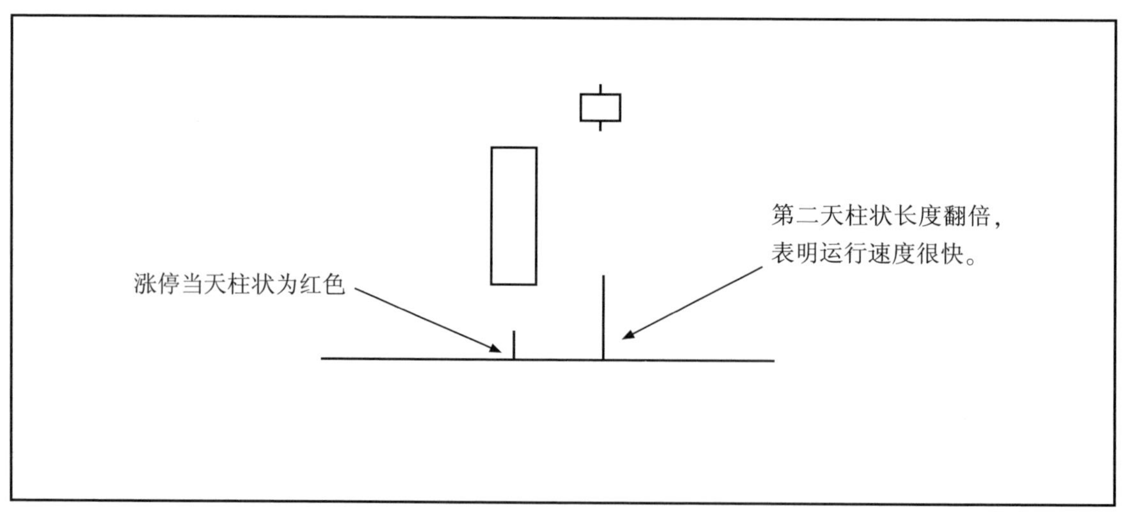

图 15－7　选股类型 3

（2）换手率类选股公式，只有一种情况。

无量一字板后，股价再次跳空上涨，但涨停被打开，量能迅速放大。当天换手率极大，必须满足超过 40％的条件，最好缺口未补，成交量呈现电杆小草型，如图 15—8 所示。

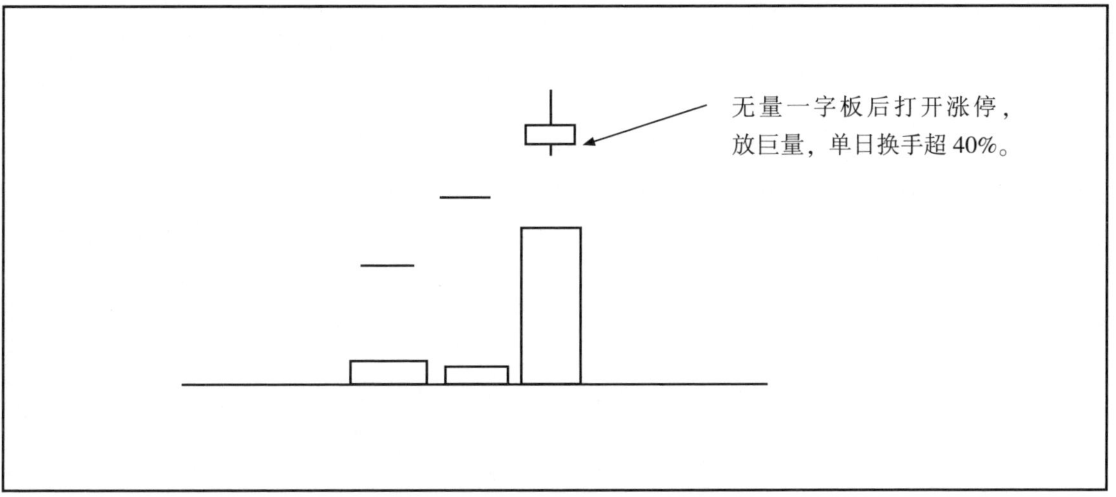

图 15—8　选股类型 4

将以上四种选股类型分别编写成公式，命名为“斜率维持战法”，公式编写的截图如图 15—9 所示。

公式具体代码如下：

A1：＝（REF（H，1）－REF（C，2））/REF（C，2）＊100＞＝9.9 AND MAX（MACD.MACD，REF（MACD.MACD，1））＜0 AND ABS（REF（MACD.MACD，1））＞＝2＊ABS（MACD.MACD）AND V＊100/FINANCE（7）＊100＞＝8；

A2：＝（REF（H，1）－REF（C，2））/REF（C，2）＊100＞＝9.9 AND REF（MACD.MACD，1）＜0 AND MACD.MACD＞0 AND V＊100/FINANCE（7）＊100＞＝8；

A3：＝（REF（H，1）－REF（C，2））/REF（C，2）＊100＞＝9.9 AND REF（MACD.MACD，1）＞0 AND MACD.MACD＞＝2＊REF（MACD.MACD，1）AND V＊100/FINANCE（7）＊100＞＝8；

A4：＝REF（L，1）＝REF（H，1）AND（REF（O，1）－REF（C，2））/REF（C，2）＊100＞＝9.9 AND V＊100/FINANCE（7）＊100＞＝40；

A1 OR A2 OR A3 OR A4。

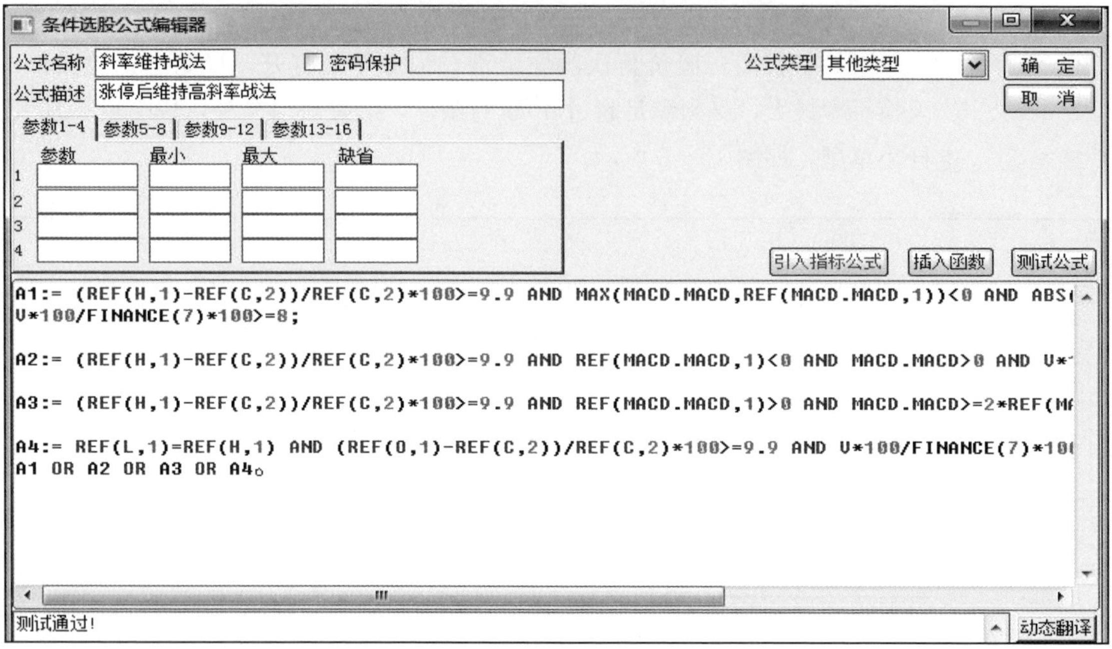

条件选股公式编辑器

公式名称 斜率维持战法　　密码保护　　公式类型 其他类型　　确 定

公式描述 涨停后维持高斜率战法　　取 消

参数1-4 | 参数5-8 | 参数9-12 | 参数13-16

	参数	最小	最大	缺省
1				
2				
3				
4				

引入指标公式　插入函数　测试公式

```
A1:= (REF(H,1)-REF(C,2))/REF(C,2)*100>=9.9 AND MAX(MACD.MACD,REF(MACD.MACD,1))<0 AND ABS(
V*100/FINANCE(7)*100>=8;

A2:= (REF(H,1)-REF(C,2))/REF(C,2)*100>=9.9 AND REF(MACD.MACD,1)<0 AND MACD.MACD>0 AND V*

A3:= (REF(H,1)-REF(C,2))/REF(C,2)*100>=9.9 AND REF(MACD.MACD,1)>0 AND MACD.MACD>=2*REF(MA

A4:= REF(L,1)=REF(H,1) AND (REF(O,1)-REF(C,2))/REF(C,2)*100>=9.9 AND V*100/FINANCE(7)*100
A1 OR A2 OR A3 OR A4。
```

测试通过!　　动态翻译

图 15—9　选股公式

公式中 A1、A2、A3 和 A4 分别对应上述选股类型 1、2、3、4，一条语句对应一个类型。仔细观察你会发现类型 1、2、3 尽管属于速度类选股，但除了核心特征外，依然在后面加了一条，当天换手率不低于 8%。而 A4 属于换手率类，不仅要求一字板，而且换手不低于 40%，条件比较苛刻。

语句之间采用的是 OR 的关系，也就是或的关系。个股只需要满足四个条件中的一个就会被选出，选出的结果再根据当时的大盘环境和热点等来做最终判断和确定。

15.4　关键战术：属于热点且具备上涨基础

对于短线市场的热点判断其实并不难，只需要把每天的涨停板进行逐一分析即可。找出具有联动效应的概念题材，这些板块就是短线热点。每天盘后的复盘作业中不到半小时就能完成这个工作，至于如何找到个股涨停的原因，下面提供几种方式来确定。

（1）对于一些识别性很高的板块无需这个工作，比如地产、有色、煤炭等。

（2）可以下载安装益盟软件旗下的股票医生软件，永久免费版的，进入软件后找到“热股”模块，然后进入“异动哈哈镜”，里面会有当天异动个股的原因说明。

(3) 直接百度搜索涨停个股的股票名称，往往会在新闻信息类的“* * * * 的最新相关信息”栏找到该股当天涨停的原因，甚至相关分析。

(4) 参考一些博客或股吧人士对每天涨停板和热点的总结分析，比如淘股吧里就有几个每天更新此类信息的。

由此可见，其实找到热点并不难，难的是对热点的认识判断，这需要一定的知识经验积累。有些热点可能持续时间很短，甚至是“一日游”行情，而有些题材却持续很长一段时间，甚至在火爆期过来依然反复炒作。究其原因，就是题材的级别和层次不一样，市场对题材的认同度不一样。

比如页岩气之所以会被市场反复炒作，是因为页岩气属于一种非常规天然气，在中国储存量十分巨大，可以解决中国快速发展过程中日益增长的能源需求的一部分。在国外，特别是美国已经有 80 多年的开发历史，目前已经处于快速发展阶段。当前国内政策大力支持开发此类能源，虽然尚且处于探索阶段，但后期想象空间巨大，是作为国家能源大战略高度考虑的。

再如三沙概念之所以会火爆炒作，这是因为关乎国家主权完整，关乎民族荣耀，当然南海的能源储备也是十分丰富，同样也是在国家级大战略高度上的。金改概念一出现便招致爆炒，一则因为该概念非常新颖，二则更重要的是这是国家促进经济增长方式转型的一大举措。金融是产业之母，只有不断健全优化金融体制，创新金融业务，才能给金融市场注入更多的活力和空间，从而促进各行业的蓬勃发展和升级转型，这同样是站在国家的战略高度。

举以上的例子是为了说明对热点的认识和判断是尤其重要的，大家都看到了热点，也大概了解热点，但真正赚钱的是认真分析了热点的级别大小后把握住机会的人，所以一旦一个热点出现后都需要深入挖掘判断热点的持续性。当然，这还需要结合当时的大盘环境综合考虑，反正只要判断对了，无论是做龙头还是做跟风类个股都是有肉吃的。

至于如何判断龙头，这个问题比较简单。一般而言，一个热点里最先启动的个股就是龙头，通常盘面特征是最先封涨停，或者直接是一字板，且量能无明显放大。当然，如果概念足够大的话，龙头有时候会随着行情的演绎在几只个股之间转换，这时候只需要清楚一点即可，就是只要该热点还在持续就可以反复做热点里技术形态漂亮的个股，但最好围绕几个龙头展开。因为龙头往往是安全的，不但是一个热点里涨得最早的，涨得最久的，而且是跌得最迟的，跌得最慢的。

具备上涨基础这个问题其实在之前的章节中已经讨论过，其核心思想就是股价从下跌到上涨，中间一般而言都需要一个过渡阶段。这个阶段的目的有两个，一是化解之前的下跌动能，修复各项指标和系统。二是为后面可能形成的涨势储备一定的能量，这个阶段最可能是主力的吸筹建仓阶段。

图 15－10 是这个上涨基础的示意图，请注意理解。

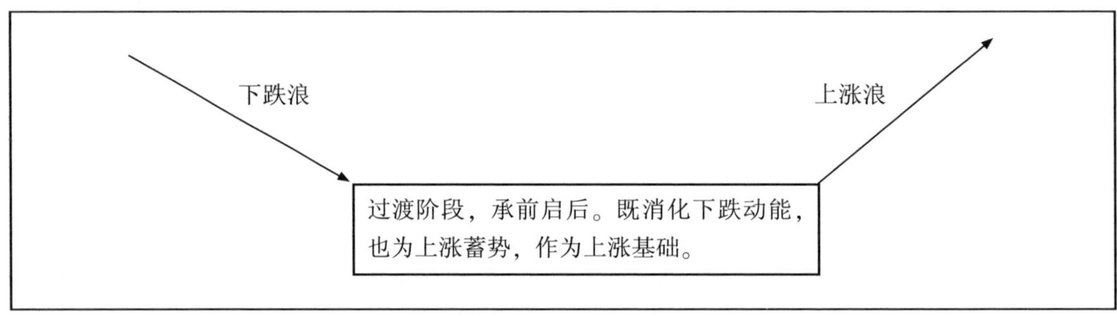

图 15－10 上涨基础

选出的个股必须具备一定的上涨基础，后面才可能会有良好的表现，犹如杠杆一般，这头的东西越重，就相对更容易翘起另一头。判断上涨基础的质量优劣，除了基本的 K 线形态分析判断外，还有一个指标具备很好的辅助作用，这个指标就是 MACD。

这里给出几个成功率比较高，辅助说明上涨基础相对优秀的 MACD 形态走势图。如图 15－11 所示是持续底背离的情况，然后随着股价上涨，双线上 0 轴。

如图 15－12 所示是水下二次金叉的形态走势，也就是 DEA 和 DIF 在 0 轴下两次金叉。

如图 15－13 所示，左边是水上首次加油走势，右边是 0 轴金叉变盘，都是非常好的支撑形态。

这样的形态还比较多，要在实际操作过程中多去总结，见到经典的图可以截图下来做标注学习，最好放在一个截图软件里，便于查看和复习。比如红蜻蜓截图软件就不错，仅供参考。如此在判断个股是否具有良好的上涨基础时，不仅可以从形态上判断，而且从 MACD 上辅助确定，更是增添了一份把握。

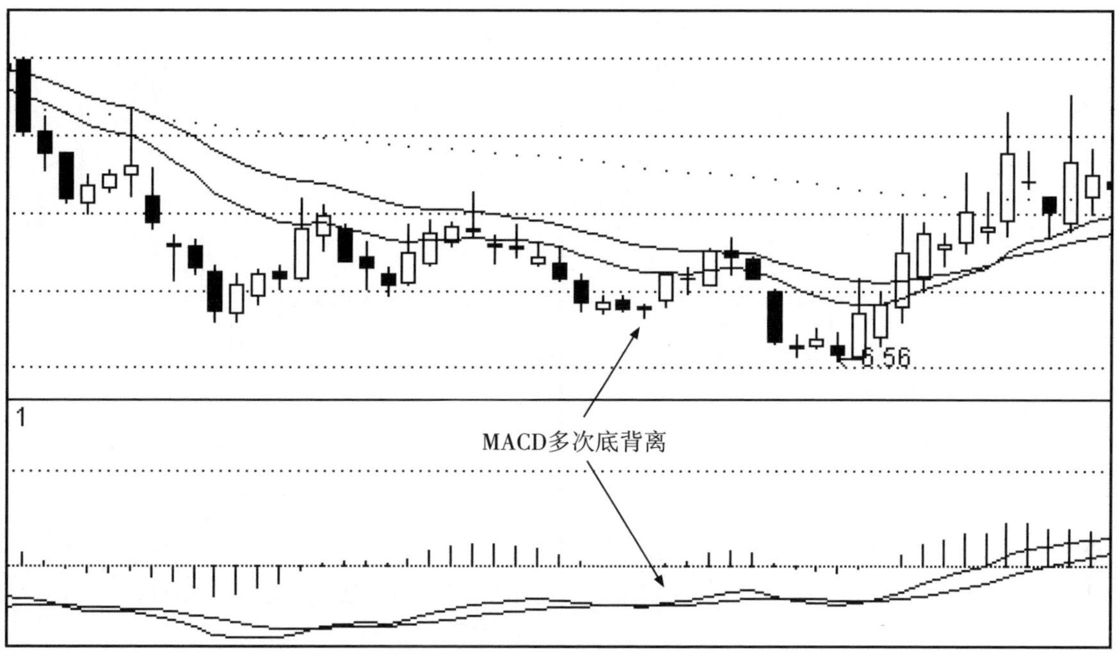

图 15—11　持续底背离

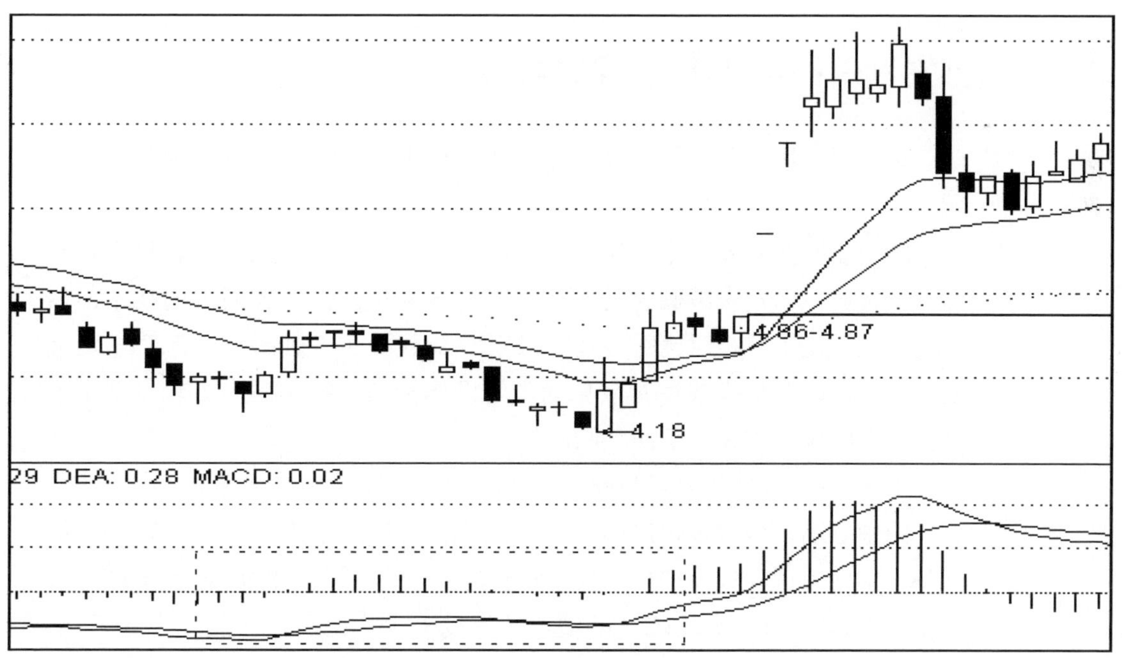

图 15—12　水下二次金叉

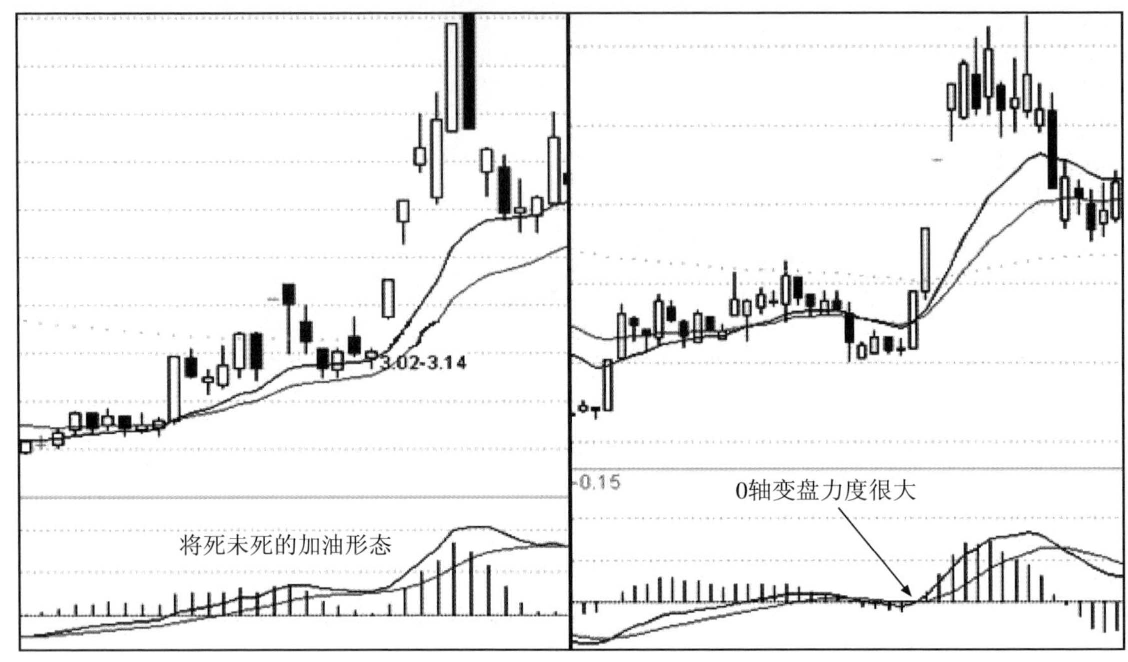

图 15—13　水上加油和 0 轴金叉

15.5　典型案例一：龙星化工（002442）

2012 年 8 月 6 日，尾盘使用“斜率维持战法”进行筛选，结果如图 15—14 所示。

图中显示共有 6 只个股被选出，但就当时的市场热点而言，只有稀土的永安林业，以及炭黑概念的龙星化工符合条件。但对比两者的技术面后发现，龙星化工要相对优秀一些，MACD 双线处于 0 轴附近，且 DIF 已经刚上 0 轴，因此最终选择龙星化工作为操作标的。其实后来走势发现永安林业更为凶猛，连续拉了四个涨停板。

如图 15—15 所示是龙星化工（002442）的日 K 线走势图。

图中显示，该股被选出的当天收放量阳十字，且双线之 DIF 刚上 0 轴，DEA 有跟上的趋势，MACD 助攻形态良好。涨停当天柱状值为 0.02，十字星当天为 0.08，明显已经翻倍，且超过不少，说明运行速度十分迅速。另外，该股之前的形态属于比较漂亮的底部双龙形态，成交量配合良好，此次再次上攻创新高可能性非常大。

因此可在选出该股当天的尾盘介入该股。结果图中显示，该股第二天再次涨停。

图 15—14 选股结果 1

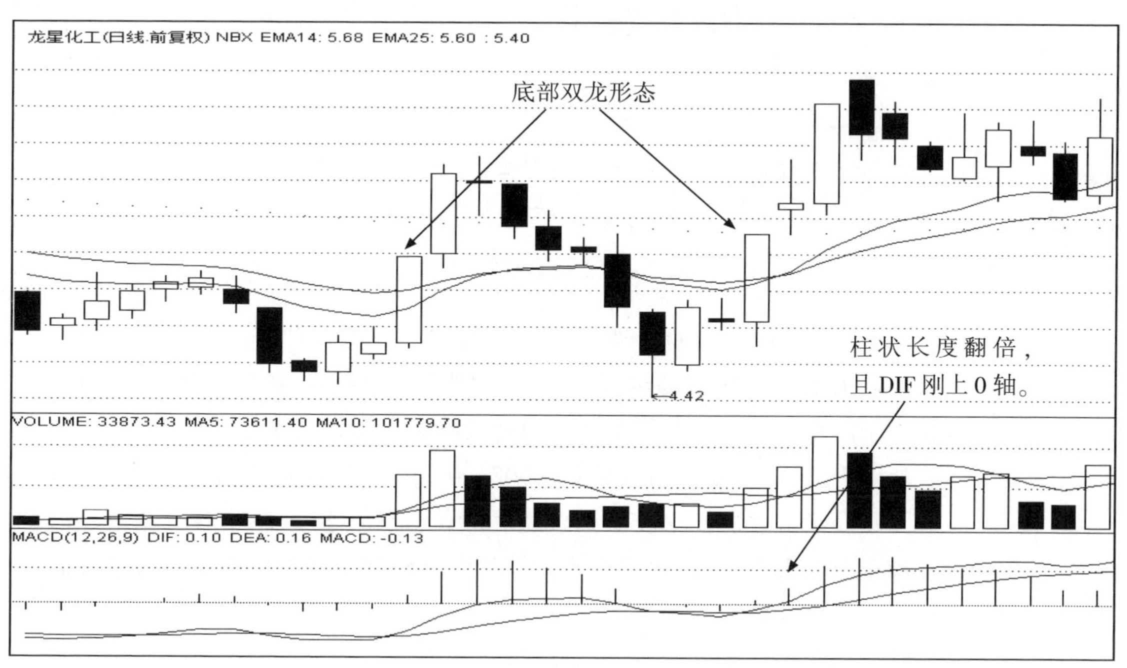

图 15—15 龙星化工日 K 线图

15.6 典型案例二：山东墨龙（002490）

2012 年 8 月 8 日，尾盘使用“斜率维持战法”公式进行筛选，结果如图 15－16所示。

图 15－16 选股结果 2

图中显示，共有 4 只个股被选出，其中山东墨龙和海默科技同属页岩气板块，满足当时的市场热点。但考虑到海默科技前期已经遭遇过爆炒，且相对于山东墨龙而言股价偏高，因此最终确定山东墨龙作为操作对象。

如图 15－17 所示是山东墨龙（002490）的日 K 线走势图。

图中显示，该股在一波无量杀跌后股价强势上扬，并伴随量能快速放大。被选出当天 MACD 双线金叉，柱状由绿翻红，对于后期走势有良好的推动作用，可在尾盘介入。

结果如图 15－17 所示，该股随后展开了一波十分凌厉的攻势，无论是短期收益还是波段收益都是十分的可观，一举成为页岩气的龙头个股。

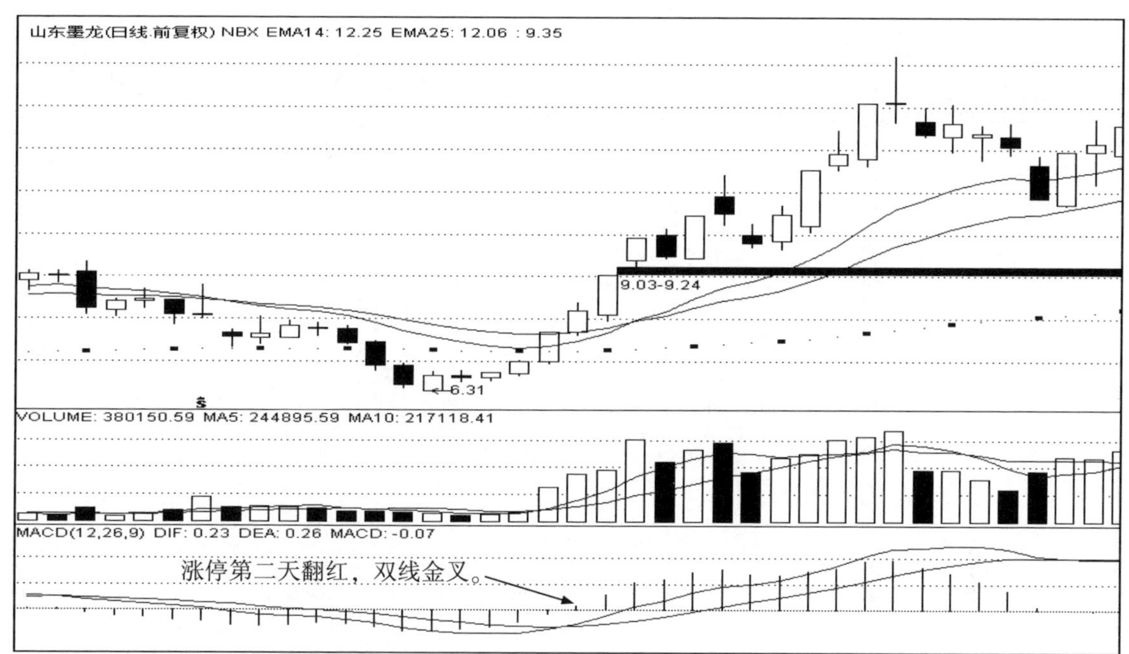

图 15—17　山东墨龙日 K 线图

15.7　典型案例三：和晶科技（300279）

2012 年 8 月 16 日，尾盘使用“斜率维持战法”公式进行筛选，结果如图 15—18所示。

结果中显示只有一只个股被选出，就是和晶科技（300279），该股之前连续两个无量一字板，属于无锡物联网概念龙头，完全满足热点条件。

如图 15—19 所示是和晶科技（300237）的日 K 线走势图。

图中显示，被选出当天放巨量，成交量呈现电杆小草型，另外两条均线有金叉倾向，MACD 之 DIF 刚上 0 轴。经验表明，此类个股后期继续冲高的概率极大。因此综合考虑后，可以在选出当天的尾盘介入。

结果如图 15—19 所示，该股随后再次连续大涨，短期涨幅在 30%以上，战法魅力无限。

图 15—18 选股结果 3

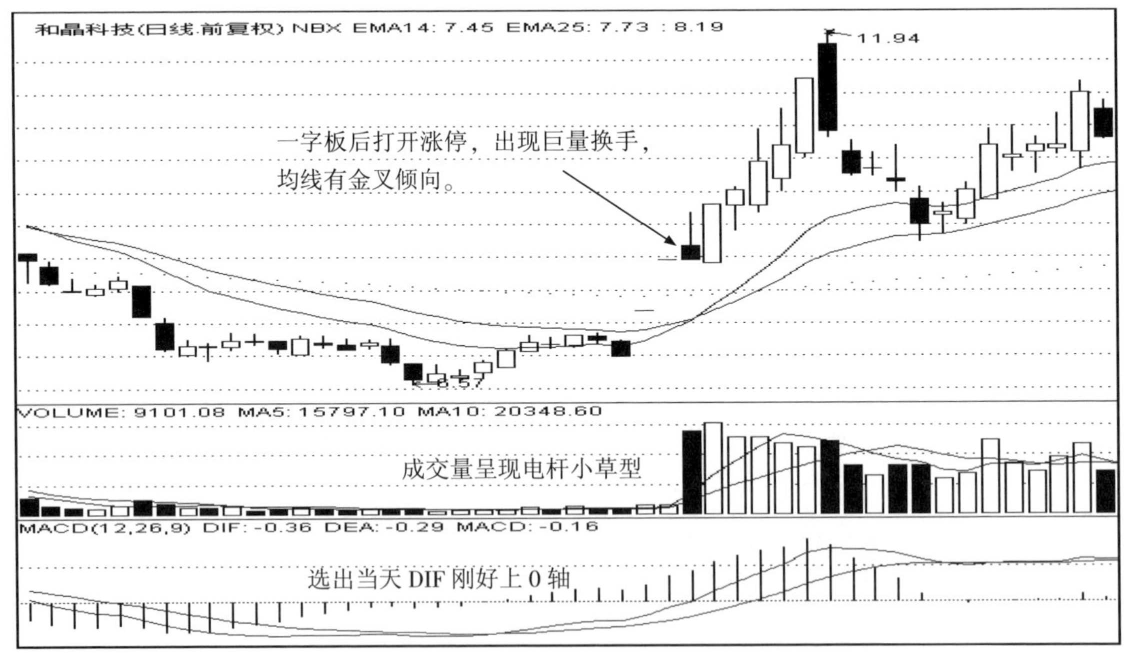

图 15—19 和晶科技日 K 线图

第 16 章　加油战法与完美分时战法

本章介绍两个战法，第一个加油战法在之前的 MACD 系列战法里有过讲解，但并未给出具体的选股公式。第二个完美分时战法比较新颖，是从分时图角度出发的，同时融合了首次转强和筹码沉淀原理，是一个成功率很高的加强信号，特别是对于热点强势股而言尤其明显。为了帮助大家在尾盘快速选出此类个股，这里也给出了详细的公式代码。总体而言，这两个战法都属于精华的一部分，实际操作性很强，有兴趣的读者可深入研究，从而形成自己的一招，甚至交易系统。

16.1　MACD 柱状加油战法原理解析

MACD 的柱状线是快线 DIF 与慢线 DEA 的差值，根据两线相对位置的不同，这个差值可能为正也可能为负，且长度由两者的距离决定。而所谓加油包含了两种情况，一种是正向加油，为做多信号，另外一种是反向加油，为做空信号。

从柱状形态上来讲，正向加油必须保证柱状为红色，且长度呈现长短长的变化规律。也就是柱状线一开始比较长，然后变短，但仍然没翻绿，随后再次发散变长，波动路径类似于字母“V”。

如果同时考虑 DIF 和 DEA 双线的走势，则这个加油过程中，两条线是先远离，再靠近，然后再远离。结合 K 线走势，那就是短线走势一开始快，离中期走势较远。随后回调整理，短期走势降速后回靠中期走势，但还未死叉前回调就结束了，股价再次向上，进而短期走势再次远离中期走势。因此，加油形态也可以称为将死未死，也就是即将死叉但并未死叉，这种再次抬头后的爆发力一般都很强。

如图 16—1 所示分别是正向加油和反向加油的 MACD 形态。

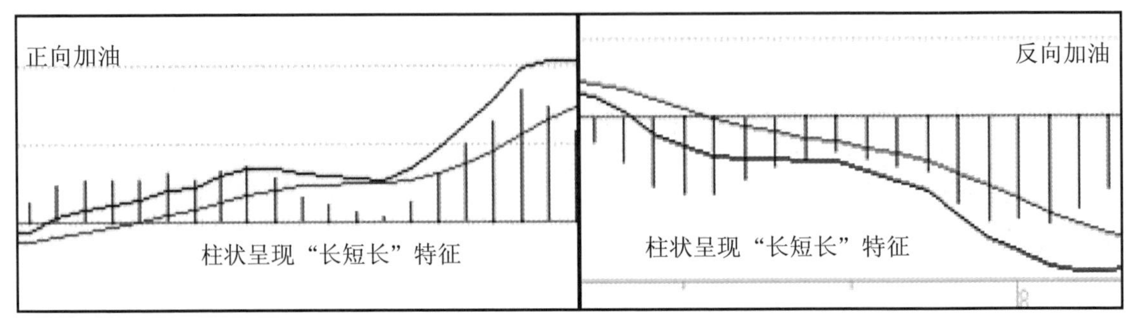

图 16—1 两种加油形态

图中左边是正向加油，右边是反向加油。仔细观察，你会发现两个图的双线分别是在 0 轴上方和 0 轴下方。之所以要这样定义，是因为 0 轴具有多空分界线的特殊功能，双线在 0 轴上则股价处于强势，相反处于 0 轴下方则股价弱势。前面章节也用具体的案例证明了 0 轴相当于 60 日均线，也就是生命线。如此，0 轴上的正向加油则是强中之强，本身不仅能说明股价走势特点，而且也具备了共振的特效。同样 0 轴下反向加油也是这个道理。

因为如果按照加油基本形态来严格划分，正向加油包括两种情况，一种是 0 轴上的，另外一种是 0 轴下的。但 0 轴下股价本身处于弱势，出现这种正向加油形态只能说明股价目前处于反弹，还不构成反转，做多信号不够强烈，容易导致操作失败。而相反 0 轴上的正向加油是股价强中之强的共振点，做多信号确定性很强，这样的信号才能作为战法的基础原理。

本战法公式是做多类型的，因此这里就不讨论反向加油的情况，如有读者感兴趣可以以此为参考反向思考，其实并不难理解。下面讨论正向加油为什么具备较大的爆发力。

假如正向加油失败，双线发生死叉，也就是股价出现了较大幅度回调，但随后止跌回升，双线再次金叉，那么这种情况与正向加油相比，哪个爆发力要大些呢?

如图 16—2 所示分别展示了这两种情况的 MACD 形态。

图中左边是加油形态，而右边是 0 轴上首次金叉形态。两者就股价的回调程度而言，左边要明显小于右边，说明左边图形的主力拉升更为迫切，不愿意进行充分的洗盘便想直接进行拉升。而右边主力进行了充分洗盘，止跌回升后才步入拉升。

两种情况相比，往往左边加油形态的爆发力要强大一些，毕竟主力的

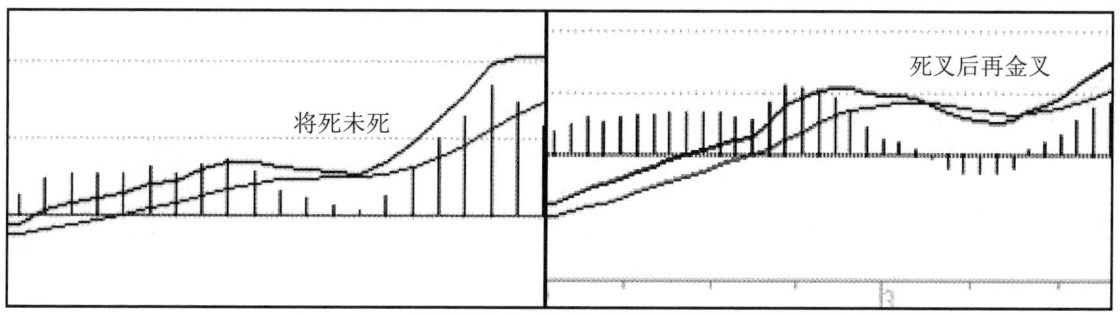

图 16—2　强度对比

迫切感很明显，但持续时间往往不够长，连续大幅拉升后便快速出货，走势结束。而右边的死叉再金叉的形态虽然一开始爆发力可能没那么强，但主力稳扎稳打，步步为营，往往行情的持续时间会长很多。

因此两者对比的结果就是，加油形态短线爆发力更强，而死叉再金叉的形态行情级别更大，都是很好的做多信号，只是各有千秋罢了。本战法由于是从短线的角度考虑，对时效性要求很高，因此选择了更具有爆发力的加油形态作为基础原理。

另外需要提醒的一点是，尽管两种形态都具备良好的做多信号支持，但一定要考虑到 0 轴的影响。形态出现在越靠近 0 轴的地方往往爆发力越大，相反远离了效果会大打折扣，甚至可以放弃操作。

16.2　完美分时战法原理剖析

完美分时是笔者自命名的一个名称，是指走势非常完美的分时图。所谓完美是从成功率及时效性角度定义的，也就是说，一旦个股出现这样的分时图走势，第二天拉高的可能性很大，获利及时性很高。至于为什么会如此？原理何在？下面进行详细讲解。

完美分时包含了两种分时图，一种是大幅低开后当天最终股价收红盘的分时，另外一种是平开后股价在盘中主动性大幅杀跌，但接下来股价慢慢回升，最终回靠开盘价附近。

第一种情况最终 K 线会收成反击线或刺透线形态，最好有所放量。第二种情况最终 K 线会收成一根 T 线，下影线一般而言越长越好，最好也出现放量。

（1）如图 16－3 所示是第一种完美分时图及对应的 K 线形态。

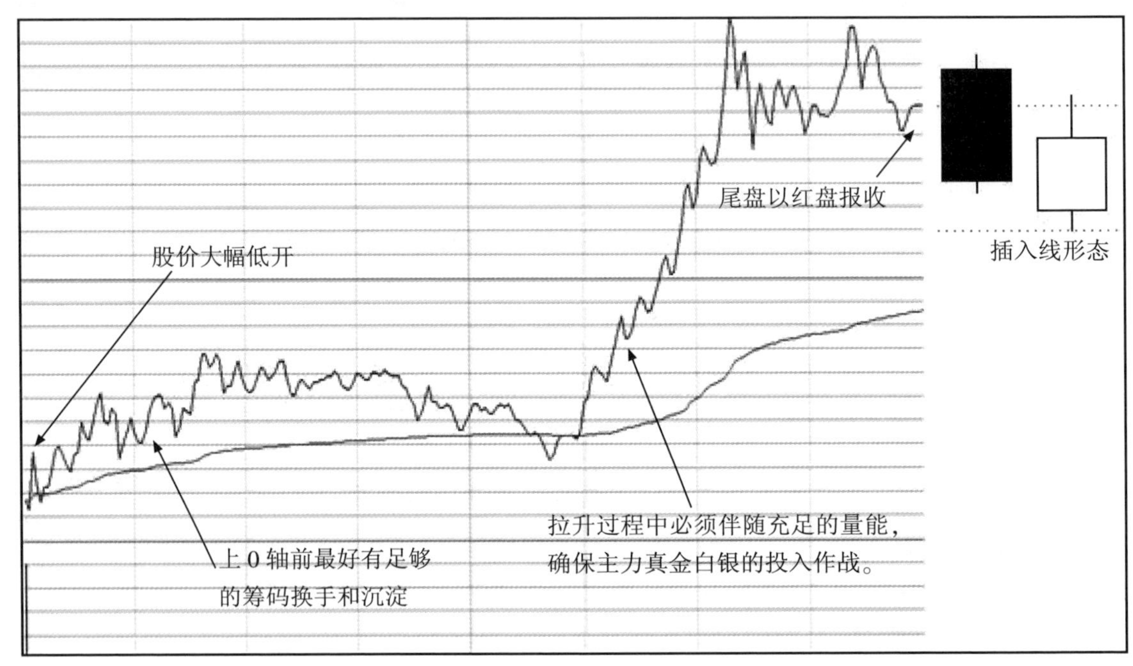

图 16－3　完美分时 1

图中显示，股价大幅低开后在 0 轴下方运行了很长时间，然后股价上拉翻红，最终以上涨报收。这种分时常常会形成右边的 K 线形态，一般是刺透形态、反击线或插入线形态。

从当天最终的股价表现来看，大幅低开很可能是主力的故意行为，其意有二。第一采用了一种凶猛的手段强烈洗盘，第二趁此机会大量收集廉价筹码，为接下来的拉升工作做好准备。

其中需要强调的是，除了价格走势特点外，必须保证大幅低开后出现明显放量，也就是在低位有大量的成交。另外后面的拉升段也要保证有充足量能的配合，确保主力真金白银地买入。

（2）如图 16－4 所示是第二种完美分时图及对应的 K 线形态。

图中显示，股价开盘后便快速逐步滑落，但随后股价逐渐回升，最终基本回到开盘价附近，K 线收出一根 T 线，有浓重的止跌转强意味。另外这个分时也需要保证杀跌和拉升都要有量的配合。

其实之所以把这两种分时图定义为完美分时，最主要的原因在于它们都在一天之内完成了从弱到强的转换，是一个信号非常确定的止跌转强走势。之前反复强调的首次转强一般是指的日 K 线图，股价在逐步回落后出现明显

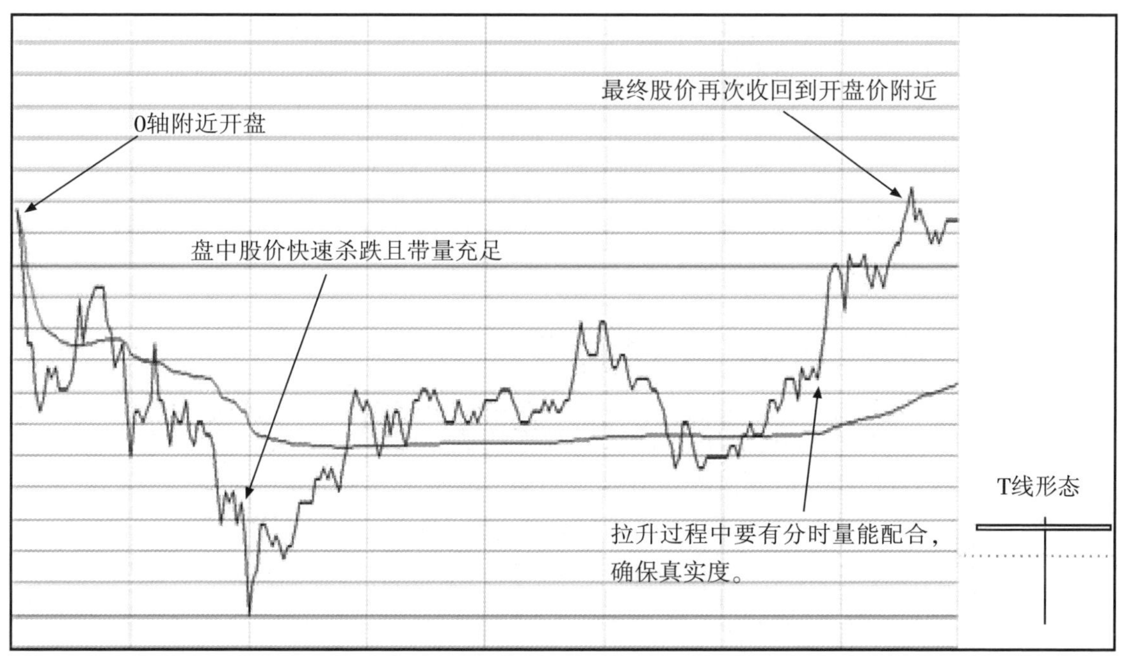

图 16—4　完美分时 2

走强信号，这个过程尚且需要几天甚至十几天的时间。但完美分时却只用了一天的时间就完成了整个过程，主力洗盘后着急拉升的意图昭然若揭。

如图 16—5 所示是日 K 线图止跌转强与完美分时止跌转强的对比。

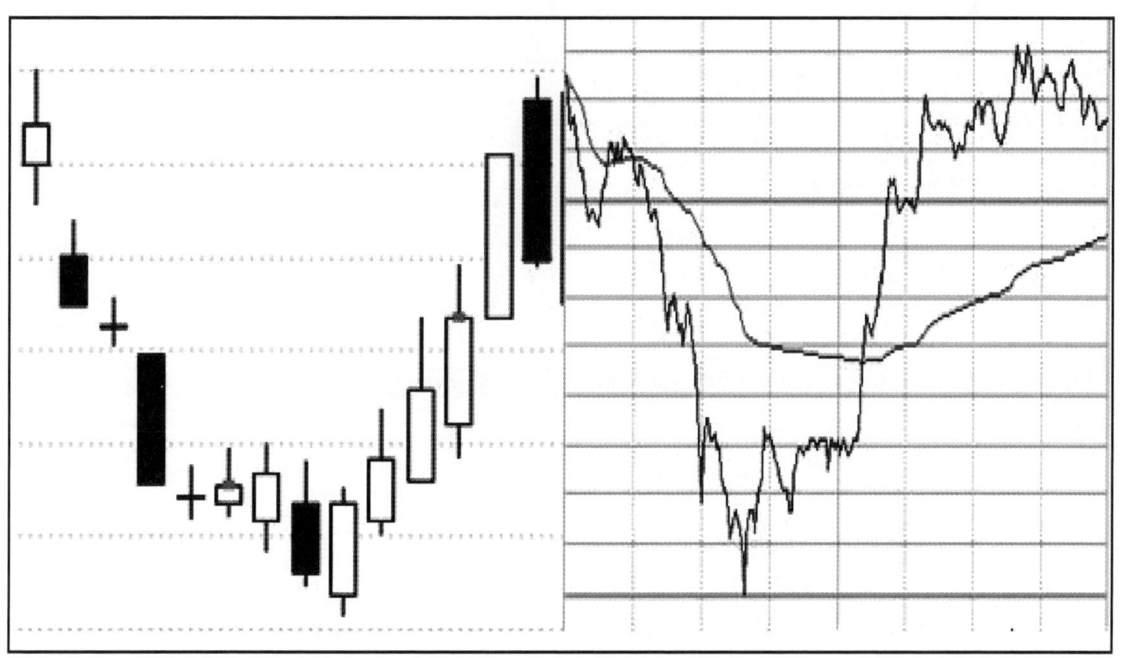

图 16—5　止跌转强对比

通过图中的对比，发现完美分时的确在一天之内完成了K线一段时间的工作，有相当不错的止跌效果。战法以此作为基础原理，在理论上完全站得住脚，值得信赖。另外必须考虑分时量能的配合是从主力主动性吃货的角度出发的，同时也是筹码沉淀的原理，看过前面章节的读者相信不难理解，这里不再赘述。

16.3 柱状加油战法公式及关键战术

选股公式中要体现出战法原理里的所有条件要求，另外还需加一些辅助条件以提高最终选股结果的成功率。原则上是宁愿漏选或者少选，也不能把成功率作为牺牲品，否则战法意义就不复存在。

公式命名为“柱状加油”，公式描述为MACD加油战法。公式编写的截图如图16—6所示。

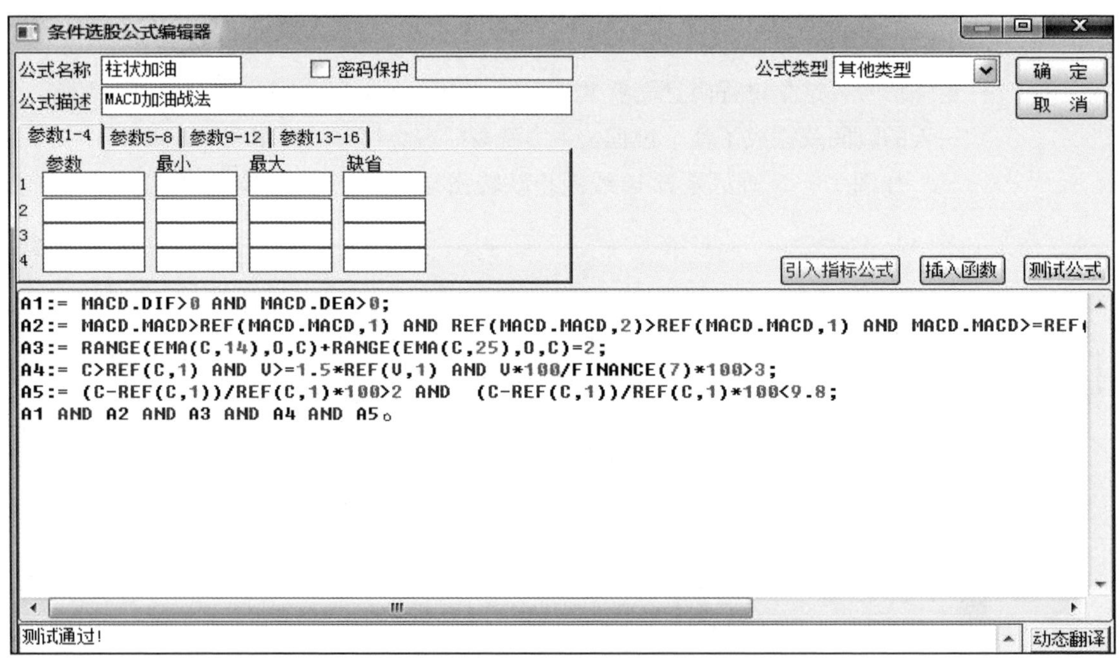

图16—6 加油战法公式

具体公式代码如下：

A1：=MACD. DIF＞0 AND MACD. DEA＞0；

A2：= MACD. MACD ＞ REF （MACD. MACD，1） AND REF

(MACD. MACD, 2) >REF (MACD. MACD, 1) AND MACD. MACD>= REF (MACD. MACD, 2) AND REF (MACD. MACD, 1) >0;

A3: =RANGE (EMA (C, 14), O, C) +RANGE (EMA (C, 25), O, C) =2;

A4: =C>REF (C, 1) AND V>=1.5*REF (V, 1) AND V*100/FINANCE (7) *100>3;

A5: = (C-REF (C, 1)) /REF (C, 1) *100>2 AND (C-REF (C, 1)) /REF (C, 1) *100<9.8;

A1 AND A2 AND A3 AND A4 AND A5。

一共设置了五个条件，其中A1表示MACD双线在0轴以上运行。A2表示柱状线长度呈现“长短长”的变化特征，是核心条件。A3表示当天的上涨阳线同时上穿了两条重要均线，分别是14日加权均线和25日加权均线。A4是从强度角度出发的，必须保证当天充分放量，量能至少是前一天的1.5倍，且换手率大于3%。最后一个条件A5限制了当天的涨幅度，太低不能说明强度，太大比如涨停，在尾盘基本不具有买入的机会，因此就排除了两个极端，取了处于中间的涨幅度。

以上A1～A5的五个条件加在一起就可以构成标准的结果图样。如图16—7所示是标准的标的图样，注意对照公式来理解各个要素。

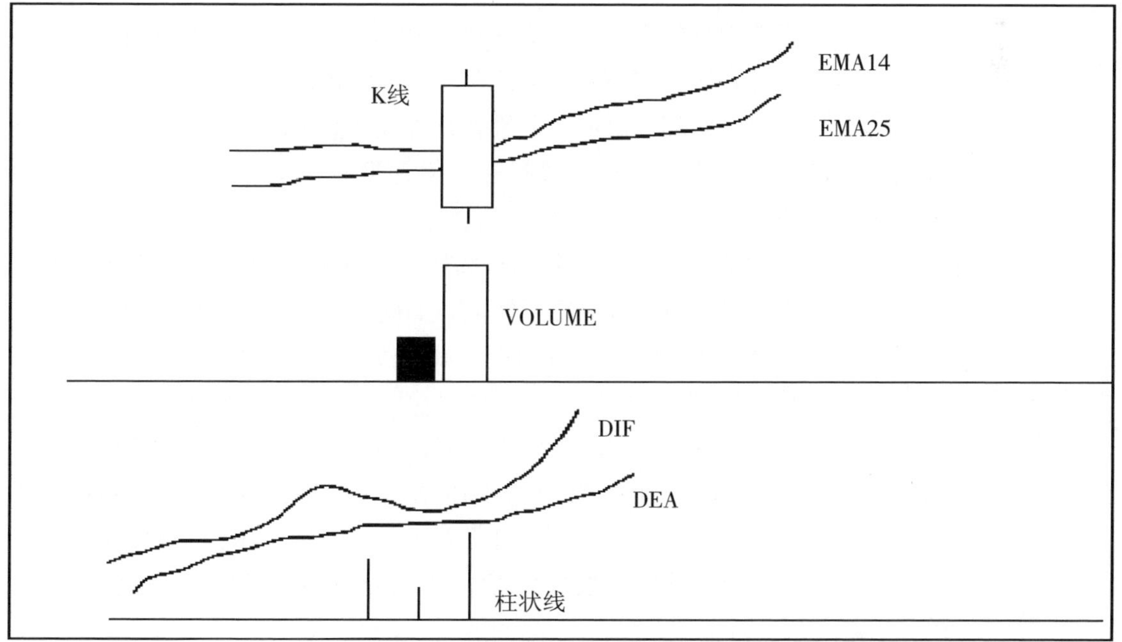

图16—7　标的股标准图样

图中主要包含了K线、均线系统、量能柱以及MACD指标。其中最核心的部分是MACD的柱状线，其呈现明显的“长短长”变化特征，且最后一根线要长于第一根线，表明当天的强度要大于之前，有新一波行情的开始征兆。

另外量能至少比前一天多一半以上，证明充分放量。特别需要注意的是，最上面的K线与均线系统的位置关系，一根阳线是同时上穿了两条均线。这里面有些细节的东西，K线位置越适中，也就是不高也不低，均线系统刚好处于中间位置，这种情况成功率越高。另外均线之间的通道宽度也比较重要，太宽可能导致上涨压力，太窄走势不太容易起来，适中即可。这犹如股价的“气管”一般，千万不能堵塞了。

以上这些细节都需要在不断的实战中去总结经验，很难量化和用简短的语言来表达完整。除此之外，在尾盘使用战法公式选股时，还要结合当时的大盘环境，以求最大程度的成功。原则上依然是宁愿错过，不愿做错。一般而言，只要能保证K线形态、量能、MACD指标三者搭配良好，都会有较好的获利机会。

16.4 完美分时战法公式及关键战术

战法的适用范围是阶段热点，这是从成功率的角度出发的，以保证除了自身技术因素外，还会有场外资金的介入，进而轻松拉升股价。

选股公式主要由两部分组成，分别是两个完美分时图的代码表达。但完美分时中的一些因素虽然都可以量化，但并没有一个十分明确的标准。比如大幅低开究竟是低开多少个点，或者大幅杀跌究竟是杀到了几个点，取值太小可能导致结果太多，不利于筛选标的。取值太大又可能导致漏选严重，因此权衡后最终决定取一个中间值，如此得失之间也就比较均衡。

公式命名为“完美分时”，公式编写的截图如图16－8所示。

具体公式代码如下：

A1：＝（O－REF（C，1））/REF（C，1）＊100＜＝－5 AND C＞REF（C，1）AND V/FINANCE（7）＞REF（V/FINANCE（7），1）；

A2：＝O＞REF（C，1）AND（L－REF（C，1））/REF（C，1）＊100＜＝－3 AND C＞REF（C，1）AND V/FINANCE（7）＞REF（V/FINANCE（7），1）；

A1 OR A2。

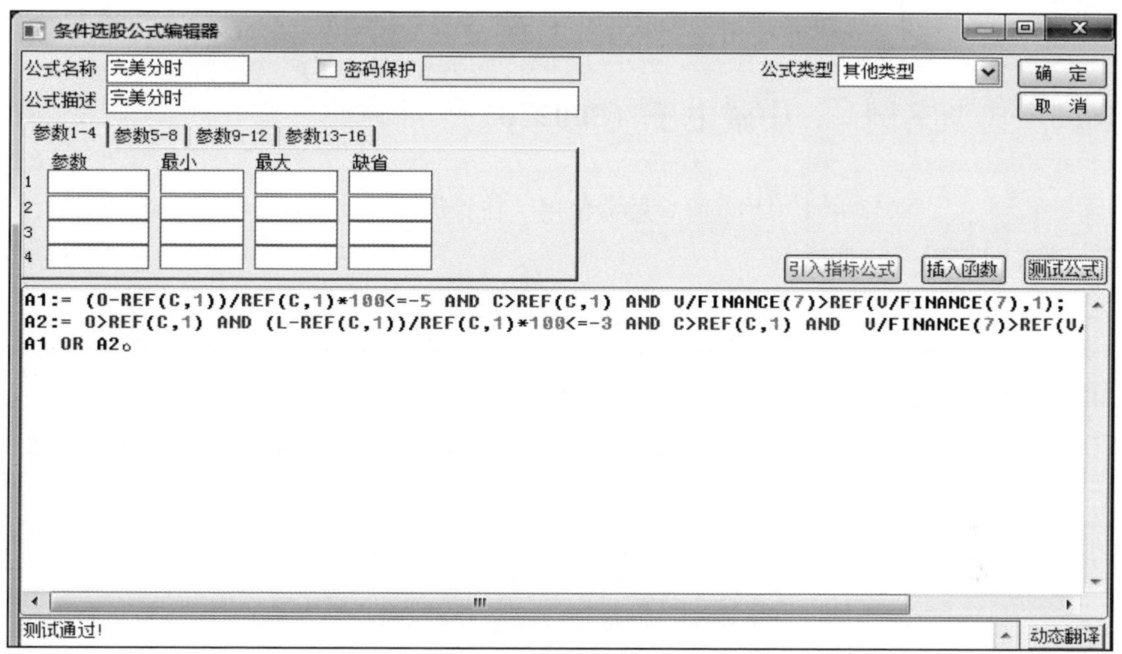

图 16－8　战法公式

其中 A1 是大幅低开类的完美分时定义，A2 是盘中大幅杀跌类的完美分时定义。注意公式中有对换手的强调，恐慌盘的出局和主力的吃货都需要量，因此必须保证换手在放大。毕竟完美分时完成了从弱到强的一个转变过程，需要量的配合才能说明转强的真实度。

关键战术在于选出的个股当天可能有好几只，但一定要结合当时的市场热点进行筛选，也就是首先要符合热点。其次是 K 线形态是否具备上涨预期，最后很重要的是 MACD 指标的说明，最好选择双线处于 0 轴附近，特别是刚刚上穿 0 轴类的，这种成功率极高。

至于热点的判断，前面章节已经讲解过，非常简单，就采用涨停板分析法。分析确定每天涨停个股的原因，找到属于同一板块或概念的个股，个数偏多集中的往往就是市场热点。另外还需要对比每天的统计结果，分析热点的持续性和级别，以指导操作。

而形态和 MACD 的判断就需要多翻走势图，保持每天翻看股票的好习惯，长此以往就会在脑子里形成一种条件反射。一看到走势就大概知道涨跌和风险大小，这才是应该追求的境界。

16.5 典型案例一：中威电子（300270）

2012 年 12 月 20 日，尾盘使用“柱状加油”公式进行筛选，选股结果如图 16—9 所示。

图 16—9 选股结果

结果中显示只有两只个股被选出，分别是中威电子（300270）和三诺生物（300298），都属于创业板个股。考虑到当时大盘正处于一波良好的拉升行情中，指数 DEA 刚上 0 轴，行情还有向纵深处发展的倾向，理当积极操作。

仔细对比两只个股后发现，中威电子的 K 线形态要明显比三诺生物低一些，三诺生物偏高较为严重。另外该股主营安防视频传输技术及产品的研发、销售，具有平安中国概念，因此最终选择这只票作为案例。其实后来走势证明两只个股表现都不错。

如图 16—10 所示是中威电子（300270）的日 K 线走势图。

图中显示，该股的 MACD 双线当时已经上 0 轴且处于 0 轴附近，被选出当天放量大涨，同时上穿两条均线。K 线与均线系统的相对位置适中，

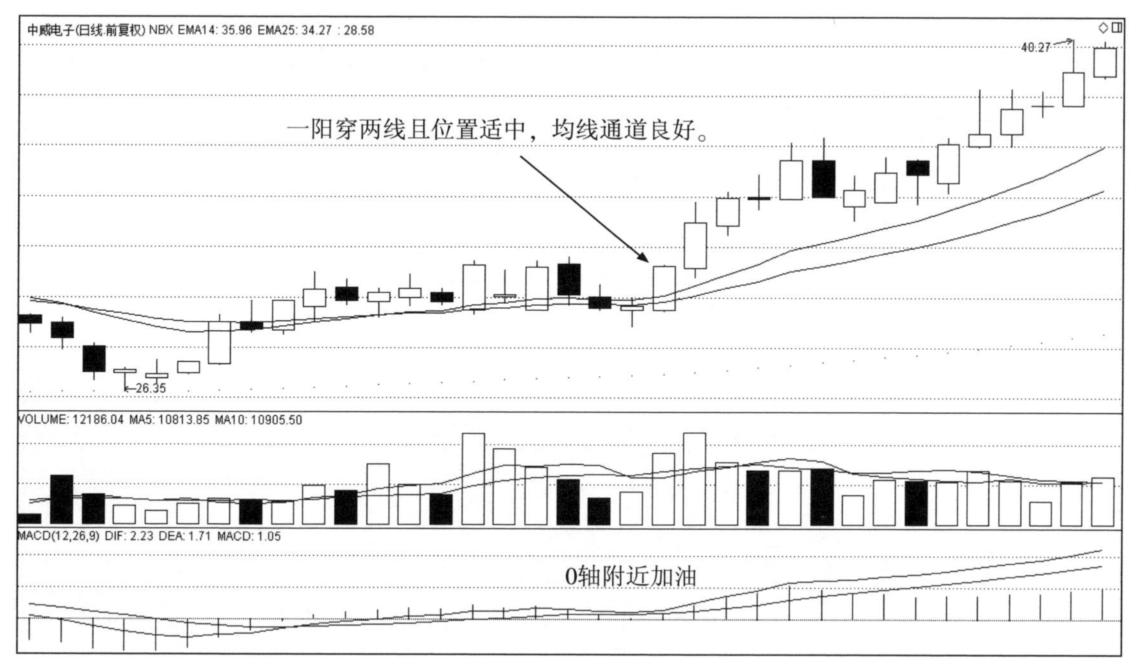

图 16—10　中威电子日 K 线图

MACD 柱状发散角度也较为漂亮。综合这些因素考虑，该股是非常优秀的操作标的，可在当天尾盘跟进。

结果如图 16—10 所示，该股随后连续上涨，进而发展成了波段行情，战法相当成功。

16.6　典型案例二：湖南发展（000722）

2012 年 8 月 3 日，尾盘使用“完美分时”公式进行筛选，选股结果如图 16—11所示。

结果中显示共有 7 只个股被选出，结合当时的市场热点来看，只有湖南发展最符合热点要求，它属于页岩气概念。

如图 16—12 所示是湖南发展（000722）被选出当天的分时图走势。

图中显示，该股当天小幅高开后便逐步滑落，接着快速杀跌，期间一直带量，且杀跌段量能放出更为明显。股价止跌回升过程中量能一般，但在尾盘快速拉红盘的同时量能在快速累积，很明显是主力在真金白银地买入。

全天分时非常符合完美分时的各项要求，现在打开该股的日 K 线图走

图 16—11 选股结果

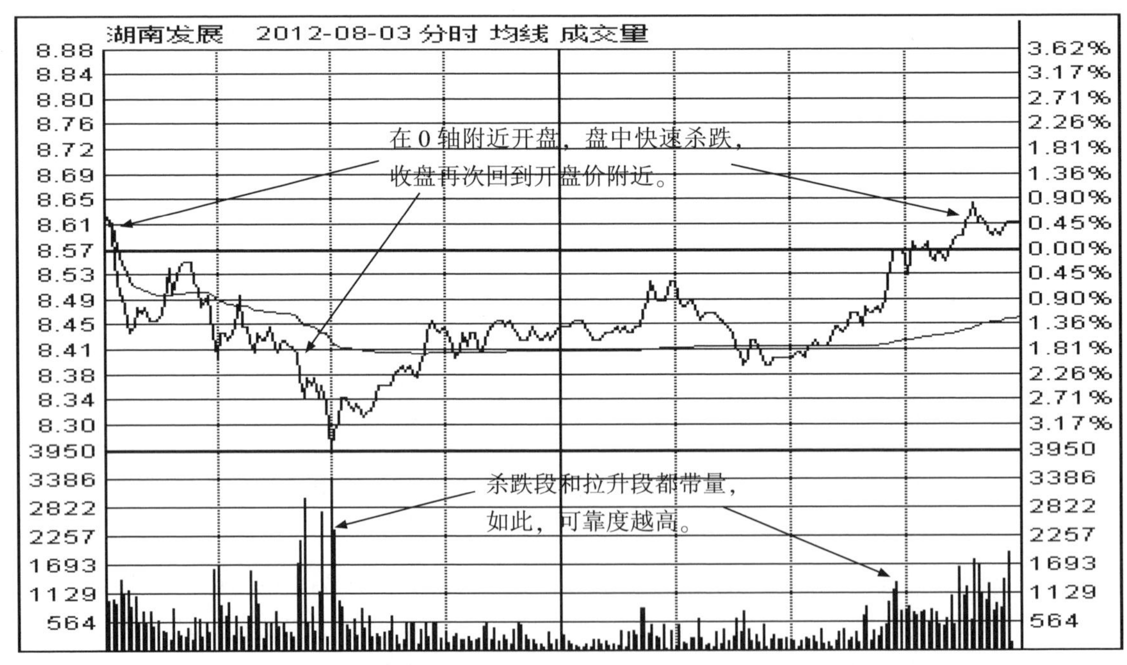

图 16—12 湖南发展分时图

势，如图 16—13 所示。

图中显示出现完美分时当天，该股收非常漂亮的 T 线，且均线系统已

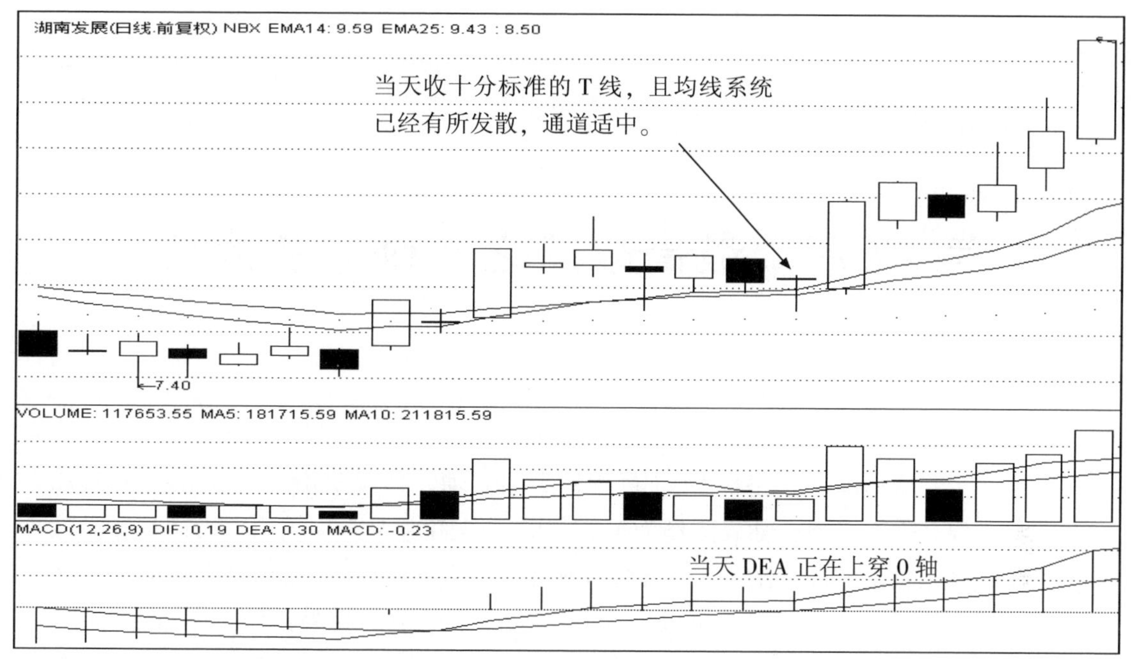

图 16—13 湖南发展日 K 线图

经呈现金叉后的多头排列。另外 MACD 之慢线 DEA 当天正在上穿 0 轴且角度较好，其值刚好为 0，说明处于临界点上，股价即将出现大变盘。综合来看，该股无论形态、量能、指标都满足剩余的条件，甚至业绩也不错，仅上半年就基本与前一年全年的业绩相当。股价向上突破的概率极大，完全可以作为操作标的。

于是判断完毕后可在当天尾盘伺机跟进该股，结果如图 16—13 中显示，该股随后持续走好，短期内涨幅就达三成，完美分时发挥出了完美功效。

第 17 章　最高战略之 0 轴做多战法

这里的 0 轴是指 MACD 指标中的 0 轴，其作用相当于生命线 60 日均线。之所以把 0 轴战法作为最高战略，是因为无论从成功率，还是实操性来比较，0 轴变盘依然是众多战法中的超级佼佼者，具有诸多战法无可替代的强大功效，完全可以以此打造出一个单独的交易系统，不管是做多，还是做空都可以做到游刃有余。掌握好了这个武器，赔钱很可能会成为历史，相反赚钱却成了家常便饭。

本章分别介绍三个战法，可适用于不同操作风格的投资者，包括短线、超短和潜伏牛股。相信认真学习了本章后，你的功力会突然大增，很多疑惑也会迎刃而解。

17.1　0 轴做多之正向量战法原理及公式

正向量是借用数学上的一个术语，之所以要如此命名战法是为了强调两个词，一个是“正向”，另外一个是“量”。所谓正向，是指操作一定要顺势而为，不可逆向行驶。另外量是验证趋势真实性的最佳元素，有量的走势往往是实浪，相反可能是虚浪。

正向量走势，是指在一个方向上发生巨量巨阴或巨量巨阳的走势，这个过程中主力会放置大量的空单或多单，从而形成价格朝这个方向运行的强大推动力。

正向量战法的核心思想是伴随着量价齐升的主力吸筹行为，MACD 之慢线 DEA 上穿 0 轴，且角度较大，其实这是从期货的操作中得到的启发。由于期货盘中的变盘行为往往都是由主力发动的，一旦主力在正方向上大幅拉升或打压，同时伴随巨大量能，必定是主力在这个价格区间上开出了诸多多单或空单。

此时形态往往已经破位，很容易导致持有相反仓位的投资者平仓或反手，从而促进该方向的进一步发展。同时主力当然也担任着不让趋势逆转的重任，最终新的趋势便形成了，如此主力获利几乎就成为了必然。同时也说明既然主力在之前的正向量走势上放置了大量仓位，是肯定奔着获利来的，他们具备操纵价格的实力，自然顺势跟进是获利的不二之选。

如图 17—1 所示是正向量原理的案例说明，其必须用在价格在 0 轴附近变盘时，因为只有变盘时形成的趋势才牢不可破，持续时间会相对很长，如此才有充足的获利机会。

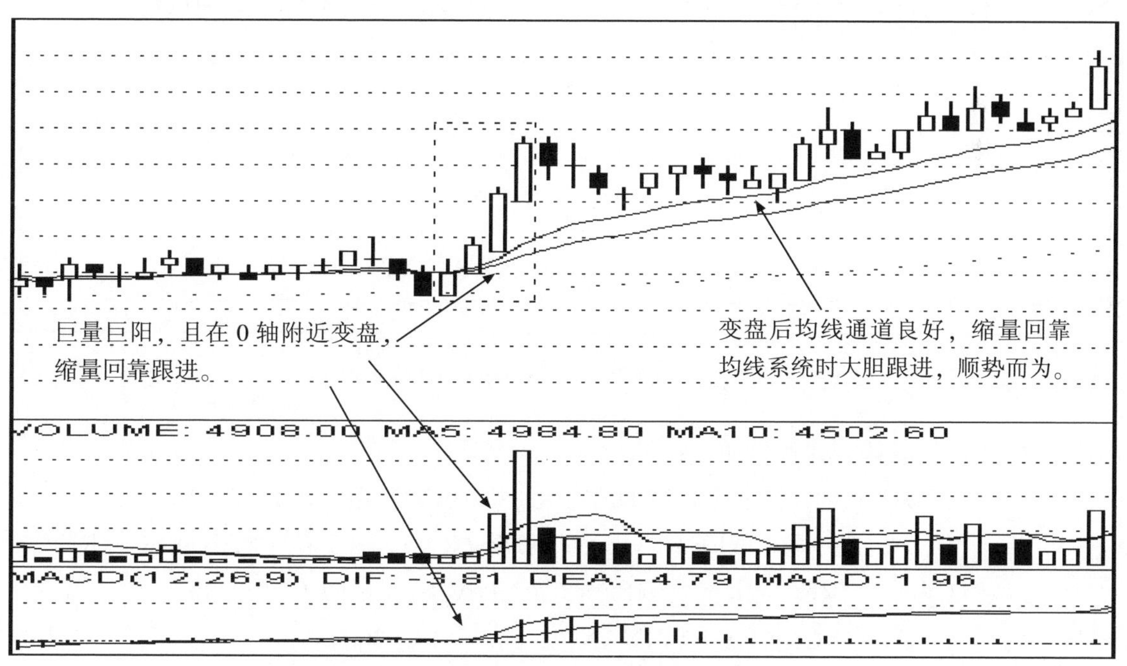

图 17—1　正向量走势

图中的虚线框内走势便是正向量走势，主力在这个位置放置了大量的多单，这个从成交量上可以看出。既然放置如此多的多单，那必定会在接下来的走势中进一步抬升价格，在相对高位平仓获利。另外有两点需要注意，第一，变盘一定要发生在 0 轴附近，第二，变盘后的均线系统通道必须较宽。

该原理最大的核心内容就是主力主动大幅度建仓，而你作为跟随者只需要沿着主力建仓的方向逢低买入即可。因为主力往往代表着市场趋势，顺应他们就是顺应趋势。

本战法的操作周期通常是短线或波段，战法公式命名为“0 轴做多”，只考虑了穿越 0 轴的情况。公式编写的截图如图 17－2 所示。

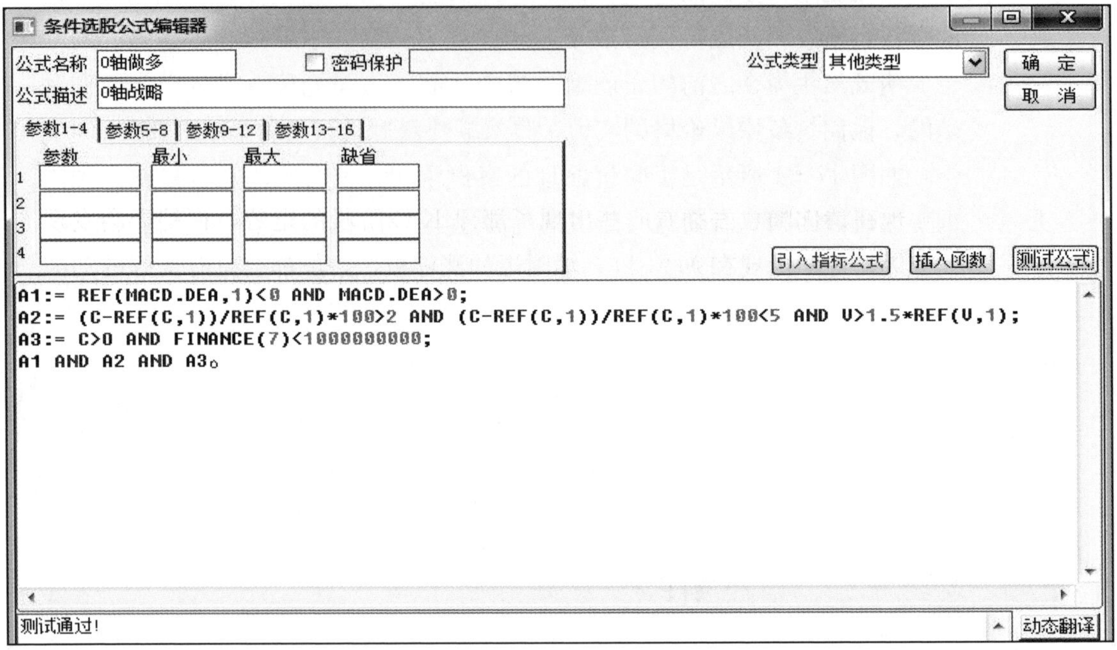

条件选股公式编辑器

公式名称 0轴做多　密码保护　公式类型 其他类型　确 定

公式描述 0轴战略　取 消

参数1-4 | 参数5-8 | 参数9-12 | 参数13-16

	参数	最小	最大	缺省
1				
2				
3				
4				

引入指标公式　插入函数　测试公式

```
A1:= REF(MACD.DEA,1)<0 AND MACD.DEA>0;
A2:= (C-REF(C,1))/REF(C,1)*100>2 AND (C-REF(C,1))/REF(C,1)*100<5 AND V>1.5*REF(V,1);
A3:= C>0 AND FINANCE(7)<1000000000;
A1 AND A2 AND A3。
```

测试通过!　动态翻译

图 17－2　战法公式

具体公式代码如下：

A1：=REF（MACD. DEA，1）<0 AND MACD. DEA>0；

A2：=（C－REF（C，1））/REF（C，1）＊100>2 AND（C－REF（C，1））/REF（C，1）＊100<5 AND V>1. 5＊REF（V，1）；

A3：=C>O AND FINANCE（7）<1000000000；

A1 AND A2 AND A3。

其中 A1 表示当天 DEA 刚好完成上穿 0 轴的任务，当前走势处于变盘敏感期。A2 表示当天涨幅大于 2%，小于 5%，并且成交量放大 50%以上，表明当天是主力主动性突破 0 轴，相当于突破了 60 日长期均线，有做多的决心。A3 规定了当天是阳线，且流通盘不超过 10 个亿。

公式选出的个股首先要对比判断前期是否有正向量走势，量能堆积是否充足。排除掉之前没有充分沉淀筹码的个股，以及 ST 类个股，最好选择处于低位的个股和股价相对偏低的个股。

要多结合具体形态来分析。另外大盘环境也是一个相当重要的因素，如果能有不错的题材概念把握会更大。

17.2 0轴做多之涨停战法原理及公式

这个战法是专门针对涨停板打造的，对于一些喜欢研究涨停板的投资者吸引力会相对较大。操作方式属于追高类的超短，比较激进，但一旦形成系统，威力一定是非同一般。

现在请你随意去翻看一些出现了涨停K线阶段的走势，你是否会发现一个规律，即出现在MACD 0轴附近的涨停板，一般都会具有良好的动能延续性，走势会持续一段时间，很少有昙花一现的情况。

为什么会如此呢？有没有什么深层次的原理呢？前面讲到过出现在0轴附近的变盘，爆发力都不弱，原因在于0轴代表着60日均线，相当于过去60个交易日的市场平均持仓成本位置。这个位置如果向上突破，则过去60个交易日里面的大多数投资者将处于获利状态，他们的筹码沉淀在下方对股价有较好的支撑推动作用，因此往往会导致股价加速。

相反向下突破则导致大量筹码套牢，生命线一破，恐慌盘可能会蜂拥而至，牵一发而动全身，很容易导致多杀多的局面，股价出现加速下跌。这就是0轴之所以重要的原因，它往往代表着一个多空平衡点。

而如果股价采取强势涨停，然后突破0轴，说明主力根本无畏惧60日均线的压力，敢于解放过去60个交易日的平均持仓成本。但这种行为是需要付出代价的，也就是真金白银，并且还不会少，因此会导致主力不可避免地吃进不少筹码。既然吃进了筹码，那必定是主力有信心在更高的价位抛出，因此就有了股价的上升推动力，这种推动力是以主力实力为保障的。

如图17—3所示是战法原理的示意图。

图中形象地表示出了该战法的原理，即主力强势突破生命线，敢于解放相当长一段时间的市场成本集中区，如此才会有对股价进一步走好的高预期。

现在用公式代码来表达战法原理，以求在日常操作过程中能选出符合战法的个股。公式命名为“0轴涨停战法”，公式编写的截图如图17—4所示。

具体公式代码如下：

```
A1：＝（REF（C，1）－REF（C，2））/REF（C，2）＊100＞＝9.9；
A2：＝REF（MACD.DEA，1）＜0 AND MACD.DEA＞0 AND V＊100/FINANCE（7）＊100＞10；
A1 AND A2。
```

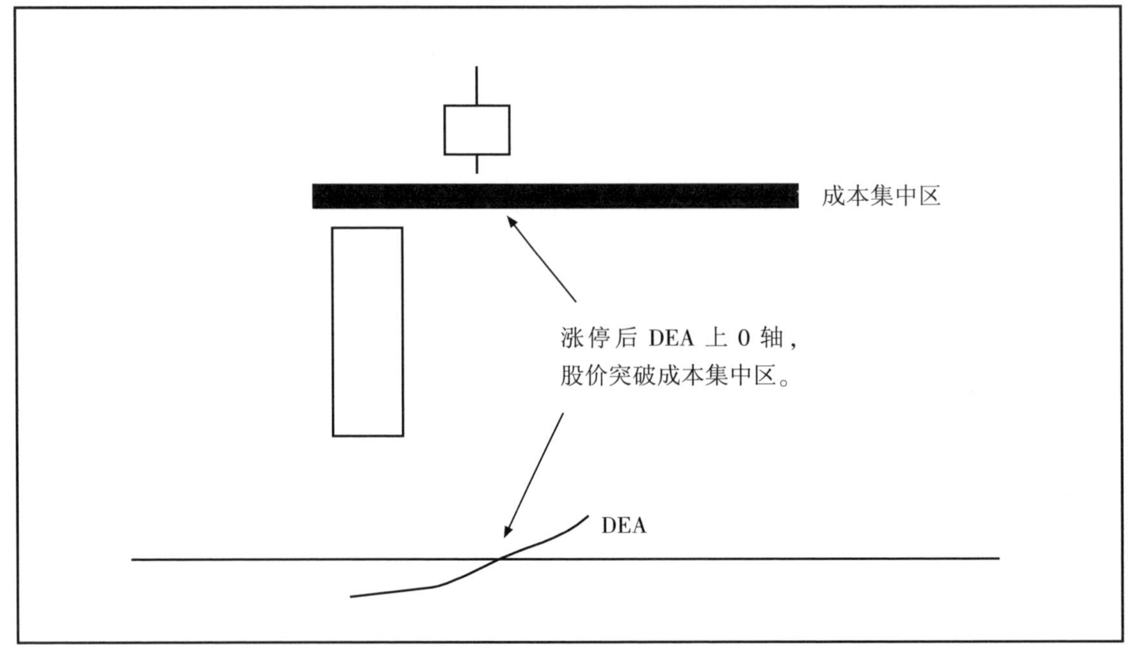

图 17—3　涨停战法示意图

条件选股公式编辑器

公式名称 0轴涨停战法　□密码保护　公式类型 其他类型　确 定

公式描述 涨停后上0轴　取 消

参数1-4 | 参数5-8 | 参数9-12 | 参数13-16

	参数	最小	最大	缺省
1				
2				
3				
4				

引入指标公式　插入函数　测试公式

```
A1:= (REF(C,1)-REF(C,2))/REF(C,2)*100>=9.9;
A2:= REF(MACD.DEA,1)<0 AND MACD.DEA>0 AND V*100/FINANCE(7)*100>10;
A1 AND A2;
```

测试通过!　动态翻译

图 17—4　战法公式

其中 A1 表示昨日股价涨停，A2 表示 DEA 刚好上穿 0 轴，并且换手率在 10%以上。换手率是为了配合说明主力使用了大量的真金白银才把股价抬上生命线，这个过程中主力吃进了不少筹码。

本战法是较为激进的操作方式，因此选出的个股强度必须非同一般，最好属于市场热点，甚至是龙头类个股。为了提高战法的成功率，可以参考每日沪深交易所公布的龙虎榜数据，确定目标股有强悍的主力染指才具有更大的把握。

17.3 0 轴做多之长飘战法原理及公式

长飘战法是笔者自主命名的，意思就是双线长时间运行在 0 轴上方。MACD 双线一直运行在 0 轴上方说明股价长时间处于强势，但这样一种粗线条的理解还不够，还需要深入研究长飘的个股究竟是怎样的走势以及它们为什么会如此强势。

双线由 DIF 和 DEA 构成，而 DIF 表示 12 日加权平均值与 26 日加权平均值的差值，如果 DIF 一直在 0 轴上运行，也就意味着这个差值一直为正。为正值则表明 12 日加权均线一直在 26 日加权均线的上方，如此则均线之间的通道一直保持顺畅。

试想怎样的股价走势均线通道才能一直保持通畅呢？假如是下跌走势，很显然这两条均线就会死叉，进而形成反向通道。再假如是长时间盘整走势，那均线很容易绞缠在一起，通道时而封闭，时而通畅，也无法实现这个要求。

因此只有股价处于上升态势这个通道才会一直打开，无论这个上升的角度或斜率有多大，但至少是上升，股价处于强势。另外 DEA 是对 DIF 取 9 日加权平均，相当于是另外一种看不到的虚拟通道，这个通道相当于人体的气管一样，封闭则气绝人亡。

但仅仅如此还不够，市场走好股价处于强势期间的个股太多，特别是一些牛股更是如此，MACD 双线肯定一直在 0 轴上方运行。此时股价可能早已到云霄，但如果选股公式只是规定这个条件的话，会选出很多并不具备操作条件的个股，甚至会选出处于头部的炸弹股。

很简单，既然想要通道保持通畅，股价强势，又想过去一段时间股价并未出现过明显上升或爆发，那只需要对过去一段时间的波动幅度做一个限制即可。这样的个股往往是重心缓慢上移，一直保持盘升态势，蓄势随时准备爆发。

图 17—5 的示意图表明了此战法的原理，同时也是目标类个股的特

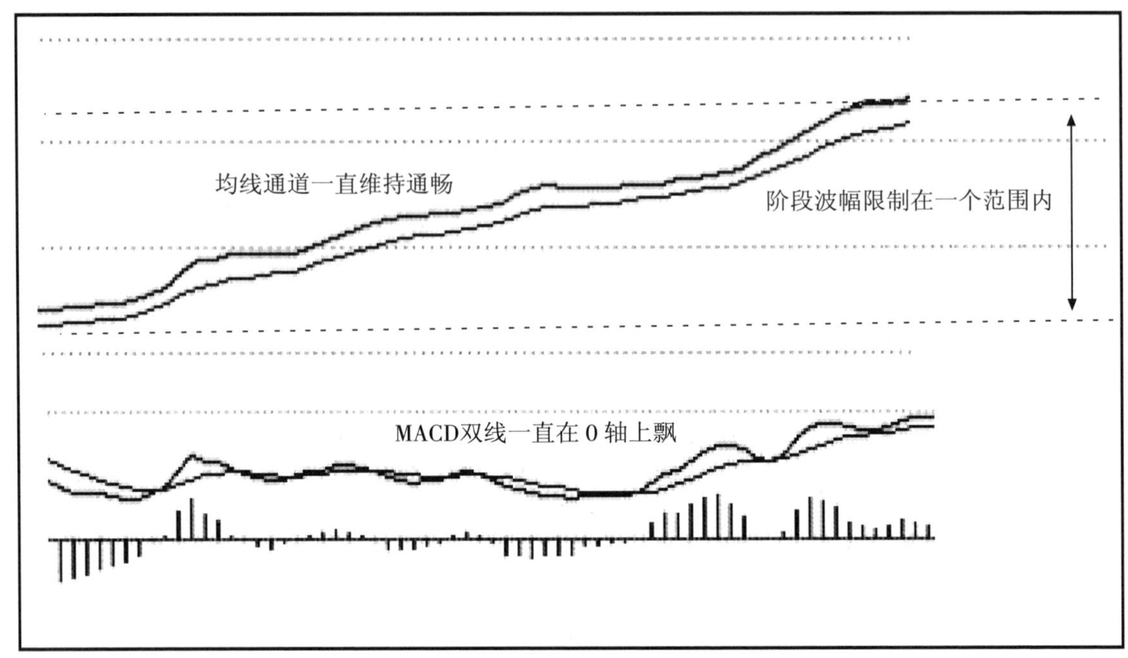

图 17—5　0 轴长飘战法原理图

征图。

选股公式命名为“0 轴长飘战法”，公式编写的截图如图 17—6 所示。

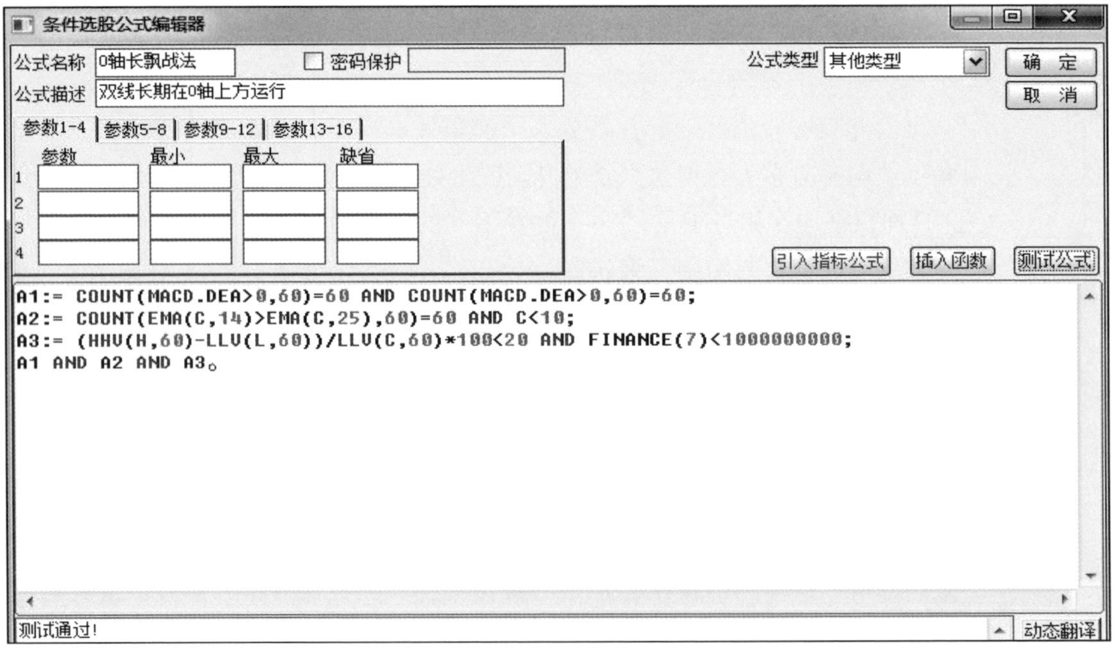

条件选股公式编辑器

公式名称 0轴长飘战法　□密码保护　公式类型 其他类型　确定
公式描述 双线长期在0轴上方运行　取消

参数1-4 | 参数5-8 | 参数9-12 | 参数13-16

	参数	最小	最大	缺省
1				
2				
3				
4				

引入指标公式　插入函数　测试公式

```
A1:= COUNT(MACD.DEA>0,60)=60 AND COUNT(MACD.DEA>0,60)=60;
A2:= COUNT(EMA(C,14)>EMA(C,25),60)=60 AND C<10;
A3:= (HHV(H,60)-LLV(L,60))/LLV(C,60)*100<20 AND FINANCE(7)<1000000000;
A1 AND A2 AND A3。
```

测试通过!　动态翻译

图 17—6　选股公式

具体公式代码如下：

A1：＝COUNT（MACD.DEA＞0，60）＝60 AND COUNT（MACD.DEA＞0，60）＝60；

A2：＝COUNT（EMA（C，14）＞EMA（C，25），60）＝60 AND C＜10；

A3：＝（HHV（H，60）－LLV（L，60））/LLV（C，60）*100＜20 AND FINANCE（7）＜1000000000；

A1 AND A2 AND A3。

其中条件A1表示过去60个交易日，DIF和DEA都处于0轴以上。A2表示过去60日交易日均线之间的通道顺畅，且要求股价小于10元，保证股价有足够的炒作空间。A3对过去一段时间的波动幅度做了限制，60个交易日内的波动幅度小于20%，另外流通盘小于10个亿是为了避免大盘股。

选出的个股需要注意两个关键的地方，一个是公司业绩，可从净资产收益率和市盈率两方面判断，因为往往只有业绩优良的个股才具备长期走牛的基础。另一个是结合大周期去判断当期走势是否真正具备走牛基因，其中周线是很重要的，如果周线已经开始走牛，则该股走牛概率极大，介入后安心持股便是。

17.4 典型案例一：海利得（002206）

2012年12月14日，尾盘使用“0轴做多”公式进行筛选，结果如图17—7所示。

图中显示共有15只个股被选出，当天大盘暴涨超过4%，一举突破前期震荡平台，成为标志性阳线。后期震荡走好行情非常可期，此时选好股票中线持股收益应该不错。

经过对这15只个股的逐步排除，最终发现只有海利得（002206）在前期放量充分，有良好的筹码沉淀基础，且股价严重超跌，属于低价股，业绩尚可。

如图17—8所示是该股的日K线走势图。

图中显示，该股的慢线DEA在上0轴之前有过良好的筹码沉淀，有一个明显的量能堆积过程，且是伴随股价上涨的攻击性量能，满足正向量原理。

图 17—7 选股结果

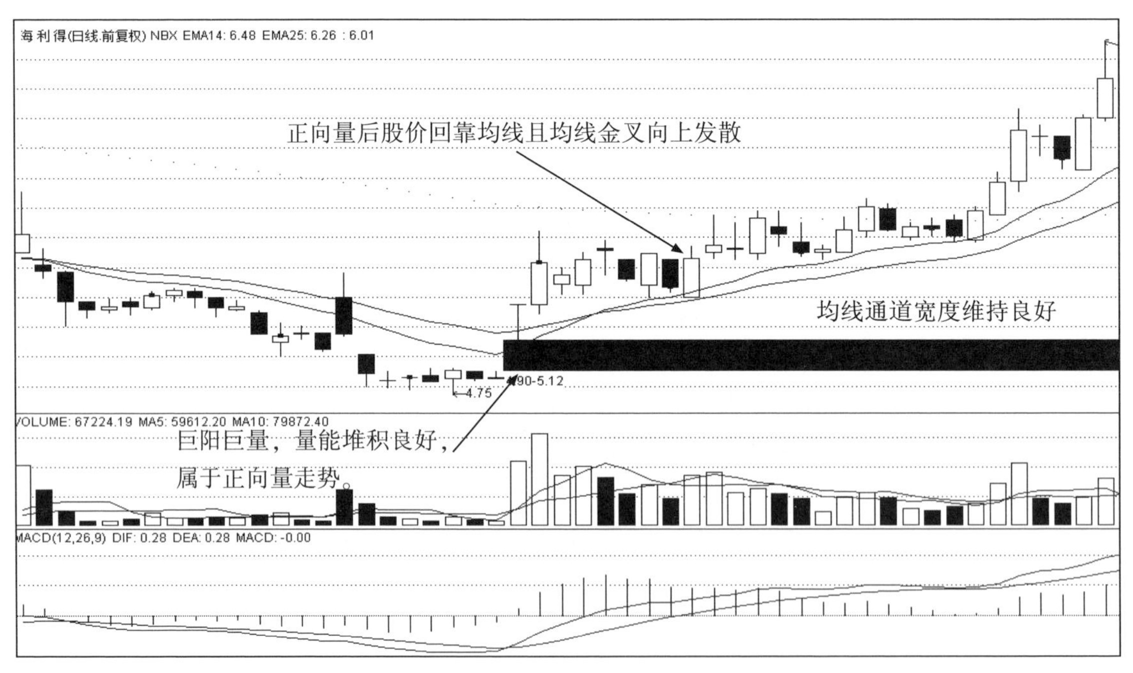

图 17—8 海利得日 K 线图

被选出当天，股价刚好回靠均线系统，且是多方炮形态。均线系统已经金叉后呈现多头排列，角度在逐步发散，因此当天尾盘即可入场。结果该股第二天一开盘便上冲近 5%，随后逐步震荡走高。无论超短还是波段都是成功的，往往这种底部放量均线系统首次金叉向上发散的个股，只要均线之间的通道一直在维持甚至有逐步扩大的态势，尽可大胆持有。直到股价向上远离均线或通道开始变窄为止，方才离场。

在实际操作中一定要多留意此类个股，它们的内在含义是主力在 60 日均线下方大量吸筹，然后向上突破，这是非常明显的做多信号。狙击点一般就在上 0 轴的当天或者突破后的首次回靠均线，主力既然在低位吸收了筹码，必定会在高位兑现利润，因此只要没出现明确的离场信号均可放心持股。

17.5 典型案例二：黑牡丹（600510）

2012 年 12 月 12 日，尾盘使用“0 轴涨停战法”公式进行筛选，结果如图 17—9 所示。

图 17—9 选股结果

结果中显示只有一只个股被选出，就是黑牡丹（600510），该股之前已经有两个涨停板，如果做过涨停板分析功课的投资者不难知道，该股炒作的是城镇化概念，且属于龙头类个股。

仔细查看该股的资料后你会发现，表面上公司是做纺织、服装类的，其实目前超过 60%的业务都来自于房地产开发。公司已逐步形成了集城市基础设施建设、土地一级开发、保障性住房建设、房地产开发、万顷良田工程建设、科技园建设运营、新实业开发、传统产业模式创新等为一体的城镇化建设的完整产业链。因此该股是十分正宗的城镇化概念个股，当时正值党的十八大倡导新型城镇化建设，以房地产为首的整个城镇化概念风靡市场，是一个大级别题材。

如图 17—10 所示是黑牡丹（600510）的日 K 线走势图。

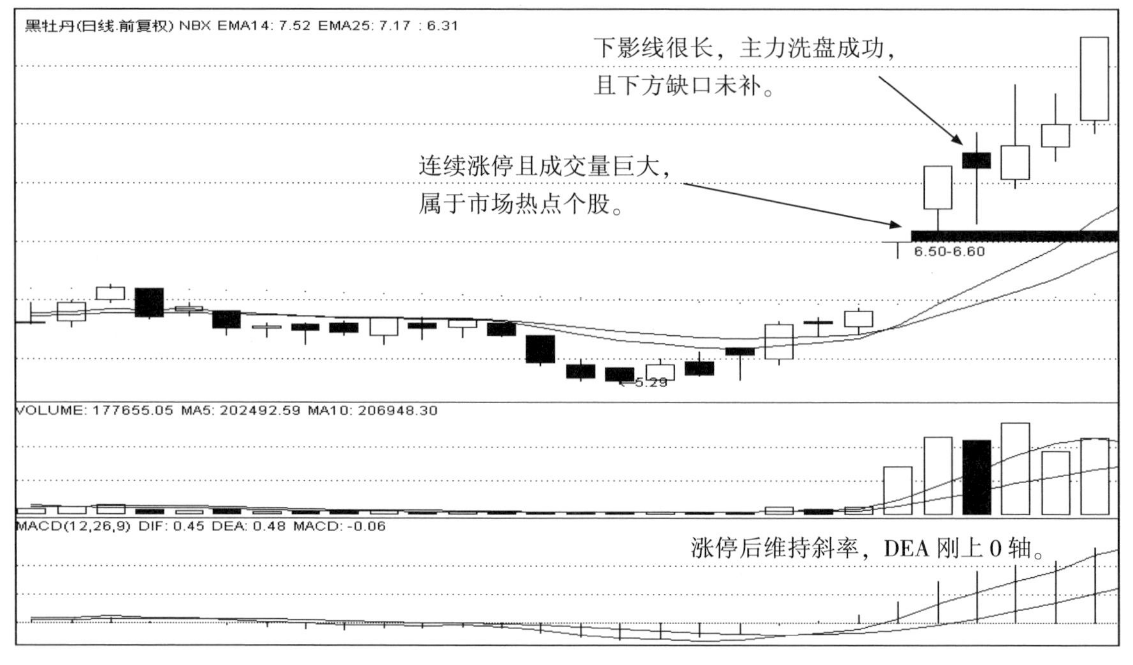

图 17—10　黑牡丹日 K 线图

图中显示，该股被选出当天是一根下影线很长的小阴线，成交量略有萎缩。但仔细观察你会发现，该股下方 6.5～6.6 元的缺口尚且完好，具备良好的加强信号。另外 DEA 当天刚好上穿 0 轴，柱状发散斜率在维持，说明当天只是超强走势中的一个短暂停顿休整。

另外战法里一个核心条件就是涨停过程中保持充足的量能，该股也是十分满足，况且还是热点里的龙头类个股。大盘环境也是呈现良好上升态势，游资疯狂，概念炒作短时期风险不大。综合考虑后可介入此股，结果如图 17—10 所示，该股随后再次大幅拉升。

尽管该股当时并没有出现在龙虎榜数据公布栏里，但这里仍然公布几个十分强悍的游资营业部，如果你是属于这种做涨停板的投资者，不得不研究他们的动向。其中主要有三家：国泰君安证券股份有限公司上海打浦路证券营业部、中国银河证券股份有限公司宁波翠柏路证券营业部和五矿证券有限公司深圳金田路证券营业部。

17.6 典型案例三：深圳燃气（601139）

2012 年 11 月底大盘跌破 2000 点整数关口，市场人气极其萎靡，但此时大盘周线已经是持续底背离形态，且当时 MACD 双线已经是低位金叉后出现黏连状，一旦向上变盘，力度肯定不小。

于是在当月最后一个交易日用这个公式筛选出之前一直维持慢牛走势的个股。试想一旦大盘出现大级别反弹行情，这样的个股机会应该不小。

如图 17—11 所示是 11 月 30 日盘后使用“0 轴长飘战法”公式筛选后的结果。

图 17—11 选股结果

图中显示结果中只有一只个股被选出，就是深圳燃气（601139）。该公司主营深圳市管道燃气供应、液化石油气批发、瓶装液化石油气销售、燃气投资业务等。财务数据显示，公司业绩优良，且呈现逐年递增态势，市盈率仅20多倍，净资产收益率也在十几个百分点，符合战法对个股业绩的要求。

另外公司经营业务涵盖了气源供应及终端销售的全部环节，业务链十分完整。公司还具备区域独家经营优势，业绩有相当的保障，并且有扩展业务面的态势，目前已经在给某些国家大型电力公司供应燃气，用于燃气—蒸汽联合循环发电。

基本面满足后，打开该股的日K线图，如图17—12所示。

图17—12 深圳燃气日K线图

图中显示，该股呈现慢牛格局，均线通道虽然辗转曲折，但一直保持通畅。另外MACD双线也一直在0轴上运行，尽管市场不断创新低，但股价仍然保持自我运行特点，从未破位且阳线明显多于阴线，整个形态尚且不错。

如图17—13所示是该股对应的周K线图。

周线显示当时股价已经呈现良好的上升态势，均线通道早已顺畅，并且上升角度在保持。期间MACD双线已经在0轴上方运行了半年之久，向

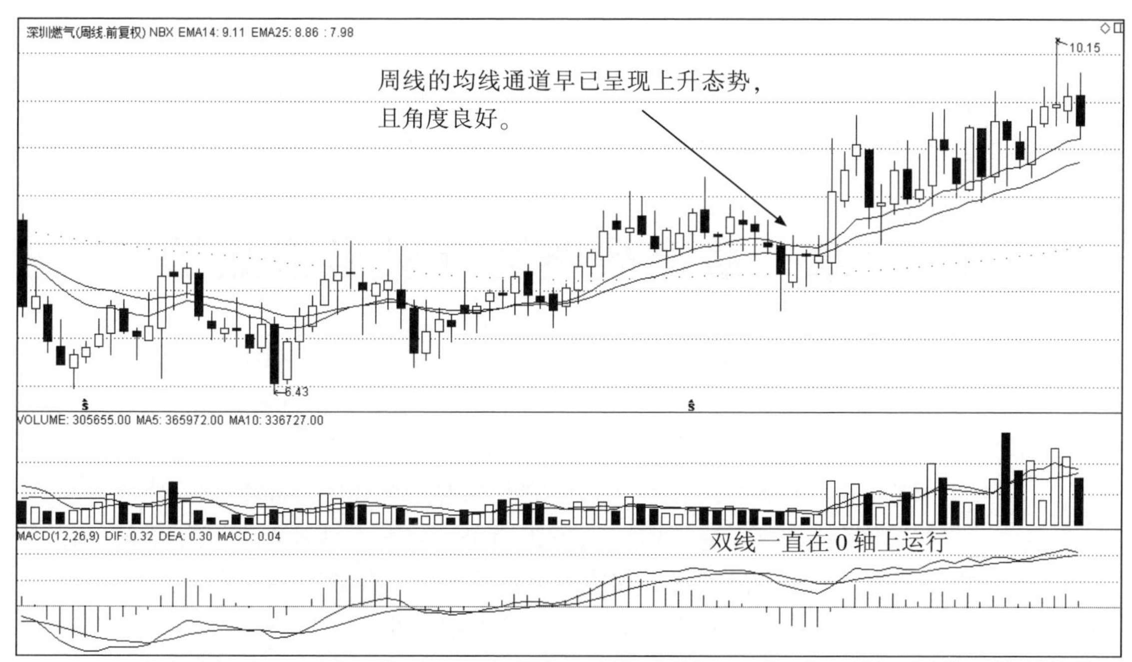

图 17—13　深圳燃气周 K 线图

上趋势十分良好，对日线会起到较大的推动作用。如果用之前章节讲到的 BOLL 中轨选股法筛选慢牛股，此股必定会被选出。

综合基本面、日线和周线的对比来看，证明该股非常满足战法要求，是一个值得拥有的优秀标的。以 2012 年 11 月 30 日的收盘价 8.72 元计算，到 2013 年 1 月 8 日的最高价 10.15 元，一个月时间最高涨幅有 16.4%，跑赢了大盘同期涨幅的 14.9%。虽然大盘后期有所回落，但该股上升态势依然保持良好，仍然具备持有价值。

通过上面三个战法的学习，你会发现，其实仅仅 0 轴战略就完全够你驰骋股市的。武器不在于多，而在于精。成功的人十年只磨一剑，最终打造了一把举世无双的宝剑。而失败的人可能十年期间磨了很多把剑，磨了一把再换一把，从来没坚持下去过，因此最终仍旧是把破剑，与别人的宝剑相比不堪一击。

而 0 轴变盘最高战略现在就是一把潜力无限的剑坯，需要你不断地去打磨，锲而不舍，学会享受寂寞，坚定不移地走下去，相信一定会有宝剑出鞘、见血封喉的那一天。

第 18 章　最高战略之 0 轴做空战法

做空对于大多数投资者而言可能并没有一个太具体的概念，毕竟多年的单边市场让大家养成了惯性的多头思路，只有上涨才能赚钱的思想早已根深蒂固。但随着融资融券和股指期货的推出，A 股市场迎来了做空机制，也就是只要方向判断对了，下跌也是可以赚钱的。

尽管融资融券和期指的门槛都较高，参与者的比例不大，但既然市场上有了这种盈利方式，且做空最终肯定会全面放开，这是市场以后的趋势。因此为了满足这种需求，本章将分别介绍融券做空和股指期货做空方法，所用到的核心战略依然是 0 轴最高战略。

18.1　0 轴做空之融券战法原理及公式

上交所和深交所日前分别发布公告，宣布融资融券标的范围大幅度扩容至 500 个，而之前只有 288 个，并且后期还会有逐步扩大的态势。因此融资融券是未来的趋势，是中国股市逐步过渡到成熟市场的一个转折，最终将全面放开形成真正的 T+0 市场。如此看来，掌握做空战略才能把握未来，为自己赢得先机。

前面讲到过，MACD 中的 0 轴具有划分多空的功效，是强弱临界点。如图 18－1 所示是一只个股的日 K 线走势图，当中只有一条均线，就是 60 日均线。

图中可以非常明白的看出 0 轴基本就相当于 60 日均线，而 60 日均线是股价的生命线，因此 0 轴才会如此神奇，具有划分多空的特效。

另外 DIF 和 DEA 两条线中，快线 DIF 更多的代表着短期的股价走势，而慢线 DEA 则再对 DIF 取 9 日加权平均值，相当于对阶段走势进行了更加

图 18—1　0 轴功效

平滑的处理，更能代表股价一个更为真实的趋势。因此双线上下 0 轴一般就以 DEA 上穿或下穿 0 轴为准。

如此便有了本战法的核心思想，就是双线从 0 轴上方运行到 0 轴下方，也就是股价从强势转为弱势，而这个标志以慢线 DEA 下穿 0 轴为准。因此公式里就可以表达为前一日 DEA 值为正，而今日值为负，完成了下穿的过程。

除了核心部分外，为了排除掉盘整行情可能导致的 MACD 信号频繁的情况，另外还加了两个辅助条件。一个是均线系统，另外一个是布林通道。

首先看均线系统，一般而言，股价处于均线系统之上的个股属于强势，相对容易走好。相反处于均线系统之下的个股则股价疲软，一旦杀跌很容易将均线系统拉扯成空头排列，进而起到助跌效果，股价一去不复返。因此战法条件里要加上股价处于均线之下这一条。

再来看布林通道，一般而言，布林通道可以粗略的将股票分为三类。首先以中轨为划分条件，处于中轨以上的个股属于强势股，而处于中轨以下的是弱势股，其次在强势股中股价处于上轨以上的个股则是超强势股。要打造做空策略，自然要选择股价处于中轨以下的个股，这又是战法的另外一个条件。

其实还有部分细节问题需要注意，比如当天股价最好是下跌的，表明当天 DEA 下穿 0 轴并不是运行中被动下穿的，而是市场主动性杀跌导致的，这种更能说明转弱的真实度。其次还可以用柱状线长度来约束股价，有助于排除掉股价假弱的情况，具体公式里可以规定当天柱状值比前一天的有所减小。

图 18－2 用了一个简易的示意图来表示此战法的核心元素，也是目标股的大概特征。

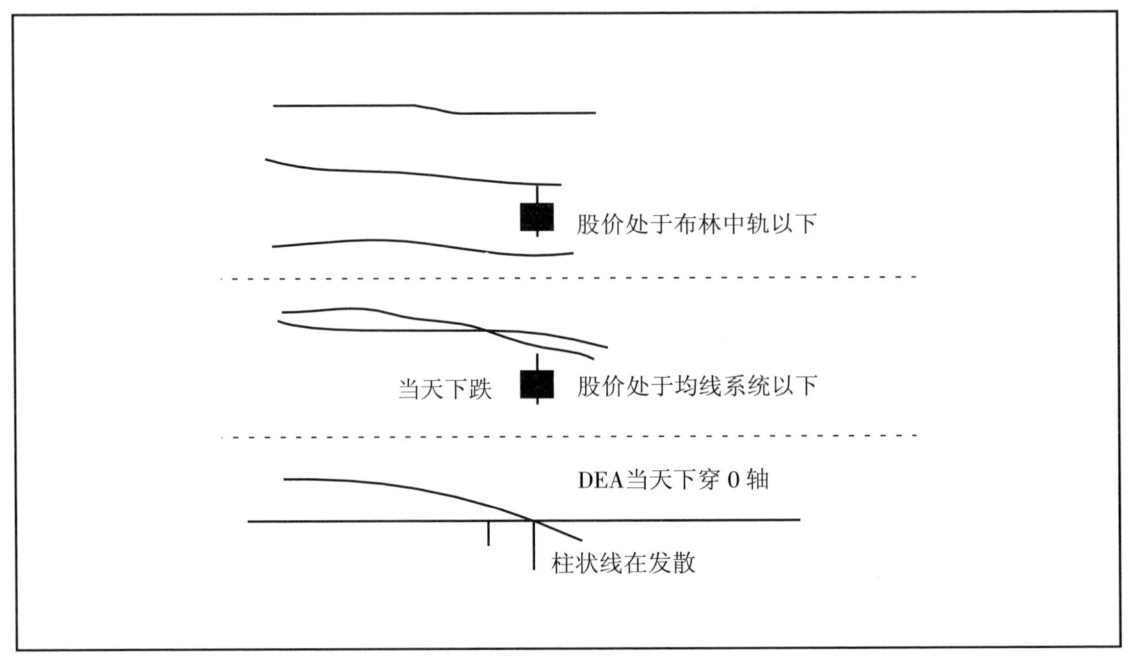

图 18－2　战法原理图

图中表示出了核心条件和两个辅助条件，以及部分细节要求。各个指标都对股价不利，形成了指标之间的共振，誓要将股价置于死地，打入十八层地狱，在未来相当长一段时间里再无翻身之日。如此才够资格作为战法的基础原理，才能保证战法的有效性。

现在把这些条件书写成公式代码，公式命名为“融券做空”，公式描述为“0 轴战略”，测试通过的截图如图 18－3 所示。

具体公式代码如下：

A1：＝REF（MACD.DEA，1）＞0　AND　MACD.DEA＜0　AND　MACD.MACD＜REF（MACD.MACD，1）；

A2：＝C＜REF（C，1）AND C＜EMA（C，14）AND C＜EMA（C，25）AND C＜BOLL.BOLL；

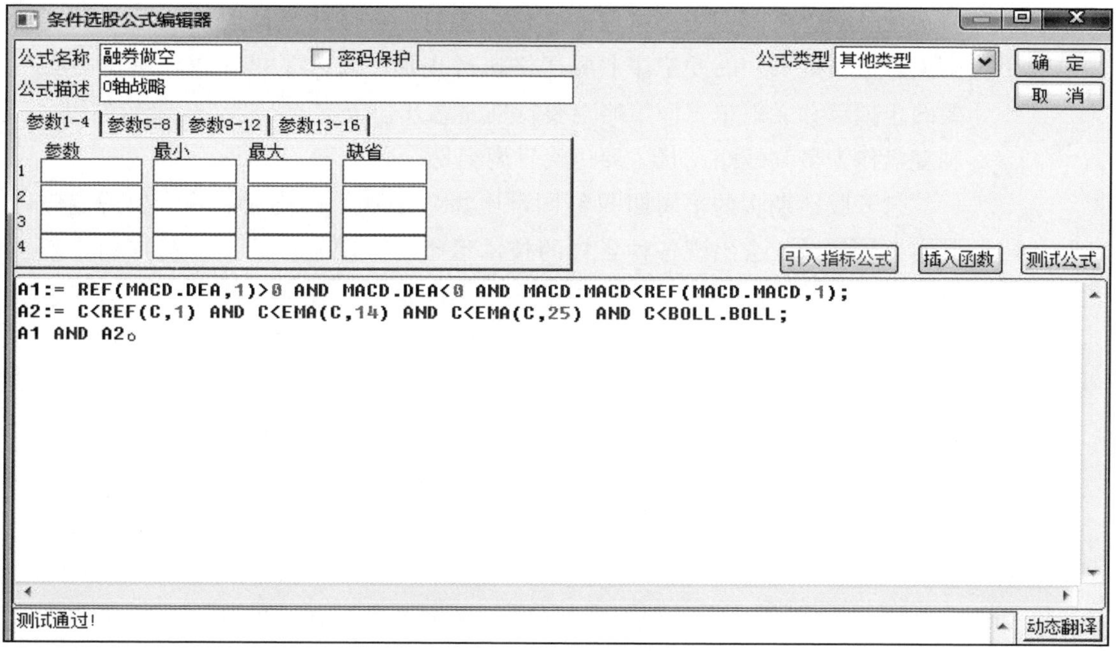

```
A1:= REF(MACD.DEA,1)>0 AND MACD.DEA<0 AND MACD.MACD<REF(MACD.MACD,1);
A2:= C<REF(C,1) AND C<EMA(C,14) AND C<EMA(C,25) AND C<BOLL.BOLL;
A1 AND A2。
```

图 18—3　战法公式

A1 AND A2。

其中 A1 是核心条件，即 DEA 当天下穿了 0 轴，另外再加上一个细节要求，柱状值在减小。A2 是两个辅助条件，分别是股价在均线系统以下和股价在布林中轨以下，另外加上了当天股价为下跌的细节条件。

选股时需要将选股范围设置成“融资融券”，由于目标股范围很小，目前就只有 288 个标的，因此筛选过程非常快。另外要特别注重筛选结果的形态分析，确定股价的确处在变盘的敏感区域。同时不能忽略大盘环境的影响，融资融券标的都属于蓝筹且盘子都不小，很容易受到大盘波动的影响，正相关系数较高。

18.2　0 轴做空之股指期货狙击点

期货的风险相对于股票而言要高很多，首先第一个是期货都具备杠杆效应，机会和风险都会相应放大数倍，第二个是期货有爆仓的风险，一旦保证金不足就会被强制平仓。而股票是一种所有权，有一定的价值基础，因此期货投机性更强。

既然期货投资风险大，纪律和策略就更加显得可贵和重要。做期货要特别理解一念成魔，一念成佛的真谛，任何一丝的侥幸随时可能让你灰飞烟灭，追悔莫及。因此纪律上要严格执行止损，看准了再下单，避免不必要的止损单和无效单。而策略上要特别注意开仓位置的把握，这个依然以0轴变盘作为最高战略，且主要讨论日内交易。

打开股指期货的小周期K线图，比如5分钟或15分钟，你会发现走势其实比较复杂，会出现各种各样的技术形态。即便是按照三种基本趋势来分类，那每一种趋势里又会出现程序不同的走势。比如下降趋势会出现不同角度的走势，有暴跌和缓跌，等等，即便是盘整走势也会有震荡幅度不同的区别。

面对如此变化多样的走势，寻找到确定的买卖点的确不是一件容易的事情。但是并不意味着就无计可施，看盘和实战经验告诉我们，价格通常只会在成交量充足的同时才具备大幅波动的条件，而往往成交量大的时候会出现在三个地方。

这三个地方分别是开盘、收盘以及盘中变盘位置。但开盘和收盘的走势常常有些失控，可预判性较差，特别是尾盘更为严重。因此相对容易从容把握的就是盘中变盘点，最常见的变盘位置又可分为三个。第一个是巨量巨阴或巨量射击之星之类的高可靠性顶部信号，第二个是巨量巨阳或巨量阳T线之类的高可靠性底部信号，最后一个是0轴大变盘，即价格在0轴附近出现持续大放量，伴随价格快速移动。

而对于0轴大变盘这种情况，非常容易形成新的一波行情。变盘初期的走势往往只是新趋势行情的第一波，后期持续时间会比较长，出现同方向的三浪甚至五浪走势的可能性很大。因此一旦出现0轴附近的大变盘走势，只要找好狙击点，收益会相对确定。

下面通过两个图例来说明股指期货的最高级别狙击点。如图18－4所示是股指期货的1分钟K线图，是盘中大变盘并下穿0轴的情况，属于最常见也是把握最大的一种走势。

图中显示期指在上升过程中突然出现巨量砸盘，形态随即走坏，均线死叉，同时MACD之DEA下穿0轴，这种是十分经典的正向量走势。绝杀点在缩量首次回靠均线时，价格再次杀跌的可能性极大，获利可靠度极高。

因为这种战法是以持仓的分布结构作为支撑的，原理在于变盘的诱因是主力在那个价格区间上放置了巨量空单，而这些空单在随后的缩量回靠均线同时显然是无法平仓出局的。唯一的选择就是沿着变盘的方向继续运行，让之前的空单处于大幅盈利状态。况且此时形态已经走坏，之前的多

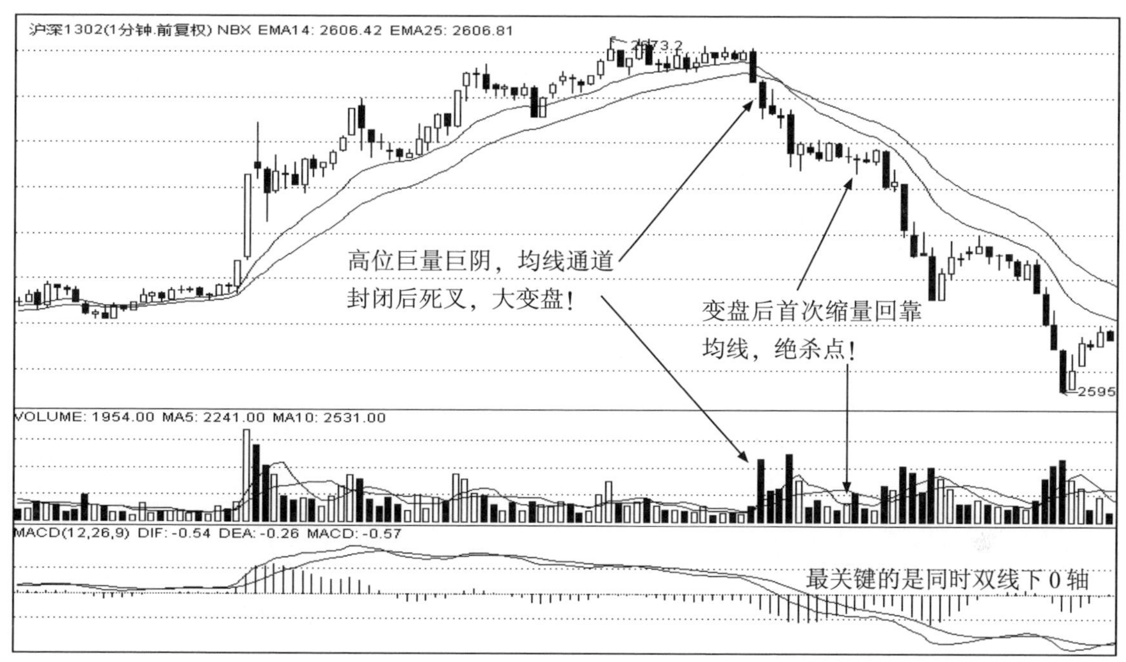

图 18—4　股指期货狙击点 1

头很可能会平仓出局或反手做空，加上场外的新开单入场，会在很大程度上助推趋势的发展，因此无论是下跌幅度还是持续时间都是非常优秀的，都保证了获利的高度确定性。

一般这种均线系统呈现大角度下降的走势，不用急着平仓，在 MACD 双线未形成底背离之前依然可以持有仓位，或者等待五浪走势运行完毕再行平仓。

如图 18—5 所示是股指期货另外一种运行方式，是一种基本无从下手的盘整走势。的确，要想做一个成功的期货交易者，必须要放弃掉无趋势走势。因为无趋势则预示着随时变盘，在未出现明显趋势前就开出仓位，其实是一种赌博的行为。一旦价格向持仓的相反方向运行，损失会非常惨重，甚至爆仓。因此日内投机，一定要誓死执行“不见兔子不撒鹰”的操盘纪律，在未出现明确信号前不动如泰山。

图中显示前面一大截走势都基本处于横盘震荡，价格波动幅度很小，均线相互缠绕，同时 MACD 双线围绕 0 轴来回波动，期间成交量尚未有明显放大，属于标准的无趋势走势。坚决不可下单操作，而是应该耐心等待变盘。

结果图中显示，经过长时间横盘后价格突然放量大杀，MACD 双线在 0 轴附近黏连后向下发散，出现了正向量走势，此时则应该快速杀入。由

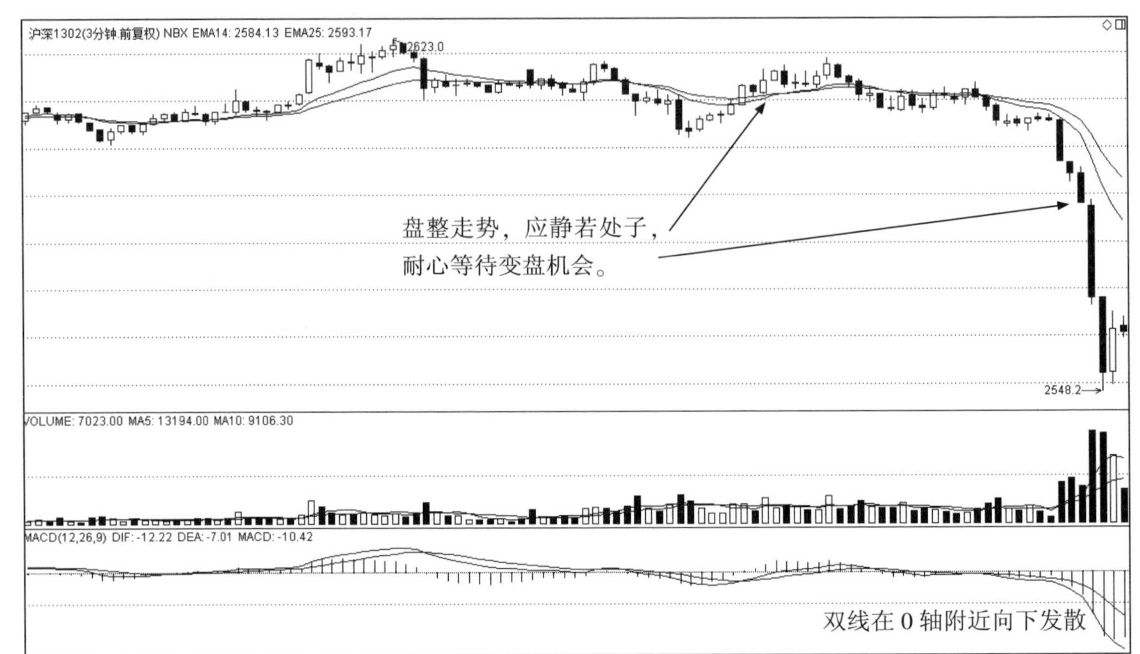

图 18—5　股指期货狙击点 2

于图 18—5 是 3 分钟 K 线图，因此完全有时间从容开仓。

通过对以上两个股指期货做空绝杀点的案例分析，说明 0 轴大变盘是把握最大的走势，应该作为日内交易的最高战略来对待，不可摇摆，坚决执行。

18.3　速度、角度和通道宽度

这里的通道宽度特指均线之间的距离，犹如价格运行的通气管，通则活，不通则亡。因此无论是做多还是做空都必须十分重视均线通道的宽度，宽度只有足够大才能充分说明当前运行趋势力量很大，具有维持下去的充足动能。那宽度的内在原理何在？为什么一定要重视通道宽度？

均线之间的宽度大小表面上是由均线的运行角度决定的，但这个角度又是由价格的运行速度引发的。价格运行速度越快，均线里的快线就会快速跟随股价运动，运行角度也就迅速陡峭。进而导致快线与慢线之间的距离快速拉大，从而迫使通道变宽。

如图 18—6 所示是通道宽度的原理示意图。

如此很明显，通道的宽度就成了价格运行强度的表现，技术分析上就可以反过来使用通道宽度来判断价格运行的强度和持续性。在实际应用中

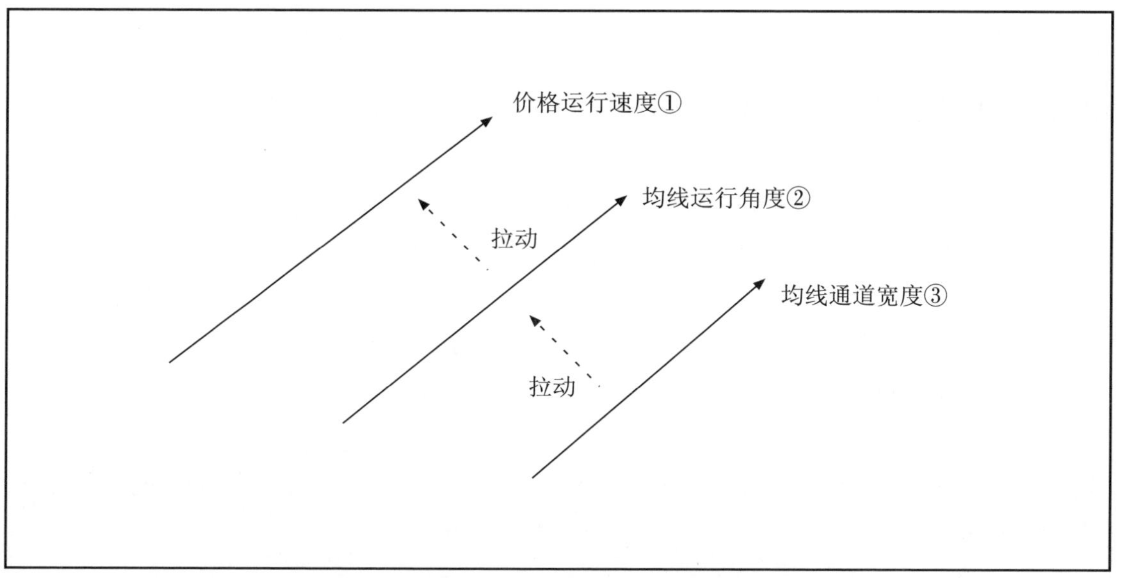

图 18－6　通道宽度原理

大致可按照通道是否畅通可分为两大类，一类是不通畅类的盘整走势，趋势不明确，应该观望等待变盘。另一类是通道顺畅的有趋势走势，向上或向下，这种走势应该持有仓位或者伺机开仓。

如图 18－7 所示的示意图展示了这两类走势，以及应该采取的措施。

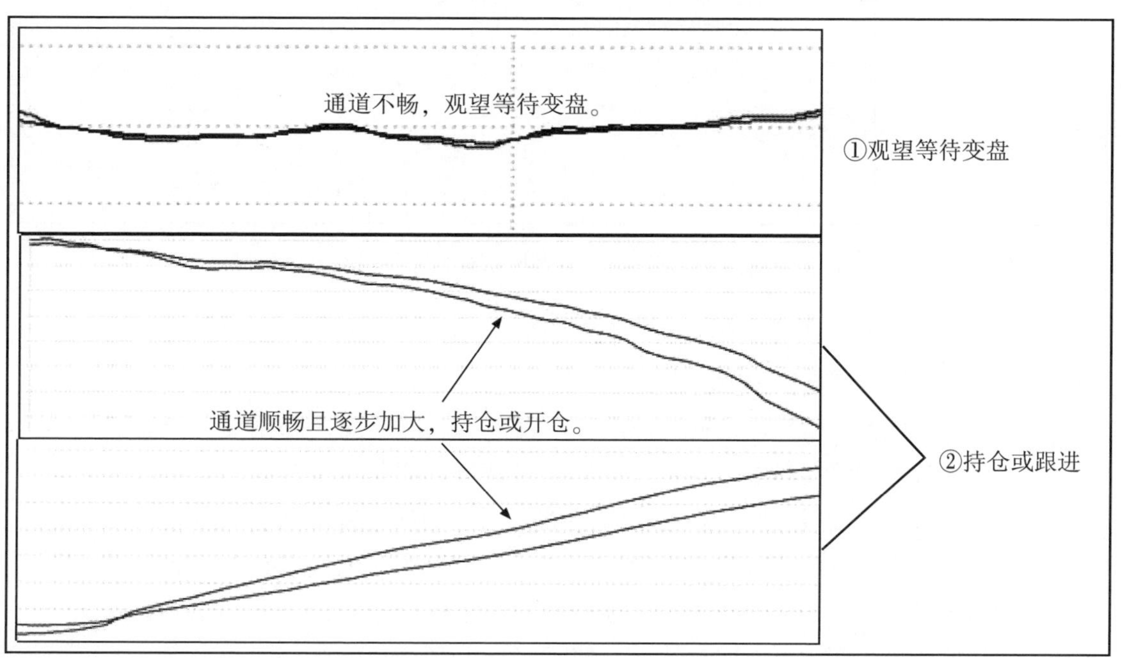

图 18－7　通道宽度分类

18.4 典型案例一：郑煤机（601717）

2012年6月1日附近大盘MACD双线处于0轴下且呈现黏连状态，指数虽然在均线死叉后出现了较强烈的反弹，但均线始终无法再次金叉，更糟糕的是K线接连收出十字星形态。综合来看，大盘即将面临变盘，且向下概率偏大。

既然可能会有较大的做空机会，于是在当天尾盘使用了“融券做空”公式对融资融券标的进行筛选，结果如图18—8所示。

图18—8　选股结果

结果中显示只有一只个股满足条件，就是郑煤机（601717），注意图中的选股范围是融资融券。

该股主营煤炭采掘机械设备，直接受影响于煤炭采掘商。当时煤炭本来就处于消费淡季，且整个国际经济疲软，更是雪上加霜。从而导致煤炭需求明显减弱，库存高企，煤炭价格一直走低且有不断扩大的趋势。市场对于煤炭业的未来业绩预期降低，导致整个煤炭股股价持续下行，自然郑煤机这只个股也难逃厄运。被选出时股价就处于长期下降通道中，这从个股的周线图中可以明显看出，如图18—9所示。

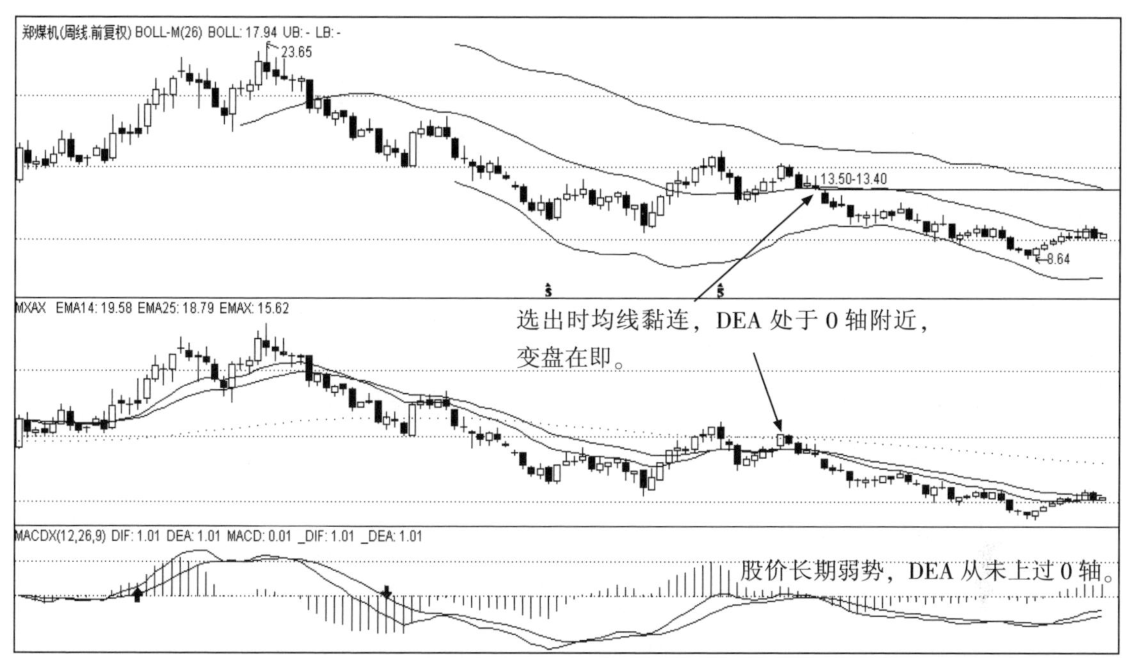

图 18—9 郑煤机大趋势

图中显示，该股被选出时正处于下降通道中的反弹回档区域，但MACD 的 DEA 从未向上穿越过 0 轴，均线黏连。在当时大盘有向下变盘预期以及煤炭价格持续下行的大背景下，该股在 0 轴附近再次向下变盘概率很大。并且要强调的是，股价一旦在 0 轴附近变盘，其力度会相当之大，况且这还是该股的周线图，一旦均线系统再次向下发散，那股价出现长时间下跌的概率极大。

如图 18—10 所示是该股的日 K 线图。

图中显示，该股当时股价已经处于布林中轨以下，且当天收阴下跌，均线系统黏连后已经开始向下发散，股价处于两条均线以下。更为不利的是，该股的 MACD 指标呈现出了反向加油形态，且 DEA 刚下穿 0 轴，属于典型的 0 轴反向加油形态，是最高级别变盘形式。

综合分析后应该在当天尾盘毫不犹豫地进行融券卖出做空，结果如图 18—10 中显示，该股第二天便大幅跳空低开，股价大跌，形成突破性缺口。如此更加确定做空信号，可再次加码融券放空。随后股价沿着布林下轨运行，是最弱的股价表现，从而展开了漫漫的下跌之途。即使是最有把握的区域也有十几个点的收益，战法相当成功。

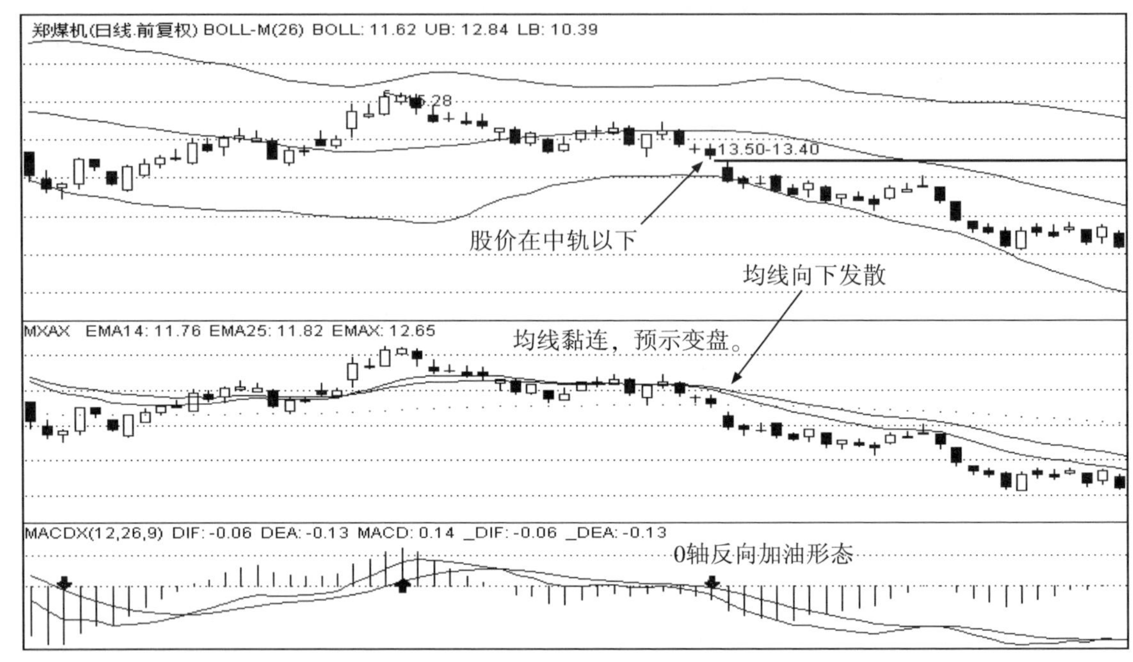

图 18—10 郑煤机日 K 线图

18.5 典型案例二：方大炭素（600516）

2012 年 11 月 6 日附近大盘的 MACD 双线处于 0 轴附近，且同样呈现黏连状，变盘可能性极大。当时国内唱空言论充斥市场，投资者情绪处于冰点，之前大盘经历过两波反弹都以失败告终，显然市场对于指数走好毫无信心，判断向下变盘可能性较大。

市场再次具备了做空机会，于是在当天尾盘使用“融券做空”公式进行筛选，结果如图 18—11 所示。

结果中只有方大炭素一只个股，打开该股的日 K 线走势，如图 18—12 所示。

图中显示，该股当时的一切技术要素都符合战法要求，另外特别需要强调的是，该股当时处于盘整期，均线和 MACD 双线已经长时间处于黏连状态，关键的是 MACD 双线一直在 0 轴附近运行，随时可能变盘。恰恰 11 月 6 日当天出现的十分经典的 MACD 看跌信号组合，即在短时间内出现了卖出、买入和卖出的对称信号，分别对应图中的三个箭头，且信号相隔时间如此短，变盘力度一定不小。

图 18—11　选股结果

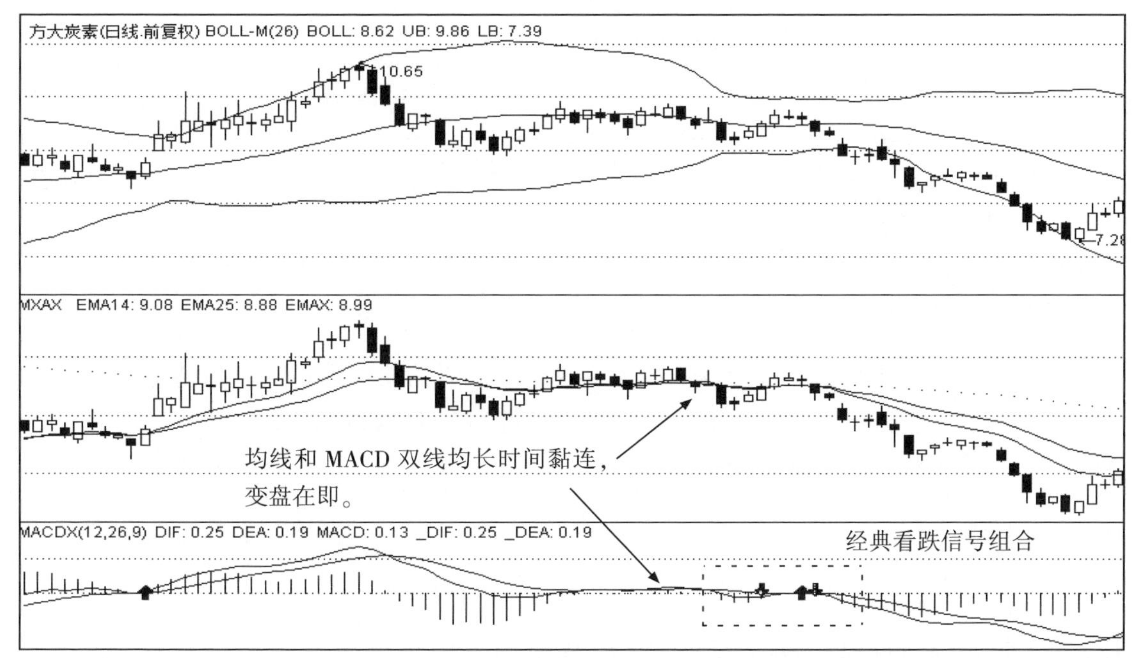

图 18—12　方大炭素日 K 线图

通过以上的综合分析后应该大胆融券卖出，结果如图 18－12 中所示，该股随后呈现出了大角度的下降趋势，股价沿着布林通道下轨持续杀跌，不到一个月时间幅度就超过 20%，且这一段是非常容易坚定持有空头仓位的时期。

18.6 典型案例三：一汽轿车（000800）

如图 18—13 所示是一汽轿车（000800）的日 K 线走势图。

图 18—13 持仓不动型

图中显示，该股自从高位变盘后，向下的均线通道一直保持通畅，并且一直运行在布林通道中轨以下，期间 MACD 双线也从未上过 0 轴，是典型的弱势股特征。此类个股一旦介入，应该一直持有，直到均线通道封闭为止。

18.7 典型案例四：平安银行（000001）

如图 18—14 所示是平安银行（000001）的日 K 线走势图。

图中显示，该股前一段走势是横盘震荡，均线通道的宽度狭窄且时而

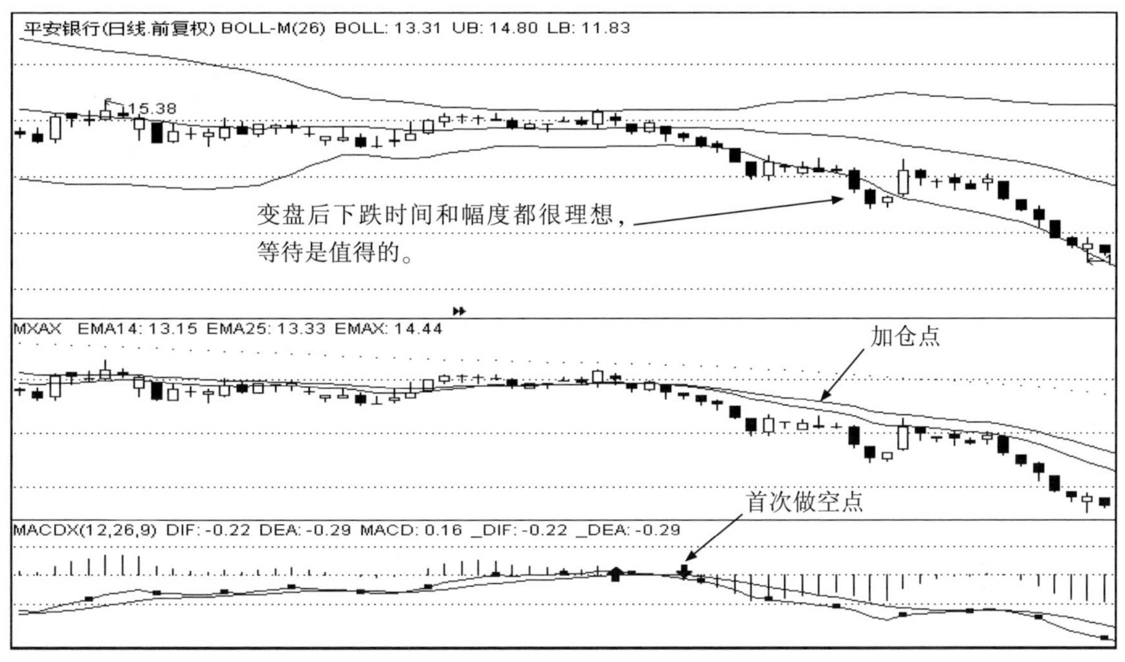

图 18—14 观望等待变盘型

封闭，MACD 的双线在逐步靠近 0 轴，同时布林通道在逐步收敛，均线黏连，这些都是股价即将变盘的征兆。

但是在股价还未明确选择方向前切忌躁动，只需耐心等待变盘，顺势而为即可。结果如图中显示，该股在后期选择方向后运行了很长一段时间，下跌幅度之大，完全有充足的获利机会。

首次做空点在 MACD 发出下穿 0 轴信号的同时，而加仓点可在第一波杀跌后回抽均线受压时，具体位置在图中都做了标识，请注意理解。

做空战略的关键在于等待变盘点，并且最好是 0 轴附近的变盘，确定量能的通气管封闭，短期毫无反复的机会。如此收益会非常确定，做多也是同样的道理。只要一切从提高成交单的精度出发制定战略和战术，过滤掉不必要的止损单和无效单，即便是小胜，最终也能积小胜为大胜。

介绍了这么多的战法，并不是想直接给大家赚钱的方法，市场在不断的变化，没有一劳永逸的战法。因此更多的是想给大家提供一种研究学习的方法和思维，授人以渔，而不是授人以鱼。最终要能形成适合自己的盈利模式或交易系统才是最重要的。战法如剑，而剑本身是不能克敌的，只有人剑合一，才能发挥出战法最高的功效。